DIN-Taschenbuch 223

Zur fachübergreifenden Qualitätssicherung und angewandte Statistik bestehen folgende DIN-Taschenbücher:

DIN-Taschenbuch 223
Qualitätssicherung und angewandte Statistik; Begriffe. Normen

DIN-Taschenbuch 224
Qualitätssicherung und angewandte Statistik; Verfahren 1. Normen

DIN

DIN-Taschenbuch 223

Qualitätssicherung und angewandte Statistik

Begriffe

Normen

1. Auflage
Stand der abgedruckten Normen: April 1989

Herausgeber: DIN Deutsches Institut für Normung e.V.

Beuth

Beuth Verlag GmbH · Berlin · Köln

CIP-Titelaufnahme der Deutschen Bibliothek

Qualitätssicherung und angewandte Statistik: Normen

Hrsg.: DIN, Dt. Inst. für Normung e.V.

Berlin; Köln; Beuth

Begriffe.

1. Aufl., Stand d. abgedr. Normen: April 1989

1989

(DIN-Taschenbuch; 223)

ISBN 3-410-12331-8

NE: Deutsches Institut für Normung: DIN-Taschenbuch

Titelaufnahme nach RAK entspricht DIN 1505.

ISBN nach DIN 1462. Schriftspiegel nach DIN 1504.

Übernahme der CIP-Titelaufnahme auf Schrifttumskarten durch Kopieren oder Nachdrucken frei.

DK 658.562 : 519.2

288 Seiten A5, brosch.

ISSN 0342-801X

5. Nachdruck, 1994

Printed in Germany. Druck: DBC DRUCKHAUS BERLIN-CENTRUM

Inhalt

	Seite
Die deutsche Normung	VI
Vorwort	VII
Hinweise für das Anwenden des DIN-Taschenbuches	IX
Hinweise für den Anwender von DIN-Normen	IX
DIN-Nummernverzeichnis	X
Verzeichnis abgedruckter Normen und Norm-Entwürfe (nach Sachgebieten geordnet)	XI
Abgedruckte Normen und Norm-Entwürfe (nach steigenden DIN-Nummern geordnet)	1
Verzeichnis nicht abgedruckter Normen und Norm-Entwürfe	246
Stichwortverzeichnis	249

Die in den Verzeichnissen in Verbindung mit einer DIN-Nummer verwendeten Abkürzungen bedeuten:

T	Teil
Bbl	Beiblatt
E	Entwurf
EN	Europäische Norm (EN), deren Deutsche Fassung den Status einer Deutschen Norm erhalten hat
IEC	Deutsche Norm, in die eine Norm der IEC unverändert übernommen wurde
ISO	Deutsche Norm, in die eine Internationale Norm der ISO unverändert übernommen wurde
E ISO	Entwurf für eine Deutsche Norm, in die eine Internationale Norm der ISO unverändert übernommen werden soll
VDE	Norm, die nach DIN 820 Teil 12 zugleich VDE-Bestimmung oder VDE-Leitlinie ist

Maßgebend für das Anwenden jeder in diesem DIN-Taschenbuch abgedruckten Norm ist deren Fassung mit dem neuesten Ausgabedatum.

Bei den abgedruckten Norm-Entwürfen wird auf den Anwendungswarnvermerk verwiesen.

Vergewissern Sie sich bitte im aktuellen DIN-Katalog mit neuestem Ergänzungsheft oder fragen Sie: (0 30) 26 01 - 6 00.

Die deutsche Normung

Grundsätze und Organisation
Normung ist das Ordnungsinstrument des gesamten technisch-wissenschaftlichen und persönlichen Lebens. Sie ist integrierender Bestandteil der bestehenden Wirtschafts-, Sozial- und Rechtsordnungen.

Normung als satzungsgemäße Aufgabe des DIN Deutsches Institut für Normung e.V.*) ist die planmäßige, durch die interessierten Kreise gemeinschaftlich durchgeführte Vereinheitlichung von materiellen und immateriellen Gegenständen zum Nutzen der Allgemeinheit. Sie fordert die Rationalisierung und Qualitätssicherung in Wirtschaft, Technik, Wissenschaft und Verwaltung. Normung dient der Sicherheit von Menschen und Sachen, der Qualitätsverbesserung in allen Lebensbereichen sowie einer sinnvollen Ordnung und der Information auf dem jeweiligen Normungsgebiet. Die Normungsarbeit wird auf nationaler, regionaler und internationaler Ebene durchgeführt.

Träger der Normungsarbeit ist das DIN, das als gemeinnütziger Verein Deutsche Normen (DIN-Normen) erarbeitet. Sie werden unter dem Verbandszeichen

DIN

vom DIN herausgegeben.

Das DIN ist eine Institution der Selbstverwaltung der an der Normung interessierten Kreise und als die zuständige Normenorganisation für das Bundesgebiet durch einen Vertrag mit der Bundesrepublik Deutschland anerkannt.

Information
Über alle bestehenden DIN-Normen und Norm-Entwürfe informieren der jährlich neu herausgegebene DIN-Katalog für technische Regeln und die dazu monatlich erscheinenden kumulierten Ergänzungshefte.

Die Zeitschrift DIN-MITTEILUNGEN + elektronorm – Zentralorgan der deutschen Normung – berichtet über die Normungsarbeit im In- und Ausland. Deren ständige Beilage „DIN-Anzeiger für technische Regeln“ gibt sowohl die Veränderungen der technischen Regeln sowie die neu in das Arbeitsprogramm aufgenommenen Regelungsvorhaben als auch die Ergebnisse der regionalen und internationalen Normung wieder.

Auskünfte über den jeweiligen Stand der Normungsarbeit im nationalen Bereich sowie in den europäisch-regionalen und internationalen Normenorganisationen vermittelt:
Deutsches Informationszentrum für technische Regeln (DITR) im DIN, Postanschrift: 10772 Berlin. Hausanschrift: Burggrafenstraße 6, 10787 Berlin; Telefon (0 30) 26 01 - 26 00, Telefax: 26 28 125.

Bezug der Normen und Normungsliteratur
Sämtliche Deutsche Normen und Norm-Entwürfe, Europäische Normen, Internationale Normen sowie alles weitere Normen-Schrifttum sind beziehbar durch den organschaftlich mit dem DIN verbundenen Beuth Verlag GmbH, Postanschrift: 10772 Berlin. Hausanschrift: Burggrafenstraße 6, 10787 Berlin; Telefon: (0 30) 26 01 - 22 60, Telex: 184 273 din d, Telefax: (0 30) 26 01 - 12 60.

DIN-Taschenbücher
In DIN-Taschenbüchern sind die für einen Fach- oder Anwendungsbereich wichtigen DIN-Normen, auf Format A5 verkleinert, zusammengestellt. Die DIN-Taschenbücher haben in der Regel eine Laufzeit von drei Jahren, bevor eine Neuauflage erscheint. In der Zwischenzeit kann ein Teil der abgedruckten DIN-Normen überholt sein: Maßgebend für das Anwenden jeder Norm ist jeweils deren Fassung mit dem neuesten Ausgabedatum.

---

*) Im folgenden in der Kurzform DIN verwendet

Vorwort

Die Terminologienormung und hier die im Vordergrund stehenden Normen der Reihe DIN 55 350 über Begriffe der Qualitätssicherung und Statistik, aber auch andere terminologische Grundnormen, stellen in vielfacher Hinsicht ein wichtiges Arbeitsmittel und Koordinationselement dar:

- Die systematische Darstellung dieses Wissensgebietes fehlt in der öffentlichen Ausbildung weitgehend. Deshalb hat das in diesen Normen vereinheitlichte Begriffssystem besondere Bedeutung. Die fehlende wissenschaftliche Grundlage machte bei der Vereinheitlichung zudem eine Auswahl unter bisher in der Praxis üblichen unterschiedlichen sprachlichen und begrifflichen Darstellungsformen der komplexen Qualitätssicherungs-Aufgabe nötig, deren Begründung ohne Kenntnis des gesamten Begriffssystems sowie der fremdsprachlichen, insbesondere der englischsprachigen Entwicklungen, nicht ohne weiteres zu erkennen ist.
- Fachgebiete wie Maschinenbau, Elektrotechnik, Lebensmitteltechnologie, Chemie, Akustik, Abfallwirtschaft usw., die sich historisch unterschiedlich entwickelt haben, auch bezüglich der zugehörigen Fachsprachen, wachsen technisch und aufgrund der zunehmenden Komplexität der Produkte und Tätigkeiten/Prozesse immer dichter zusammen. An den Nahtstellen muß man sich problemlos verständigen können, besonders im Hinblick auf die Beurteilung der Qualität dieser Produkte und Tätigkeiten/Prozesse.
- Die genormten Begriffe der Qualitätssicherung und Statistik sind in einem Unternehmen ein wichtiges Bindeglied zwischen hochspezialisierten Betriebsbereichen wie Entwicklung, Konstruktion und Fertigung, in denen die Mitarbeiter bereits gewohnt sind, mit komplizierten Fachbegriffen umzugehen, als auch zwischen Bereichen wie Leitung, Marketing, Verkauf und Kundendienst, in denen umgangssprachliche Verständigung und damit klar durchschaubare und voneinander abgrenzbare Begriffsdefinitionen notwendig sind.
- Die einheitliche Terminologie der Qualitätssicherung und Statistik erleichtert das Gespräch zwischen einem Unternehmen und seinen Abnehmern beim Ausformen der Qualitätsforderung, der Prüfverfahren, (gegebenenfalls statistischer) Annahmekriterien, der Forderung zur Darlegung der Qualitätssicherung usw.
- Eine gute Verständigung ist nicht nur innerhalb der Wirtschaft nötig, wo es um die Qualität der Produkte (unter denen die Dienstleistungen spezielle immaterielle sind) oder der Tätigkeiten/Prozesse geht, sondern auch zwischen der Wirtschaft und dem Staat als Gesetzgeber und Rechtsprecher im Hinblick auf bestehende oder zu setzende Rahmenbedingungen für materielle und immaterielle Produkte oder Tätigkeiten/Prozesse. Staatliche Forderungen an Produkte oder Tätigkeiten/Prozesse stellen Einzelforderungen im Rahmen der Qualitätsforderung dar; ihre Erfüllung oder Nichterfüllung ist sowohl technisch als auch rechtlich relevant. Dieser Gesichtspunkt wird um so bedeutender, je komplexer die Produkte und Tätigkeiten/Prozesse und je größer ihre Auswirkungen auf die Gesellschaft werden.

Der Ausschuß Qualitätssicherung und angewandte Statistik (AQS) im DIN Deutsches Institut für Normung e.V. erarbeitet Normen über Begriffe (DIN 55 350 Normenreihe, Entwurf DIN ISO 8402) und über Verfahren der Qualitätssicherung und Statistik. Diese Normen sind fachübergreifend und haben deshalb den Charakter von Grundnormen. Erstmals seit Bestehen des AQS seit 1973 kann nun ein Taschenbuch aus seinem Arbeitsbereich vorgelegt werden. Es enthält neben den Begriffsnormen der DIN 55 350-Reihe und neben dem mit den Normungsinstituten Österreichs und der Schweiz abgestimmten Entwurf DIN ISO 8402 auch Normen, die federführend von anderen DIN-Ausschüssen erarbeitet wurden und in ihrer Mehrzahl wegen ihrer fachübergreifenden Bedeutung auch vom AQS mitgetragen bzw. in engem fachlichen Zusammenhang gesehen werden.

Zu den Einzelaspekten der Qualität gehören z.B. die Sicherheit (siehe DIN/VDE 31 000 Teil 2), die Instandhaltung (siehe DIN 31 051), die Zuverlässigkeit. Spezielle Zusammenhänge bestehen weiter zwischen DIN 55 350 Teil 12 und DIN 40 200 (Merkmale) und zwischen DIN 55 350 Teil 13 und DIN 1319 Teil 3 (Meßunsicherheit). Zur Zuverlässigkeit sei erwähnt, daß sie begrifflich oft noch neben die Qualität gestellt wird. Da die Zuverlässigkeit ein Teil der Qualität ist, wurde auch der grundsätzlich neubearbeitete Entwurf DIN 40 041 über Zuverlässigkeitsbegriffe in dieses Taschenbuch aufgenommen, obwohl schon jetzt Verbesserungsmöglichkeiten erkannt sind. Wir empfehlen deshalb, auf das Erscheinen der auf den Norm-Entwurf folgenden Norm zu achten und dann die dort festgelegten Begriffe zu verwenden.

Ohnehin müssen die QS-Normen weiterentwickelt werden, auch unter Beachtung der im Bereich der Qualitätssicherung zum Teil noch recht jungen und mitunter noch unausgereiften und sehr unvollständigen internationalen Begriffsnormung.

Zu den Begriffen der Statistik sei vermerkt, daß die Normen DIN 55 350 Teil 21 bis Teil 24 Begriffe in einer Definitionstiefe enthalten, wie sie für praktische Anwendungen üblicherweise ausreicht. Statistische Begriffe mit Definitionen auf höherem mathematischen Niveau sind in DIN 13 303 Teil 1 und Teil 2 (Begriffe der Stochastik) genormt. Beide Normenreihen sind voll kompatibel. Ergänzt werden sie durch DIN 18 709 Teil 4, worin zwar für die Zwecke eines speziellen Anwendungsgebiets (Vermessungswesen), jedoch in allgemeingültiger Form und sachlich abgestimmt mit den obengenannten Normenreihen, weitere statistische Begriffe genormt sind.

Die Normen der Reihe DIN 55 350 stehen gemeinsam mit dem Entwurf DIN ISO 8402 in engem sachlichen Zusammenhang mit den folgenden Internationalen Normen:

ISO 3534	Statistics – Vocabulary and symbols (wird durch die folgenden 3 Teile ersetzt)
ISO/DIS 3534 Part 1	Statistical Terminology – Part 1: Probability and general statistical terms (z. Z. im Druck)
ISO/DIS 3534 Part 2	Statistical Terminology – Part 2: Statistical quality control
ISO 3534 Part 3	Statistics – Vocabulary and symbols – Part 3: Design of experiments
ISO 8402	Quality – Vocabulary

Dieses DIN-Taschenbuch enthält ein Verzeichnis weiterführender Normen. Wesentlicher Bestandteil ist ein ausführliches Stichwortverzeichnis.

Allen Mitarbeitern des AQS und der Normenausschüsse, deren Normen hier abgedruckt sind, sei für ihre oft langjährige und intensive ehrenamtliche Mitarbeit gedankt.

Berlin, im Mai 1989	Der Obmann des AQS Prof. Dr.-Ing. P.-Th. Wilrich	Der Geschäftsführer des AQS Dr.-Ing. K. Petrick

Hinweise für das Anwenden des DIN-Taschenbuches

Eine **Norm** ist das herausgegebene Ergebnis der Normungsarbeit.

Deutsche Normen (DIN-Normen) sind vom DIN Deutsches Institut für Normung e.V. unter dem Zeichen DIN herausgegebene Normen.

Sie bilden das Deutsche Normenwerk.

Eine **Vornorm** war bis etwa März 1985 eine Norm, zu der noch Vorbehalte hinsichtlich der Anwendung bestanden und nach der versuchsweise gearbeitet werden konnte. Ab April 1985 wird eine Vornorm nicht mehr als Norm herausgegeben. Damit können auch Arbeitsergebnisse, zu deren Inhalt noch Vorbehalte bestehen oder deren Aufstellungsverfahren gegenüber dem einer Norm abweicht, als Vornorm herausgegeben werden (Einzelheiten siehe DIN 820 Teil 4).

Eine **Auswahlnorm** ist eine Norm, die für ein bestimmtes Fachgebiet einen Auszug aus einer anderen Norm enthält, jedoch ohne sachliche Veränderungen oder Zusätze.

Eine **Übersichtsnorm** ist eine Norm, die eine Zusammenstellung aus Festlegungen mehrerer Normen enthält, jedoch ohne sachliche Veränderungen oder Zusätze.

Teil (früher Blatt genannt) kennzeichnet eine Norm, die den Zusammenhang zu anderen Festlegungen – in anderen Teilen – dadurch zum Ausdruck bringt, daß sich die DIN-Nummer nur in der Zählnummer hinter dem Wort Teil unterscheidet. In den Verzeichnissen dieses DIN-Taschenbuches ist deshalb bei DIN-Nummern generell die Abkürzung „T" für die Benennung „Teil" angegeben; sie steht zutreffendenfalls auch synonym für „Blatt".

Ein **Kreuz** hinter dem Ausgabedatum kennzeichnet, daß gegenüber der Norm mit gleichem Ausgabedatum, jedoch ohne Kreuz, eine unwesentliche Änderung vorgenommen wurde. Seit 1969 werden keine neuen Kreuzausgaben mehr herausgegeben.

Ein **Beiblatt** enthält Informationen zu einer Norm, jedoch keine zusätzlichen genormten Festlegungen.

Ein **Norm-Entwurf** ist das vorläufig abgeschlossene Ergebnis einer Normungsarbeit, das in der Fassung der vorgesehenen Norm der Öffentlichkeit zur Stellungnahme vorgelegt wird.

Die Gültigkeit von Normen beginnt mit dem Zeitpunkt des Erscheinens (Einzelheiten siehe DIN 820 Teil 4). Das Erscheinen wird im DIN-Anzeiger angezeigt.

Hinweise für den Anwender von DIN-Normen

Die Normen des Deutschen Normenwerkes stehen jedermann zur Anwendung frei.

Festlegungen in Normen sind aufgrund ihres Zustandekommens nach hierfür geltenden Grundsätzen und Regeln fachgerecht. Sie sollen sich als „anerkannte Regeln der Technik" einführen. Bei sicherheitstechnischen Festlegungen in DIN-Normen besteht überdies eine tatsächliche Vermutung dafür, daß sie „anerkannte Regeln der Technik" sind. Die Normen bilden einen Maßstab für einwandfreies technisches Verhalten; dieser Maßstab ist auch im Rahmen der Rechtsordnung von Bedeutung. Eine Anwendungspflicht kann sich aufgrund von Rechts- oder Verwaltungsvorschriften, Verträgen oder sonstigen Rechtsgründen ergeben. DIN-Normen sind nicht die einzige, sondern eine Erkenntnisquelle für technisch ordnungsgemäßes Verhalten im Regelfall. Es ist auch zu berücksichtigen, daß DIN-Normen nur den zum Zeitpunkt der jeweiligen Ausgabe herrschenden Stand der Technik berücksichtigen können. Durch das Anwenden von Normen entzieht sich niemand der Verantwortung für eigenes Handeln. Jeder handelt insoweit auf eigene Gefahr.

Jeder, der beim Anwenden einer DIN-Norm auf eine Unrichtigkeit oder eine Möglichkeit einer unrichtigen Auslegung stößt, wird gebeten, dies dem DIN unverzüglich mitzuteilen, damit etwaige Mängel beseitigt werden können.

DIN-Nummernverzeichnis

Hierin bedeuten:
(En) Von dieser Norm gibt es auch eine vom DIN herausgegebene englische Übersetzung

DIN	Seite	DIN	Seite
1319 T 3 (En)	1	55 350 T 14	160
13 303 T 1	15	55 350 T 15	166
13 303 T 2	43	55 350 T 17	169
18 709 T 4	55	55 350 T 18	177
31 051	74	55 350 T 21	182
E 40 041	82	55 350 T 22	191
40 200	122	55 350 T 23	199
55 350 T 11	125	55 350 T 24	209
55 350 T 12	139	55 350 T 31	216
55 350 T 13	152	E ISO 8402	223

Verzeichnis abgedruckter Normen und Norm-Entwürfe
(nach Sachgebieten geordnet)

DIN	Ausg.	Titel	Seite
		Allgemeine Begriffe der Qualitätssicherung und Statistik einschließlich Zuverlässigkeit und Instandhaltung	
1319 T 3	08.83	Grundbegriffe der Meßtechnik; Begriffe für die Meßunsicherheit und für die Beurteilung von Meßgeräten und Meßeinrichtungen	1
31 051	01.85	Instandhaltung; Begriffe und Maßnahmen	74
E 40 041	11.88	Zuverlässigkeit; Begriffe	82
40 200	10.81	Nennwert, Grenzwert, Bemessungswert, Bemessungsdaten; Begriffe	122
55 350 T 11	05.87	Begriffe der Qualitätssicherung und Statistik; Grundbegriffe der Qualitätssicherung	125
55 350 T 12	03.89	Begriffe der Qualitätssicherung und Statistik; Merkmalsbezogene Begriffe	139
55 350 T 13	07.87	Begriffe der Qualitätssicherung und Statistik; Begriffe zur Genauigkeit von Ermittlungsverfahren und Ermittlungsergebnissen	152
55 350 T 14	12.85	Begriffe der Qualitätssicherung und Statistik; Begriffe der Probenahme	160
55 350 T 15	02.86	Begriffe der Qualitätssicherung und Statistik; Begriffe zu Mustern	166
55 350 T 17	08.88	Begriffe der Qualitätssicherung und Statistik; Begriffe der Qualitätsprüfungsarten	169
55 350 T 18	07.87	Begriffe der Qualitätssicherung und Statistik; Begriffe zu Bescheinigungen über die Ergebnisse von Qualitätsprüfungen; Qualitätsprüf-Zertifikate	177
E ISO 8402	04.89	Qualität; Begriffe; Identisch mit ISO 8402 : 1986	223
		Begriffe der Statistik	
13 303 T 1	05.82	Stochastik; Wahrscheinlichkeitstheorie, Gemeinsame Grundbegriffe der mathematischen und der beschreibenden Statistik; Begriffe und Zeichen	15
13 303 T 2	11.82	Stochastik; Mathematische Statistik; Begriffe und Zeichen	43
18 709 T 4	01.84	Begriffe, Kurzzeichen und Formelzeichen im Vermessungswesen; Ausgleichungsrechnung und Statistik	55
55 350 T 21	05.82	Begriffe der Qualitätssicherung und Statistik; Begriffe der Statistik; Zufallsgrößen und Wahrscheinlichkeitsverteilungen	182
55 350 T 22	02.87	Begriffe der Qualitätssicherung und Statistik; Begriffe der Statistik; Spezielle Wahrscheinlichkeitsverteilungen	191

Verfahrensorientierte Begriffe

DK 53.08 : 681.2 : 53.088.2 : 001.4 **August 1983**

Grundbegriffe der Meßtechnik
Begriffe für die Meßunsicherheit und für die Beurteilung von Meßgeräten und Meßeinrichtungen

DIN 1319 Teil 3

Basic concepts of measurement; concepts for uncertainty of measurement and for evaluation of measuring instruments

Ersatz für Ausgabe 01.72

Inhalt

		Seite
1	Anwendungsbereich und Zweck	1
2	Allgemeine Grundlagen	1
3	Ursachen und Arten von Meßabweichungen	2
4	Versuchsbedingungen	3
5	Rechnerische Erfassung der Zufallsstreuung von Meßwerten einer Meßreihe	3
6	Meßunsicherheit u	5
7	Meßergebnis	6
8	Beurteilung von Meßgeräten und Meßeinrichtungen	7
Anhang A:	Beispiele	10

1 Anwendungsbereich und Zweck

Diese Norm gilt sowohl für die Auswertung und Beurteilung von Messungen physikalischer Größen (siehe DIN 1319 Teil 1 und DIN 1313) als auch für die Beurteilung der dabei benutzten Meßgeräte und Meßeinrichtungen.

Zweck dieser Norm ist es, Begriffe für die Meßunsicherheit und Regeln für ihre zahlenmäßige Ermittlung im Fall einer einzelnen (insbesondere direkt) gemessenen physikalischen Größe festzulegen; für andere Fälle, z. B. eine physikalische Größe als Funktion mehrerer anderer Größen, ist eine weitere Norm in Vorbereitung. Ferner werden in Abschnitt 8 dieser Norm Grundbegriffe für die Beurteilung von Meßgeräten und Meßeinrichtungen definiert.

2 Allgemeine Grundlagen

Es ist das Ziel jeder Messung, den wahren Wert einer Meßgröße zu ermitteln. Wegen der in Abschnitt 3.1 genannten, bei der Messung wirkenden Einflüsse treten Meßabweichungen (nachfolgend meist kurz „Abweichungen" genannt) auf. Sie sind der Grund, warum es keine Möglichkeit gibt, den wahren Wert x_w zu finden. Man geht deshalb gedanklich davon aus, daß die bei mehreren Einzelmessungen einer Meßreihe erhaltenen Werte, die Meßwerte x_i, Realisierungen einer Zufallsgröße X sind. Diese Zufallsgröße X folgt einer Wahrscheinlichkeitsverteilung, die insbesondere durch die beiden Parameter Erwartungswert μ und Standardabweichung σ gekennzeichnet ist. Bei Abwesenheit von systematischen Abweichungen (siehe Abschnitt 3.3) stimmt der Erwartungswert μ mit dem wahren Wert x_w der Meßgröße überein. Die Standardabweichung σ ist ein Streuungsmaß für die zufällige Abweichung eines einzelnen Meßwerts (siehe Abschnitt 3.2) vom Erwartungswert der Meßgröße.

Die Parameter μ und σ der Wahrscheinlichkeitsverteilung sind im allgemeinen nicht bekannt. Es besteht die Aufgabe, aus einer Meßreihe Schätzwerte für sie zu ermitteln. Üblicherweise werden der arithmetische Mittelwert $\bar{x}$ (siehe Abschnitt 5.1) als Schätzwert für μ und die (empirische) Standardabweichung s der Meßreihe (siehe Abschnitt 5.2) als Schätzwert für σ benutzt. Weil die Meßwerte Realisierungen einer Zufallsgröße sind, werden $\bar{x}$ von μ und s von σ zufällig abweichen.

Geht man von einer Annahme über den Verteilungstyp der Meßwerte aus (in dieser Norm wird Normalverteilung vorausgesetzt), so läßt sich mit Hilfe von $\bar{x}$ und s ein Vertrauensbereich angeben, der mit einer vorgegebenen Wahrscheinlichkeit – dem Vertrauensniveau $(1-\alpha)$ – den Erwartungswert μ überdeckt (siehe Abschnitt 5.3). Durch diesen Vertrauensbereich wird der Einfluß der zufälligen Abweichungen auf das Meßergebnis (siehe DIN 1319 Teil 1) erfaßt.

Bekannte systematische Abweichungen schaltet man durch Korrektionen aus (siehe Abschnitt 3.3.2). Unbekannte systematische Abweichungen (siehe Abschnitt 3.3.3) versucht man durch Erweiterung des Vertrauensbereiches zu erfassen. Wie die Erweiterung des Vertrauensbereiches geschieht, hängt von den aus der Erfahrung ableitbaren Annahmen über die unbekannten systematischen Abweichungen ab (siehe Abschnitt 6.2).

Das endgültige Meßergebnis aus einer Meßreihe besteht aus dem um die bekannten systematischen Abweichungen berichtigten Mittelwert, verbunden mit einem Intervall, in dem vermutlich der wahre Wert x_w der Meßgröße liegt. Die Differenz zwischen der oberen Grenze dieses Intervalls und dem berichtigten Mittelwert bzw. die Differenz zwischen dem berichtigten Mittelwert und der unteren Grenze dieses Intervalls wird Meßunsicherheit genannt. Meistens, aber nicht immer, haben beide Differenzen den gleichen Wert (vgl. Abschnitte 6.3 und 7.1).

Fortsetzung Seite 2 bis 14

Normenausschuß Einheiten und Formelgrößen (AEF) im DIN Deutsches Institut für Normung e. V.
Ausschuß Qualitätssicherung und angewandte Statistik (AQS) im DIN

3 Ursachen und Arten von Meßabweichungen

3.1 Ursachen von Meßabweichungen [1])

Jeder Meßwert und damit jedes Meßergebnis für eine Meßgröße wird beeinflußt durch Unvollkommenheit der Meßgeräte und Meßeinrichtungen (einschließlich Maßverkörperungen), des Meßverfahrens und des Meßobjektes, außerdem durch die Umwelt und die Beobachter, wobei sich auch zeitliche Änderungen dieser Einflüsse auswirken.

Als Umwelteinflüsse sind örtliche Unterschiede und zeitliche Änderungen von z. B. Temperatur, Luftdruck, Feuchte, Spannung, Frequenz, äußeren elektrischen oder magnetischen Feldern zu beachten (siehe auch Abschnitt 8.3.1, Anmerkung 2 über Einflußgrößen).

Beobachtereinflüsse sind abhängig von den Eigenschaften und Fähigkeiten der Beobachter (z. B. Aufmerksamkeit, Übung, Sehschärfe, Schätzvermögen).

Darüber hinaus kann ein Meßergebnis verfälscht werden durch Irrtümer der Beobachter, durch Wahl eines zur Bestimmung der betrachteten Meßgröße ungeeigneten Meß- oder Auswertungsverfahrens, ferner durch Nichtbeachten bekannter Störeinflüsse. Derartige Fehlhandlungen werden in dieser Norm nicht behandelt.

3.2 Zufällige Abweichungen [2]), Streuung von Meßwerten

Nicht beherrschbare, nicht einseitig gerichtete Einflüsse während mehrerer Messungen am selben Meßobjekt innerhalb einer Meßreihe führen zu einer Streuung der Meßwerte um den Mittelwert der Meßreihe (siehe Abschnitt 5.1) und damit zu zufälligen Abweichungen der Meßwerte vom wahren Wert.

Die Zufallsstreuung kann durch geeignete statistische Größen gekennzeichnet und durch deren Schätzwert zahlenmäßig angegeben werden (siehe Abschnitt 5). Voraussetzung für verläßliche Schätzwerte ist, daß genügend unter Wiederholbedingungen (siehe Abschnitt 4.1) gewonnene Meßwerte vorliegen. Die Zufallsstreuung der Meßwerte macht – zusammen mit den unbekannten systematischen Abweichungen (siehe Abschnitt 3.3.3) – ein Meßergebnis unsicher.

Als Schätzwert für den wahren Wert wird der Mittelwert angesehen, solange keine systematischen Abweichungen auftreten.

Anmerkung: Wiederholt derselbe Beobachter an demselben Meßobjekt eine Messung der gleichen Meßgröße mit demselben Meßgerät unter den gleichen Bedingungen, so werden die einzelnen Meßwerte voneinander abweichen, sie „streuen zufällig" (siehe auch Abschnitt 5).

Das Streuen der einzelnen Werte in einer Meßreihe kann auch dadurch hervorgerufen sein, daß sich das Meßobjekt selbst während der Meßdauer ändert, d. h. daß seine zu messende Eigenschaft, die Meßgröße, zufälligen Schwankungen unterworfen ist. Auch in diesem in der Praxis recht häufigen Fall ist die Bildung des Mittelwertes und der Standardabweichung sinnvoll, und es kann auch hier ein Vertrauensbereich angegeben werden, der jetzt die Veränderlichkeit der Meßgröße berücksichtigt.

Eine wesentliche Quelle von Streuung kann auch die Inhomogenität des Meßobjektes sein; ein Meßergebnis kann häufig nur als Mittelwert aus einer größeren Anzahl von unterschiedlichen Einzelmessungen am selben Meßobjekt ermittelt werden, z. B. die Härte eines Stahlteiles.

3.3 Systematische Abweichungen [2])

3.3.1 Allgemeines

Es gibt:

a) systematische Abweichungen, die während der Messung einen konstanten Betrag und ein bestimmtes Vorzeichen (entweder plus oder minus) haben (z. B. auf Grund falscher Justierung des Meßgerätes),

b) systematische Abweichungen, die sich zeitlich verändern, hervorgerufen durch Ursachen, die eine Änderung der Meßgröße in einer bestimmten Richtung bewirken (z. B. gerichteter Temperaturgang, Abnutzung, Alterung). Nach Möglichkeit sind solche zeitlichen Veränderungen während der Messung zu vermeiden.

Systematische Abweichungen sind in jedem Meßergebnis enthalten und können unter Wiederholbedingungen (siehe Abschnitt 4.1) nicht entdeckt werden.

Anmerkung: Eine strenge Unterscheidung zwischen zufälligen Abweichungen und unbekannten systematischen Abweichungen (siehe Abschnitt 3.3.3) ist nicht immer möglich und sinnvoll. Unter bestimmten Voraussetzungen, z. B. bei Ringversuchen mit genügender Anzahl von Teilnehmern, können systematische Abweichungen auch wie zufällige Abweichungen behandelt werden.

3.3.2 Bekannte systematische Abweichungen

Bekannte systematische Abweichungen – sowohl konstante wie zeitlich veränderliche – sollen durch Korrektion (Berichtigung) nach Abschnitt 8.2.5 berücksichtigt werden. Man erhält dadurch den berichtigten Meßwert. Wird ein mit systematischen Abweichungen behafteter Meßwert nicht berichtigt, so ist das Ergebnis unrichtig.

Anmerkung: Zu den bekannten systematischen Abweichungen gehören die z. B. durch Kalibrieren festgestellten systematischen Abweichungen von Meßgeräten; sie werden als Korrektion nach Abschnitt 8.2.5 berücksichtigt.

3.3.3 Unbekannte systematische Abweichungen

Es gibt auch systematische Abweichungen, die auf Grund experimenteller Erfahrungen vermutet oder deutlich werden, deren Betrag und Vorzeichen aber nicht eindeutig angegeben werden können oder überhaupt unbekannt sind. Solche unbekannten systematischen Abweichungen können jedoch in vielen Fällen (mit nicht statistischen Methoden) abgeschätzt werden; sie müssen dann bei der Berechnung der Meßunsicherheit in geeigneter Weise zusätzlich berücksichtigt werden (siehe Abschnitte 6.2 und 6.3). Darüber hinaus gibt es auch unbekannte systematische Abweichungen, die nicht abschätzbar sind.

Anmerkung: Unbekannte systematische Abweichungen können dadurch verursacht sein, daß ein Meßgerät einen unbekannten Fehler hat oder daß bei einem Meßverfahren unvermeidliche Störeinflüsse nicht berücksichtigt werden können.

Beispiel:

Wärmeverluste durch Ableitung bei kalorischen und Temperaturmessungen. Eine Aufklärung kann in solchem Fall nur die Anwendung andersartiger oder besserer Meßgeräte oder Meßverfahren bringen.

---

[1]) Kurz „Abweichungen" genannt.

[2]) Die zufälligen Abweichungen der Meßwerte wurden früher „zufällige Fehler", die systematischen Abweichungen (siehe Abschnitt 3.3) „systematische Fehler" genannt. Hinsichtlich der Zulässigkeit der Benennung „Fehler" bei der Beurteilung von Meßeinrichtungen siehe Abschnitt 8.2.2.

4 Versuchsbedingungen

Vor jeder Beurteilung von Meßwerten einer Meßgröße ist zu prüfen, ob die Messungen unter den gleichen Versuchsbedingungen und unabhängig voneinander durchgeführt worden sind. Es hat sich als zweckmäßig erwiesen, aus den vielerlei möglichen Versuchsbedingungen folgende zwei Grenzfälle herauszuheben (siehe DIN 55350 Teil 13 und DIN ISO 5725).

4.1 Wiederholbedingungen

Wiederholbedingungen liegen vor, wenn derselbe Beobachter nach einem festgelegten Meßverfahren am selben Meßobjekt unter gleichen Versuchsbedingungen (dasselbe Meßgerät, dasselbe Laboratorium) mehrmals in kurzen Zeitabständen Messungen durchführt.

Die Standardabweichung unter Wiederholbedingungen heißt Wiederholstandardabweichung σ_r. Aus einer bekannten Wiederholstandardabweichung σ_r läßt sich der Wert errechnen, unterhalb dessen der Betrag der Differenz zweier Meßwerte unter Wiederholbedingungen mit einer Wahrscheinlichkeit von 95% erwartet werden kann; er ist die Wiederholbarkeit

$$r = 1{,}96\sqrt{2}\,\sigma_r \approx 2{,}77\,\sigma_r$$

(In DIN ISO 5725 wird anstelle von 2,77 der Zahlenwert 2,83 ($\approx 2\cdot\sqrt{2}$) benutzt.)

Unter Wiederholbedingungen treten meist bei jeder Messung die gleichen systematischen Abweichungen auf. Sie sind deshalb aus der Wiederholmeßreihe nicht bestimmbar.

4.2 Vergleichbedingungen

Vergleichbedingungen liegen vor, wenn verschiedene Beobachter nach einem festgelegten Meßverfahren am selben Meßobjekt unter verschiedenen Versuchsbedingungen (verschiedene Meßgeräte, verschiedene Untersuchungsorte oder Laboratorien) zu verschiedenen Zeiten Messungen durchführen.

Die Standardabweichung unter Vergleichbedingungen heißt Vergleichstandardabweichung σ_R. Aus einer bekannten Vergleichstandardabweichung σ_R läßt sich der Wert errechnen, unterhalb dessen der Betrag der Differenz zweier Meßwerte unter Vergleichbedingungen mit einer Wahrscheinlichkeit von 95% erwartet werden kann; er ist die Vergleichbarkeit

$$R = 1{,}96\sqrt{2}\,\sigma_R \approx 2{,}77\,\sigma_R$$

(In DIN ISO 5725 wird anstelle von 2,77 der Zahlenwert 2,83 ($\approx 2\cdot\sqrt{2}$) benutzt.)

Unter Vergleichbedingungen treten beim Vergleich der Meßwerte aus den verschiedenen Laboratorien untereinander systematische Abweichungen zu Tage, die ohne weiteres in jedem einzelnen Laboratorium nicht bestimmbar sind.

Beispiel:

Bei vielen genormten Meßverfahren im Bereich der Mineralölprüfung ist die Vergleichstandardabweichung σ_R etwa doppelt so groß wie die Wiederholstandardabweichung σ_r.

Anmerkung 1: Als qualitativer Oberbegriff für die (quantitativen) Größen Wiederholstandardabweichung, Wiederholbarkeit, Vergleichstandardabweichung und Vergleichbarkeit wird häufig die Benennung „Präzision" (englisch: „precision"), siehe DIN 55350 Teil 13, verwendet.

Anmerkung 2: Da die Werte für die Wiederholstandardabweichung und Vergleichstandardabweichung in der Praxis aus länger laufenden Ringversuchen (u.a. auch größere Zahl der teilnehmenden Laboratorien) ermittelt werden, dürfen bei der statistischen Auswertung die empirischen Standardabweichungen s_r und s_R (siehe Abschnitt 5.2) als ausreichende Schätzwerte für σ_r und σ_R angesehen werden.

5 Rechnerische Erfassung der Zufallsstreuung von Meßwerten einer Meßreihe

5.1 Arithmetischer Mittelwert $\bar{x}$

Sind bei einer Meßreihe n voneinander unabhängige Einzelmeßwerte $x_1, \ldots, x_i, \ldots, x_n$ unter Wiederholbedingungen (siehe Abschnitt 4.1) gemessen worden, so ist der arithmetische Mittelwert aus diesen n Einzelwerten, kurz Mittelwert $\bar{x}$ genannt (gesprochen x-quer), gegeben durch:

$$\bar{x} = \frac{1}{n}\sum_{i=1}^{n} x_i \tag{1}$$

$\bar{x}$ ist ein Schätzwert für den Erwartungswert μ.

Anmerkung: Einzelwerte sind voneinander unabhängig, wenn nachfolgende Messungen (und damit die erhaltenen Einzelmeßwerte) nicht durch die vorausgegangenen beeinflußt werden.

5.2 (Empirische) Standardabweichung s, Variationskoeffizient v

Die wichtigste Rechengröße für die zahlenmäßige Erfassung der Zufallsstreuung von n Einzelwerten einer Meßreihe um ihren Mittelwert $\bar{x}$ ist die (empirische) Standardabweichung s:

$$s = \sqrt{\frac{1}{n-1}\sum_{i=1}^{n}(x_i-\bar{x})^2} = \sqrt{\frac{1}{n-1}\left[\sum_{i=1}^{n} x_i^2 - \frac{1}{n}\left(\sum_{i=1}^{n} x_i\right)^2\right]} \tag{2}$$

Das Quadrat der Standardabweichung heißt Varianz s^2 bzw. σ^2. Die (empirische) Standardabweichung s ist die positive Wurzel aus der Varianz s^2 und ein Schätzwert für die Standardabweichung σ.

An Stelle der (empirischen) Standardabweichung s wird auch der (empirische) Variationskoeffizient v benutzt. v wird oft in % ausgedrückt. Es gilt für $\bar{x} \neq 0$:

$$v = \frac{s}{|\bar{x}|} \tag{3}$$

Anmerkung: Zu einer Beurteilung der Ergebnisse von Versuchen führt auch das Aufzeichnen der Häufigkeitssummenkurve gewonnener Einzelwerte. Hierzu wird auf DIN 55302 Teil 1 und Teil 2 „Statistische Auswertungsverfahren; Mittelwert und Streuung" verwiesen.

5.3 Vertrauensgrenzen und Vertrauensbereich für den Erwartungswert μ

5.3.1 Allgemeines

Man darf (siehe Abschnitt 2) nicht annehmen, daß der Mittelwert $\bar{x}$ gleich dem Erwartungswert μ bzw. dem wahren Wert x_w sei, auch dann nicht, wenn keine systematischen Abweichungen vorhanden sind. Es ist aber möglich, ein Intervall um den um bekannte systematische Abweichungen berichtigten Mittelwert $\bar{x}$ (siehe Abschnitt 3.3.2) anzugeben, das den Erwartungswert mit einer vorgegebenen Wahrscheinlichkeit $(1-\alpha)$ überdeckt. Die Grenzen dieses Intervalles heißen Vertrauensgrenzen für den Erwartungswert und das Intervall selbst wird Vertrauensbereich für den Erwartungswert genannt, zugeordnet zum Vertrauensniveau $(1-\alpha)$. Stets muß deshalb beim Vertrauensbereich das gewählte Vertrauensniveau $(1-\alpha)$ angegeben werden.

Wenn nichts anderes vereinbart ist, soll das Vertrauensniveau $1-\alpha=95\,\%$ benutzt werden (siehe ISO 3534).

Anmerkung: Das Vertrauensniveau $(1-\alpha)$ (engl.: confidence level) wurde früher vielfach „statistische Sicherheit" genannt und mit dem Formelzeichen P bezeichnet.

Zur Anwendung bevorzugter Werte des Vertrauensniveaus in der Praxis ist auf folgendes hinzuweisen: In der Physik und in der Vermessungstechnik rechnet man weithin mit dem einfachen Betrag der Standardabweichung und begnügt sich dabei bewußt mit dem niedrigen Vertrauensniveau $1-\alpha=68{,}26\,\%$. Die Unsicherheit der physikalischen Naturkonstanten wird ebenfalls durch die einfache Standardabweichung angegeben. In der Biologie hat man seit langem das hohe Vertrauensniveau $1-\alpha=99{,}73\,\%$ $(3\,\sigma)$ für zweckmäßig gehalten; neuerdings werden runde Zahlen, z. B. $1-\alpha=99\,\%$, international bevorzugt. In der Industrie benutzt man weithin, auch international, das Vertrauensniveau $1-\alpha=95\,\%$. Dieses ist z. B. die Basis aller ASTM-Standards [4]) und der deutschen Mineralölnormen.

Es ist stets eine Frage des vorliegenden Problems oder der Vereinbarungen, mit welchem Vertrauensniveau man arbeiten sollte; eine generelle Festlegung für alle Bereiche ist nicht sinnvoll. Wenn nichts über das Vertrauensniveau gesagt ist, sollte man stets ein Vertrauensniveau $1-\alpha=95\,\%$ voraussetzen dürfen.

In dieser Norm wird vorausgesetzt, daß die Meßwerte aus einer Normalverteilung stammen und unabhängig voneinander gewonnen sind.

Bei der Berechnung der Vertrauensgrenzen ist zu unterscheiden, ob die Standardabweichung σ (siehe Abschnitt 2) nicht bekannt ist (z. B. bei neuartigen Versuchen) oder ob sie durch Erfahrung aus früheren Messungen ausreichend bekannt ist.

5.3.2 Vertrauensgrenzen und Vertrauensbereich bei unbekannter Standardabweichung σ

In vielen Fällen der Praxis ist nur die (empirische) Standardabweichung s einer Meßreihe mit n Einzelmeßwerten bekannt (Gleichung (2)). In diesem Fall sind die symmetrisch zum Mittelwert liegenden Vertrauensgrenzen für den Erwartungswert μ gegeben durch:

$$\left.\begin{array}{ll}\text{Obere Vertrauensgrenze:} & \bar{x}+\dfrac{t}{\sqrt{n}}\,s \\[2ex] \text{Untere Vertrauensgrenze:} & \bar{x}-\dfrac{t}{\sqrt{n}}\,s\end{array}\right\} \qquad (4)$$

[4]) ASTM American Society for Testing and Materials

Tabelle 1. **Werte für t und $t/\sqrt{n}$ bei verschiedenen Werten des Vertrauensniveaus $(1-\alpha)$**

Anzahl n der Einzelwerte	$1-\alpha=68{,}26\,\%$		$1-\alpha=90\,\%$		$1-\alpha=95\,\%$		$1-\alpha=99\,\%$		$1-\alpha=99{,}5\,\%$		$1-\alpha=99{,}73\,\%$	
	t	$t/\sqrt{n}$	t	$t/\sqrt{n}$	t	$t/\sqrt{n}$	t	$t/\sqrt{n}$	t	$t/\sqrt{n}$	t	$t/\sqrt{n}$
2	1,84	1,30	6,31	4,46	12,71	8,98	63,66	45,01	127,32	90,03	235,8	166,7
3	1,32	0,76	2,92	1,69	4,30	2,48	9,93	5,73	14,09	8,13	19,21	11,09
4	1,20	0,60	2,35	1,18	3,18	1,59	5,84	2,92	7,45	3,73	9,22	4,61
5	1,15	0,51	2,13	0,95	2,78	1,24	4,60	2,06	5,60	2,50	6,62	2,96
6	1,11	0,45	2,02	0,82	2,57	1,05	4,03	1,65	4,77	1,95	5,51	2,25
8	1,08	0,38	1,90	0,67	2,37	0,84	3,50	1,24	4,03	1,42	4,53	1,60
10	1,06	0,34	1,83	0,58	2,26	0,71	3,25	1,03	3,69	1,17	4,09	1,29
13	1,05	0,29	1,78	0,49	2,18	0,60	3,05	0,85	3,43	0,95	3,76	1,04
20	1,03	0,23	1,73	0,39	2,09	0,48	2,86	0,64	3,17	0,71	3,45	0,77
30	1,02	0,19	1,70	0,31	2,05	0,37	2,76	0,50	3,04	0,56	3,28	0,60
32	1,02	0,18	1,70	0,30	2,04	0,36	2,74	0,49	3,02	0,53	3,26	0,58
50	1,01	0,14	1,68	0,24	2,01	0,28	2,68	0,38	2,94	0,42	3,16	0,45
80	1,00	0,11	1,66	0,19	1,99	0,22	2,64	0,30	2,89	0,32	3,10	0,35
100	1,00	0,10	1,66	0,17	1,98	0,20	2,63	0,26	2,87	0,29	3,08	0,31
125	1,00	0,09	1,66	0,15	1,98	0,18	2,62	0,23	2,86	0,26	3,07	0,27
200	1,00	0,07	1,65	0,12	1,97	0,14	2,60	0,18	2,84	0,20	3,04	0,21
über 200 (dann $t=t_\infty$)	1,00	$\frac{1{,}00}{\sqrt{n}}$	1,65	$\frac{1{,}65}{\sqrt{n}}$	1,96	$\frac{1{,}96}{\sqrt{n}}$	2,58	$\frac{2{,}58}{\sqrt{n}}$	2,81	$\frac{2{,}81}{\sqrt{n}}$	3,00	$\frac{3{,}00}{\sqrt{n}}$

Tabelle 2. **Vertrauensgrenzen und Vertrauensbereich für den Erwartungswert μ bei bekannter Standardabweichung σ**

Vertrauensniveau $(1-\alpha)$ in %	Untere Vertrauensgrenze	Obere Vertrauensgrenze	Vertrauensbereich
68,26	$\bar{x}-\frac{\sigma}{\sqrt{n}}$	$\bar{x}+\frac{\sigma}{\sqrt{n}}$	$\bar{x}-\frac{\sigma}{\sqrt{n}} \leq \mu \leq \bar{x}+\frac{\sigma}{\sqrt{n}}$
90,0	$\bar{x}-\frac{1{,}65\,\sigma}{\sqrt{n}}$	$\bar{x}+\frac{1{,}65\,\sigma}{\sqrt{n}}$	$\bar{x}-\frac{1{,}65\,\sigma}{\sqrt{n}} \leq \mu \leq \bar{x}+\frac{1{,}65\,\sigma}{\sqrt{n}}$
95,0	$\bar{x}-\frac{1{,}96\,\sigma}{\sqrt{n}}$	$\bar{x}+\frac{1{,}96\,\sigma}{\sqrt{n}}$	$\bar{x}-\frac{1{,}96\,\sigma}{\sqrt{n}} \leq \mu \leq \bar{x}+\frac{1{,}96\,\sigma}{\sqrt{n}}$
99,0	$\bar{x}-\frac{2{,}58\,\sigma}{\sqrt{n}}$	$\bar{x}+\frac{2{,}58\,\sigma}{\sqrt{n}}$	$\bar{x}-\frac{2{,}58\,\sigma}{\sqrt{n}} \leq \mu \leq \bar{x}+\frac{2{,}58\,\sigma}{\sqrt{n}}$
99,5	$\bar{x}-\frac{2{,}81\,\sigma}{\sqrt{n}}$	$\bar{x}+\frac{2{,}81\,\sigma}{\sqrt{n}}$	$\bar{x}-\frac{2{,}81\,\sigma}{\sqrt{n}} \leq \mu \leq \bar{x}+\frac{2{,}81\,\sigma}{\sqrt{n}}$
99,73	$\bar{x}-\frac{3\,\sigma}{\sqrt{n}}$	$\bar{x}+\frac{3\,\sigma}{\sqrt{n}}$	$\bar{x}-\frac{3\,\sigma}{\sqrt{n}} \leq \mu \leq \bar{x}+\frac{3\,\sigma}{\sqrt{n}}$

Der Faktor t hängt vom gewählten Vertrauensniveau $(1-\alpha)$ und außerdem von der Anzahl n der Einzelwerte ab. Für die sechs Werte $1-\alpha = 68{,}26\,\%$; 90,0 %; 95,0 %, 99,0 %, 99,5 % und 99,73 % sind die zugeordneten Werte für den Faktor t (t-Verteilung nach Student) und $t/\sqrt{n}$ in Tabelle 1 zusammengestellt. Tabelle 1 zeigt, daß man bei unbekanntem σ und geringer Anzahl n einen weiten Vertrauensbereich in Kauf nehmen muß.

Anmerkung: Statt der Anzahl n der Einzelwerte in Spalte 1 der Tabelle 1 werden in anderen Tabellen die Werte für t oft in Abhängigkeit vom Freiheitsgrad $f=n-1$ angegeben.

5.3.3 Vertrauensgrenzen und Vertrauensbereich bei bekannter Standardabweichung σ

Ist die Standardabweichung σ durch Erfahrung aus früheren Messungen praktisch ausreichend bekannt, so sind die Ausdrücke für die Vertrauensgrenzen und den Vertrauensbereich für den Erwartungswert μ bei n Einzelmessungen aus Tabelle 2 ersichtlich.

6 Meßunsicherheit u

Das Meßergebnis aus einer Meßreihe ist der um die bekannten systematischen Abweichungen berichtigte Mittelwert $\bar{x}$ verbunden mit einem Intervall, in dem vermutlich der wahre Wert der Meßgröße liegt. Die Differenz zwischen der oberen Grenze dieses Intervalls und dem berichtigten Mittelwert bzw. die Differenz zwischen dem berichtigten Mittelwert und der unteren Grenze dieses Intervalls wird als Meßunsicherheit u bezeichnet. Meistens, aber nicht immer, haben beide Differenzen den gleichen Wert, siehe Abschnitt 7.1.

Anmerkung: Die gesamte Weite des Intervalls, in dem vermutlich der wahre Wert der Meßgröße liegt, also die Differenz zwischen dessen oberer und unterer Grenze, darf nicht Meßunsicherheit genannt werden.

Im folgenden werden grundsätzliche Regeln zur Ermittlung der Meßunsicherheit u angegeben. Die Meßunsicherheit u hat zwei Komponenten. Die eine Komponente betrifft die zufälligen Abweichungen (Zufallskomponente u_z); die andere Komponente betrifft die unbekannten systematischen Abweichungen (systematische Komponente u_s).

6.1 Wert der Zufallskomponente u_z

Bei der Ermittlung des Wertes der Zufallskomponente u_z (siehe Abschnitt 3.2) sind die folgenden drei Fälle zu unterscheiden:

6.1.1 Meßreihe unter Wiederholbedingungen bei unbekannter Wiederholstandardabweichung σ_r

Liegt eine Meßreihe vor, die unter Wiederholbedingungen (entsprechend Abschnitt 4.1) durchgeführt wurde, so ist:

$$u_z = \frac{t}{\sqrt{n}} \cdot s \qquad (5)$$

Das ist, wie in Abschnitt 5.3 ausführlich erläutert, die halbe Weite des Vertrauensbereichs für den Erwartungswert μ der Meßreihe mit dem dort angegebenen Vertrauensniveau.

6.1.2 Meßreihe unter Wiederholbedingungen mit wenigen Einzelwerten bei bekannter Wiederholstandardabweichung σ_r

Es kommt öfters vor, daß jede einzelne Messung sehr viel kostet, daß aber gleichzeitig die Standardabweichung σ_r der zufälligen Abweichungen des Meßverfahrens aus früheren Messungen bekannt ist. Dann ist es sinnvoll,

$$u_z = \frac{t_\infty}{\sqrt{n}} \cdot \sigma_r \qquad (6)$$

zu verwenden. Mit den wenigen n Meßwerten x_i ist der Mittelwert $\bar{x}$ wesentlich besser bestimmt als nur mit einem einzigen Meßwert. Dagegen wäre der aus diesen wenigen Meßwerten berechnete Vertrauensbereich (vgl. Abschnitt 6.1.1) bedeutend weiter als der mit dem durch Erfahrung bekannten Wert σ_r berechnete (siehe Beispiel A.2 in Anhang A).

6.1.3 Einzelner Meßwert bei bekannter Wiederholstandardabweichung σ_r

Liegt nur ein einzelner Meßwert vor und ist die Wiederholstandardabweichung σ_r bekannt (siehe Abschnitt 4.1), so ist:

$$u_z = t_\infty \sigma_r \qquad (7)$$

Ist die Wiederholbarkeit r angegeben (siehe Abschnitt 4.1), dann läßt sich daraus die Wiederholstandardabweichung $\sigma_r = r/2{,}77$ errechnen.

Ist σ_r nicht bekannt, so ist hilfsweise das vom Meßgerätehersteller angegebene u_z zu übernehmen oder aus Erfahrung ein Wert u_z abzuschätzen.

Anmerkung zu 6.1: Die in Abschnitt 5.3 angegebenen Formeln gelten unter der Voraussetzung der Normalverteilung der Meßwerte. Ist diese Voraussetzung nicht gegeben, dann ist man gewöhnlich nicht in der Lage, einen Vertrauensbereich für den Erwartungswert μ verknüpft mit einer Wahrscheinlichkeitsaussage anzugeben. In solchen Fällen kann die Zufallskomponente u_z der Meßunsicherheit aber doch sinnvoll durch $s/\sqrt{n}$ angegeben werden, wobei s die (empirische) Standardabweichung und n die Anzahl der Einzelwerte bedeuten.

6.2 Wert der systematischen Komponente u_s

Die systematische Komponente u_s kann im allgemeinen nur anhand ausreichender experimenteller Erfahrung (oder verläßlicher Angaben des Herstellers) abgeschätzt werden. Bei solchen Abschätzungen sollte man Beträge ansetzen, von denen man erwartet, daß sie nicht überschritten werden. Im allgemeinen wird man mangels besserer Kenntnis den Betrag unbekannter positiver systematischer Abweichungen und den Betrag unbekannter negativer systematischer Abweichungen gleich groß ansetzen, also nur einen einzigen Betrag u_s angeben.

Anmerkung: Eine Möglichkeit, in speziellen Fällen zu einer gewissen quantitativen Beurteilung unbekannter systematischer Abweichungen zu kommen, erlauben Ringversuche nach einem festgelegten (genormten) Meßverfahren unter strenger Beachtung der Prüfbedingungen und bei genügend großer Anzahl der teilnehmenden Laboratorien (siehe DIN ISO 5725 und DIN 51 848 Teil 1 bis Teil 3). Die Auswertung solcher Ringversuche (Varianzanalyse) führt zu den beiden in Abschnitt 4 bereits beschriebenen Größen Wiederholbarkeit r und Vergleichbarkeit R. Der Unterschied zwischen r und R beruht auf unbekannten, aber verschieden großen systematischen Abweichungen in den einzelnen Laboratorien, so daß man hiermit zu einer gewissen Abschätzung ihrer Beträge kommt. (Vergleiche jedoch Anmerkung zu Abschnitt 3.3.3 und den Vorteil verschiedenartiger Meßverfahren zur Aufklärung systematischer Abweichungen.)

6.3 Zusammensetzung der Komponenten u_z und u_s zur Meßunsicherheit u

Für die Zusammensetzung der Komponenten u_z und u_s zur Meßunsicherheit u gibt es mehrere Verfahren. Können die unbekannten systematischen Abweichungen nicht abgeschätzt werden, dann muß u_z als Meßunsicherheit angegeben und darauf hingewiesen werden, daß in u nur zufällige Abweichungen berücksichtigt sind.

6.3.1 Verfahren 1 (Lineare Addition)

Die einfachste und zugleich vom Risiko der Unterschätzung der Meßunsicherheit her sicherste Form der Zusammensetzung ist die lineare Addition der beiden Beträge:

$$u = u_z + u_s \tag{8}$$

Die additive Zusammensetzung ist immer dann zu empfehlen, wenn die eine der beiden Komponenten wesentlich größer ist als die andere; dann ist auch die Gefahr einer Überschätzung der Meßunsicherheit gering.

6.3.2 Verfahren 2 (Quadratische Addition)

Kann man voraussetzen, daß man die systematische Komponente u_s in gleicher Weise wie die Zufallskomponente u_z behandeln darf, so darf man ansetzen:

$$u = \sqrt{u_z^2 + u_s^2} \tag{9}$$

Unter der erwähnten Voraussetzung ist die Wurzel aus der Summe der Quadrate von u_z und u_s immer dann zu empfehlen, wenn die Beträge der beiden Komponenten u_z und u_s etwa gleich groß sind.

Anmerkung: In Zweifelsfällen ist anzugeben, ob Verfahren 1 oder Verfahren 2 angewendet wurde.

7 Meßergebnis

7.1 Allgemeine Angaben des Meßergebnisses

Der Mittelwert $\bar{x}$ einer Meßreihe (siehe Abschnitt 5.1) ist um die bekannten systematischen Abweichungen zu berichtigen (siehe Abschnitt 3.3.2). Mit der Korrektion K (siehe Abschnitt 8.2.5) erhält man den berichtigten Mittelwert $\bar{x}_E$:

$$\bar{x}_E = \bar{x} + K \tag{10}$$

Das Meßergebnis y muß außer dem um die Korrektion K berichtigten Mittelwert $\bar{x}_E$ immer die Meßunsicherheit u nach Abschnitt 6.3 enthalten:

$$y = \bar{x}_E \pm u \tag{11}$$

In Gleichung (11) ist vorausgesetzt, daß, wie meist, die Meßunsicherheit nach oben und unten (bezüglich des Mittelwertes) gleich ist. Für den Fall ungleicher Meßunsicherheiten nach unten und nach oben sind in der Regel außer dem Mittelwert $\bar{x}_E$ beide Meßunsicherheiten getrennt anzugeben. Soll nur ein Wert für die Meßunsicherheit angegeben werden, so ist der größere Wert anzugeben.

Oft ist die zusätzliche Angabe der Standardabweichung zweckmäßig.

Anmerkung 1: Im Falle eines Einzelwertes treten anstelle des Mittelwertes und des berichtigten Mittelwertes die Einzelwerte x und x_E.

Anmerkung 2: Für Meßergebnisse darf nicht eine bestimmte „Genauigkeit" quantitativ angegeben werden; es ist nur der Begriff Meßunsicherheit (siehe Abschnitt 6) zu verwenden.

Beispiele für die Angabe des Meßergebnisses:
Als Vertrauensniveau ist hier wie für die industrielle Praxis allgemein $1 - \alpha = 95\,\%$ angesetzt.

a) Die Zufallskomponente der Meßunsicherheit bei der Anzeige eines in 1/10 °C geteilten Thermometers beträgt $u_z = 0{,}02\,°C$. Bei in diesem Fall vernachlässigbarer systematischer Komponente u_s lautet das Meßergebnis $t = (21{,}54 \pm 0{,}02)\,°C$.

b) Die relative Meßunsicherheit (siehe Abschnitt 7.2) bei der Bestimmung der Wärmeleitfähigkeit von Metallen beträgt $\varepsilon = 2\,\%$.

   Meßergebnis (für eine Al-Probe):

   $$\lambda = \bar{x}_E\,(1 \pm \varepsilon)$$
   $$= 220{,}0\,(1 \pm 0{,}02)\ \mathrm{W \cdot K^{-1} \cdot m^{-1}}$$

c) Die gemessene Frequenz $f = 10{,}38062$ MHz war auf 10 Hz unsicher.

   Meßergebnis: $f = 10{,}38062\ \mathrm{MHz} \pm 1 \cdot 10^{-5}\ \mathrm{MHz}$

d) Die kinematische Viskosität einer Mineralölprobe wurde in einer Einzelmessung mit einem Ubbelohde-Viskosimeter zu $\nu = 125{,}0\ \mathrm{mm^2 \cdot s^{-1}}$ bestimmt. Die aus langer Erfahrung bekannte Vergleichstandardabweichung hierfür beträgt $\sigma_R = 0{,}3\ \mathrm{mm^2 \cdot s^{-1}}$. Das Meßergebnis lautet dann:

   $$\nu = x_E \pm t_\infty \sigma_R$$
   $$= 125{,}0\ \mathrm{mm^2 \cdot s^{-1}} \pm 1{,}96 \cdot 0{,}3\ \mathrm{mm^2 \cdot s^{-1}}$$
   $$\nu = (125{,}0 \pm 0{,}6)\ \mathrm{mm^2 \cdot s^{-1}}.$$

7.2 Relative Meßunsicherheit

Die relative Meßunsicherheit ε ist der Quotient aus der Meßunsicherheit u und dem berichtigten Mittelwert $\bar{x}_E$:

$$\varepsilon = \frac{u}{\bar{x}_E} \quad (12)$$

Dann lautet das Meßergebnis im symmetrischen Fall:

$$y = \bar{x}_E\,(1 \pm \varepsilon) \quad (13)$$

7.3 Angabe des Meßergebnisses bei sehr genauen Messungen

Das Meßergebnis aus einer Meßreihe mit n unabhängigen Einzelmeßwerten ist bei sehr genauen Messungen vollständig angegeben, wenn es folgende Daten enthält:

- Berichtigter Mittelwert $\bar{x}_E$ (Mittelwert nach Gleichung (1), berichtigt um die bekannten systematischen Abweichungen)
- Anzahl n der Einzelmeßwerte und Standardabweichung s
- Zufallskomponente u_z zu gewähltem $(1-\alpha)$
- Systematische Komponente(n) u_s; wenn wesentlich, sind auch die Anteile anzugeben, die in u_s enthalten sind.

8 Beurteilung von Meßgeräten und Meßeinrichtungen

Meßgeräte und Meßeinrichtungen (nachfolgend kurz Meßeinrichtungen genannt) können in bezug auf die systematischen und die zufälligen Abweichungen der mit ihnen erhaltenen Meßwerte beurteilt werden.

8.1 Beurteilung von Meßeinrichtungen bezüglich der zufälligen Abweichungen

Die zufälligen Abweichungen (siehe Abschnitt 3.2) der mit einer Meßeinrichtung erhaltenen Meßwerte werden mit Hilfe einer Meßreihe unter Wiederholbedingungen beurteilt. Die Auswertung ergibt eine quantitative Aussage über die Präzision der Meßeinrichtung, beispielsweise in Form der Wiederholstandardabweichung (siehe Abschnitt 4.1).

Anmerkung: Zu beachten ist, daß die Wiederholstandardabweichung sich bei jeder Änderung der Meßbedingungen ändern kann (andere Werte der Meßgröße, Messung in einem anderen Meßbereich).

8.2 Beurteilung von Meßeinrichtungen bezüglich der systematischen Abweichungen

8.2.1 Allgemeines

Die Differenz zwischen dem Erwartungswert μ und dem wahren Wert x_w kann man nicht exakt feststellen, weil sowohl der Erwartungswert μ als auch der wahre Wert x_w prinzipiell unbekannt sind. Anstelle des Erwartungswertes μ benutzt man den arithmetischen Mittelwert $\bar{x}_a$ einer hinreichend großen Anzahl von Meßwerten, anstelle des wahren Wertes x_w den als richtig geltenden – konventionell richtigen – Wert x_r. Der richtige Wert x_r wird mit einer Meßeinrichtung ermittelt, deren unbekannte systematische Abweichung wesentlich kleiner ist als die der Meßeinrichtung, die beurteilt werden soll. Er wird oft durch ein Normalgerät oder ein Normal ermittelt.

Anmerkung: Statt der zu beurteilenden systematischen Abweichung

$$\mu - x_w$$

ist demnach nur deren Schätzwert

$$\bar{x}_a - x_r$$

bekannt, während die Differenz

$$\mu - x_w - (\bar{x}_a - x_r) = (\mu - \bar{x}_a) - (x_w - x_r)$$

weiterhin als unbekannte systematische Abweichung bestehen bleibt.

Sie muß aber nicht bestehen bleiben; beispielsweise kann man $\mu - \bar{x}_a$ durch Vergrößerung der Meßreihe unter Wiederholbedingungen und $x_w - x_r$ durch Heranziehung einer noch genaueren Meßeinrichtung zur Prüfung der zu beurteilenden Meßeinrichtung verkleinern.

8.2.2 Anzeigendes Meßgerät (Meßeinrichtung)

Ist die zu prüfende Meßeinrichtung ein anzeigendes Meßgerät, so ist $\bar{x}_a$ der arithmetische Mittelwert der an diesem Meßgerät abgelesenen „angezeigten" Werte (Index a) der Meßgröße (oft „Anzeigen" genannt). Falls bekannt ist, daß die zufälligen Abweichungen des zu beurteilenden Meßgerätes wesentlich kleiner sind als seine systematische Abweichung, genügt es, jeweils nur eine Anzeige (Ausgabe) x_a zu ermitteln. Somit ist die festgestellte systematische Abweichung:

$$A_a = \bar{x}_a - x_r \text{ bzw. } A_a = x_a - x_r \quad (14)$$

Diese festgestellte systematische Abweichung darf „Fehler" genannt werden.

Anmerkung 1: Die Anzeige x_a in diesem Sinn wird in manchen Bereichen der Meßtechnik auch Ist-Anzeige genannt. Die Vorsilben „Ist" und „Soll" sind jedoch in diesem Zusammenhang zu vermeiden, da sie oft mißverständlich benutzt werden.

Anmerkung 2: Zweckmäßig wird im Einzelfall vereinbart, in welcher Weise die Anzeige zu ermitteln ist (z. B. als einzelner Meßwert oder als Mittelwert aus einer bestimmten Anzahl, z. B. $n=3$, Einzelwerten).

Anmerkung 3: Meßgeräte mit indirekter Ausgabe (siehe DIN 1319 Teil 2) sind in gleicher Weise zu beurteilen. Anstelle der Werte der Anzeige (abgelesene Werte) sind die Werte der Ausgabe (Meßsignale oder andere Darstellungen) einzusetzen.

8.2.3 Maßverkörperung

Ist die zu prüfende Meßeinrichtung eine Maßverkörperung, so entspricht der Anzeige (Ausgabe) x_a (siehe Abschnitt 8.2.2) der durch die Aufschrift (Index A) auf der Maßverkörperung angezeigte Aufschriftwert x_A. Der richtige Wert x_r wird durch Messung der Maßverkörperung ermittelt, zum Beispiel durch Vergleich mit einem Normal. Somit ist die festgestellte systematische Abweichung (des Aufschriftwertes):

$$A_A = x_A - x_r \quad (15)$$

Diese festgestellte systematische Abweichung darf „Fehler" genannt werden.

Anmerkung 1: In dieser Norm wird eine Maßverkörperung als Meßgerät betrachtet. Bei ihrer Beurteilung wird also die Aufschrift (Anzeige) geprüft und die systematische Abweichung $x_A - x_r = A_A$ des Aufschriftwertes vom richtigen Wert festgestellt und angegeben.

Wenn dagegen wie in einzelnen Bereichen der Längenmessung, z. B. bei Endmaßen, eine Maßverkörperung als Meßobjekt (Werkstück) betrachtet wird, so prüft man, wie weit der richtige Wert vom Aufschriftwert (Nennmaß) entfernt ist. Es ist dann üblich, als Abweichung die Differenz $x_r - x_A$ anzugeben; diese Abweichung hat das umgekehrte Vorzeichen wie die festgestellte systematische Abweichung A_A nach Gleichung (15).

Anmerkung 2: Der durch die Aufschrift der Maßverkörperung angezeigte Wert wird auch „Nennwert (Nennmaß)" genannt. Das soll wegen der Verwechslungsgefahr mit dem in der Technik in anderem Sinn vielfach verwendeten Nennwert-Begriff vermieden werden (siehe z. B. DIN 55 350 Teil 12 und DIN 40 200).

Im Zweifelsfall ist stets anzugeben, worauf (z. B. Anzeige, Aufschrift) sich die festgestellte Abweichung bezieht.

8.2.4 Relative Angabe der festgestellten systematischen Abweichung

Für die relative Angabe sind verschiedene Bezugswerte möglich. Meist wird der richtige Wert als Bezugswert benutzt. Bei anzeigenden Meßeinrichtungen bezieht man in manchen Fällen die systematische Abweichung auf den Endwert des Meßbereiches (siehe z. B. DIN 43 780). Die relativen Werte der festgestellten systematischen Abweichung werden meist in Prozent angegeben. Welcher Bezugswert verwendet ist, muß durch eine Formel oder durch den Text klargestellt sein.

8.2.5 Korrektion

Die Korrektion K hat den gleichen Betrag wie die festgestellte systematische Abweichung nach Gleichung (14) und Gleichung (15), aber das entgegengesetzte Vorzeichen, also:

$$K = -A_a \qquad (16)$$

bei Maßverkörperungen:

$$K = -A_A \qquad (17)$$

8.2.6 Beispiele

8.2.6.1 Anzeigendes Meßgerät: Flüssigkeitsthermometer, Skalenteilungswert 0,1 °C

Mittelwert aus $n = 10$ Anzeigen der Wiederholmeßreihe:	$\bar{t}_a = 20{,}15\ °C$
Richtiger Wert der Temperatur, erhalten als Anzeige eines Normalthermometers, z. B. eines Platinwiderstandsthermometers:	$t_r = 20{,}01\ °C$
Festgestellte systematische Abweichung der Anzeige des Thermometers:	$A_A = \bar{t}_a - t_r = 0{,}14\ °C$
Korrektion:	$K = t_r - \bar{t}_a = -0{,}14\ °C$

8.2.6.2 Anzeigendes Meßgerät: Elektrischer Spannungsmesser, Meßbereich 3 V, Genauigkeitsklasse 0,05 nach DIN 43 780

Mittelwert aus $n = 10$ Anzeigen der Wiederholmeßreihe:	$\bar{U}_a = 1{,}8249\ V$
Richtiger Wert der Spannung, ermittelt mit Hilfe eines Spannungskalibrators hoher Genauigkeit:	$U_r = 1{,}8240\ V$
Festgestellte systematische Abweichung der Anzeige des Meßgerätes:	$R_a = \bar{U}_a - U_r = 0{,}0009\ V$
Relativer Wert der festgestellten systematischen Abweichung bezogen auf den Endwert U_e:	$\frac{\bar{U}_a - U_r}{U_e} = \frac{0{,}0009}{3} = 0{,}0003 = 0{,}03\ \%$
Korrektion:	$K = -0{,}0009\ V$

8.2.6.3 Maßverkörperung: Widerstand 1 Ω

Widerstand nach Aufschrift:	$R_A = 1{,}0000\ \Omega$
Richtiger Wert:	$R_r = 1{,}0019\ \Omega$
Festgestellte systematische Abweichung des Aufschriftwertes der Maßverkörperung:	$A_A = R_A - R_r = -0{,}0019\ \Omega$
relative Angabe bezogen auf den richtigen Wert:	$(R_A - R_r)/R_r = -0{,}19\ \%$
Korrektion:	$K = R_r - R_A = 0{,}0019\ \Omega$

8.2.6.4 Mechanische Maßverkörperung: Endmaß 70 mm

a) Betrachtung als Meßgerät

Länge nach Aufschrift:	$L_A = 70\ mm$
Richtiger Wert:	$L_r = 69{,}998\ mm$
Festgestellte systematische Abweichung des Aufschriftwertes des Endmaßes:	$A_A = L_A - L_r = 0{,}002\ mm$
Relative Angabe, bezogen auf den richtigen Wert:	$(L_A - L_r)/L_r = 0{,}0029\ \%$
Korrektion:	$K = -A_A = -0{,}002\ mm$

b) Betrachtung als Meßobjekt (siehe Abschnitt 8.2.3, Anmerkung 1)

Länge nach Aufschrift:	$L_A = 70\ mm$
Richtiger Wert:	$L_r = 69{,}998\ mm$
Abweichung des richtigen Wertes vom Aufschriftwert:	$L_r - L_A = -0{,}002\ mm$

8.3 Fehlergrenzen

8.3.1 Begriff

Fehlergrenzen sind vereinbarte Höchstbeträge für (positive oder negative) Abweichungen der Anzeige (Ausgabe) von Meßeinrichtungen (Meßgeräten).

Fehlergrenzen werden im wesentlichen im Hinblick auf systematische Abweichungen der Meßwerte vom richtigen Wert oder einem anderen festgelegten oder vereinbarten Wert der Meßgröße vorgegeben; sie dürfen auch durch zufällige Abweichungen nicht überschritten werden (siehe Anhang A, Abschnitt A.4).

Für die Beträge der positiven Abweichungen und der negativen Abweichungen können unterschiedliche Fehlergrenzen vorgegeben werden. Sie werden als obere Fehlergrenze G_o und als untere Fehlergrenze G_u bezeichnet. Überwiegend sind aber obere und untere Fehlergrenze gleich. Man spricht dann von symmetrischen Fehlergrenzen und bezeichnet sie mit G.

Somit gilt im symmetrischen Fall für die Anzeige (Ausgabe) x_a einer Meßeinrichtung (eines Meßgerätes) in bezug auf die Fehlergrenze G folgende Grundbeziehung:

$$x_r - G \leq x_a \leq x_r + G \qquad (18)$$

Im unsymmetrischen Fall gilt:

$$x_r - G_u \leq x_a \leq x_r + G_o \qquad (19)$$

Bei Maßverkörperungen ist in Gleichung (18) und Gleichung (19) x_A anstelle von x_a einzusetzen.

Fehlergrenzen dürfen in Einheiten der betreffenden Größe oder bezogen auf den Endwert des Meßbereiches oder bezogen auf einen anderen Wert angegeben werden. Die relative Angabe erfolgt meist in Prozent, beispielsweise in Prozent des Endwertes des Meßbereiches eines elektrischen Meßgerätes.

Anmerkung 1: Die Fehlergrenzen G geben an, innerhalb welcher Grenzen ein Meßwert (Meßergebnis) vom richtigen Wert abweichen, unrichtig sein darf, und sind in erster Linie durch systematische Abweichungen bedingt, die meist aus den unvermeidlichen Schwankungen bei der Herstellung der Meßgeräte herrühren.

Der durch die Fehlergrenzen festgelegte Bereich soll erheblich größer sein als die Zufallskomponente u_z der Meßunsicherheit eines Einzelwertes (siehe Abschnitt 6.1.2).

Fehlergrenzen umfassen – soweit nicht besondere Vereinbarungen getroffen werden – die festgestellten systematischen Abweichungen und zusätzlich auch Schwankungen, welche durch die technischen Möglichkeiten und unvermeidlichen Ungleichmäßigkeiten der Fertigung von Meßeinrichtungen sowie durch Alterungserscheinungen bedingt sind. Gelten die Fehlergrenzen nur unter bestimmten (einschränkenden) Nebenbedingungen (z. B. bei einer Temperatur von 20 °C oder in einem Temperaturbereich von 10 bis 30 °C), so müssen diese Nebenbedingungen angegeben werden.

Anmerkung 2: Bei vielen Meßgeräten wird die Nichtüberschreitung der Fehlergrenzen nur bei Beachten bestimmter Referenzbedingungen für die vorliegenden Einflußgrößen $A, B, \ldots$ garantiert. Diese Einflußgrößen sind physikalische Größen, die nicht Gegenstand der Messung sind (z. B. Umgebungstemperatur, Feuchte, Luftdruck, Störfelder). Sie beeinflussen aber ungewollt – von außen her – die Anzeige (Ausgabe) der Meßgeräte und damit den Meßwert der Meßgröße und bewirken so systematische Abweichungen. Einzelheiten für elektrische Meßgeräte siehe DIN 43 780.

8.3.2 Festlegung von Fehlergrenzen

Fehlergrenzen werden durch Vereinbarungen oder Vorschriften festgelegt, beispielsweise in der Eichordnung, in Normen (Beispiel: Normen der Reihe 57 472/VDE 0472, DIN 43 780) und in anderen Bestimmungen sowie durch Verträge.

8.3.2.1 Eichfehlergrenzen

Eichfehlergrenzen sind Fehlergrenzen, die durch den Gesetzgeber in der Eichordnung vorgeschrieben sind.

Anmerkung: Eine Meßeinrichtung erhält den Eichstempel durch die Eichbehörde nur dann, wenn keine Abweichungen der Meßwerte vom richtigen Wert der zur Prüfung herangezogenen genaueren Meßeinrichtung oder des zur Prüfung herangezogenen Normals oder Normalverfahrens festgestellt werden, deren Beträge größer als die Eichfehlergrenze sind. Werden Meßabweichungen mit größeren Beträgen festgestellt, so gilt die geprüfte Meßeinrichtung als fehlerhaft im Sinn der Qualitätssicherung und kann den Eichstempel nicht erhalten.

8.3.2.2 Verkehrsfehlergrenzen

Verkehrsfehlergrenzen sind die bei der Verwendung der Meßgeräte in der Praxis geltenden Fehlergrenzen. Sie sind durch den Gesetzgeber vorgeschrieben.

Anmerkung: Die Verkehrsfehlergrenzen sind im allgemeinen symmetrisch und betragen das Doppelte der Eichfehlergrenzen.

8.3.3 Angabe von Fehlergrenzen

Fehlergrenzen sind Beträge. Deshalb werden sie ohne Vorzeichen angegeben, also im symmetrischen Fall der Wert G und im unsymmetrischen Fall die Werte G_u und G_o.

Anmerkung: Die früher übliche Angabe von Fehlergrenzen mit den Vorzeichen ± im symmetrischen Fall und mit dem Vorzeichen – und mit dem Vorzeichen + im unsymmetrischen Fall wird nicht empfohlen. Das Nichterfüllen der durch eine Fehlergrenze vorgegebenen Forderung dürfte sprachlich dann nicht mehr mit „Überschreiten der Fehlergrenze" gleichgesetzt werden: eine Überschreitung der unteren Fehlergrenze (z. B. die Abweichung −4 bei der Fehlergrenze −5) würde gerade die Erfüllung der durch diese Fehlergrenze vorgegebenen Forderung bedeuten.

Bei Angabe der Fehlergrenzen sind die folgenden Fälle möglich.

8.3.3.1 Symmetrische Fehlergrenzen G

Der Normalfall in der praktischen Meßtechnik sind symmetrische Fehlergrenzen. Für diese wird nur ein einziger Wert $G = G_u = G_o$ angegeben. Daher bedeutet umgekehrt die Angabe nur eines Wertes G, daß es sich um symmetrische Fehlergrenzen handelt.

8.3.3.2 Unsymmetrische Fehlergrenzen G_u und G_o

Bei diesen seltener vorkommenden Fällen sind die beiden Fehlergrenzen G_o und G_u getrennt anzugeben.

8.3.3.3 Mittelbare Angabe der Fehlergrenzen durch Vorgabe der Grenzwerte für die Anzeige (Ausgabe)

Zu einem richtigen Wert x_r der Meßgröße werden anstelle der Fehlergrenzen ein unterer und ein oberer Grenzwert (Mindestwert und Höchstwert) für die Anzeige der Meßeinrichtung angegeben. Beispiel siehe Abschnitt 8.3.3.4.5.

8.3.3.4 Beispiele für die Angabe von Fehlergrenzen

8.3.3.4.1 Angabe der Fehlergrenzen in Einheiten der Meßgröße; dargelegt am Beispiel der Eichfehlergrenze eines Quecksilberglasthermometers:

$$G = 0{,}2\,°\mathrm{C} \text{ bei } 20{,}0\,°\mathrm{C}$$

oder $G = 0{,}2\,\mathrm{K}$ bei $20{,}0\,°\mathrm{C}$

Der angezeigte Temperaturwert t_a darf also im folgenden Bereich um den richtigen Wert $t_r = 20{,}0\,°\mathrm{C}$ liegen:

$$20{,}0\,°\mathrm{C} - 0{,}2\,°\mathrm{C} \leq t_a \leq 20{,}0\,°\mathrm{C} + 0{,}2\,°\mathrm{C}$$

8.3.3.4.2 Angabe unsymmetrischer Fehlergrenzen in Einheiten der Meßgröße; dargelegt am Beispiel der Eichfehlergrenzen von Fieberthermometern:

$$G_u = 0{,}15\,°\mathrm{C}; \quad G_o = 0{,}10\,°\mathrm{C}$$

Für den angezeigten Temperaturwert t_a gilt also folgende Bedingung:

$$t_r - 0{,}15\,°\mathrm{C} \leq t_a \leq t_r + 0{,}10\,°\mathrm{C}$$

8.3.3.4.3 Angabe einer einseitigen Fehlergrenze in Einheiten der Meßgröße; dargelegt am Beispiel der Eichfehlergrenzen einer Maßverkörperung:

Gewichtstück mittlerer Fehlergrenzenklasse,
Aufschrift 500 g; richtiger Wert des Gewichtstückes m_r;

$$G_u = 100\,\mathrm{mg}; \quad G_o = 0\,\mathrm{mg}$$

Somit muß der Aufschriftwert $m_A = 500\,\mathrm{g}$ innerhalb der nachfolgenden Grenzen liegen:

$$m_r - 100\,\mathrm{mg} \leq 500\,\mathrm{g} \leq m_r + 0\,\mathrm{mg}$$

Damit gleichbedeutend ist die Aussage: Das geeichte Gewichtstück mit der Aufschrift 500 g darf nicht leichter und höchstens 100 mg schwerer sein als 500 g.

8.3.3.4.4 Angabe des relativen Wertes der Fehlergrenze, bezogen auf den Endwert; dargelegt am Beispiel der Fehlergrenze für eine Spannungsmeßeinrichtung hoher Genauigkeit mit dem Endwert U_e:

$$\frac{G}{U_e} = 0{,}1\,\%$$

Somit gilt für eine Anzeige U_a des Spannungsmessers in bezug auf den richtigen Wert U_r der Spannung:

$$U_r - 0{,}1\,\%\,U_e \leq U_a \leq U_r + 0{,}1\,\%\,U_e$$

8.3.3.4.5 Beispiel (Thermometer) für die mittelbare Angabe der Fehlergrenzen: Für einen festgelegten richtigen Wert werden die Grenzwerte für die Anzeige (Ausgabe) vorgegeben:

- Richtiger Wert 20,0 °C
- Mindestwert 19,8 °C
- Höchstwert 20,2 °C

Der angezeigte Temperaturwert t_a darf also im Bereich

$$19{,}8\,°\mathrm{C} \leq t_a \leq 20{,}2\,°\mathrm{C}$$

liegen, falls der richtige Wert 20,0 °C beträgt.

Anhang A

Beispiele

A.1 Messung einer Basisgröße

A.1.1 Es soll die Länge eines Stabes vom Wert 150 mm (Aufschrift) mit einem anzeigenden Längenmeßgerät (visuelles Verfahren) gemessen werden. Eine Prüfung des Längenmeßgerätes hatte ergeben, daß seine Anzeige im vorliegenden Meßbereich eine Korrektion $K = +0{,}06$ mm hat (siehe Abschnitt 8.2.5). Für die Längenmessung des Stabes wurden 20 Einzelmessungen unter Wiederholbedingungen durchgeführt. Diese $n = 20$ Einzelwerte sind im folgenden in A.1.2 aufgeführt. Aus ihnen werden der arithmetische Mittelwert $\bar{x}$, die (empirische) Standardabweichung s und die Vertrauensgrenzen für den Erwartungswert für ein Vertrauensniveau $1 - \alpha = 95\,\%$ errechnet.

Um die Einzelheiten des Auswertungsverfahrens durchsichtig zu machen, ist der Rechnungsgang bei diesem einfachen Beispiel ausführlich dargestellt; im allgemeinen wird man mit dem Rechner nach der zweiten Gleichungsform der Gleichung (2) in Abschnitt 5.2 arbeiten (wobei auf ausreichende Stellenzahl zu achten ist).

A.1.2 Einzelwerte x_1 bis x_{20}

Messung Nr	Länge x_i in mm	$10^2 \cdot (x_i - \bar{x})$ in mm	$10^4 \cdot (x_i - \bar{x})^2$ in mm²
1	150,14	+12	144
2	150,04	+ 2	4
3	149,97	− 5	25
4	150,08	+ 6	36
5	149,93	− 9	81
6	149,99	− 3	9
7	150,13	+11	121
8	150,09	+ 7	49
9	149,89	−13	169
10	150,01	− 1	1
11	149,99	− 3	9
12	150,04	+ 2	4
13	150,02	0	0
14	149,94	− 8	64
15	150,19	+17	289
16	149,93	− 9	81
17	150,09	+ 7	49
18	149,83	−19	361
19	150,03	+ 1	1
20	150,07	+ 5	25
$\sum$	3000,40	0	1522

A.1.3 Mittelwert

$$\bar{x} = \frac{1}{20} \sum_{i=1}^{20} x_i = \frac{1}{20} \cdot 3000{,}40\,\mathrm{mm} = 150{,}02\,\mathrm{mm}$$

Dieser Mittelwert $\bar{x}$ ist mit der festgestellten Korrektion K zu berichtigen.

Der berichtigte Mittelwert lautet

$$\bar{x}_E = \bar{x} + K = 150{,}02\,\mathrm{mm} + 0{,}06\,\mathrm{mm} = 150{,}08\,\mathrm{mm}$$

A.1.4 (Empirische) Standardabweichung s

Die Standardabweichung s wird nach Gleichung (2) errechnet.

$$s = \sqrt{\frac{1}{19} \sum_{i=1}^{20} (x_i - 150{,}02\,\mathrm{mm})^2}$$

$$= \sqrt{\frac{1}{19} \cdot 1522 \cdot 10^{-4}\,\mathrm{mm}^2} = 0{,}09\,\mathrm{mm}$$

A.1.5 Vertrauensgrenzen für den Erwartungswert

Als Vertrauensniveau war $1 - \alpha = 95\,\%$ vorgegeben. Hierfür sind bei $n = 20$ aus der Tabelle 1 in Abschnitt 5 die Werte $t = 2{,}09$ und $t/\sqrt{n} = 0{,}48$ zu entnehmen. Somit erhält man für die Vertrauensgrenzen des Mittelwertes (Gleichung (4)):

untere Vertrauensgrenze

$$\bar{x}_E - \frac{t}{\sqrt{n}} s = 150{,}08\,\mathrm{mm} - 0{,}04\,\mathrm{mm} = 150{,}04\,\mathrm{mm}$$

obere Vertrauensgrenze

$$\bar{x}_E + \frac{t}{\sqrt{n}} s = 150{,}08\,\mathrm{mm} + 0{,}04\,\mathrm{mm} = 150{,}12\,\mathrm{mm}$$

A.1.6 Meßergebnis

Das Meßergebnis für die gesuchte Länge L des Stabes lautet (Gleichung (10)):

$$L = \bar{x}_E \pm u$$

Nach Gleichungen (8) und (9) hat u eine zufällige Komponente u_z (Gleichungen (5) bis (7)) und eine systematische Komponente u_s. Im vorliegenden Fall ist $u_z = 0{,}04$ mm (siehe Abschnitt A.1.5). Die systematische Komponente u_s ist im vorliegenden Fall so klein, daß sie vernachlässigt werden darf. Damit wird der Vertrauensbereich für den Erwartungswert zu einem solchen für den wahren Wert.

Es gilt:

Länge $L = 150{,}08\,\mathrm{mm} \pm 0{,}04\,\mathrm{mm}$

Das Meßergebnis kann auch mit der relativen Meßunsicherheit ε (siehe Gleichung (11)) angegeben werden. Es ist:

$$\varepsilon = \frac{u}{\bar{x}} = \frac{0{,}04}{150{,}08} = 2{,}7 \cdot 10^{-4}$$

Das Meßergebnis lautet jetzt gerundet:

$$L = 150{,}08 \cdot (1 \pm 0{,}0003)\,\mathrm{mm} = 150{,}08 \cdot (1 \pm 0{,}03\,\%)\,\mathrm{mm}$$

A.2 Beispiel einer abgeleiteten Größe

Die Wärmeleitfähigkeit λ einer Probe eines Baustahls soll bei 203 °C gemessen werden. Als geeignetes Verfahren wurde die Messung des axialen Temperaturgefälles in einem Zylinder von 90 mm Länge und 50 mm Durchmesser, in welchem der zu messende Wärmestrom fließt, ausgewählt.

In einer Wiederholmeßreihe wurden $n = 5$ Einzelwerte gemessen und dabei der Mittelwert $\bar{x} = 54{,}3\,\mathrm{W \cdot K^{-1} \cdot m^{-1}}$ erhalten. Dieser Mittelwert ist um eine bekannte systematische Abweichung zu berichtigen, die im wesentlichen durch unvermeidliche, aber berechenbare Wärmeverluste und durch gemessene Verstimmungen des Temperaturfeldes bedingt ist. Diese Abweichungen führen zu einer Korrektion $K = +0{,}4\,\mathrm{W \cdot K^{-1} \cdot m^{-1}}$. Der berichtigte Mittelwert ist:

$$\bar{x}_E = \bar{x} + K = (54{,}3 + 0{,}4)\,\mathrm{W \cdot K^{-1} \cdot m^{-1}} = 54{,}7\,\mathrm{W \cdot K^{-1} \cdot m^{-1}}$$

Aus zahlreichen früheren Versuchen ist die Standardabweichung $\sigma_r = 0{,}34\,\mathrm{W \cdot K^{-1} \cdot m^{-1}}$ bekannt. Damit erhält man die Zufallskomponente u_z der Meßunsicherheit (mit $1 - \alpha = 95\%$; $\sqrt{n} = \sqrt{5} = 2{,}24$; $1{,}96/\sqrt{n} = 0{,}88$ nach Tabelle 2):

$$u_z = 0{,}88 \cdot 0{,}34\,\mathrm{W \cdot K^{-1} \cdot m^{-1}} = 0{,}3\,\mathrm{W \cdot K^{-1} \cdot m^{-1}}$$

Mit solchen Messungen der Wärmeleitfähigkeit ist außerdem eine unbekannte systematische Abweichung u_s verbunden; sie wird hervorgerufen durch unbekannte Wärmeverluste, Einbaustörungen und nicht meß- oder berechenbare Verstimmungen des Temperaturfeldes. Aus langer Erfahrung wird u_s symmetrisch nach beiden Seiten vom Mittelwert zu

$$u_s = 0{,}9\,\mathrm{W \cdot K^{-1} \cdot m^{-1}}$$

abgeschätzt. Es folgt daraus für die Meßunsicherheit nach Gleichung (8):

$$u = u_z + u_s = (0{,}3 + 0{,}9)\,\mathrm{W \cdot K^{-1} \cdot m^{-1}} = 1{,}2\,\mathrm{W \cdot K^{-1} \cdot m^{-1}}.$$

Das Meßergebnis ist daher:

Wärmeleitfähigkeit $\lambda = (54{,}7 \pm 1{,}2)\,\mathrm{W \cdot K^{-1} \cdot m^{-1}}$

Mit der relativen Meßunsicherheit $\varepsilon = u/\lambda = 0{,}022$ wird das Meßergebnis folgendermaßen geschrieben:

Wärmeleitfähigkeit $\lambda = 54{,}7 \cdot (1 \pm 0{,}022)\,\mathrm{W \cdot K^{-1} \cdot m^{-1}} = 54{,}7 \cdot (1 \pm 2{,}2\,\%)\,\mathrm{W \cdot K^{-1} \cdot m^{-1}}$

A.3 Abschätzung einer unbekannten systematischen Abweichung

Bei der Messung der Länge von Maßstäben (Nivellierlatten) mit Hilfe eines Komparators erhielt man unter Wiederholbedingungen (ohne Lagenveränderung der Maßstäbe) bei $n = 10$ Messungen einen Wert der Zufallskomponente u_z für das Vertrauensniveau $1 - \alpha = 95\,\%$ von $u_z = 5\,\mu\mathrm{m}$. Zusätzliche Messungen bei verschiedener Lage des Maßstabes (veränderter Einbau) führten zu unterschiedlichen Meßwerten mit Abweichungen vom Mittelwert der Wiederholmeßreihe zwischen $-30\,\mu\mathrm{m}$ und $+30\,\mu\mathrm{m}$. Daraus ist zu schließen, daß in diesem Fall von vornherein nicht bekannte systematische Störeinflüsse wirksam sind. Sie müssen durch eine systematische Komponente u_s der Meßunsicherheit berücksichtigt und angesichts der Zufallskomponente $u_z = 5\,\mu\mathrm{m}$ zu $u_s \approx 25\,\mu\mathrm{m}$ abgeschätzt werden.

A.4 Bedeutung der Fehlergrenzen

Die in Abschnitt 8.3 definierten Begriffe seien an dem folgenden einfachen Beispiel erläutert (siehe auch DIN 1319 Teil 2).

Ein Quecksilberthermometer habe den Meßbereich $-10\,°\mathrm{C}$ bis $110\,°\mathrm{C}$ und sei in $^1/_{10}\,°\mathrm{C}$ geteilt (Skalenteilungswert $0{,}1\,°\mathrm{C}$). Nach der Anlage 14 zur Eichordnung sind die symmetrischen Eichfehlergrenzen (siehe Abschnitt 8.3.2.1) für dieses Thermometer $G = 0{,}2\,\mathrm{K}$ bzw. $0{,}2\,°\mathrm{C}$.

Das Thermometer wird bei der mit Hilfe eines Normalthermometers bestimmten „richtigen" Temperatur von $20{,}00\,°\mathrm{C}$ in einem Wasserbad geprüft und zeigt dabei die Temperatur $t_a = 20{,}12\,°\mathrm{C}$ (Anzeige, Ablesung) an. Bei diesem Meßpunkt ist daher die festgestellte systematische Abweichung A_a:

Anzeige − richtiger Wert = $20{,}12\,°\mathrm{C} - 20{,}00\,°\mathrm{C} = +0{,}12\,°\mathrm{C}$.
Die Korrektion K beträgt dementsprechend $K = -0{,}12\,°\mathrm{C}$.

Diese Werte sind verläßlich genug feststellbar, da die ermittelte Zufallskomponente der Meßunsicherheit eines Einzelwertes bei diesem Gerät nur $u_z = 0{,}02\,°\mathrm{C}$ beträgt (die unbekannte systematische Komponente u_s darf im vorliegenden Fall vernachlässigt werden). Der Benutzer dieses Meßgerätes kann sich nun entweder damit begnügen, daß sein Thermometer den Eichstempel erhalten hat und innerhalb der Grenzen $t_r - 0{,}2\,°\mathrm{C}$ bis $t_r + 0{,}2\,°\mathrm{C}$ „richtig" anzeigt, oder aber er wertet präziser aus und muß den Unterschied zwischen einer Anzeige − im Rahmen dieses Beispiels in der Nähe von $20\,°\mathrm{C}$ z. B. $t_a = 21{,}43\,°\mathrm{C}$ − und dem richtigen Wert als Korrektion nach Abschnitt 8.2.5 berücksichtigen:

$$t_r = t_a + K = 21{,}43\,°\mathrm{C} - 0{,}12\,°\mathrm{C} = 21{,}31\,°\mathrm{C}$$

In diesem Fall ist ein mit seinem Gerät bestimmter Meßwert (beim Vertrauensniveau $1 - \alpha = 95\,\%$) nur mit $u_z = 0{,}02\,°\mathrm{C}$ „unsicher".

Bild 1 macht an dem hier gewählten Beispiel des Thermometers deutlich, wie Fehlergrenzen auszulegen sind, wobei der Einfachheit wegen als Bezugswert die richtige Temperatur $t_r = 20{,}00\,°\mathrm{C}$ gewählt sei.

Der Fall 1 entspricht einem Thermometer mit der Anzeige $t_{a1} = 20{,}12\,°\mathrm{C}$; t_{a1} liegt somit innerhalb der Grenzen $t_r - G$ und $t_r + G$: Die Eichfehlergrenze G wird nicht überschritten. Dieses Thermometer erhält einen Eichstempel.

Der Fall 2 stellt einen Grenzfall dar, bei welchem die Anzeige eines anderen Thermometers $t_{a2} = 19{,}80\,°\mathrm{C}$ gleich dem Grenzwert $t_r - G$ ist: Die Eichfehlergrenze G wird gerade noch nicht überschritten. Dieses Thermometer erhält einen Eichstempel ungeachtet dessen, daß die Zufallskomponente der Meßunsicherheit u_z, die der Anzeige t_{a2} zugeordnet ist, mit $u_z = 0{,}02$ auch zu Werten führen könnte, die außerhalb der Grenzen $t_r - G$ und $t_r + G$ liegen.

Im Fall 3 liegt bei einem dritten Thermometer die Anzeige $t_{a3} = 20{,}21\,°\mathrm{C}$ außerhalb der Grenzen $t_r - G$ und $t_r + G$:

Die Eichfehlergrenze G wird durch die Anzeige t_{a3} überschritten. Dieses Thermometer erhält keinen Eichstempel ungeachtet dessen, daß die Zufallskomponente der Meßunsicherheit u_z, die der Anzeige t_{a3} zugeordnet ist, mit $u_z = 0{,}02\,°\mathrm{C}$ auch zu Werten führen könnte, die innerhalb der Grenzen $t_r - G$ und $t_r + G$ liegen.

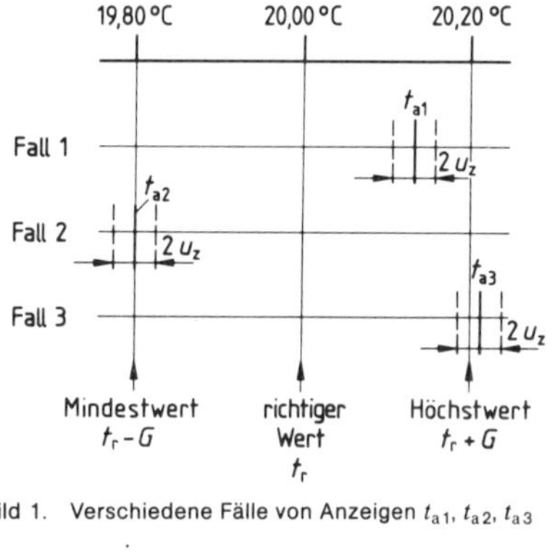

Bild 1. Verschiedene Fälle von Anzeigen t_{a1}, t_{a2}, t_{a3}

Zitierte Normen und andere Unterlagen

DIN 1313	Physikalische Größen und Gleichungen; Begriffe, Schreibweisen
DIN 1319 Teil 1	Grundbegriffe der Meßtechnik; Messen, Zählen, Prüfen
DIN 1319 Teil 2	Grundbegriffe der Meßtechnik; Begriffe für die Anwendung von Meßgeräten
DIN 40 200	Nennwert, Grenzwert, Bemessungswert, Bemessungsdaten; Begriffe
DIN 43 780	Elektrische Meßgeräte; Direkt wirkende anzeigende Meßgeräte und ihr Zubehör
DIN 51 848 Teil 1	Prüfung von Mineralölen; Präzision von Prüfverfahren; Allgemeines, Begriffe und ihre Anwendung auf Mineralölnormen, die Anforderungen enthalten
DIN 51 848 Teil 2	Prüfung von Mineralölen; Prüffehler, Planung von Ringversuchen
DIN 51 848 Teil 3	Prüfung von Mineralölen; Prüffehler, Berechnung von Prüffehlern
DIN 55 302 Teil 1	Statistische Auswertungsverfahren; Häufigkeitsverteilung, Mittelwert und Streuung, Grundbegriffe und allgemeine Rechenverfahren
DIN 55 302 Teil 2	Statistische Auswertungsverfahren; Häufigkeitsverteilung, Mittelwert und Streuung, Rechenverfahren in Sonderfällen
DIN 55 350 Teil 12	Begriffe der Qualitätssicherung und Statistik; Begriffe der Qualitätssicherung, Merkmalsbezogene Begriffe
DIN 55 350 Teil 13	Begriffe der Qualitätssicherung und Statistik; Begriffe der Qualitätssicherung, Genauigkeitsbegriffe
Normen der Reihe DIN 57 472/VDE 0472	Prüfung an Kabeln und isolierten Leitungen
DIN ISO 5725	Präzision von Prüfverfahren; Bestimmung von Wiederholbarkeit und Vergleichbarkeit durch Ringversuche
ISO 3534	Statistics; Vocabulary and symbols
Eichordnung, Anlage 14	Temperaturmeßgeräte

Weitere Normen

DIN 55 350 Teil 11	Begriffe der Qualitätssicherung und Statistik; Begriffe der Qualitätssicherung, Grundbegriffe

Frühere Ausgaben

DIN 1319: 07.42, 01.62, 12.63; DIN 1319 Teil 3: 12.68, 01.72

Änderungen

Gegenüber Ausgabe 01.72 vollständig überarbeitet. Insbesondere „Fehler" weitgehend durch „Abweichung" ersetzt; Beurteilung von Meßreihen und Meßgeräten getrennt; Abschnitt über Fehlerfortpflanzung gestrichen. Siehe Erläuterungen.

Erläuterungen

Die bisherige Fassung von DIN 1319 Teil 3 ist mit dieser Norm grundlegend überarbeitet worden. Über die neue Norm sind eingehende Diskussionen mit Fachleuten außerhalb des AEF, insbesondere mit dem Ausschuß Qualitätssicherung und angewandte Statistik (AQS) im DIN geführt worden. Teil 3 behandelt zwei voneinander zu unterscheidende, aber für den Anwender in der Praxis zusammen zu benutzende und deshalb zusammengehörige Kapitel:

a) Ermittlung des Wertes einer physikalischen Größe (Meßgröße) aus einer Meßreihe mit n Einzelwerten, Abschnitte 1 bis 7.

b) Beurteilung von Meßgeräten mit Hilfe der „festgestellte systematische Abweichung" und „Korrektion" genannten Begriffe, Abschnitt 8.

Ein besonders schwieriger Punkt der Beratungen war die Anwendung der Benennung „Fehler", die bisher in der Meßtechnik (Fehler nach Gauss für jede Abweichung) und in der Qualitätssicherung (Fehler nur für Nichterfüllung vorgegebener Forderungen, siehe DIN 55 350 Teil 11) unterschiedlich benutzt wurde. Eine Umfrage zu diesem Thema (DIN-Mitteilungen **59,** 1980, S. 109: „Fehler" oder „nicht Fehler" in der Meßtechnik) zeigte, daß von Seiten der Meßtechnik vielfach die Beibehaltung der Benennung „Fehler" im alten Sinn gewünscht wurde, während aus den übrigen Bereichen vielfach als Ersatz das Wort „Meßabweichung" (kurz „Abweichung") befürwortet wurde. Der Arbeitsausschuß hat sich schließlich für folgendes entschieden: In den Abschnitten 1 bis 7 wird das Wort „Fehler" durch „Meßabweichung" (kurz „Abweichung") ersetzt, in Abschnitt 8 durch „festgestellte systematische Abweichung". Diese festgestellte systematische Abweichung bei Meßgeräten darf auch „Fehler" genannt werden.

Der frühere Abschnitt „Fehlerfortpflanzung" wurde gestrichen. Sein Inhalt soll in überarbeiteter Form in einem weiteren Teil von DIN 1319 behandelt werden. Für diese Entscheidung war maßgebend, daß Ansätze zu einer allgemeinen und einheitlichen Behandlung für die Kombination der Meßunsicherheit u aus mehreren Komponenten u_z (zufälliger Art) und u_s (systematischer Art) von verschiedenen Seiten her vorgeschlagen sind und noch überprüft werden (vgl. S. Wagner, On the Quantitative Characterization of the Uncertainty of Experimental Results in Metrology. PTB-Mitt. **89** (1979) Heft 2, S. 83; ferner VDE/VDI-Richtlinie 2620 Blatt 1).

Internationale Patentklassifikation

G 01

Stichwortverzeichnis

Die hinter den Stichwörtern stehenden Zahlen sind Abschnittsnummern

abgeleitete Größe A.2
Abschätzung 3.3.3, A.3
Abweichung, bekannte systematische 3.3.2
Abweichung, festgestellte systematische 8.2.2, 8.2.3, 8.2.6.1
Abweichung, systematische 2
Abweichung, systematische (Meßgerät) 8.2
Abweichung, systematische (Meßreihe) 3.3
Abweichung, unbekannte systematische 3.3.2, A.3
Abweichung, zufällige 2
Abweichung, zufällige (Meßgerät) 8.1
Abweichung, zufällige (Meßreihe) 3.2
Angabe von Fehlergrenzen 8.3.3
Angabe von Fehlergrenzen (Beispiele) 8.3.3.4
Anwendungsbereich 1
anzeigendes Meßgerät 8.2.2
arithmetischer Mittelwert 2, 5.1

Basisgröße A.1
Bedeutung der Fehlergrenzen A.4
Beispiele (Angabe von Fehlergrenzen) 8.3.3.4
Beispiele (festgestellte systematische Abweichung von Meßgeräten) 8.2.6, Anhang A
bekannte systematische Abweichung 3.3.2
Beobachtereinfluß 3
berichtigter Meßwert 3.3.2
Berichtigung 3.3.2
Beurteilung von Meßgeräten 8

Eichfehlergrenze 8.3.2.1
Einflußgröße 8.3.1
einseitige Fehlergrenze 8.3.3.4.3
einzelner Meßwert 6.1.3
Einzelwert A.1.2
empirische Standardabweichung 2, 5.2, A.1.4
Endmaße 8.2.6.4
Erwartungswert 2
Erwartungswert (Schätzwert) 2, 5.1
Erwartungswert (Vertrauensgrenzen) 5.3

Fehler 8.2.2, 8.2.3
Fehler, systematischer 3.2
Fehler, zufälliger 3.2
Fehlergrenze 8.3
Fehlergrenze (Angabe) 8.3.3
Fehlergrenze (Bedeutung) A.4
Fehlergrenze, einseitige 8.3.3.4.3
Fehlergrenze (Festlegung) 8.3.2
Fehlergrenze, symmetrische 8.3.3.1
Fehlergrenze, unsymmetrische 8.3.3.2
festgestellte systematische Abweichung 8.2.2, 8.2.3, 8.2.6.1
festgestellte systematische Abweichung (relative Angabe) 8.2.4
Festlegung von Fehlergrenzen 8.3.2
Freiheitsgrad 5.3.2

Genauigkeit 7.1
Grenzwert für die Anzeige 8.3.3.3
Größe, abgeleitete A.2

Höchstwert A.4

Ist-Anzeige, Ist-Wert 8.2.2

Komponente, systematische 6.2
Komponenten (Zusammensetzung) 6.3
Korrektion 3.3.2, 8.2.5

Maßverkörperung 8.2.3, 8.2.6.4
Meßabweichung 2, 3
Meßeinrichtung 1, 8
Meßergebnis 2, 7, A.1.6
Meßgerät, anzeigendes 8.2.2
Meßgerät (Beurteilung) 8
Meßgröße 2.3.1
Meßobjekt 3.2, 4.1, 4.2, 8.2.3
Meßreihe 2, 5
Meßreihe unter Wiederholbedingungen 6.1.1, 6.1.2

Messung einer Basisgröße A.1
Meßunsicherheit 2, 6
Meßunsicherheit, relative 7.2
Meßwert, berichtigter 3.3.2
Meßwert einer Meßreihe 2, 5
Meßwert, einzelner 6.1.3
Mindestwert A.4
Mittelwert 5.1, A.1.3
Mittelwert, arithmetischer 2, 5.1

Normalverteilung 2, 5.3.1, 6.1

Präzision 4.2, 8.1

relative Angabe der festgestellten systematischen Abweichung 8.2.4
relative Meßunsicherheit 7.2
richtiger Wert 8.2.1, A.4
Ringversuch 3.3.1, 4.2

Schätzwert (Erwartungswert) 2, 5.1
Schätzwert (Standardabweichung) 2, 5.2
Sicherheit, statistische 5.3.1
Standardabweichung 2
Standardabweichung, bekannte 5.3.3
Standardabweichung, empirische 2, 5.2, A.1.4
Standardabweichung (Schätzwert) 2, 5.2
Standardabweichung, unbekannte 5.3.2
statistische Sicherheit 5.3.1
Streuung 3.2
symmetrische Fehlergrenze 8.3.3.1
systematische Abweichung 2
systematische Abweichung (Meßgerät) 8.2
systematische Abweichung (Meßreihe) 3.3
systematische Komponente 6.2
systematischer Fehler 3.2

t (Student)-Faktor 5.3.2

Umwelteinfluß 3
unabhängig 5.1
unbekannte Standardabweichung 5.3.2
unbekannte systematische Abweichung 3.3.3, A.3
unrichtig 3.3.2, 8.3.1
unsicher 3.2
unsymmetrische Fehlergrenze 8.3.3.2

Varianz 5.2
Variationskoeffizient 5.2
verfälscht 3
Vergleichbarkeit 4.2
Vergleichbedingung 4.2
Vergleichstandardabweichung 4.2
Verkehrsfehlergrenze 8.3.2.2
Versuchsbedingung 4
Vertrauensbereich 2, 5.3
Vertrauensgrenze 5.3, A.1.5
Vertrauensniveau 5.3.1

wahrer Wert 2
Wahrscheinlichkeitsverteilung 2
Wert, richtiger 8.2.1, A.4
Wert, wahrer 2
Wiederholbarkeit 4.1
Wiederholbedingung 4.1
Wiederholbedingung (Meßreihe) 6.1.1, 6.1.2
Wiederholstandardabweichung 4.1

zufällige Abweichung 2
zufällige Abweichung (Meßgerät) 8.1
zufällige Abweichung (Meßreihe) 3.2
zufälliger Fehler 3.2
Zufallsgröße 2
Zufallskomponente 6.1
Zufallsstreuung 5
Zusammensetzung der Komponenten u_z und u_s 6.3
Zweck 1

DK 519.2 : 31 : 001.4 : 003.62 Mai 1982

Stochastik
Wahrscheinlichkeitstheorie, Gemeinsame Grundbegriffe der mathematischen und der beschreibenden Statistik
Begriffe und Zeichen

DIN 13 303 Teil 1

Stochastics; probability theory, common fundamental concepts of mathematical and of descriptive statistics; concepts, signs and symbols

Inhalt

	Seite
Vorbemerkung	2
1 Gemeinsame Grundbegriffe der Wahrscheinlichkeitstheorie, der mathematischen und der beschreibenden Statistik	3
1.1 Zufallsvariable	3
1.2 Funktionen von n-Tupeln von Zufallsvariablen	7
1.3 Häufigkeiten und Besetzungszahlen	10
2 Wahrscheinlichkeit	11
2.1 Grundbegriff Wahrscheinlichkeitsverteilung	11
2.2 Spezielle diskrete Wahrscheinlichkeitsverteilungen	14
2.3 Spezielle Dichten und Verteilungsfunktionen in $\mathbb{R}$	15
2.4 Verteilung spezieller Zufallsvariablen	16
3 Parameter	18
3.1 Spezielle Funktionalparameter von Zufallsvariablen und ihren Verteilungen	18
3.2 Arten von Funktionalparametern	20
3.3 Scharparameter	20
4 Stochastische Abhängigkeit und Unabhängigkeit	21
4.1 Stochastische Unabhängigkeit	21
4.2 Bedingte Wahrscheinlichkeiten, Dichten und Verteilungsfunktionen	22
4.3 Bedingte Erwartungswerte	24
Erläuterungen	26
Stichwortverzeichnis	26

Fortsetzung Seite 2 bis 28

Normenausschuß Einheiten und Formelgrößen (AEF) im DIN Deutsches Institut für Normung e.V.
Ausschuß Qualitätssicherung und angewandte Statistik (AQS) im DIN

Die Normen DIN 13 303 Teil 1 und Teil 2 dienen dazu, die Begriffe und Zeichen der Stochastik zu normen, und zwar im vorliegenden Teil 1 die Begriffe und Zeichen der Wahrscheinlichkeitstheorie einschließlich der gemeinsamen Grundbegriffe der mathematischen und der beschreibenden Statistik. Teil 2 über mathematische Statistik liegt z. Z. als Entwurf vor. Ergänzend hierzu behandeln die Normen DIN 55 350 Teil 21, Teil 22, Teil 23 (z. Z. Entwurf) und Teil 24 (z. Z. Entwurf) die Begriffe der Statistik aus der Sicht der praktischen Anwendung, wobei dort auf eine strenge mathematische Darstellungsweise im allgemeinen verzichtet wird.

Bezüglich der verwendeten mathematischen Zeichen und Begriffe gelten DIN 1302 und die dort zitierten weiteren Normen mathematischen Inhalts, insbesondere DIN 5473.

Als Zeichen für die Teilmengenrelation (siehe DIN 5473, Ausgabe Juni 1976, Nr 1.6) wird in der Stochastik $\subset$ benutzt, das Komplement von A (siehe DIN 5473, Ausgabe Juni 1976, Nr 1.11) wird mit $\bar{A}$ oder A^c bezeichnet. Ferner wird beim Mengenbildungsoperator (siehe DIN 5473, Ausgabe Juni 1976, Nr 1.4) statt $\{x \mid \varphi\}$ in dieser Norm $\{x : \varphi\}$ geschrieben, um Verwechslungen mit der Bezeichnung für bedingte Wahrscheinlichkeiten zu vermeiden. Es ist in der Stochastik üblich, diese Schreibweise noch weiter zu kürzen:

Statt $\{\omega : X(\omega) \leq x\}$ wird $\{X(\omega) \leq x\}$ oder $\{X \leq x\}$,
statt $\{\omega : X(\omega) \in A\}$ wird kurz $\{X \in A\}$,
statt $\{\omega : X(\omega) = x$ und $Y(\omega) = y\}$ wird kurz $\{X = x,\ Y = y\}$

geschrieben. Ferner wird in der Stochastik oft eine disjunkte Vereinigung gebraucht, die mit dem Summenzeichen geschrieben wird. Wenn $A_i \cap A_j = \emptyset$ für $i \neq j$, so schreibt man $\sum_{i=1}^{\infty} A_i$ für $\bigcup_{i=1}^{\infty} A_i$, ebenso $A + B$ für $A \cup B$, wenn $A \cap B = \emptyset$; entsprechend werden $\sum_{i=1}^{n} A_i$ und $\sum_{i \in I} A_i$ definiert.

Es wurde versucht, eine gemeinsame Sprache für alle Statistiker, und zwar für Mathematiker und für Anwender, zu finden.

Die Anmerkung 1 zu 1.1.13 empfiehlt, den Begriff der Stichprobe nur für die reale Entnahme von Stichproben zu verwenden. Ebenso sollten die Begriffe Gesamtheit und (Auswahl-)Einheit nur im Zusammenhang mit der realen Stichprobenentnahme verwendet werden. Zum Begriff der Einheit im statistischen Sinne, der Gesamtheit und der Stichprobe siehe auch DIN 55350 Teil 14 (z. Z. Entwurf).

Insbesondere wird zwischen den Parametern einer theoretischen Wahrscheinlichkeitsverteilung und den Kennwerten der (bei der Stichprobenentnahme) ermittelten Meßreihen unterschieden (siehe Anmerkungen 1 und 3 zu 1.2 sowie zu 3.1). Zum Begriff des Kennwertes siehe auch DIN 55302 Teil 1.

Für die bei der Ermittlung von Daten in realen Experimenten zu verwendenden Begriffe Messen, Zählen, Prüfen, Meßgröße, Meßwert, Meßreihe, Meßergebnis (siehe Anmerkung zu 1.1) siehe DIN 1319 Teil 1 und DIN 1319 Teil 3.

Für die Begriffe „qualitatives Merkmal“ und „Merkmalswert“ siehe DIN 55350 Teil 12.

Für den in der Definition der Zufallsgröße (siehe Nr 1.1.6 und Anmerkung zu 1.1.6) verwendeten Begriff „(physikalische) Größe“ siehe DIN 1313.

Die internationale Terminologie wurde berücksichtigt, insbesondere die von der International Organization for Standardization (ISO) herausgegebene Internationale Norm ISO 3534 „Statistics – Vocabulary and Symbols“. Abweichungen von den Zeichen dieser Norm werden in den Anmerkungen erläutert.

Die Abschnitte dieser Norm sind in der Regel so in Tabellenform aufgebaut, daß die mathematisch weniger anspruchsvollen Begriffe vor den nur dem Spezialisten verständlichen Begriffen erscheinen, soweit dies die Systematik der Abschnitte zuläßt. In diesem Sinne erscheint in Abschnitt 1.1 eine eigene Spalte „Definition für endliche oder abzählbar unendliche Ergebnismengen“, um die Definition nicht mit maßtheoretischen Details zu belasten. Die Namen der Begriffe erscheinen in den meisten Abschnitten vor den Zeichen für diese, da die Normung der Namen für die Verständigung im Bereich der Stochastik, insbesondere Statistik, grundlegend ist. In den Abschnitten 1.2, 3.1, 4.2 und 4.3 erscheinen die Zeichen vor den Namen der Begriffe, da dort die Normung der Zeichen größere Bedeutung hat. Bei den Zeichen wird deutlich gesagt, wann diese durch die vorliegende Norm empfohlen werden, z. B. im Kopf von Spalte 2 in Abschnitt 3.1 und im Vortext von Abschnitt 4.2. Wenn die verwendeten Zeichen nicht ausdrücklich empfohlen werden, können diese durch andere Zeichen ersetzt werden. Darauf wird durch Fußnoten gelegentlich hingewiesen, z. B. in den Abschnitten 1.1 und 2.1.

1 Gemeinsame Grundbegriffe der Wahrscheinlichkeitstheorie, der mathematischen und der beschreibenden Statistik

1.1 Zufallsvariable

Siehe Anmerkung zu 1.1 für die Anwendung der in Spalte 2 festgelegten Begriffe in der beschreibenden Statistik (im Sinne der Beschreibung von in realen Experimenten erhobenen Daten). Zur Bedeutung der Spalte 5 siehe Anmerkung zu Spalte 5 von 1.1.

1	2	3	4	5	6
Nr	Name	Zeichen [1])	Definition: für endliche oder abzählbar unendliche Ergebnismengen	Definition: Zusatzvoraussetzungen für überabzählbare Ergebnismengen	Bemerkung
1.1.1	Ergebnis	ω	Grundbegriff (mit der Bedeutung: mögliches Ergebnis bei dem durchzuführenden, zu beschreibenden Experiment)		Zur Wahl des Wortes „Ergebnis" siehe Anmerkung zu 1.1.1.
1.1.2	Ergebnismenge	Ω	Menge aller möglichen Ergebnisse		„Stichprobenraum" wird in der Literatur oft anstelle der hier empfohlenen Benennung „Ergebnismenge" verwendet.
1.1.3	Meßraum	$(\Omega, \mathscr{A})$	ein Paar aus einer nicht leeren Menge Ω und einer Menge $\mathscr{A}$ von Teilmengen von Ω, wobei $\mathscr{A}$ die Menge aller Teilmengen von Ω ist oder mindestens eine σ-Algebra	$\mathscr{A}$ ist eine σ-Algebra in Ω.	Zum Begriff des Maßraumes siehe Nr 2.1.2, Spalte 6. Eine σ-Algebra $\mathscr{A}$ in Ω ist eine nicht leere Menge von Teilmengen von Ω mit: $\emptyset \in \mathscr{A}$; $\Omega \in \mathscr{A}$; wenn $A \in \mathscr{A}$, so $\bar{A} \in \mathscr{A}$; wenn $A_i \in \mathscr{A}$, so $\bigcup_{i=1}^{\infty} A_i \in \mathscr{A}$.
1.1.4	Ereignis	A auch $B, C, \ldots$	Teilmenge von Ω aus $\mathscr{A}$		
1.1.5	Zufallsvariable, $\mathscr{X}$-wertige Zufallsvariable	X auch $Y, Z, \ldots$	eine Funktion mit dem Definitionsbereich Ω, deren Werte einer Menge $\mathscr{X}$ angehören	eine Funktion $\langle \omega \to X(\omega) \rangle$ mit $X: (\Omega, \mathscr{A}) \to (\mathscr{X}, \mathscr{B})$, d. h. für alle $B \in \mathscr{B}$ gilt: $\{\omega : X(\omega) \in B\} \in \mathscr{A}$, wobei $(\Omega, \mathscr{A})$, $(\mathscr{X}, \mathscr{B})$ Meßräume sind	Zum Gebrauch des Wortes „Zufallsvariable" im Vergleich zu „Zufallsgröße" usw. siehe Anmerkung 1 zu 1.1.5 und Anmerkung zu 1.1.6. Zur Bezeichnung des „Bild"-Meßraumes $(\mathscr{X}, \mathscr{B})$ siehe Anmerkung 2 zu 1.1.5.
1.1.5.1	diskrete Zufallsvariable		jede Zufallsvariable	Es gibt eine endliche oder abzählbar unendliche Menge $T' \in \mathscr{B}$ mit $P\{X \in T'\} = 1$.	Für die Definition des Wahrscheinlichkeitsmaßes P siehe Nr 2.1.1.

[1]) Die in dieser Spalte verwendeten Zeichen (mit Ausnahme des Zeichens I für Indikatoren) können durch andere Zeichen ersetzt werden, insbesondere wenn diese informativer sind, z. B. ω durch $(x_1, \ldots, x_n)$, wenn das Ergebnis aus den Meßwerten $x_1, \ldots, x_n$ besteht.

Fortsetzung des Abschnittes 1.1

1	2	3	4	5	6
			Definition		
Nr	Name	Zeichen [1])	für endliche oder abzählbar unendliche Ergebnismengen	Zusatzvoraussetzungen für überabzählbare Ergebnismengen	Bemerkung
1.1.5.2	ganzzahlige Zufallsvariable		Zufallsvariable, deren Werte ganze Zahlen sind	Für alle $k \in \mathbb{Z}$ gilt $\{\omega : X(\omega) = k\} \in \mathscr{A}$.	
1.1.5.3	reellwertige Zufallsvariable		Zufallsvariable, deren Werte reelle Zahlen sind	Für alle $x \in \mathbb{R}$ gilt $\{\omega : X(\omega) \leq x\} \in \mathscr{A}$.	
1.1.6	Zufallsgröße		Zufallsvariable, deren Werte Werte einer Größe sind		Bezüglich des Begriffs einer (physikalischen) Größe siehe DIN 1313. Siehe Anmerkung zu 1.1.6.
1.1.7	Zufallsvektor	$(X_1, \ldots, X_n)$ auch $\mathbf{X}$, X	n-Tupel von Zufallsgrößen $X_1, \ldots, X_n$		
1.1.8	Zufallsfolge	$(X_n)_{n \in \mathbb{N}}$ auch $X_{\mathbb{N}}$	Folge von Zufallsvariablen $X_0, X_1, \ldots$		Anstelle von $\mathbb{N}$ sind auch andere endliche oder abzählbar unendliche Indexmengen zulässig, z. B. $\mathbb{Z}$ für die Folge $\ldots X_{-1}, X_0, X_1, \ldots$
1.1.9	Zufallsfunktion		Zufallsvariable, deren Werte Funktionen $\langle t \to X_t \rangle$ sind		Zum Begriff des stochastischen Prozesses siehe Anmerkung zu 1.1.9.
1.1.10	Indikator des Ereignisses A	I_A	diejenige Zufallsvariable, die für $\omega \in A$ den Wert 1 und sonst den Wert 0 annimmt		Die außerhalb der Stochastik übliche Bezeichnung „charakteristische Funktion der Menge A" ist wegen Nr 3.1.17 nicht zulässig. Siehe auch Anmerkung zu 1.1.10.
1.1.11	Zufallsziffern		ermittelter Wert einer Folge von über den Ziffern 0, 1, ..., 9 gleichverteilten stochastisch unabhängigen Zufallsvariablen		Zum Gebrauch der Worte „ermittelter Wert" siehe Beschreibung B in der Anmerkung zu 1.1. Für die Definition der Gleichverteilung und der stochastischen Unabhängigkeit siehe Nr 2.2.1 und Nr 4.1.2.2. Bei anderen Ziffernmengen ist diese anzugeben. Zu Pseudozufallsziffern und -zahlen siehe Anmerkungen zu 1.1.11 und 1.1.12.

[1]) Siehe Seite 3

Fortsetzung des Abschnitts 1.1

1	2	3	4	5	6
Nr	Name	Zeichen [1])	Definition: für endliche oder abzählbar unendliche Ergebnismengen	Definition: Zusatzvoraussetzungen für überabzählbare Ergebnismengen	Bemerkung
1.1.12	(rechteckverteilte) Zufallszahl			ermittelter Wert einer Folge von über dem Intervall (0, 1) rechteckverteilten stochastisch unabhängigen Zufallsvariablen	Für die Definition der Rechteckverteilung siehe Nr 2.3.1. Bei anders verteilten Zufallszahlen ist die Verteilung anzugeben.
1.1.13	Zufallsstichprobe		ermittelter Wert (Realisation) einer über einer endlichen Menge von möglichen Stichproben gleichverteilten Zufallsvariable		Zufallsstichprobe soll nicht im Sinne eines n-Tupels von Zufallsvariablen benutzt werden. Siehe Anmerkung 2 zu 1.1.13.
1.1.14	zentrierte Zufallsvariable		reellwertige Zufallsvariable X mit $\mathrm{E}X=0$, falls $\mathrm{E}X$ existiert		Für die Definition des Erwartungswertes $\mathrm{E}X$, des Medians von X und der Varianz $\mathrm{Var}\,X$ siehe Nr 3.1.3, Nr 3.1.1.1 und Nr 3.1.4.
1.1.14.1	an einem Median zentrierte Zufallsvariable		reellwertige Zufallsvariable mit 0 als Median		
1.1.15	standardisierte Zufallsvariable		reellwertige Zufallsvariable X mit $\mathrm{E}X=0$ und $\mathrm{Var}\,X=1$		

[1]) Siehe Seite 3

Anmerkungen

Zu 1.1

Mit den in Abschnitt 1.1 genannten Begriffen der Stochastik können auf zwei Weisen die Daten beschrieben werden, die in einem realen Experiment ermittelt werden sollen. Reale Experimente sind z. B.:

a) Messen,
b) Zählen,
c) Prüfen,
d) Bestimmung eines qualitativen Merkmals,
e) Bestimmung des Ablaufes eines Prozesses.

Zur Definition der Begriffe a) bis c) siehe DIN 1319 Teil 1, zu d) siehe DIN 55350 Teil 12.

Beschreibung A

Bei der einmaligen Durchführung eines realen Experimentes wird in den genannten Fällen a) bis e) als Ergebnis ermittelt:

a) ein Meßwert,
b) eine Zahl,
c) eine Feststellung,
d) ein Merkmalswert (definiert als Ausprägung des Merkmals),
e) ein Pfad durch die Menge aller möglichen Zustände.

Bei der n-maligen Durchführung des gleichen realen Experimentes ist dann das Ergebnis ein n-Tupel $\omega=(x_1,\ldots,x_n)$ a) von Meßwerten, b) von Zahlen usw.

Braucht man wie in Abschnitt 1.3 einen Oberbegriff für die soeben Meßwerte, Zahlen, Merkmalswerte usw. genannten Komponenten $x_1,\ldots,x_n$ des Ergebnisses ω, so kann man von den Einzelergebnissen $x_1,\ldots,x_n$ sprechen und von der Menge $\mathcal{X}$ aller möglichen Einzelergebnisse. Beachte $\Omega=\mathcal{X}^n$.

Bei mehrstufigen Experimenten ist das Ergebnis eine endliche oder unendliche Folge $\omega=(x_1, x_2, \ldots)$ a) von Meßwerten, b) von Zahlen usw., wobei die Meßwerte $x_1, x_2, \ldots$ in der 1., 2., ... Stufe des Experimentes gemessen werden. Dabei können die einzelnen Stufen verschiedenartige reale Experimente sein.

Beschreibung B

Bei der einmaligen Durchführung eines realen Experimentes wird ein Wert einer Zufallsvariablen ermittelt, und zwar genauer in den oben im ersten Absatz dieser Anmerkung genannten Fällen a) bis e):

a) ein Wert einer Zufallsgröße, nämlich der Meßwert einer Meßgröße,
b) ein Wert einer Zufallsvariablen, nämlich eine Zahl,
c) ein Wert einer Zufallsvariablen, deren Werte Feststellungen sind,
d) ein Wert einer Zufallsvariablen, deren Werte Ausprägungen eines Merkmals sind,
e) ein Wert einer Zufallsfunktion, nämlich eine Funktion $\langle t \to x_t \rangle$.

Dabei werden die möglichen Ergebnisse und die Ergebnismenge Ω in der Regel nicht angegeben.

Bei der n-maligen Durchführung des gleichen Experimentes wird der Wert eines n-Tupels von Zufallsvariablen ermittelt, deren Werte in den n einzelnen Experimenten ermittelt werden.

Bei mehrstufigen Experimenten wird der Wert einer Zufallsfolge (X_n) ermittelt. Dabei wird der Wert der ersten Zufallsvariablen X_1 in der 1. Stufe, der Wert von X_2 in der 2. Stufe usw. ermittelt.

Die Beschreibung A ist begrifflich einfacher als die Beschreibung B und wird daher u. a. im Schulunterricht bei der Einführung in die Wahrscheinlichkeitsrechnung unter Verwendung der Beispiele a), b) und d) benutzt. Erst bei der Berechnung des Mittelwertes, der empirischen Standardabweichung usw. treten Funktionen des Ergebnisses auf, für die die unten in Spalte 2 des Abschnitts 1.2 empfohlenen Zeichen auch im Falle der Beschreibung A zu verwenden sind.

Die Beschreibung B hat den Vorteil, bei allen Größen zwischen der Zufallsgröße und ihrem ermittelten Wert zu unterscheiden, und zwar unabhängig davon, ob es sich um die unmittelbar zu messenden Werte von Größen handelt oder um Werte, die erst aus den ermittelten Werten unmittelbar meßbarer Größen zu berechnen sind.

Zu Spalte 5 von 1.1

Zusatzvoraussetzungen für überabzählbare Ergebnismengen sind aus einem innermathematischen Grund notwendig: Es gibt keine nicht trivialen Wahrscheinlichkeitsmaße $A \to P(A)$, so daß $P(A)$ für alle $A \subset \mathbb{R}$ so definiert werden kann, daß die in Nr 2.1.1 genannten Eigenschaften a) bis c) erfüllt sind.

Zu 1.1.1

Das Wort „Ergebnis" wurde trotz der Verwechslungsgefahr mit anderen Bedeutungen dieses Wortes gewählt: a) Ergebnis im Sinne von Ergebnis einer Rechnung, b) das aus den statistischen Daten zu berechnende Ergebnis (siehe z. B. DIN 55 303 Teil 2, Entwurf Mai 1978, Formblatt A, A',...), c) Ergebnis als Kurzform für Meßergebnis im Sinne von DIN 1319 Teil 1.

Alle anderen in der Wahrscheinlichkeitstheorie und deren Anwendungen benutzten Wörter sind bereits anders definiert (Stichprobe im Sinne der Entnahme einer realen Probe, Ausfall im Sinne des Ausfallens einer Maschine, Ausgang im Sinne der Begriffspaare Eingangs- und Ausgangsgrößen (siehe z. B. DIN 40 148 Teil 1 und DIN 40 146 Teil 1)). Das Wort „Resultat" ist sprachlich ein Synonym für Ergebnis.

Zu 1.1.5

1 Das Wort „Variable" in „Zufallsvariable" ist als Leerstelle für genauer spezifizierte Begriffe anzusehen. Dementsprechend wird empfohlen, das Wort Variable in Zufallsvariable durch die Namen dieser Begriffe wie Größe, Vektor, Funktion, Folge, Matrix usw. zu ersetzen, siehe z. B. Nr 1.1.6 bis Nr 1.1.9. Ausnahmen von der Regel sind die in Nr 1.1.11 bis Nr 1.1.13 definierten Begriffe der Zufallsziffern, Zufallszahl und Zufallsstichprobe, die sich auf einen Wert einer entsprechenden Zufallsvariablen beziehen.

2 In Abhängigkeit von der Struktur des „Bild"-Meßraumes werden in der Literatur verschiedene Bezeichnungen verwendet, z. B. $(\Omega', \mathscr{A}')$, wenn keine Struktur vorausgesetzt wird $(\mathscr{X}, \mathscr{B})$, wenn $\mathscr{X}$ ein topologischer Raum (siehe DIN 13 302, Ausgabe Juni 1978, Nr 9.1) ist und $\mathscr{B}$ die kleinste σ-Algebra ist, die alle offenen Mengen enthält. Da der letztgenannte Fall sehr häufig ist und $(\mathscr{X}, \mathscr{B})$ sich deutlich von $(\Omega, \mathscr{A})$ typographisch unterscheidet, wird in dieser Norm die Bezeichnung $(\mathscr{X}, \mathscr{B})$ verwendet.

Zu 1.1.6

In der Wahrscheinlichkeitstheorie und mathematischen Statistik werden zur Zeit die Doppelwörter „Zufallsvariable" und „Zufallsgröße" oft als Synonyme behandelt. Es wird jedoch vornehmlich empfohlen, das Wort Zufallsgröße nur dann zu verwenden, wenn die Werte der Zufallsgröße Werte einer (physikalischen) Größe sind.

Zu 1.1.9

Der Name „Zufallsfunktion" für die Abbildungen $\langle \omega \to \langle t \to X_t(\omega) \rangle \,|\, T \rangle$ wurde aus den aus der Anmerkung 1 zu 1.1.5 ersichtlichen systematischen Gründen hier angegeben. Weit verbreitet ist die Benennung „stochastischer Prozeß", wobei die angegebene Abbildung meist in der Gestalt einer Familie von Zufallsvariablen $(X_t)_{t \in T}$ angegeben wird, kurz X_T, ganz ausführlich $\langle \omega \to (X_t(\omega))_{t \in T} \rangle$. Die mit dem Gebiet der stochastischen Prozesse mit nicht abzählbarem Definitionsbereich T zusammenhängenden Begriffe, Benennungen und Bezeichnungsweisen werden in dieser Norm nicht behandelt.

Zu 1.1.10

Die Funktion $\langle \omega \to I_A(\omega) \rangle$ wird in der Literatur auch Indikatorfunktion genannt.

Zu 1.1.11 und 1.1.12

Pseudozufallsziffern oder -zahlen werden mit einem algebraischen Algorithmus erzeugt und wie Zufallsziffern oder -zahlen verwendet.

Zu 1.1.13

1 Die Bezeichnung „Stichprobe" sollte nur für die Entnahme realer Stichproben, etwa aus einer Menge Schrauben, benutzt werden. Daran anschließend wird in der Literatur die Meßreihe der Meßwerte der Länge der Schrauben aus der realen Stichprobe auch als Stichprobe bezeichnet.

2 Ein n-Tupel von Zufallsvariablen ist u. a. als Modell für die folgenden zwei begrifflich zu unterscheidenden Situationen der Stichprobenentnahme aus einer Gesamtheit von (Auswahl-)Einheiten geeignet.

a) An n systematisch oder
b) an n zufällig ausgewählten Einheiten wird dieselbe Größe gemessen (z. B. eine Reaktionszeit), deren n Meßwerte die ermittelten Werte von n Zufallsgrößen sind.

In beiden Fällen ist der ermittelte Wert des n-Tupels von Zufallsvariablen in der Regel keine Zufallsstichprobe im Sinne von Nr 1.1.13. Im Fall b) wird in der Literatur jedoch auch von Zufallsstichproben gesprochen.

Anmerkungen

Zu 4.2

Die den bedingten Wahrscheinlichkeiten in Spalte 2 bzw. den bedingten Dichten in Spalte 3 entsprechenden bedingten Verteilungsfunktionen werden mit $F(y|A)$, $F_{Y|X}(y|A)$, $F_{Y|X}(y|x)$, $F(y|X=x)$ usw. bezeichnet.

Zu 4.2.1

Werden die Ereignisse A und/oder B in $P(B|A)$ in geschweiften Klammern ohne die Abstraktionsvariable ω (siehe Vorbemerkungen) angegeben, so ist es zulässig, die geschweiften Klammern wegzulassen, z. B.

$P(Y \in B | X \in A)$ statt $P(\{Y \supset B\} | \{X \in A\})$

$P(Y \in B | A)$ statt $P(\{Y \in B\} | A)$

$P(B | X = x)$ statt $P(B | \{X = x\})$

Es wird darauf hingewiesen, daß die in Nr 4.2.1 und Nr 4.2.4 angegebenen Charakterisierungen von $P(B|X=x)$ miteinander verträglich sind. Nr 4.2.4 wird nur im Fall $P\{X=x\}=0$ benötigt.

Beispiel zu 4.2.1

1 Eine Folge von Zufallsvariablen $X_0, X_1, X_2, \ldots$ heißt eine **Markovkette** erster Ordnung, wenn die bedingten Wahrscheinlichkeiten $\langle x \to P(X_{n+1}=x | X_0=x_0, \ldots, X_n=x_n)\rangle$ von X_{n+1} nur von x_n abhängen:

$\langle x \to P(X_2 = x | X_0 = x_0, X_1 = x_1)\rangle$
hängt nicht von x_0 ab,

$\langle x \to P(X_3 = x | X_0 = x_0, X_1 = x_1, X_2 = x_2)\rangle$
hängt nicht von x_0, x_1 ab.

2 $P(X_{n+1} = x_{n+1} | X_n = x_n)$ bedeutet die **Übergangswahrscheinlichkeit** von dem „Zustand" x_n zur „Zeit" n zum „Zustand" x_{n+1} zur „Zeit" $n+1$.

3 Eine Markovkette besitzt **stationäre Übergangswahrscheinlichkeiten**, wenn für alle $n \geq 1$:

$$P(X_{n+1} = j | X_n = i) = P(X_1 = j | X_0 = i)$$

4 Die **Matrix der stationären Übergangswahrscheinlichkeiten** ist die Matrix (p_{ij}) mit:

$$p_{ij} = P(X_1 = j | X_0 = i)$$

5 Das **Tupel der Anfangswahrscheinlichkeiten** ist das Tupel (p_i) mit:

$$p_i = P(X_0 = i)$$

Zu 4.2.3

1 Unter gewissen Regularitätsvoraussetzungen gilt:

$$f_{Y|X}(y|x) = \frac{f_{X,Y}(x,y)}{f_X(x)}$$

2 Sind f_X und $\langle y \to f_{Y|X}(y|x)\rangle$ Dichten bezüglich der Maße μ und ν, so ist $\langle (x,y) \to f_{Y|X}(y|x)\, f_X(x)\rangle$ eine Dichte bzgl. des Produktmaßes $\mu \times \nu$ (siehe Nr 4.1.2.1, Spalte 4).

Beispiel zu 4.2.3

$f_{X,Y}(x,y)$ sei die in Anmerkung zu 2.4.9 (mit x_1, x_2 anstelle von x, y) angegebene Dichte der 2-dimensionalen Normalverteilung. Dann ist die bedingte Dichte der Normalverteilung von y, gegeben x:

$$f_{Y|X}(y|x) = \frac{1}{\sigma_2 \sqrt{2\pi\,(1-\varrho^2)}} \exp \left(- \frac{(y - \mu_2 - \varrho(\sigma_2/\sigma_1)(x - \mu_1))^2}{2\,\sigma_2^2\,(1-\varrho^2)} \right)$$

4.3 Bedingte Erwartungswerte

Für den Begriff des Erwartungswertes E X siehe Nr 3.1.3.

1	2	3	4
Nr	Verwendung der Zeichen (|) mit der Sprechweise: bedingter Erwartungswert der Zufallsvariable Y, gegeben …	Charakterisierung oder Definition	Bemerkung
4.3.1	$\mathrm{E}(Y \mid A)$	$\mathrm{E}\, YI_A = \mathrm{E}(Y \mid A)\, P(A)$	Im diskreten Falle gilt: $\mathrm{E}(Y \mid A) = \sum_{\omega} Y(\omega)\, f(\omega \mid A)$
4.3.2	$\mathrm{E}(Y \mid X = x)$	$\mathrm{E}\, YI_{\{X \in A\}} = \int_A \mathrm{E}(Y \mid X = x)\, P_X(\mathrm{d}x)$ für alle $A \in \mathscr{B}$	Die Funktion $\langle x \to \mathrm{E}(Y \mid X = x)\rangle$ ist $\mathscr{B}$-meßbar. Unter gewissen Regularitätsvoraussetzungen gilt: $\mathrm{E}(Y \mid X = x) = \int y f_{Y \mid X}(y \mid x)\, \mathrm{d}y$ Die Funktion $\langle x \to \mathrm{E}(Y \mid X = x)\rangle$ heißt Regressionsfunktion von Y auf X. Ist X reellwertig, so stellt man diese als Regressionskurve (z. B. -gerade) dar. Ist $X = (X_1, X_2)$ ein Paar reellwertiger Zufallsvariablen, so stellt man die Regressionsfunktion als Regressionsfläche (z. B. -ebene) dar. Siehe Anmerkung zu 4.3.2.
4.3.3	$\mathrm{E}(Y \mid X)$	$\mathrm{E}\, YI_{\{X \in A\}} = \int_{X \in A} \mathrm{E}(Y \mid X)(\omega)\, P(\mathrm{d}\omega)$ für alle $A \in \mathscr{B}$	$\mathrm{E}(Y \mid X)$ ist eine Zufallsvariable, die bzgl. der von X erzeugten σ-Algebra meßbar ist.
4.3.4	$\mathrm{E}(Y \mid \mathscr{C})$	$\mathrm{E}\, YI_C = \int_C \mathrm{E}(Y \mid \mathscr{C})(\omega)\, P(\mathrm{d}\omega)$ für alle $C \in \mathscr{C}$	$\mathrm{E}(Y \mid \mathscr{C})$ ist eine $\mathscr{C}$-meßbare Zufallsvariable, $\mathscr{C}$ eine Teil-σ-Algebra von $\mathscr{A}$.

Anmerkung zu 4.3.2

Wenn die Regressionskurve eine Gerade oder die Regressionsfläche eine Ebene ist, spricht man von „linearer Regression". Im ersten Fall ist der „lineare Regressionskoeffizient von Y auf X" der Koeffizient von x in der Gleichung der Regressionsgeraden (siehe Nr 3.1.15).

Im zweiten Fall ist der „partielle Regressionskoeffizient von Y auf x_1" der Koeffizient von x_1 in der Gleichung der Regressionsebene.

Im Sinne der Anmerkung zu 3.1 handelt es sich bei den hier erwähnten Begriffen um theoretische Begriffe im Gegensatz zu den entsprechenden empirischen Begriffen, siehe Nr 1.2.14 zum Begriff der empirischen Regressionsgeraden.

Zitierte Normen

DIN 1302	Allgemeine mathematische Zeichen und Begriffe
DIN 1313	Physikalische Größen und Gleichungen; Begriffe, Schreibweisen
DIN 1319 Teil 1	Grundbegriffe der Meßtechnik; Messen, Zählen, Prüfen
DIN 1319 Teil 3	Grundbegriffe der Meßtechnik; Begriffe für die Fehler beim Messen
DIN 5473	Zeichen und Begriffe der Mengenlehre; Mengen, Relationen, Funktionen
DIN 13302	Mathematische Strukturen; Zeichen und Begriffe
DIN 13303 Teil 2	(z. Z. Entwurf) Stochastik; Mathematische Statistik; Begriffe und Zeichen
DIN 40146 Teil 1	Begriffe der Nachrichtenübertragung; Grundbegriffe
DIN 40148 Teil 1	Übertragungssysteme und Zweitore; Begriffe und Größen
DIN 53804 Teil 3	Statistische Auswertungen; Ordinalmerkmale
DIN 55302 Teil 1	Statistische Auswertungsverfahren; Häufigkeitsverteilung, Mittelwert und Streuung; Grundbegriffe und allgemeine Verfahren
DIN 55303 Teil 2	(z. Z. Entwurf) Statistische Auswertung von Daten; Schätz- und Testverfahren für Mittelwerte und Varianzen
DIN 55350 Teil 12	Begriffe der Qualitätssicherung und Statistik; Begriffe der Qualitätssicherung; Merkmalsbezogene Begriffe
DIN 55350 Teil 14	(z. Z. Entwurf) Begriffe der Qualitätssicherung und Statistik; Begriffe der Qualitätssicherung; Begriffe der Probenahme
DIN 55350 Teil 21	Begriffe der Qualitätssicherung und Statistik; Begriffe der Statistik; Zufallsgrößen und Wahrscheinlichkeitsverteilungen
DIN 55350 Teil 22	Begriffe der Qualitätssicherung und Statistik; Begriffe der Statistik; Spezielle Wahrscheinlichkeitsverteilungen
DIN 55350 Teil 23	(z. Z. Entwurf) Begriffe der Qualitätssicherung und Statistik; Begriffe der Statistik; Beschreibende Statistik
DIN 55350 Teil 24	(z. Z. Entwurf) Begriffe der Qualitätssicherung und Statistik; Begriffe der Statistik; Schließende Statistik
ISO 3534	Statistics; Vocabulary and symbols

Erläuterungen

Die vorstehende Norm dient zusammen mit DIN 13303 Teil 2 (z.Z. Entwurf) zur Vereinheitlichung der Begriffe und Zeichen der Stochastik. Diese ist erst in den letzten fünfzig Jahren aus den Teilgebieten der Wahrscheinlichkeitsrechnung und -theorie, der beschreibenden und der mathematischen Statistik sowie der stochastischen Prozesse einschließlich ihrer vielen Anwendungen in Technik, Naturwissenschaften, Wirtschafts- und Sozialwissenschaften zusammengewachsen. Die vielfältigen Wurzeln der Begriffsbildung und die Breite der Anwendung haben nicht von selbst zu einer einheitlichen Terminologie geführt. Die damit verbundenen Verständigungsschwierigkeiten waren bis zur kürzlich erfolgten Einführung der Wahrscheinlichkeitsrechnung und Statistik in die Lehrpläne der Schule vor allem denjenigen bewußt, die auf mehreren Gebieten der Stochastik und ihren Anwendungen arbeiten.

Bei der Einführung einer einheitlichen Terminologie für die Stochastik waren u.a. folgende Gesichtspunkte zu beachten:

a) Für das Gesamtgebiet der Stochastik einschließlich aller Teilgebiete sollen Bezeichnungen und Zeichen für Begriffe empfohlen werden, unabhängig davon, ob ein einziger spezieller Begriff aus dem Teilgebiet explizit genormt wird. (Z.B. kommen in Teil 1 keine speziellen Begriffe aus der Informationstheorie vor.)

b) Die vorstehende Norm empfiehlt die Benennungen und Zeichen für die Begriffe der Theorie. Dies kann aber nicht ohne Bezug auf die Anwendung der Theorie geschehen (siehe dazu die Vorbemerkung).

c) Da die Theorie Grundlage für die Anwendung ist, sind solche Begriffe der angewandten Stochastik (z.B. beschreibenden Statistik), die in der Theorie von Bedeutung sind, in der vorstehenden Norm aufgeführt (siehe insbesondere Abschnitte 1.2 und 1.3).

d) Die vorstehende Norm soll die Verständigung im Gesamtgebiet der Stochastik erleichtern. Die Norm empfiehlt daher in der Regel eine einzige Benennung für einen Begriff, auch wenn bisher in der Literatur mehrere Benennungen üblich waren.

e) Die vorstehende Norm empfiehlt einerseits im Sinne von Gesichtspunkt d) Benennungen und Zeichen für Begriffe, wenn der Anwender der Norm den Begriff benutzen will. Der Anwender der Norm trägt aber die Verantwortung dafür, welche Begriffe oder Begriffssysteme er verwenden will. (Siehe dazu Anmerkungen zu 1.1 und zu 2.1.)

Andererseits informiert sie den Anwender der Norm, der das Gesamtgebiet der Stochastik und ihrer Anwendungen nicht übersieht, über wichtige Begriffe und deren Benennungen. (Siehe dazu auch die die Sprache der Anwender der Stochastik betreffenden Anmerkungen, auf die in der Vorbemerkung verwiesen wird.) Damit soll erreicht werden, daß sich widersprechende Verwendungen derselben Benennung für verschiedene Begriffe vermieden werden. (So hat z.B. die Verwendung des Wortes Stichprobe für verschiedene Begriffe im Bereich der Probenahme und der Theorie mit dazu beigetragen, daß bis heute keine Norm über die Begriffe der Probenahme veröffentlicht worden ist, abgesehen von einem zurückgezogenen Norm-Entwurf aus den sechziger Jahren und dem gleichzeitig mit dieser Norm erscheinenden Entwurf DIN 55350 Teil 14.)

f) Es mag manchmal, etwa innerhalb eines in sich geschlossenen Teilgebietes der Stochastik, gute Gründe geben, von den empfohlenen oder verwendeten Zeichen der vorstehenden Norm abzuweichen. Jeder, der sich in Theorie oder Praxis mit stochastischen Fragen beschäftigt, sollte diese Gründe abwägen gegen den Vorteil, daß eine einheitliche Bezeichnungsweise viel zur Förderung der Stochastik sowohl im Hinblick auf die theoretische Forschung wie auf die Verbreitung ihrer Methoden in den einzelnen Anwendungsgebieten beiträgt.

Stichwortverzeichnis

Die hinter die Stichwörter gesetzten Zahlen geben die jeweiligen Abschnittsnummern an.

A
σ-Algebra 1.1.3
Abhängigkeit, stochastische 4
Abhängigkeitsparameter 3.2.4
absolute Häufigkeit 1.3
absolutes Moment 3.1.11
Anfangswahrscheinlichkeiten Beispiel zu 4.2.1
Arcussinusverteilung 2.3.5.1
arithmetisches Mittel 1.2.8
Asymmetrieparameter 3.2.3.2

B
bedingte Dichte 4.2
bedingte Verteilungsfunktion 4.2
bedingte Wahrscheinlichkeit 4.2
bedingte Wahrscheinlichkeitsverteilung 4.2
bedingter Erwartungswert 4.3
Bernoulli-Experiment 2.2.2
Bernoulli-Verteilung Anmerkung 2 zu 2.2.2
Besetzungswahrscheinlichkeiten
Anmerkungen zu 2.1.1.3.1 und 2.1.7
Besetzungszahl 1.3
Betaverteilung 2.3.5; Anmerkung 3 zu 2.4
Binomialverteilung 2.2.2; Anmerkung 3 zu 2.4
Binomialverteilung, negative 2.2.4

C
Cauchy-Verteilung 2.3.6
charakteristische Funktion 3.1.17
charakteristische Funktion der Menge 1.1.10
Chiquadrat, nichtzentrales 2.4.4
Chiquadrat, (zentrales) 2.4.3

D
Dezil, oberes 3.1.1.3.2
Dezil, unteres 3.1.1.3.1
Dezilabstand 3.1.2.2, 3.2.2
Dichte 2.1.4
Dichte, bedingte 4.2
Dichte der Zufallsvariablen 2.1.7
diskrete Wahrscheinlichkeitsverteilung 2.1.1.3, 2.1.4.1
diskrete Zufallsvariable 1.1.5.1
Durchführung, n-malige Anmerkung zu 1.1

E

Einzelergebnisse Anmerkung zu 1.1
empirisch Anmerkung 3 zu 1.2
empirische Kovarianz 1.2.12
empirische Kovarianzmatrix 1.2.12.1
empirische Regressionsgerade 1.2.14
empirische Regressionskonstante 1.2.15
empirische Standardabweichung 1.2.10.1
empirische Varianz 1.2.10
empirische Verteilungsfunktion 1.2.3
empirischer Korrelationskoeffizient 1.2.13
empirischer Median 1.2.4
empirischer Regressionskoeffizient 1.2.14
empirischer Variationskoeffizient 1.2.11
empirisches Quantil 1.2.4
empirisches Moment 1.2.9
Ereignis 1.1.4
Erfolgswahrscheinlichkeit 2.2.2, 2.2.4
Ergebnis 1.1.1; Anmerkung zu 1.1.1
Ergebnismenge 1.1.2
ermittelter Wert Anmerkung zu 1.1
Erwartungswert 3.1.3; Anmerkung zu 3.1.3
Erwartungswert, bedingter 4.3
erzeugende Funktion 3.1.16
Experimente, mehrstufige Anmerkung zu 1.1
Experimente, reale Anmerkung zu 1.1
Exponentialverteilung 2.3.3; Anmerkung 3 zu 2.4
Extremwertverteilung 2.3.7, 2.3.8, 2.3.9
Exzeß 3.2.3.1

F

F 2.4.7
faktorielles Moment 3.1.13
Formparameter 3.2.3
Fourier-Transformierte 3.1.17
Fréchet-Verteilung 2.3.8
Freiheitsgrade 2.4.3, 2.4.4, 2.4.5, 2.4.6, 2.4.7, 2.4.8, 2.4.10; Anmerkung 4 zu 2.4
Funktion, charakteristische 3.1.17
Funktion der Menge, charakteristische 1.1.10
Funktion, erzeugende 3.1.16
Funktionalparameter 3.2

G

Gammaverteilung 2.3.4; Anmerkung 3 zu 2.4
ganzzahlige Zufallsvariable 1.1.5.2
Gauß-Verteilung 2.3.2
(gemeinsame) Verteilungsfunktion 2.1.6
(gemeinsame) Wahrscheinlichkeitsverteilung 2.1.5
geometrische Verteilung 2.2.4.1
Gleichverteilung 2.2.1; Anmerkung zu 2.2.1; 2.3.1
Gumbel-Verteilung 2.3.7

H

Häufigkeit 1.3.1, 1.3.2
Häufigkeitsfunktion 1.3.3
Häufigkeitsverteilung 1.3.4
hypergeometrische Verteilung 2.2.3; Anmerkung zu 2.2.3; Anmerkung 3 zu 2.4

I

Indikator 1.1.10
Indikatorfunktion Anmerkung zu 1.1.10

K

Kendallscher Rangkorrelationskoeffizient 1.2.7
Kennwert der Gesamtheit Anmerkung 1 zu 1.2
Kennwert der Stichprobe Anmerkung 1 zu 1.2
Klasse siehe Ereignis 1.1.4
Kontingenztafeln 1.3; Anmerkungen zu 2.1.1.3.1 und 2.1.7
Korrelationskoeffizient 3.1.8
Korrelationskoeffizient, empirischer 1.2.13
Kovarianz 3.1.7
Kovarianz, empirische 1.2.12
Kovarianzmatrix 3.1.9
Kovarianzmatrix, empirische 1.2.12.1
Kurtosis 3.2.3.1

L

Lageparameter 3.2.1
lineare Regression Anmerkung zu 4.3.2
linearer Regressionskoeffizient 3.1.15
logarithmische Normalverteilung 2.3.2.1

M

Markovkette Beispiel zu 4.2.1
Maß 2.1.1
Maßraum 2.1.2
Median 3.1.1.1
Median, empirischer 1.2.4
mehrstufige Experimente Anmerkung zu 1.1
Meßraum 1.1.3
Mittel, arithmetisches 1.2.8
Mittelwert 1.2.8
Modalwert siehe wahrscheinlichster Wert, Maximum der Dichte 3.2.1
Moment 3.1.10, 3.1.14
Moment, absolutes 3.1.11
Moment, empirisches 1.2.9
Moment, faktorielles 3.1.13
Moment, zentrales 3.1.12, 3.1.4
Multinomialverteilung 2.2.6; Anmerkung 3 zu 2.4

N

negative Binomialverteilung 2.2.4
nichtzentrales Chiquadrat 2.4.4
nichtzentrales F 2.4.8
nichtzentrales t 2.4.6
Nichtzentralitätsmatrix 2.4.10
Nichtzentralitätsparameter 2.4.4, 2.4.6, 2.4.8
nichtzentral Wishart 2.4.10
n-malige Durchführung Anmerkung zu 1.1
normalverteilt 2.4.1
normalverteilt, n-dimensional 2.4.9
Normalverteilung 2.3.2
Normalverteilung, bedingte Beispiel zu 4.2.3
Normalverteilung, logarithmische 2.3.2.1

O

oberes Dezil 3.1.1.3.2
oberes Quantil 3.1.1
oberes Quartil 3.1.1.2.2
Ordinalskalenwert 1.2.4
Ordnungsstatistik 1.2.1

P

Parameter 3
partieller Regressionskoeffizient Anmerkung zu 4.3.2
Poisson-Verteilung 2.2.5; Anmerkung 3 zu 2.4
Pseudozufallszahl Anmerkungen zu 1.1.11 und 1.1.12
Pseudozufallsziffern Anmerkungen zu 1.1.11 und 1.1.12
Punktbezeichnung 1.2.16

Q

Quadratsumme 1.2.18
Quantil 3.1.1
Quantil, empirisches 1.2.4
Quantil, oberes 3.1.1
Quartil, oberes 3.1.1.2.2
Quartil, unteres 3.1.1.2.1
Quartilabstand 3.1.2.1, 3.2.2
Quartilspannweite 3.1.2.1
Quasispannweite 1.2.5.2

R

Randverteilungen 2.1.5
Rangkorrelationskoeffizient, Kendallscher 1.2.7

Rangkorrelationskoeffizient, Spearmanscher 1.2.6
Rangzahl 1.2.2
reales Experiment Anmerkung zu 1.1
Realisation 1.2
(rechteckverteilte) Zufallszahl 1.1.12
Rechteckverteilung 2.3.1; Anmerkung 3 zu 2.4
reellwertige Zufallsvariable 1.1.5.3
Regression, lineare Anmerkung zu 4.3.2
Regressionsebene 4.3.2; Anmerkung zu 4.3.2
Regressionsfläche 4.3.2
Regressionsfunktion 4.3.2
Regressionsgerade 4.3.2; Anmerkung zu 4.3.2
Regressionsgerade, empirische 1.2.14
Regressionskoeffizient, empirischer 1.2.14
Regressionskoeffizient, linearer 3.1.15
Regressionskoeffizient, partieller Anmerkung zu 4.3.2
Regressionskonstante, empirische 1.2.15
Regressionskurve 4.3.2
relative Häufigkeit 1.3

S

Scharparameter 3.3
Schiefe 3.2.3.2
Skalenparameter 3.3.2
Spannweite 1.2.5.1
Spearmanscher Rangkorrelationskoeffizient 1.2.6
Standardabweichung 3.1.5
Standardabweichung, empirische 1.2.10.1
standardisierte Normalverteilung
  siehe Standardnormalverteilung
standardisierte Zufallsvariable 1.1.15
standardnormalverteilt 2.4.2
Standardnormalverteilung Anmerkung zu 2.3.2
stationäre Übergangswahrscheinlichkeiten
  Beispiel zu 4.2.1
Stichprobe Anmerkung zu 1.1.13
Stichprobenraum 1.1.2
stochastische Abhängigkeit 4
stochastische Unabhängigkeit 4, 4.1
stochastische Unabhängigkeit, paarweise 4.1.1.2
stochastischer Prozeß Anmerkung zu 1.1.9
Streuungsparameter 3.2.2
Stufe Anmerkung zu 1.1

T

t 2.4.5
Träger einer Wahrscheinlichkeitsverteilung 2.1.1.2
theoretisch Anmerkung 3 zu 1.2

U

Übergangswahrscheinlichkeiten, stationäre
  Beispiel zu 4.2.1
Unabhängigkeit, stochastische 4, 4.1
unteres Dezil 3.1.1.3.1
unteres Quartil 3.1.1.2.1

V

Variable Anmerkung zu 1.1.5
Varianz 3.1.4
Varianz, empirische 1.2.10
Variationskoeffizient 3.1.6
Variationskoeffizient, empirischer 1.2.11
Verschiebungsparameter 3.3.1
verteilt nach Anmerkung 2 zu 2.4
verteilt wie 2.1.8; Anmerkung 2 zu 2.4
Verteilung, geometrische 2.2.4.1
Verteilung, hypergeometrische
  2.2.3; Anmerkung zu 2.2.3; Anmerkung 3 zu 2.4
Verteilung spezieller Zufallsvariablen 2.4
Verteilungsfunktion 2.1.3
Verteilungsfunktion, bedingte 4.2
Verteilungsfunktion der Zufallsvariablen 2.1.6
Verteilungsfunktion, empirische 1.2.3
Verteilungsfunktion, (gemeinsame) 2.1.6

W

Wahrscheinlichkeit 2, 2.1.1.1, 2.1.1.3.1
Wahrscheinlichkeit, bedingte 4.2
Wahrscheinlichkeitsdichte 2.1.4
Wahrscheinlichkeitsfunktion 2.1.4.1, 2.1.7
Wahrscheinlichkeitsmaß 2.1.1
Wahrscheinlichkeitsraum 2.1.2
Wahrscheinlichkeitsverteilung 2.1, 2.1.1
Wahrscheinlichkeitsverteilung, bedingte 4.2
Wahrscheinlichkeitsverteilung der Zufallsvariablen 2.1.5
Wahrscheinlichkeitsverteilung, diskrete 2.1.1.3
Wahrscheinlichkeitsverteilung, (gemeinsame) 2.1.5
Weibull-Verteilung 2.3.9
Wert, ermittelter Anmerkung zu 1.1
Wishart, nichtzentral 2.4.10
Wölbungsparameter 3.2.3.1

Z

(zentrales) Chiquadrat 2.4.3
(zentrales) F 2.4.7
zentrales Moment 3.1.12
zentrales Moment, empirisches 1.2.9.1
(zentrales) t 2.4.5
zentrierte Zufallsvariable 1.1.14
Zufallsfolge 1.1.8
Zufallsfunktion 1.1.9; Anmerkung zu 1.1.9
Zufallsgröße 1.1.6; Anmerkung zu 1.1.6
Zufallsstichprobe 1.1.13
Zufallsvariable 1.1.5; Anmerkung zu 1.1.6
Zufallsvariable, diskrete 1.1.5.1
Zufallsvariable, ganzzahlige 1.1.5.2
Zufallsvariable, reellwertige 1.1.5.3
Zufallsvariable, standardisierte 1.1.15
Zufallsvariable, zentrierte 1.1.14
Zufallsvektor 1.1.7
Zufallszahl 1.1.12
Zufallsziffern 1.1.11
Zustand Beispiel zu 4.2.1

DK 519.2 : 31 : 001.4 : 003.62 November 1982

Stochastik

Mathematische Statistik
Begriffe und Zeichen

DIN 13 303 Teil 2

Stochastics; mathematical statistics; concepts, signs and symbols

Inhalt

	Seite
Vorbemerkung	1
1 Grundbegriffe der mathematischen Statistik	2
2 Statistische Tests	4
3 Punktschätzer	7
4 Bereichsschätzer	9
Zitierte Normen	11
Erläuterungen	11
Stichwortverzeichnis	11

Die Normen DIN 13 303 Teil 1 und Teil 2 dienen dazu, die Begriffe und Zeichen der Stochastik zu normen, und zwar im vorliegenden Teil 2 die Begriffe und Zeichen der mathematischen Statistik. Dieser Teil fußt auf DIN 13 303 Teil 1.

Ergänzend hierzu behandeln die Normen DIN 55 350 Teil 21 bis Teil 24 die Begriffe der Statistik aus der Sicht der praktischen Anwendung, wobei dort auf eine strenge mathematische Darstellungsweise im allgemeinen verzichtet wird.

Bezüglich der verwendeten mathematischen Zeichen und Begriffe gelten DIN 1302 und die dort zitierten weiteren Normen mathematischen Inhalts, insbesondere DIN 5473.

Internationale Patentklassifikation

G 06 G 7/52
G 06 F 15/36

Fortsetzung Seite 2 bis 12

Normenausschuß Einheiten und Formelgrößen (AEF) im DIN Deutsches Institut für Normung e. V.
Ausschuß Qualitätssicherung und angewandte Statistik (AQS) im DIN

1 Grundbegriffe der mathematischen Statistik

Vor Beginn der statistischen Untersuchung legt man im Sinne der beiden in der Anmerkung zu Abschnitt 1.1 von DIN 13 303 Teil 1 (Ausgabe Mai 1982) angegebenen Beschreibungen fest:

– die Ergebnismenge, aus der ein Ergebnis ermittelt werden soll, oder

– die Zufallsvariablen, von denen je ein Wert (eine Realisation) ermittelt werden soll.

Bei beiden Beschreibungen kennt man im allgemeinen nicht die dem Experiment wirklich zugrunde liegende wahre Wahrscheinlichkeitsverteilung (siehe Nr 1.1). Dabei ist die Grundannahme, daß die wahre Wahrscheinlichkeitsverteilung zur Menge der zugelassenen Wahrscheinlichkeitsverteilungen (siehe Nr 1.2) gehört.

1	2	3	4	5
Nr	Name	Zeichen	Definition	Bemerkung
1.1	wahre Wahrscheinlichkeitsverteilung		Grundbegriff (mit der Bedeutung: die dem Experiment wirklich zugrunde liegende, im allgemeinen unbekannte Wahrscheinlichkeitsverteilung)	Für die wahre Wahrscheinlichkeitsverteilung werden dieselben Zeichen wie für die zugelassenen Wahrscheinlichkeitsverteilungen (siehe Nr 1.2) verwendet: P_ϑ, wenn eine Familie von zugelassenen Wahrscheinlichkeitsverteilungen vorliegt, sonst P.
1.1.1	wahrer Parameterwert		Parameterwert der wahren Wahrscheinlichkeitsverteilung	Der wahre Parameterwert ist im allgemeinen Element einer ein- oder mehrdimensionalen Parametermenge oder einer anderen Indexmenge, z. B. einer Menge von Verteilungsfunktionen. Als Zeichen für den wahren Parameterwert wird oft dasselbe Zeichen wie für den Parameter als Variable benutzt, in dieser Norm meistens ϑ. Zum Begriff des Parameters siehe DIN 13 303 Teil 1.
1.2	Menge der zugelassenen Wahrscheinlichkeitsverteilungen	$\mathscr{P}$	Grundbegriff (mit der Bedeutung: Aufgrund einer geeigneten Planung des Experimentes und/oder theoretischer Überlegungen sowie aus dem Vorwissen wird festgestellt, welche Wahrscheinlichkeitsverteilungen als zugelassen anzusehen sind.)	Man beachte, daß zwar in der Regel die Menge der zugelassenen Wahrscheinlichkeitsverteilungen (und darunter natürlich die wahre Wahrscheinlichkeitsverteilung) interessiert, daß dieselbe Menge aber auf verschiedene Weise parametrisiert, d. h. als Wertebereich einer Familie dargestellt werden kann. Zum Begriff des Modells siehe Anmerkung zu 1.2 und 1.2.1.
1.2.1	Familie der zugelassenen Wahrscheinlichkeitsverteilungen		eine Abbildung, die jedem ϑ aus einer Parametermenge (Indexmenge) Θ eine Wahrscheinlichkeitsverteilung P_ϑ zuordnet, wobei $\mathscr{P} = \{P_\vartheta : \vartheta \in \Theta\}$	Die Familie der zugelassenen Wahrscheinlichkeitsverteilungen wird oft wie die Menge der zugelassenen Wahrscheinlichkeitsverteilungen bezeichnet, obwohl sie davon begrifflich verschieden ist.
1.2.2	Menge der zugelassenen Parameterwerte	Θ	Parametermenge (Indexmenge) der Familie der zugelassenen Wahrscheinlichkeitsverteilungen	Auch Parameterraum genannt

1	2	3	4	5
Nr	Name	Zeichen	Definition	Bemerkung
1.3	suffiziente Funktion (für den Parameter ϑ der Familie P_ϑ mit $\vartheta \in \Theta$)		allgemein: eine Funktion t der möglichen Werte einer Zufallsvariablen X, zu der es Funktionen $g_\vartheta : W(t) \to \mathbb{R}_+$ und $h : \Omega \to \mathbb{R}_+$ gibt, so daß $< \omega \to g_\vartheta(t(X(\omega)))\, h(\omega) >$ die Wahrscheinlichkeiten oder eine Dichte $< \omega \to f_\vartheta(\omega) >$ der Wahrscheinlichkeitsverteilung P_ϑ für alle $\vartheta \in \Theta$ angibt. Dabei hängt h nicht von ϑ ab. speziell: für den Fall, daß die Werte $x_1, \ldots, x_n$ von n Zufallsvariablen $X_1, \ldots, X_n$ ermittelt werden, eine Funktion $< x_1, \ldots, x_n \to t(x_1, \ldots, x_n) >$, zu der es Funktionen $g_\vartheta : W(t) \to \mathbb{R}_+$ und $h : \mathscr{X}^n \to \mathbb{R}_+$ gibt, so daß $< x_1, \ldots, x_n \to g_\vartheta(t(x_1, \ldots, x_n))\, h(x_1, \ldots, x_n) >$ die Wahrscheinlichkeiten oder eine Dichte $< x_1, \ldots, x_n \to f_{\vartheta;\, X_1, \ldots, X_n}(x_1, \ldots, x_n) >$ der Wahrscheinlichkeitsverteilung P_ϑ für alle $\vartheta \in \Theta$ angibt. Dabei hängt h nicht von ϑ ab.	$T = t(X)$ bzw. $T = t(X_1, \ldots, X_n)$ sind suffiziente Zufallsvariable. Zur Erläuterung des Begriffs suffiziente Zufallsvariable (auch erschöpfend genannt) siehe Anmerkung zu 1.3.

Anmerkung zu 1.2 und 1.2.1: Anstelle des Begriffs der Familie der zugelassenen Wahrscheinlichkeitsverteilungen wird auch der Begriff des stochastischen Modells gebraucht. Modelle werden nicht nur durch die Angabe von Wahrscheinlichkeitsverteilungen, sondern auch durch die Angabe von Gleichungen für Zufallsvariable formuliert. Ein Spezialfall ist das lineare Modell: die Grundannahme, daß die zu messenden Zufallsgrößen Linearkombinationen von unbekannten Parametern und Zufallsgrößen sind, z. B.

$$X_{ij} = \mu + \xi_i + \varepsilon_{ij},$$

wobei beim Modell mit Zufallskomponenten ξ_i und ε_{ij}, beim Modell mit systematischen Komponenten nur ε_{ij} Zufallsgrößen sind (siehe z. B. DIN 53803 Teil 1).

Siehe auch das in Nr 3.3 Spalte 4b vorkommende lineare Modell

$$\mathrm{E}_\vartheta X = C'\vartheta + c.$$

Man beachte: In einem vorgegebenen realen Experiment ist die Wahl der Menge $\mathscr{P}$ der zugelassenen Wahrscheinlichkeitsverteilungen oder der Parametermenge Θ der Familie der zugelassenen Wahrscheinlichkeitsverteilungen oder allgemein des stochastischen Modells nicht eindeutig festgelegt. Dementsprechend hängen die im folgenden zu behandelnden statistischen Verfahren außer von der Fragestellung auch noch von dieser Wahl ab.

Anmerkung zu 1.3: Eine suffiziente Zufallsvariable T (z. B. suffiziente Prüfvariable (siehe Nr 2.7.2) oder suffizienter Schätzer (siehe Nr 3.1.2)) enthält alle Information über den unbekannten wahren Parameterwert ϑ der unbekannten wahren Wahrscheinlichkeitsverteilung P_ϑ, die man aus den zu ermittelnden Daten entnehmen kann. Sind z. B. $X_1, \ldots, X_n$ stochastisch unabhängig $N(\mu, \sigma^2)$ verteilt, so gilt:

$(\bar{X}, s_X^2)$ suffizient für (μ, σ^2), wenn μ und σ^2 unbekannt,

$\bar{X}$ suffizient für μ, wenn nur μ unbekannt,

$\frac{1}{n} \sum_{i=1}^{n} (X_i - \mu)^2$ suffizient für σ^2, wenn nur σ^2 unbekannt.

2 Statistische Tests

Die Definitionen der in dieser Tabelle genormten Begriffe und Zeichen nehmen auf eine Familie von zugelassenen Wahrscheinlichkeitsverteilungen P_ϑ mit $\vartheta \in \Theta$ Bezug. Diese Definitionen gelten auch für nichtparametrische Tests, wenn man ϑ und Θ geeignet interpretiert (z. B. ϑ als Verteilungsfunktion und Θ als Menge von Verteilungsfunktionen).

1	2	3	4	5
Nr	Name	Zeichen	Definition	Bemerkung
2.1	(statistischer) Test		(statistisches) Verfahren, um zwischen einer Nullhypothese H_0 und einer Alternativhypothese H_1 zu entscheiden (siehe Nr 2.3)	Man beachte, daß aufgrund einer problembezogenen Arbeitshypothese ein statistischer Test oft so geplant wird, daß die Alternativhypothese der Arbeitshypothese entspricht. Ist die Arbeitshypothese z. B. „es liegt eine Wirkung vor", so soll das Gegenteil „es liegt keine Wirkung vor (Wirkung gleich Null)", d. h. die Nullhypothese, mit Hilfe des statistischen Tests verworfen werden.
2.1.1	(statistische) Hypothese		eine Aussage über den wahren Parameterwert (oder die wahre Wahrscheinlichkeitsverteilung)	
2.1.2	Nullhypothese (auch kurz: Hypothese)	H_0	eine Hypothese (mit der in der Bemerkung angegebenen Bedeutung), z. B. die Aussage $\vartheta \in \Theta_0$, also $H_0 : \vartheta \in \Theta_0$	Siehe Anmerkung und Beispiele zu 2.1. Für randomisierten Test siehe Nr 2.8.
2.1.3	Alternativhypothese (auch kurz: Alternative)	H_1	die Negation der Nullhypothese über den wahren Parameterwert (oder die wahre Wahrscheinlichkeitsverteilung), z. B. die Aussage $\vartheta \in \Theta_1$ mit $\Theta_1 = \Theta \setminus \Theta_0$, also $H_1 : \vartheta \in \Theta_1$ Die Negation wird bezüglich der Menge der zugelassenen Parameterwerte (oder der zugelassenen Wahrscheinlichkeitsverteilungen) gebildet.	Die Negation ist bezüglich der Menge der zugelassenen Wahrscheinlichkeitsverteilungen zu bilden, wenn zu einem $\vartheta \in \Theta \setminus \Theta_0$ eine Wahrscheinlichkeitsverteilung gehört, die auch zu einem Parameter der Hypothese gehört.
2.2.1	einfache Hypothese		Die Hypothese legt die Wahrscheinlichkeitsverteilung eindeutig fest: $H_0 : \vartheta = \vartheta_0$	Beispiel für die Parameter (μ, σ^2) der Normalverteilung: $H_0 : \mu = \mu_0, \sigma > 0$
2.2.2	zusammengesetzte Hypothese		Es liegt keine einfache Hypothese vor.	
2.3	kritischer Bereich (des Tests)		eine Teilmenge K der Ergebnismenge Ω (siehe dazu z. B. Nr 2.7.4)	Fällt das Ergebnis in den kritischen Bereich, so wird die Nullhypothese verworfen und die Alternativhypothese akzeptiert, andernfalls wird die Nullhypothese nicht verworfen, aber damit die Nullhypothese nicht von vornherein angenommen. Siehe Beispiele zu 2.1.
2.4.1	Operations-Charakteristik		$< \vartheta \rightarrow P_\vartheta(\bar{K}) > \mid \Theta$	Wahrscheinlichkeit, die Nullhypothese nicht zu verwerfen.
2.4.2	Gütefunktion		$< \vartheta \rightarrow P_\vartheta(K) > \mid \Theta$	Wahrscheinlichkeit, die Nullhypothese zu verwerfen. Die Funktionswerte der Operations-Charakteristik und der Gütefunktion werden für Parameterwerte, die zur Nullhypothese gehören, anders interpretiert als für zur Alternativhypothese gehörige und dementsprechend auch anders benannt. (Siehe Nr 2.5 und Nr 2.6, insbesondere die Bemerkung in Nr 2.6.2). Zur Wahl eines Zeichens für die Gütefunktion siehe Anmerkung zu 2.4.2.

Fortsetzung der Tabelle

1	2	3	4	5
Nr	Name	Zeichen	Definition	Bemerkung
2.5	Fehler erster Art			Die Nullhypothese wird verworfen, obwohl sie richtig ist.
2.5.1	Wahrscheinlichkeit des Fehlers erster Art		$< \vartheta \to P_\vartheta(K) > \mid \Theta_0$	Diese Funktion ist ein Teil der Gütefunktion (siehe Nr 2.4.2), d.h. die Einschränkung der Gütefunktion auf Θ_0.
2.5.2	Signifikanzniveau (des Tests)	α	Ist K der kritische Bereich des Tests, so gilt: $P_\vartheta(K) \leq \alpha$ für alle $\vartheta \in \Theta_0$	Eine obere Schranke für die Wahrscheinlichkeit des Fehlers erster Art. Will man das Signifikanzniveau α vom erreichbaren Signifikanzniveau in Nr 2.5.2.1 unterscheiden, so spricht man etwa vom geforderten oder vereinbarten Signifikanzniveau oder ähnlich.
2.5.2.1	erreichbares Signifikanzniveau		$\sup_{\vartheta \in \Theta_0} P_\vartheta(K)$	Kleinste obere Schranke für die Wahrscheinlichkeit des Fehlers erster Art
2.5.3	kritisches Niveau		Liegt eine Familie $\{K_\alpha : \alpha \in (0,1)\}$ von kritischen Bereichen K_α zum erreichbaren Signifikanzniveau α mit $K_{\alpha_1} \subset K_{\alpha_2}$ für $\alpha_1 < \alpha_2$ vor, so ist $\inf\{\alpha : \omega \in K_\alpha\}$ bei gegebenem ω das kritische Niveau zum Ergebnis ω.	Die Verwendung des kritischen Niveaus anstelle eines festen Signifikanzniveaus (siehe Nr 2.5.2) im Schrifttum hat den Vorteil, daß dem Anwender der Testergebnisse die Wahl seines Signifikanzniveaus freigestellt wird. Das kritische Niveau ist jedoch keine Wahrscheinlichkeit im Gegensatz zum Signifikanzniveau, das eine Häufigkeitsinterpretation zuläßt. Bei den Anwendungen sollte stets – auch bei der Angabe eines kritischen Niveaus – ein Test zu vorgegebenem Signifikanzniveau durchgeführt werden: Die Nullhypothese wird verworfen, wenn das kritische Niveau kleiner als das Signifikanzniveau ist.
2.6	Fehler zweiter Art			Die Nullhypothese wird nicht verworfen, obwohl sie falsch ist.
2.6.1	Wahrscheinlichkeit des Fehlers zweiter Art	β	$< \vartheta \to P_\vartheta(\bar{K}) > \mid \Theta_1$	Diese Funktion ist ein Teil der Operations-Charakteristik (siehe Nr 2.4.1), d.h. die Einschränkung der Operations-Charakteristik auf Θ_1. Für den Funktionswert $\beta(\vartheta)$ wird oft kurz β geschrieben. Siehe Anmerkung zu 2.4.2.
2.6.2		$1 - \beta$	$< \vartheta \to P_\vartheta(K) > \mid \Theta_1$	Diese Funktion gibt die Wahrscheinlichkeit an, den Fehler zweiter Art nicht zu machen, und ist ein Teil der Gütefunktion (siehe Nr 2.4.2), d.h. die Einschränkung der Gütefunktion auf Θ_1; sie heißt auch manchmal Schärfefunktion oder Machtfunktion.
2.6.2.1	Schärfe		Funktionswert $P_\vartheta(K)$ der Gütefunktion für $\vartheta \in \Theta_1$	
2.7.1	Prüffunktion		eine reellwertige Funktion der möglichen Werte von ermittelbaren Zufallsvariablen (*engl.: test statistic*)	Z.B. eine reellwertige Funktion $< x_1, \ldots, x_n \to t(x_1, \ldots, x_n) >$, wenn die Werte $x_1, \ldots, x_n$ der Zufallsvariablen $X_1, \ldots, X_n$ ermittelt werden.

Fortsetzung der Tabelle

1	2	3	4	5
Nr	Name	Zeichen	Definition	Bemerkung
2.7.2	Prüfvariable		eine aus ermittelbaren Zufallsvariablen bestimmte reellwertige Zufallsvariable	Im Beispiel von Nr 2.7.1 die Zufallsvariable $< \omega \to t(X_1(\omega), \ldots, X_n(\omega)) >$, kurz mit $T = t(X_1, \ldots, X_n)$ bezeichnet. Zur Unterscheidung zwischen Prüffunktion und Prüfvariable siehe Anmerkung zu 3.1 unten.
2.7.3	Prüfwert		der ermittelte Wert der Prüffunktion bzw. der Prüfvariablen	Im Beispiel von Nr 2.7.1 und Nr 2.7.2 die Zahl $t(x_1, \ldots, x_n)$, wenn die Werte $x_1, \ldots, x_n$ ermittelt werden.
2.7.4	kritischer Wert (der Prüffunktion bzw. Prüfvariablen zum Signifikanzniveau α)		die größte Zahl t_α oder die kleinste Zahl $t_{1-\alpha}$ mit der Eigenschaft, daß $\{T < t_\alpha\}$ oder $\{T > t_{1-\alpha}\}$ kritischer Bereich eines Tests zum Signifikanzniveau α ist	t_α ist hier das größte α-Quantil (siehe DIN 13 303 Teil 1) und $t_{1-\alpha}$ das kleinste $(1-\alpha)$-Quantil der Prüfvariablen T im Falle einer einfachen Nullhypothese $H_0: \vartheta = \vartheta_0$. Siehe Beispiele zu 2.1. Entsprechend heißen zwei Zahlen t_{α_1} und $t_{1-\alpha_2}$ kritische Werte, wenn $\{T < t_{\alpha_1}\} \cup \{T > t_{1-\alpha_2}\}$ ein kritischer Bereich zum Signifikanzniveau $\alpha_1 + \alpha_2$ ist. Für kritische Bereiche der Form $\{T \leq t'_\alpha\}$ oder $\{T \geq t'_{1-\alpha}\}$ siehe Anmerkung zu 2.7.4.
2.8	randomisierter Test	φ	$\varphi: \Omega \to [0,1]$	$\varphi(\omega)$ bedeutet die Wahrscheinlichkeit, die Nullhypothese H_0 abzulehnen, wenn das Ergebnis ω ermittelt wird. Siehe dazu Anmerkung zu 2.8.

Beispiele zu 2.1:

a) Für einen einseitigen Test: Zu prüfen ist die einseitige Nullhypothese $H_0: p \leq p_0$ über die Erfolgswahrscheinlichkeit p einer Binomialverteilung (siehe DIN 13 303 Teil 1) gegen die einseitige Alternativhypothese $H_1: p > p_0$. Der kritische Bereich zum Signifikanzniveau α ist $K = \{k: k > k_{1-\alpha}\}$, wobei

$$\sum_{k=k_{1-\alpha}+1}^{n} b_{n;\,p}(k) \leq \alpha \text{ für alle } p \leq p_0$$

und

$$\alpha < \sum_{k=k_{1-\alpha}}^{n} b_{n;\,p_0}(k)$$

gilt, $k_{1-\alpha}$ ist der kritische Wert im Sinne von Nr 2.7.4. Die erste der beiden Ungleichungen besagt, daß K der kritische Bereich eines Tests zum Signifikanzniveau α sein soll, die zweite, daß das erreichbare Signifikanzniveau maximal sein soll.

b) Für einen zweiseitigen Test: Für $X_1, \ldots, X_n$ stochastisch unabhängig $N(\mu, \sigma^2)$-verteilt (siehe DIN 13 303 Teil 1) mit bekanntem σ^2 ist die Nullhypothese $H_0: \mu = \mu_0$ gegen die Alternativhypothese $H_1: \mu \neq \mu_0$ zu prüfen. Der kritische Bereich zum erreichten Signifikanzniveau α hat die Gestalt

$$K = \{(x_1, \ldots, x_n): \sqrt{n}\,|\bar{x} - \mu_0|/\sigma > u_{1-\alpha/2}\}$$

Dabei ist $u_{1-\alpha/2}$ das $(1-\alpha/2)$-Quantil der Standardnormalverteilung (siehe DIN 13 303 Teil 1). Betrachtet man die Prüffunktion

$$< x_1, \ldots, x_n \to \sqrt{n}\,|\bar{x} - \mu_0|/\sigma >,$$

so ist $u_{1-\alpha/2}$ der kritische Wert; betrachtet man

$$< x_1, \ldots, x_n \to \sqrt{n}\,(\bar{x} - \mu_0)/\sigma >$$

als Prüffunktion, so sind $-u_{1-\alpha/2}$ und $u_{1-\alpha/2}$ die beiden kritischen Werte.

c) Für ein nichtparametrisches Testproblem:
$H_0: X_1, \ldots, X_n$ stochastisch unabhängig Bernoulli-verteilt mit gleicher Erfolgswahrscheinlichkeit p.
$H_1: X_1, \ldots, X_n$ nicht stochastisch unabhängig.

Anmerkung zu 2.1: Manchmal ist es sinnvoll, auch dann von Nullhypothese und Alternativhypothese eines (statistischen) Tests zu sprechen, wenn es einen dritten Teilbereich von Θ gibt, z. B.:
$p_0 < p < p_1$ zwischen $H_0: p \leq p_0$ und $H_1: p \geq p_1$.
Liegt der wahre Parameterwert p im dritten Teilbereich, so wird es hier als gleichgültig angesehen, ob die Hypothese verworfen wird oder nicht.

Anmerkung zu 2.4.2: In ISO 3534-1977 und in Nr 2.6.1 dieser Norm ist das Zeichen β für die Wahrscheinlichkeit des Fehlers zweiter Art (type II risk) genormt.
Andererseits wird im Widerspruch dazu das Zeichen $\beta(\vartheta)$ für die Funktionswerte der Gütefunktion in der theoretischen Literatur benutzt, d. h. für die Wahrscheinlichkeit, den Fehler zweiter Art nicht zu machen; falls ϑ zur Alternative gehört. Meist kann man ohne spezielles Zeichen für die Gütefunktion auskommen, indem man wie in Spalte 4 von Nr 2.4.2 das Zeichen $P_\vartheta(K)$ (bei randomisierten Tests $E_\vartheta \varphi$, siehe Nr 2.8) für den Funktionswert benutzt.
Gelegentlich wird das Zeichen g verwendet.

Anmerkung zu 2.7.4: Wählt man $\{T \leq t'_\alpha\}$ oder $\{T \geq t'_{1-\alpha}\}$ als kritischen Bereich, wie dies bei einigen tabellierten Tests (insbesondere nichtparametrischen) üblich ist, gibt es keinen einfachen allgemeingültigen Zusammenhang zwischen t'_α und dem Quantil t_α. Ferner sind dann die dazu „dualen" Konfidenzintervalle offen und nicht, wie üblich, abgeschlossen.

Anmerkung zu 2.8: $\varphi(\omega)$ bedeutet die Wahrscheinlichkeit, die Nullhypothese H_0 zu verwerfen:
- wenn $\varphi(\omega) = 1$, wird H_0 verworfen,
- wenn $\varphi(\omega) = 0$, wird H_0 nicht verworfen,
- wenn $0 < \varphi(\omega) < 1$, wird zusätzlich ein Bernoulli-Experiment mit der Wahrscheinlichkeit $\varphi(\omega)$ für die Verwerfung von H_0 und $1 - \varphi(\omega)$ dafür, daß H_0 nicht verworfen wird, durchgeführt.

3 Punktschätzer

Im einfachsten Anwendungsfall liegt die Realisation $(x_1, \ldots, x_n)$ eines n-Tupels $(X_1, \ldots, X_n)$ von (reellen) Zufallsvariablen vor, aus denen z. B. mit den in DIN 13 303 Teil 1 angegebenen Funktionen wie $\tilde{x}$ (Median), $\bar{x}$, s^2 usw. Schätzwerte $\hat{\vartheta}(x_1, \ldots, x_n)$ für den unbekannten wahren Parameterwert ϑ oder eine Funktion desselben berechnet werden sollen. Die Definitionen zu diesem Fall sind in Spalte 4b angegeben. In Spalte 4a erscheint die allgemeine Definition ohne Bezug auf die jeweils unmittelbar zu messenden Zufallsvariablen (die z. B. auch in Form von Matrizen oder einer zufälligen Anzahl von Zufallsvariablen vorliegen können). Dies vereinfacht z. T. die Definitionen erheblich, wie ein Vergleich mit Spalte 4b zeigt.

Nach DIN 13 303 Teil 1 bedeutet $\mathrm{E}_\vartheta X$ und $\mathrm{Var}_\vartheta X$ den Erwartungswert und die Varianz der reellen Zufallsvariable X bezüglich der Wahrscheinlichkeitsverteilung P_ϑ, die von dem Parameter ϑ abhängt.

1	2	3	4a	4b	5
			Definition		
Nr	Name	Zeichen	allgemein	für den Fall, daß die Werte $x_1, \ldots, x_n$ von n Zufallsvariablen $X_1, \ldots, X_n$ ermittelt werden	Bemerkung
3.1.1	Schätzfunktion		eine Funktion der möglichen Werte von Zufallsvariablen (mit der Bedeutung: für alle ermittelten Werte dieser Zufallsvariablen kann der daraus ermittelte Wert der Funktion als Schätzwert für den unbekannten wahren Parameterwert ϑ verwendet werden)	eine Funktion $< x_1, \ldots, x_n \to \hat{\vartheta}(x_1, \ldots, x_n) >$ (mit der Bedeutung: für jedes mögliche n-Tupel von ermittelten Werten kann $\hat{\vartheta}(x_1, \ldots, x_n)$ als Schätzwert für den unbekannten wahren Parameterwert ϑ verwendet werden)	
3.1.2	Schätzer	$\hat{\vartheta}$ oder T	Zufallsvariable, deren ermittelter Wert als Schätzwert für den unbekannten wahren Parameterwert ϑ verwendet werden kann	die Zufallsvariable $< \omega \to \hat{\vartheta}(X_1(\omega), \ldots, X_n(\omega)) >$, die mit $\hat{\vartheta} = \hat{\vartheta}(X_1, \ldots, X_n)$ bezeichnet wird	Zur Unterscheidung zwischen Schätzfunktion und Schätzer siehe Anmerkung zu 3.1
3.1.3	Schätzwert		der ermittelte Wert $\hat{\vartheta}(X(\omega))$ des Schätzers für den unbekannten wahren Parameterwert ϑ	der ermittelte Wert $\hat{\vartheta}(x_1, \ldots, x_n) = \hat{\vartheta}(X_1(\omega), \ldots, X_n(\omega))$ der Schätzfunktion für den unbekannten wahren Parameterwert ϑ, in Spalte 4a kurz mit $\hat{\vartheta}(X(\omega))$ bezeichnet	
3.2	Maximumlikelihood-Schätzer, kurz ML-Schätzer		Schätzer $\hat{\vartheta}$, bei dem für alle $\omega \in \Omega$ die Wahrscheinlichkeit oder Dichte $f_\vartheta(\omega)$ maximal an der Stelle $\vartheta = \hat{\vartheta}(X(\omega))$ ist	Schätzer mit der Schätzfunktion $< x_1, \ldots, x_n \to \hat{\vartheta}(x_1, \ldots, x_n) >$, so daß für alle $(x_1, \ldots, x_n) \in \mathcal{X}^n$ gilt: Die Wahrscheinlichkeit oder Dichte $f_{\vartheta;\, X_1, \ldots, X_n}(x_1, \ldots, x_n)$ ist maximal an der Stelle $\vartheta = \hat{\vartheta}(x_1, \ldots, x_n)$.	Siehe Anmerkung zu 3.2.
3.3	Schätzer nach der Methode der kleinsten Quadrate, kurz LS-Schätzer			Schätzer $\hat{\vartheta} = \hat{\vartheta}(X_1, \ldots, X_n)$, so daß $(X - C'\vartheta - c)'(X - C'\vartheta - c)$ minimal für $\vartheta = \hat{\vartheta}$ ist. Dabei ist $X = (X_1, \ldots, X_n)'$ und $\vartheta \in \mathbb{R}^p$ sowie $\mathrm{E}_\vartheta X = C'\vartheta + c$. Ferner ist C eine bekannte (p, n)-Matrix und c eine bekannte $(n, 1)$-Matrix.	Nach DIN 5486 bezeichnet A' die transponierte Matrix A.

Fortsetzung der Tabelle

1	2	3	4a	4b	5
Nr	Name	Zeichen	Definition allgemein	Definition für den Fall, daß die Werte $x_1, \ldots, x_n$ von n Zufallsvariablen $X_1, \ldots, X_n$ ermittelt werden	Bemerkung
3.4	mediantreuer Schätzer		ϑ ist ein Median der Wahrscheinlichkeitsverteilung des Schätzers $\hat{\vartheta}$ für alle $\vartheta \in \Theta$.	$P_\vartheta(\hat{\vartheta}(X_1, \ldots, X_n) < \vartheta) \leq \frac{1}{2} \leq$ $P_\vartheta(\hat{\vartheta}(X_1, \ldots, X_n) \leq \vartheta)$ für alle $\vartheta \in \Theta$	
3.5	erwartungstreuer Schätzer		$E_\vartheta \hat{\vartheta} = \vartheta$ für alle $\vartheta \in \Theta$	$E_\vartheta \hat{\vartheta}(X_1, \ldots, X_n) = \vartheta$ für alle $\vartheta \in \Theta$	
3.5.1	erwartungstreuer Schätzer mit minimaler Varianz		ein erwartungstreuer Schätzer $\hat{\vartheta}$, so daß für jeden erwartungstreuen Schätzer T für ϑ, dessen Varianz existiert, gilt: $\mathrm{Var}_\vartheta T \geq \mathrm{Var}_\vartheta \hat{\vartheta}$ für alle $\vartheta \in \Theta$		
3.5.2	asymptotisch erwartungstreue Schätzerfolge		unendliche Folge von Schätzern $\hat{\vartheta}_n$ mit $\lim\limits_{n\to\infty} E_\vartheta \hat{\vartheta}_n = \vartheta$ für $\vartheta \in \Theta$	wie Spalte 4a mit $\hat{\vartheta}_n = \hat{\vartheta}_n(X_1, \ldots, X_n)$	Zum Sprachgebrauch „asymptotisch erwartungstreuer Schätzer“ siehe sinngemäß Nr 3.6, Spalte 5.
3.6	konsistente Schätzerfolge		unendliche Folge von Schätzern $\hat{\vartheta}_n$ mit $\lim\limits_{n\to\infty} P_\vartheta(\lvert\hat{\vartheta}_n - \vartheta\rvert > \varepsilon) = 0$ für alle $\varepsilon > 0$ und für alle $\vartheta \in \Theta$	wie Spalte 4a mit $\hat{\vartheta}_n = \hat{\vartheta}_n(X_1, \ldots, X_n)$	Man nennt bei einer konsistenten Schätzerfolge mit Gliedern gleicher Bauart gelegentlich das einzelne Glied einen konsistenten Schätzer, z. B. $\bar{X}$ ist ein konsistenter Schätzer von EX.

Anmerkung zu 3.1: In den Anwendungen wird nicht immer zwischen den drei Begriffen Schätzfunktion, Schätzer und Schätzwert (ebenso zwischen Prüffunktion, Prüfvariable und Prüfwert in Nr 2.7) unterschieden. Wenn z. B. in DIN 1319 Teil 3 vom Mittelwert $\bar{x}$ der Meßreihe $x_1, \ldots, x_n$ gesprochen wird, so kann gemeint sein:

- die Schätzfunktion $< x_1, \ldots, x_n \to \bar{x} >$ für μ
- der Schätzer $\bar{X}$ für μ, wenn davon gesprochen wird, daß $x_1, \ldots, x_n$ Realisierungen von Zufallsgrößen sind und die Wahrscheinlichkeitsverteilung von $\bar{X}$ betrachtet wird
- der Schätzwert $\bar{x} = 200{,}05$ mm

Dieses Beispiel zeigt, daß man in den Anwendungen oft nur die Unterscheidung zwischen Schätzfunktion und Schätzwert benötigt, während man die Unterscheidung zwischen Schätzfunktion und Schätzer erst benutzt, wenn man die Wahrscheinlichkeitsverteilung des Schätzers betrachtet.

Anmerkung zu 3.2: In der Praxis wird ein n-Tupel $(x_1, \ldots, x_n)$ ermittelt und der Schätzwert $\hat{\vartheta}(x_1, \ldots, x_n)$ numerisch durch die Lösung der Gleichung

$$f_{\vartheta;\, X_1, \ldots, X_n}(x_1, \ldots, x_n) = \max$$

für $\vartheta = \hat{\vartheta}(x_1, \ldots, x_n)$ berechnet (es sei denn, man kann für den Term $\hat{\vartheta}(x_1, \ldots, x_n)$ eine explizite Formel zur Berechnung angeben).

4 Bereichsschätzer

Es werden drei Arten von Bereichsschätzern angegeben, wobei die zu ermittelnden Bereiche oft Intervalle sind: Konfidenzintervalle und -bereiche in Nr 4.1 bis Nr 4.5 sowie Prognose- und Anteilsintervalle in Nr 4.6 und Nr 4.7. (Letztere wurden früher statistische Toleranzintervalle genannt.) Die Benennung Konfidenz . . . erscheint vorrangig vor Vertrauens . . . in Anlehnung an das englische *confidence* . . .

1	2	3	4
Nr	Name	Definition	Bemerkung
4.1	Konfidenzintervallschätzer (Vertrauensintervallschätzer) $[T_0, T_1]$ (für den unbekannten wahren Parameterwert τ zum Konfidenzniveau (Vertrauensniveau) $1-\alpha$) kurz: Konfidenzschätzer	Intervall $[T_0, T_1]$ mit den reellwertigen Zufallsvariablen T_0, T_1 als Intervallgrenzen, für die gilt: $P_{(\tau, \nu)}\{T_0 \leq \tau \leq T_1\} \geq 1-\alpha$ für alle $(\tau, \nu) \in \Theta$	Werden die Werte t_0, t_1 der beiden Zufallsvariablen T_0, T_1 ermittelt, so behauptet man: $t_0 \leq \tau \leq t_1$, wobei dies Konfidenzintervall mit einem Konfidenzintervallschätzer ermittelt wurde, der in wenigstens $(1-\alpha) \cdot 100\,\%$ aller Fälle eine richtige Aussage erwarten läßt. Der Parameter $\vartheta = (\tau, \nu)$ besteht hier aus einem Paar, wobei $\tau \in \mathbb{R}$ und ν in einer beliebigen Parametermenge liegt. Siehe Beispiele zu 4.1.
4.1.1	Konfidenzintervall (Vertrauensintervall)	ermitteltes Intervall $[t_0, t_1]$ (Realisation) des Konfidenzintervallschätzers	
4.1.2	Konfidenzniveau (Vertrauensniveau)	siehe Nr 4.1 oder Nr 4.4	Will man das Konfidenzniveau vom erreichbaren Konfidenzniveau in Nr 4.1.3 unterscheiden, so spricht man etwa vom geforderten oder vereinbarten Konfidenzniveau.
4.1.3	erreichbares Konfidenzniveau (Vertrauensniveau)	das Supremum bezüglich aller $\vartheta \in \Theta$ der Wahrscheinlichkeiten der in Nr 4.1, Nr 4.3 und Nr 4.4 angegebenen Ereignisse	Siehe Beispiele zu 4.1 und 4.3.
4.2	untere und obere Konfidenzgrenze (Vertrauensgrenze)	die ermittelten Werte t_0 und t_1 aus Nr 4.1.1 bzw. Nr 4.3	
4.3	einseitiges Konfidenzintervall (Vertrauensintervall)	Beim einseitigen Konfidenzintervall wird im Gegensatz zu den in Nr 4.1.1 definierten zweiseitigen Konfidenzintervallen nur eine untere Konfidenzgrenze t_0 oder nur eine obere Grenze t_1 angegeben.	Siehe Beispiele zu 4.3.
4.4	Konfidenzbereichsschätzer (Vertrauensbereichsschätzer) $C(X)$ (für den unbekannten wahren Parameterwert ϑ zum Konfidenzniveau $1-\alpha$), kurz: Konfidenzschätzer	zufällige Menge $C(X)$ mit $P_\vartheta\{\vartheta \in C(X)\} \geq 1-\alpha$ für alle $\vartheta \in \Theta$	Ein Beispiel für Konfidenzbereiche sind Konfidenzellipsoide. Wird der Wert x der Zufallsvariablen (des Zufallsvektors) X ermittelt, so behauptet man: $\vartheta \in C(x)$, wobei dieser Konfidenzbereich mit einem Konfidenzbereichsschätzer ermittelt wurde, der in wenigstens $(1-\alpha) \cdot 100\,\%$ aller Fälle eine richtige Aussage erwarten läßt.
4.4.1	Konfidenzbereich (Vertrauensbereich)	der ermittelte Bereich $C(x)$ (Realisation) des Konfidenzbereichsschätzers	

Fortsetzung der Tabelle

1	2	3	4
Nr	Name	Definition	Bemerkung
4.5	Überdeckungswahrscheinlichkeit (für ϑ')	$P_\vartheta \{\vartheta' \in C(X)\}$	Hier wird nur ein Name für den Funktionswert empfohlen. Die in der Literatur vorkommende Bezeichnung Kennfunktion für $< \vartheta, \vartheta' \rightarrow P_\vartheta \{\vartheta' \in C(X)\} >$ wird nicht empfohlen, da „Kenn ..." (z. B. Kennwert) in sehr vielen Zusammenhängen verwendet wird.
4.6	Prognoseintervallschätzer $[T_0, T_1]$ (für eine Zufallsvariable Y mit (Prognose-)wahrscheinlichkeit $1-\delta$) kurz: Prognoseschätzer	Zufallsintervall $[T_0, T_1]$, von dem Y funktional unabhängig ist und für das gilt: $P_\vartheta \{T_0 \leq Y \leq T_1\} \geq 1-\delta$ für alle $\vartheta \in \Theta$	Werden die Werte t_0, t_1 der beiden Zufallsvariablen T_0, T_1 ermittelt, so behauptet man vor der Messung von Y: $t_0 \leq Y \leq t_1$, wobei dieses Prognoseintervall mit einem Prognoseintervallschätzer ermittelt wurde, der in wenigstens $(1-\delta) \cdot 100\,\%$ aller Fälle eine richtige Aussage erwarten läßt. Siehe Beispiel zu 4.6.
4.6.1	Prognoseintervall	ermitteltes Intervall $[t_0, t_1]$, (Realisation) des Prognoseintervallschätzers	
4.7	Anteilsintervallschätzer $[T_0, T_1]$ (mit einem Mindestanteil $1-\gamma$ an der Verteilung einer Zufallsvariable Y zum Konfidenzniveau $1-\alpha$)	$P_\vartheta \{P_{\vartheta;\,Y}([T_0, T_1]) \geq 1-\gamma\} \geq 1-\alpha$ für alle $\vartheta \in \Theta$	Der Name Toleranzintervall soll nicht verwendet werden, weil in der Technik ein Toleranzintervall die technisch vertretbaren Werte der Zufallsvariable Y angibt. Werden die Werte t_0, t_1 der beiden Zufallsvariablen T_0, T_1 ermittelt, so behauptet man: Mindestens der Anteil $1-\gamma$ an der Verteilung der Zufallsvariable Y liegt im Intervall $[t_0, t_1]$, wobei dies Anteilsintervall mit einem Anteilsintervallschätzer ermittelt wurde, der in wenigstens $(1-\alpha) \cdot 100\,\%$ aller Fälle eine richtige Aussage erwarten läßt. Siehe Beispiel zu 4.7.
4.7.1	Anteilsintervall (nicht: Toleranzintervall)	ermitteltes Intervall $[t_0, t_1]$ (Realisation) des Anteilsintervallschätzers	

Beispiele zu 4.1 und 4.3:

Es seien $X_1, \ldots, X_n$ stochastisch unabhängige (reelle) Zufallsvariable mit demselben unbekannten Median $x_{1/2}$.

Es seien

$$x_{(1)} \leq \ldots \leq x_{(r)} \leq \ldots \leq x_{(s)} \leq \ldots \leq x_{(n)}$$

die der Größe nach geordneten ermittelten Werte. Dabei sei r die größte Zahl mit

$$\sum_{k=0}^{r-1} b_{n;\,0,5}(k) \leq \alpha/2$$

und $s = n - r + 1$. (Für den Term $b_{n,p}(k)$ der Binomialverteilung mit $p = 0{,}5$ siehe DIN 13303 Teil 1.)

Dann ist

$$x_{(r)} \leq x_{1/2}$$

ein nach unten einseitig begrenztes Konfidenzintervall für $x_{1/2}$ zum vorgegebenen Konfidenzniveau $1-\alpha/2$ und

$$x_{1/2} \leq x_{(s)}$$

ein nach oben einseitig begrenztes Konfidenzintervall für $x_{1/2}$ zum vorgegebenen Konfidenzniveau $1-\alpha/2$ sowie

$$x_{(r)} \leq x_{1/2} \leq x_{(s)}$$

ein (zweiseitig begrenztes) Konfidenzintervall für $x_{1/2}$ zum vorgegebenen Konfidenzniveau $1-\alpha$, wobei das Konfidenzniveau $1-\alpha$ in der Regel nicht erreichbar ist.

Beispiele zu 4.1, 4.6 und 4.7:

Es seien $x_1, \ldots, x_n$ die ermittelten Werte von n stochastisch unabhängigen, $N(\mu, \sigma^2)$-verteilten Zufallsvariablen $X_1, \ldots, X_n$, wobei μ und σ^2 unbekannt sind.

Zu 4.1

Dann ist

$$\bar{x} - \frac{t_{n-1;\,1-\alpha/2}}{\sqrt{n}}\, s \leq \mu \leq \bar{x} + \frac{t_{n-1;\,1-\alpha/2}}{\sqrt{n}}\, s$$

ein (zweiseitig begrenztes) Konfidenzintervall für den wahren Parameterwert μ zum Konfidenzniveau $1-\alpha$; das Konfidenzintervall hängt nicht von dem Parameter σ^2 ab. Dabei ist $t_{n-1;\,1-\alpha/2}$ das $(1-\alpha/2)$-Quantil von t_{n-1} (siehe DIN 13303 Teil 1).

Zu 4.6

Weiter seien $Y_1, \ldots, Y_m$ stochastisch unabhängige, $N(\mu, \sigma^2)$-verteilte Zufallsvariablen, die auch von $X_1, \ldots, X_n$ stochastisch unabhängig sind. Dann ist

$$\bar{x} - t_{n-1;\,1-\delta/2}\, s \sqrt{\frac{1}{n} + \frac{1}{m}} \leq \bar{Y}$$

$$\leq \bar{x} + t_{n-1;\,1-\delta/2}\, s \sqrt{\frac{1}{n} + \frac{1}{m}}$$

ein Prognoseintervall für $\bar{Y}$ mit Prognosewahrscheinlichkeit $1-\delta$.

Zu 4.7

Weiter sei Y eine $N(\mu, \sigma^2)$-verteilte Zufallsvariable, die von $X_1, \ldots, X_n$ stochastisch unabhängig ist. Hier sei σ bekannt. Dann ist

$$\bar{x} - l\,\sigma \leq Y \leq \bar{x} + l\,\sigma$$

ein Anteilsintervall mit einem Mindestanteil $1-\gamma$ an der $N(\mu, \sigma^2)$-Verteilung zum Konfidenzniveau $1-\alpha$, wenn l die Lösung dieser Gleichung ist:

$$\Phi((u_{1-\alpha/2}/\sqrt{n}) + l) - \Phi((u_{1-\alpha/2}/\sqrt{n}) - l) = 1-\gamma.$$

Dabei bezeichnet Φ die Verteilungsfunktion und $u_{1-\alpha/2}$ das $(1-\alpha/2)$-Quantil der Standardnormalverteilung $N(0,1)$ (siehe DIN 13303 Teil 1).

1.2 Funktionen von n-Tupeln von Zufallsvariablen

Es liege die Realisation $(x_1, \ldots, x_n)$ eines n-Tupels $(X_1, \ldots, X_n)$ von Zufallsvariablen vor. Anstelle von Realisation sind auch andere Benennungen für $(x_1, \ldots, x_n)$ üblich: Meßreihe (siehe DIN 1319 Teil 3), die aus den ermittelten Werten $x_1, \ldots, x_n$ besteht; Stichprobe (siehe Anmerkung 1 zu 1.1.13), die aus den einzelnen Stichprobenwerten $x_1, \ldots, x_n$ besteht. Zur Wahl der kleinen und großen lateinischen Buchstaben siehe Anmerkung 2 zu 1.2. Zum Begriff des Kennwertes siehe Anmerkung 1 zu 1.2.

Voraussetzung für die Anwendung der Nr 1.2.1 bis Nr 1.2.7 ist, daß die Werte der Zufallsvariablen (linear) geordnet werden können. Voraussetzung für die Anwendung der Nr 1.2.4 (soweit dort eine Summe von x-Werten auftritt), der Nr 1.2.5 und ab Nr 1.2.8 ist, daß Zufallsvariablen vorliegen, bei denen insbesondere die vorkommenden Additionen und Subtraktionen sinnvoll sind.

1	2	3	4	5	6	7
Nr	empfohlenes Zeichen	Verwendung als Zeichen für		Name	Definition	Bemerkung
		die ermittelten Werte	entsprechende Zufallsvariablen			
1.2.1	( )	$x_{(1)}, \ldots, x_{(n)}$ auch: $x_{(1)n}, \ldots, x_{(n)n}$	$X_{(1)}, \ldots, X_{(n)}$ auch: $X_{(1)n}, \ldots, X_{(n)n}$	Ordnungsstatistik	das geordnete n-Tupel der ermittelten Werte $x_{(1)} \leq x_{(2)} \leq \cdots \leq x_{(n)}$	
1.2.2	r oder s bzw. R oder S	$r_1, \ldots, r_n$ auch: $r_{1,n}, \ldots, r_{n,n}$	$R_1, \ldots, R_n$ auch: $R_{1,n}, \ldots, R_{n,n}$	Rangzahlen	Sind alle Werte der Zufallsvariablen verschieden, so gilt: $r_i = k$, wenn $x_i = x_{(k)}$	Sind nicht alle Werte der Zufallsvariablen verschieden, so gibt es verschiedene Definitionen.
1.2.3	$F, G, H, \ldots$	$\langle x \to F_n(x) \rangle$ Statt F_n auch $F_{n,x}$	$\langle x \to F_n(x) \rangle$ Statt F_n auch $F_{n,X}$	(empirische) Verteilungsfunktion	$F_n(x) = \frac{1}{n} \operatorname{card} \{j : x_j \leq x\}$	Zum Gebrauch des Wortes „empirisch" siehe Anmerkung 3 zu 1.2
1.2.4	$\sim$	$\tilde{x}$	$\tilde{X}$	(empirischer) Median	für n ungerade: $\tilde{x} = x_{((n+1)/2)}$; für n gerade: $\tilde{x} = \frac{1}{2}(x_{(n/2)} + x_{((n/2)+1)})$, in diesem Fall sind auch andere Definitionen zulässig (und bei Ordinalskalenwerten[2]) sogar notwendig), solange gilt: $x_{(n/2)} \leq \tilde{x} \leq x_{((n/2)+1)}$	Empirische p-Quantile und deren Funktionen werden entsprechend den in Nr 3.1.1 definierten theoretischen p-Quantilen definiert, indem man anstelle der Wahrscheinlichkeitsverteilung P die Häufigkeitsverteilung h_n benutzt.
1.2.5.1				Spannweite	$x_{(n)} - x_{(1)}$	
1.2.5.2				Quasispannweite	$x_{(n-i)} - x_{(i+1)}$ mit $i = 1, 2, \ldots$	
1.2.6	$r_{S;}$	$r_{S;xy}$	$r_{S;XY}$ oder R	Spearmanscher Rangkorrelationskoeffizient	$r_{S;xy} = 1 - \frac{6}{n^3 - n} \sum_{i=1}^{n} (r_i - s_i)^2$	Gewöhnlicher Korrelationskoeffizient (siehe Nr 1.2.13) r_{rs} für die Rangzahlen $r_1, \ldots, r_n$ und $s_1, \ldots, s_n$ der Werte $(x_1, \ldots, x_n)$ bzw. $(y_1, \ldots, y_n)$ der n-Tupel von Zufallsvariablen.

2) Siehe z. B. DIN 53804 Teil 3.

Fortsetzung des Abschnitts 1.2

1	2	3	4	5	6	7
Nr	empfohlenes Zeichen	Verwendung als Zeichen für		Name	Definition	Bemerkung
		die ermittelten Werte	entsprechende Zufallsvariablen			
1.2.7	$r_{\mathrm{K};}$	$r_{\mathrm{K};\,xy}$	$r_{\mathrm{K};\,xy}$ oder T	Kendallscher Rangkorrelations-koeffizient	$r_{\mathrm{K};\,xy} = \frac{1}{\binom{n}{2}} \sum_{i<j} \operatorname{sgn}(x_i - x_j) \cdot \operatorname{sgn}(y_i - y_j)$	$\operatorname{sgn}(x_i - x_j) =_{\mathrm{def}} \begin{cases} 1, \text{ wenn } x_i > x_j \\ 0, \text{ wenn } x_i = x_j \\ -1, \text{ wenn } x_i < x_j \end{cases}$
1.2.8	–	$\bar{x}$	$\bar{X}$	Mittelwert, arithmetisches Mittel	$\bar{x} = \frac{1}{n}(x_1 + \ldots + x_n)$	Siehe auch Nr 1.2.17.
1.2.9	$m'_r(c)$ m'_r für $m'_r(0)$ m_r für $m'_r(\bar{x})$			(empirisches) Moment der Ordnung r bzgl. c	$m'_r(c) = \frac{1}{n} \sum_{i=1}^{n} (x_i - c)^r$	Im Fall $c = 0$ läßt man den Zusatz „bzgl. 0" weg. Im Fall $c = \bar{x}$ spricht man vom zentralen Moment.
1.2.9.1	m_2			(empirisches) zweites zentrales Moment	$m_2 = \frac{1}{n} \sum_{i=1}^{n} (x_i - \bar{x})^2$	
1.2.10	s^2	s^2 oder s_x^2	s^2 oder s_X^2	(empirische) Varianz	$s_x^2 = \frac{1}{n-1} \sum_{i=1}^{n} (x_i - \bar{x})^2$	Siehe Anmerkung zu 1.2.10 und 1.2.12. Es sind auch andere Indizierungen von s^2 zulässig.
1.2.10.1	s	s oder s_x	s oder s_X	(empirische) Standardabweichung	$s_x = \sqrt{s_x^2}$	Für eine Verwendung des Zeichens $\boldsymbol{S}$ siehe Nr 2.4.10.
1.2.11	v	v oder v_x	v oder v_X	(empirischer) Variationskoeffizient	$v_x = \frac{s_x}{\bar{x}}$ mit $x_i \geq 0$	
1.2.12	s	s_{xy}	s_{XY}	(empirische) Kovarianz	$s_{xy} = \frac{1}{n-1} \sum_{i=1}^{n} (x_i - \bar{x})(y_i - \bar{y})$	Siehe Anmerkung zu 1.2.10 und 1.2.12.
1.2.12.1				(empirische) Kovarianzmatrix	(s_{ij}) mit $s_{ii} = s_{x_i}^2$ und $s_{ij} = s_{x_i x_j}$	Es liegen die Realisationen $\boldsymbol{x}_1, \ldots, \boldsymbol{x}_n$ von n Zufallsvektoren $\mathbf{X}_1, \mathbf{X}_2, \ldots, \mathbf{X}_n$ mit $\boldsymbol{x}_i = (x_{i1}, \ldots, x_{im})'$ vor.
1.2.13	r	r_{xy}	r_{XY}	(empirischer) Korrelationskoeffizient	$r_{xy} = \frac{s_{xy}}{s_x s_y}$	
1.2.14	b	b_{yx}	b_{YX}	(empirischer) Regressionskoeffizient von y auf x	$b_{yx} = \frac{s_{xy}}{s_x^2} = \frac{r_{xy} s_y}{s_x}$	$y = a_{yx} + b_{yx} x$ ist die Gleichung der empirischen Regressionsgeraden von y auf x. Vertauschung von x mit y liefert die Regressionsgerade von x auf y.
1.2.15	a	a_{yx}	a_{YX}	(empirische) Regressionskonstante von y auf x	$a_{yx} = \bar{y} - b_{yx} \bar{x}$	

Fortsetzung des Abschnitts 1.2

1	2	3	4	5	6	7
Nr	empfohlenes Zeichen	Verwendung als Zeichen für		Name	Definition	Bemerkung
		die ermittelten Werte	entsprechende Zufallsvariablen			
1.2.16	$\cdot$	$x_{i.k.}$	$X_{i.k.}$		$x_{i.k.} = \sum_{j=1}^{J} \sum_{l=1}^{L} x_{ijkl}$	Die in Nr 1.2.16 empfohlene Punktbezeichnung für Summen und die in Nr 1.2.17 empfohlene Punktbezeichnung mit Kopfstrich für arithmetische Mittel dient der Vereinheitlichung derselben in den Bereichen der Varianzanalyse und Kontingenztafeln, siehe Beispiel zu Abschnitt 1.3.
1.2.17	$\bar{\cdot}$	$\bar{x}_{ij.l}$ (nicht: $x_{ij.l}$)	$\bar{X}_{ij.l}$		$\bar{x}_{ij.l} = \frac{1}{K} x_{ij.l} = \frac{1}{K} \sum_{k=1}^{K} x_{ijkl}$ $^-$ bedeutet Mittelung über alle punktierten Indizes.	
1.2.18	SQ			Quadratsummen (z. B. der Varianzanalyse)	z. B.: $SQ_b = J \sum_{i=1}^{I} (\bar{x}_{i.} - \bar{x}_{..})^2$	(x_{ij}) ist eine (I, J)-Matrix.

Anmerkungen

Zu 1.2

1 Die in einem realen Experiment ermittelten Werte der in Nr 1.2.4 bis Nr 1.2.15 aufgeführten Funktionen werden auch Kennwerte der Stichprobe (siehe z. B. DIN 55302 Teil 1) genannt.

Wird die Stichprobe aus einer realen Gesamtheit von möglichen Auswahleinheiten gezogen, so sind die Kennwerte der Stichprobe von den entsprechenden Kennwerten der Gesamtheit zu unterscheiden.

Der Begriff des Kennwertes einer Gesamtheit fällt unter den Oberbegriff des Parameters einer Verteilung, siehe dazu Abschnitt 3.

2 **Zur Wahl der Zeichen in Spalte 3 und 4:** Als Zeichen für Zufallsvariablen werden in der Regel große lateinische Buchstaben verwendet. Der entsprechende kleine lateinische Buchstabe bezeichnet dann den ermittelten Wert (die Realisation) dieser Zufallsvariablen. Werden den Zufallsvariablen wie in Nr 1.2.6 und Nr 1.2.7 sowie Nr 1.2.9 bis Nr 1.2.15 abweichend von dieser Regel mit kleinen lateinischen Buchstaben bezeichnet, so wird empfohlen, diese Regel auf die Indizes anzuwenden.

3 **Zum Gebrauch des Wortes „empirisch":** Das Adjektiv „empirisch" bei Median, Standardabweichung, Verteilungsfunktion usw. dient zur Unterscheidung solcher aus dem ermittelten Wert (der Realisation) eines n-Tupels von Zufallsvariablen zu berechnenden Kennwerte im Gegensatz zu den entsprechenden Parametern der Wahrscheinlichkeitsverteilung einer Zufallsvariablen in Abschnitt 3.1 bzw. Nr 2.1.3 und Nr 4.3. Diese Unterscheidung kann man durch Hinzufügen des Adjektivs „theoretisch" zum Parameternamen hervorheben: theoretische Varianz im Gegensatz zur empirischen Varianz. Das Adjektiv „empirisch" kann weggelassen werden, wenn keine Verwechslungsgefahr mit dem gleichgenannten Parameter besteht oder durch andere Adjektive oder Zusätze die Verwechslungsgefahr ausgeschlossen wird, z. B. die gemessene Standardabweichung, der Median der Meßreihe usw.

Zu 1.2.10 und 1.2.12

Der Normierungsfaktor $1/(n-1)$ wurde gewählt, damit gilt:

$$\mathrm{E}\, s_X^2 = \mathrm{Var}\, X_i = \sigma_{X_i}^2 \text{ für } i = 1, \ldots, n$$

$$\mathrm{E}\, s_{XY} = \mathrm{Cov}\, (X_i, Y_i)$$

wenn $X_1, \ldots, X_n$ stochastisch unabhängig sind und gleiche Erwartungswerte und Varianzen besitzen bzw. $(X_1, Y_1), \ldots, (X_n, Y_n)$ stochastisch unabhängig sind und gleichen Erwartungswert und Kovarianzmatrix besitzen. Sind die in den beiden Fällen genannten Voraussetzungen nicht näherungsweise erfüllt, so werden dem Problem angemessene Normierungsfaktoren gewählt, die jeweils explizit angegeben werden sollten. Um Verwechslungen auszuschließen, empfiehlt es sich, dann ein anderes Zeichen anstelle von s bzw. s^2 zu wählen, siehe insbesondere Nr 1.2.9.1.

1.3 Häufigkeiten und Besetzungszahlen

Es liegen n Einzelergebnisse $x_1, \ldots, x_n$ aus der Menge $\mathcal{X}$ aller möglichen Einzelergebnisse vor. (Siehe dazu die Beschreibung A in der Anmerkung zu 1.1; im Falle der Verwendung der Beschreibung B sind $x_1, \ldots, x_n$ die Realisationen von n Zufallsvariablen $X_1, \ldots, X_n$ mit $x_i \in \mathcal{X}$.) In Spalte 3 und 4 werden die Zeichen für die ermittelten Werte der relativen bzw. absoluten Häufigkeiten angegeben, dagegen in Spalte 2 nur die Bezeichnung für den Fall relativer Häufigkeiten. Als Zeichen für die entsprechenden Zufallsvariablen können die entsprechenden lateinischen Großbuchstaben verwendet werden, z. B. $H_n(x)$ statt $h_n(x)$ und $K_n(x)$ statt $k_n(x)$. Im Fall absoluter Häufigkeiten ist das Wort absolut zu ergänzen, oder man spricht von der Besetzungszahl anstelle von absoluter Häufigkeit, insbesondere wenn $\mathcal{X}$ eine Menge von Zuständen ist (siehe Beispiel unten). Im Fall relativer Häufigkeiten kann das Wort relativ zu den Namen hinzugefügt werden.

1	2	3	4	5	6	7
Nr	Name für den Fall relativer Häufigkeiten	Zeichen		Definition		Bemerkung
		relativ	absolut	absolut	relativ	
1.3.1	Häufigkeit des möglichen Einzelergebnisses x	$h_n(x)$	$k_n(x)$, $k(x)$ auch k_x	Anzahl aller j mit $x_j = x$ unter $x_1, \ldots, x_n$	$h_n(x) = \frac{1}{n} k_n(x)$	Sind die möglichen Einzelergebnisse numerierte Merkmalswerte, so spricht man von der Häufigkeit $h_n(x)$ des Merkmalswertes Nr x.
1.3.2	Häufigkeit des Ereignisses A	$h_n(A)$	$k_n(A)$	Anzahl aller j mit $x_j \in A$ unter $x_1, \ldots, x_n$	$h_n(A) = \frac{1}{n} k_n(A)$	Beachte $A \subset \mathcal{X}$.
1.3.3	Häufigkeitsfunktion	h_n	k_n	$\langle x \to k_n(x) \rangle$	$\langle x \to h_n(x) \rangle$	Der Definitionsbereich $\mathcal{X}$ von h_n wird als endlich oder abzählbar unendlich vorausgesetzt.
1.3.4	Häufigkeitsverteilung	h_n	k_n	$\langle A \to k_n(A) \rangle$	$\langle A \to h_n(A) \rangle$	Beachte $A \subset \mathcal{X}$.

Beispiel:

Besetzungszahlen von Kontingenztafeln

Die Besetzungszahl k_{ij} der i-ten Zeile und j-ten Spalte der $r \times s$-Kontingenztafel ist die absolute Häufigkeit des Nummernpaares (i, j), wobei i die Nummer des Wertes des 1. Merkmals und j die Nummer des Wertes des 2. Merkmals ist, wenn an n Untersuchungseinheiten die Werte zweier Merkmale bestimmt werden.

Nr des Wertes des 1. Merkmals	Nr des Wertes des 2. Merkmals				Zeilensumme
	1	2	...	s	
1	k_{11}	k_{12}	...	k_{1s}	$k_{1.}$
2	k_{21}	k_{22}	...	k_{2s}	$k_{2.}$
...	...	...	...	...	...
r	k_{r1}	k_{r2}	...	k_{rs}	$k_{r.}$
Spaltensumme	$k_{.1}$	$k_{.2}$	...	$k_{.s}$	$k_{..} = n$

2 Wahrscheinlichkeit

2.1 Grundbegriff Wahrscheinlichkeitsverteilung

Einerseits ist der grundlegende Begriff der Wahrscheinlichkeitstheorie das Wahrscheinlichkeitsmaß in Nr 2.1.1, für den die Benennung Wahrscheinlichkeitsverteilung empfohlen wird, andererseits ist es oft zweckmäßig, die Wahrscheinlichkeitsmaße indirekt anzugeben, z. B. durch

- seine Wahrscheinlichkeitsfunktion, siehe Nr 2.1.4.1 (Beispiel: Binomialverteilung, siehe Nr 2.2.2),
- seine Wahrscheinlichkeitsdichte, siehe Nr 2.1.4.2 (Beispiel: Normalverteilung, siehe Nr 2.3.2),
- seine Verteilungsfunktion, siehe Nr 2.1.3 (Beispiel: Extremwertverteilungen, siehe Nr 2.3.7 bis Nr 2.3.9),
- die Wahrscheinlichkeitsverteilung einer Zufallsvariablen, siehe Nr 2.1.5 (Beispiel: Chiquadratverteilung, siehe Nr 2.4.3),
- seine erzeugende Funktion, siehe Nr 3.1.16, oder seine Fourier-Transformierte, siehe Nr 3.1.17.

Da dadurch das Wahrscheinlichkeitsmaß eindeutig bestimmt ist, ist es zulässig, auch bei einer solchen indirekten Angabe des Wahrscheinlichkeitsmaßes von einer Darstellung der Wahrscheinlichkeitsverteilung der Ergebnisse bzw. Zufallsvariablen zu sprechen, z. B. von der Wahrscheinlichkeitsfunktion der Binomialverteilung, der Dichte der Normalverteilung, usw. Bezüglich der Anwendung der in diesem Abschnitt festgelegten Begriffe siehe Anmerkung zu 2.1. Zur Kennzeichnung von Parametern siehe Anmerkung zu Spalte 3 von 2.1.

1	2	3	4	5
Nr	Name	Zeichen [3)]	Definition	Bemerkung
2.1.1	Wahrscheinlichkeitsverteilung, auch Wahrscheinlichkeitsmaß	P	Funktion P auf der Menge $\mathscr{A}$ aller Ereignisse eines Meßraumes $(\Omega, \mathscr{A})$, so daß a) $P(\Omega) = 1$ b) $P(A) \geq 0$ c) $P\left(\sum_{i=1}^{\infty} A_i\right) = \sum_{i=1}^{\infty} P(A_i)$	Ein Maß μ ist eine Mengenfunktion $\langle A \to \mu(A)\rangle \mid \mathscr{A}$ mit Eigenschaften b) bis c) und $\mu(\emptyset) = 0$. Aus den angegebenen Bedingungen folgt: $P(A \cup B) = P(A) + P(B)$ für $A \cap B = \emptyset$ Zum Zeichen $\sum A_i$ siehe Vorbemerkungen
2.1.1.1	Wahrscheinlichkeit von A	$P(A)$		Zur Bezeichnung von Wahrscheinlichkeiten wie $P\{X \leq x\}$ siehe Anmerkung zu 2.1.1.1.
2.1.1.2	Träger einer Wahrscheinlichkeitsverteilung		eine Menge $T \subset \Omega$ mit $P(T) = 1$	
2.1.1.3	diskrete Wahrscheinlichkeitsverteilung		Funktion P auf der Menge aller Teilmengen von Ω, so daß $P(A) = \sum_{\omega \in A} P\{\omega\}$ für alle $A \subset \Omega$ mit a) $P\{\omega\} \geq 0$ b) $\sum_{\omega \in \Omega} P\{\omega\} = 1$ (Bei nicht abzählbaren Mengen A bzw. Ω gilt $P\{\omega\} > 0$ für höchstens abzählbar viele ω. Nur diese $P\{\omega\}$ sind zu summieren.)	Eine diskrete Wahrscheinlichkeitsverteilung hat einen endlichen oder abzählbar unendlichen Träger mit $\{\omega\} \in \mathscr{A}$. Die Funktion $\langle \omega \to P\{\omega\}\rangle$ heißt Wahrscheinlichkeitsfunktion (siehe Nr 2.1.4.1).
2.1.1.3.1	Wahrscheinlichkeit von ω	$P\{\omega\}$, $f(\omega)$		Siehe Anmerkung zu 2.1.1.3.1 und 2.1.7 zur Bezeichnung diskreter Wahrscheinlichkeiten.

3) Werden mehrere Wahrscheinlichkeitsverteilungen betrachtet, so kann man durch Indizes (siehe Anmerkung zu Spalte 3) oder Wahl anderer Buchstaben unterscheiden, z. B. $P, Q, \ldots; f, g, \ldots; F, G, \ldots$

Fortsetzung des Abschnitts 2.1

1	2	3	4	5
Nr	Name	Zeichen 3)	Definition	Bemerkung
2.1.2	Wahrscheinlichkeitsraum	$(\Omega, \mathscr{A}, P)$	Meßraum $(\Omega, \mathscr{A})$ mit einer Wahrscheinlichkeitsverteilung P auf $\mathscr{A}$	$(\Omega, \mathscr{A}, \mu)$ heißt Maßraum, wenn μ nur ein Maß ist.
2.1.3	Verteilungsfunktion im $\mathbb{R}^1$	F	Funktion F auf $\mathbb{R}^1$ in [0, 1] mit $F(x) = P((-\infty, x))$ für eine Wahrscheinlichkeitsverteilung im $\mathbb{R}^1$	
2.1.4	(Wahrscheinlichkeits-)Dichte	f	Eine Funktion f auf Ω mit $f(\omega) \geq 0$ heißt die Dichte einer Wahrscheinlichkeitsverteilung P, wenn die in Nr 2.1.4.1 bis Nr 2.1.4.3 jeweils genannten Bedingungen erfüllt sind:	
2.1.4.1	Wahrscheinlichkeitsfunktion (nicht diskrete Wahrscheinlichkeitsverteilung)		$f(\omega) = P\{\omega\}$ für alle $\omega \in \Omega$ und P diskret	Dies ist eine Dichte bzgl. des Zählmaßes.
2.1.4.2	(gewöhnliche) Dichte im $\mathbb{R}^1$		$P((a, b)) = \int_a^b f(x)\,dx$ für alle a, b mit $-\infty \leq a < b \leq +\infty$ und $\Omega = \mathbb{R}^1$	Die Funktion $\langle x \to \int_{-\infty}^{x} f(t)\,dt\rangle$ ist die zugehörige Verteilungsfunktion im $\mathbb{R}^1$. Bei Dichten im $\mathbb{R}^n$ verwendet man entsprechend n-dimensionale Integrale.
2.1.4.3	Dichte bzgl. eines Maßes μ, auch μ-Dichte		$P(A) = \int_A f(\omega)\,\mu(d\omega)$ für alle $A \in \mathscr{A}$	
2.1.5	Wahrscheinlichkeitsverteilung (der Zufallsvariablen X)	P_X	Wahrscheinlichkeitsverteilung P_X auf der σ-Algebra $\mathscr{B}$ in $\mathscr{X}$ gemäß Nr 1.1.5 mit $P_X(B) = P\{X \in B\}$ für alle $B \in \mathscr{B}$	Wird die (gemeinsame) Wahrscheinlichkeitsverteilung $P_{X,Y,Z}$ mehrerer Zufallsvariablen X, Y, Z betrachtet, so werden die Wahrscheinlichkeitsverteilungen von einem Teil dieser Zufallsvariablen (z. B. P_Y, $P_{X,Y}$) Randverteilungen genannt.
2.1.6	Verteilungsfunktion (der reellwertigen Zufallsvariablen X)	F_X	Funktion F_X auf $\mathbb{R}^1$ mit $F_X(x) = P\{X \leq x\}$ für alle $x \in \mathbb{R}^1$	(Gemeinsame) Verteilungsfunktion von X, Y: $F_{X,Y}(x, y) = P\{X \leq x, Y \leq y\}$
2.1.7	Dichte (der Zufallsvariablen X), im diskreten Fall Wahrscheinlichkeitsfunktion	f_X	entsprechend Nr 2.1.4.1 und Nr 2.1.4.2 mit P_X und f_X anstelle von P und f	Zur Bezeichnung der Werte der Wahrscheinlichkeitsfunktion siehe Anmerkung zu 2.1.1.3.1 und 2.1.7.
2.1.8	X ist verteilt wie Y	$X \stackrel{L}{\sim} Y$	Die Zufallsvariablen X und Y besitzen dieselbe Wahrscheinlichkeitsverteilung, d. h. es gilt: $P_X = P_Y$	L ist eine Abkürzung für engl. „law“.

3) Siehe Seite 11

Anmerkungen

Zu 2.1

Entsprechend den beiden in der Anmerkung zu 1.1 genannten Beschreibungen von Daten aus realen Experimenten stehen in der Wahrscheinlichkeitstheorie zwei Modelle zur Verfügung, die wir hier mit Wahrscheinlichkeitsfunktionen formulieren:

Modell A

In einem durchzuführenden Experiment soll ein Ergebnis ω aus der Ergebnismenge Ω ermittelt werden. ω ist verteilt nach $\langle \omega \to f(\omega) \rangle$. Der Wert y einer Funktion $\langle \omega \to Y(\omega) \rangle$ ist verteilt nach der Wahrscheinlichkeitsfunktion $\langle y \to f_Y(y) \rangle$.

Beispiel:

Bei der n-maligen stochastisch unabhängigen Durchführung eines Bernoulli-Experimentes mit der Erfolgswahrscheinlichkeit p (oft kurz Folge von Bernoulli-Experimenten genannt) wird ein n-Tupel $\omega = (x_1, \ldots, x_n)$ mit $x_i \in \{0,1\}$ gemessen. Dabei ist $f(\omega) = p^k q^{n-k}$ mit $k = x_1 + \ldots + x_n$ und $q = 1 - p$. Die Verteilung der Summe der Meßwerte $Y(\omega) = x_1 + \ldots + x_n = k$ ist die Binomialverteilung (siehe Nr 2.2.2 und Anmerkungen dazu):

$$f_Y(k) = b_{n;\,p}(k)$$

Modell B

In einem durchzuführenden Experiment soll ein Wert x einer Zufallsvariablen X ermittelt werden. X ist verteilt nach $\langle x \to f_X(x) \rangle$.

Zu Spalte 3 von 2.1

Die Abhängigkeit von einem Parameter ϑ wird so gekennzeichnet: $P_\vartheta, f_\vartheta, F_\vartheta, P_{\vartheta;\,X}, f_{\vartheta;\,X}, F_{\vartheta;\,X}$. Bei Dichten, Wahrscheinlichkeitsfunktionen und Verteilungsfunktionen können die Funktionsterme auch so bezeichnet werden: $f(\omega;\vartheta)$, $F(x;\vartheta)$, $f_X(x;\vartheta)$, $F_X(x;\vartheta)$.

Zu 2.1.1.1

Bei der Wahrscheinlichkeit von Ereignissen A, die in geschweiften Klammern angegeben werden, wird empfohlen, die runden Klammern in $P(A)$ wegzulassen (siehe dazu auch die Vorbemerkungen), z. B.:

$P\{\omega\}$ statt $P(\{\omega\})$

$P\{X \le x\}$ statt $P(\{X \le x\})$.

In $P(\{X \le x\} \cup \{Y \le y\})$ müssen dagegen die runden Klammern gesetzt werden.

Zu 2.1.1.3.1 und 2.1.7

Bei diskreten Wahrscheinlichkeitsverteilungen stehen mehrere Bezeichnungen für die Wahrscheinlichkeiten von Ergebnissen und die bedingten Wahrscheinlichkeiten (siehe Abschnitt 4.2) zur Verfügung:

- als Wert einer Wahrscheinlichkeitsfunktion (siehe Nr 2.1.4.1) (z. B. kann die Funktion $\langle \omega \to f(\omega) \rangle$ mit $\sum_{\omega \in \Omega} f(\omega) = 1$ und $f(\omega) \ge 0$ als Dichte bezüglich des Zählmaßes $\langle A \to \text{card } A \rangle$ gedeutet werden).
- als Wert der betreffenden Wahrscheinlichkeitsverteilung
- mit Hilfe der Kurzschreibweise $\{X = x\}$ für $\{\omega : X(\omega) = x\}$ von Ereignissen.

Nr der Fundstellen (z. T. sinngemäß)	gleichwertige Terme
2.1.4.1, 2.1.1.3.1	$f(\omega) = P\{\omega\}$
2.1.7, 2.1.5, Anmerkung zu 2.1.1.1	$f_X(x) = P_X\{x\} = P\{X = x\}$
4.2.1	$f(\omega \mid A) = P(\{\omega\} \mid A)$
4.2.2, Anmerkung zu 4.2.1	$f_{Y\mid X}(y \mid A) = P_{Y\mid X}(\{y\} \mid A) = P(Y = y \mid X \in A)$
4.2.3, Anmerkung zu 4.2.1	$f_{Y\mid X}(y \mid x) = P_{Y\mid X}(\{y\} \mid x) = P(Y = y \mid X = x)$

Von den jeweils genannten zwei oder drei Termen kann jeder zur Bezeichnung der betreffenden Wahrscheinlichkeiten bzw. bedingten Wahrscheinlichkeiten verwendet werden. In dieser Norm wird die erstgenannte Bezeichnungsweise bevorzugt, um den Charakter der Wahrscheinlichkeitsfunktion als spezielle Dichte hervorzuheben.

Dadurch können sonst getrennt zu formulierende Aussagen über diskrete Wahrscheinlichkeiten bzw. über gewöhnliche Dichten in einer Aussage formuliert werden (siehe z. B. Nr 4.1.2.1, Spalte 3).

Weitere spezielle Bezeichnungen sind:

a) Im Fall $\Omega \subset \mathbb{N}$ werden die Ergebnisse oft mit $i, k, \ldots$ bezeichnet und die Wahrscheinlichkeiten $P\{i\}$ mit p_i neben $f(i)$. Dabei sollte die Funktion $\langle i \to p_i \rangle$ nicht kurz mit p nach DIN 5473 bezeichnet werden, wenn Verwechslungsgefahr mit der Erfolgswahrscheinlichkeit p der Binomialverteilung usw. (siehe Nr 2.2.2) besteht.

b) Im Fall $\Omega \subset \mathbb{N}^2$ werden die Ergebnisse oft mit (i, j) bezeichnet und ihre Wahrscheinlichkeiten mit p_{ij}. Wenn Verwechslungsgefahr mit den genauso bezeichneten Übergangswahrscheinlichkeiten bei Markovketten besteht (siehe Beispiel zu Nr 4.2.1), wird die allgemeine Bezeichnung $f(i, j)$ empfohlen.

Beispiel:

Besetzungswahrscheinlichkeiten von Kontingenztafeln

Nr des Wertes des 1. Merkmals	Nr des Wertes des 2. Merkmals				Zeilensumme
	1	2	...	s	
1	p_{11}	p_{12}	...	p_{1s}	$p_{1.}$
2	p_{21}	p_{22}	...	p_{2s}	$p_{2.}$
...	...	...	...	...	...
r	p_{r1}	p_{r2}	...	p_{rs}	$p_{r.}$
Spalten-Summe	$p_{.1}$	$p_{.2}$	...	$p_{.s}$	1

2.2 Spezielle diskrete Wahrscheinlichkeitsverteilungen (Beachte $\mathbb{N} = \{0, 1, 2, \ldots\}$ und $\mathbb{N}^* = \{1, 2, \ldots\}$ nach DIN 1302.)

Für eine Aufzählung von Zeichen für einige Wahrscheinlichkeitsverteilungen, die in dieser Norm empfohlen oder in der Literatur benutzt werden, siehe Anmerkung 3 zu 2.4.

1	2	3	4	5	6	7
Nr	Name	Träger T	Wahrscheinlichkeitsfunktion	Parameter	Deutung der möglichen Ergebnisse	Deutung der Parameter
2.2.1	(diskrete) Gleichverteilung (siehe Anmerkung zu 2.2.1)	T mit card $T = n$	$\omega \to \frac{1}{n}$	$n \in \mathbb{N}^*$		n Anzahl der „möglichen" Ergebnisse
2.2.2	Binomialverteilung (siehe Anmerkung zu 2.2.2)	$\{0, 1, \ldots, n\}$	$k \to \binom{n}{k} p^k q^{n-k}$	$n \in \mathbb{N}^*$ p mit $0 \leq p \leq 1$ $q = 1 - p$	k Anzahl der Erfolge bei n unabhängigen Bernoulli-Experimenten (siehe Anmerkung zu 2.1, Beispiel im Modell A)	p Erfolgswahrscheinlichkeit in einem Bernoulli-Experiment
2.2.3	hypergeometrische Verteilung	$\{0, 1, \ldots, n\}$	$k \to \binom{n}{k} \frac{(K)_k (N-K)_{n-k}}{(N)_n}$ (siehe Anmerkung zu 2.2.3)	$n \in \mathbb{N}^*$ $N \in \mathbb{N}^*$ mit $n \leq N$ $K \in \mathbb{N}$ mit $K \leq N$	k Anzahl der Erfolge bei der Ziehung von n Kugeln aus einer Urne mit K Erfolgskugeln und $N - K$ anderen Kugeln ohne Zurücklegen	
2.2.4	negative Binomialverteilung	$\mathbb{N}$	$k \to \binom{r+k-1}{k} p^r q^k$	$r > 0$ p mit $0 < p \leq 1$ $q = 1 - p$	für $r \in \mathbb{N}^*$: k Anzahl der Fehlschläge vor dem Eintritt des r-ten Erfolgs bei unabhängigen Bernoulli-Experimenten	p Erfolgswahrscheinlichkeit r Anzahl der Erfolge
2.2.4.1	geometrische Verteilung	$\mathbb{N}$	$k \to p q^k$	wie Nr 2.2.4 mit $r = 1$		
2.2.5	Poisson-Verteilung	$\mathbb{N}$	$k \to \frac{1}{k!} \lambda^k e^{-\lambda}$	$\lambda > 0$		λ ist der Erwartungswert (siehe Nr 3.1.3) der Poisson-Verteilung
2.2.6	Multinomialverteilung	$\{(k_1, \ldots, k_s)$: $k_1 + \ldots + k_s = n$ und $k_i \in \mathbb{N}\}$	$(k_1, \ldots, k_s) \to \frac{n!}{k_1! \ldots k_s!} p_1^{k_1} \ldots p_s^{k_s}$	$p_i \geq 0$ $p_1 + \ldots + p_s = 1$	k_i absolute Häufigkeit des möglichen Ergebnisses $i \in \{1, \ldots, s\}$ bei n-maliger unabhängiger Durchführung eines Experimentes mit der Wahrscheinlichkeitsfunktion $\langle i \to p_i \rangle$	p_i Wahrscheinlichkeit des möglichen Ergebnisses $i \in \{1, \ldots, s\}$ bei der einmaligen Durchführung des Experimentes mit $\Omega = \{1, \ldots, s\}$

Anmerkungen

Zu 2.2.1

Es gibt auch andere Gleichverteilungen, z.B. auf einem Intervall (siehe Nr 2.3.1) oder auf der Oberfläche einer Kugel.

Zu 2.2.2

1 Als Zeichen für die Terme der Binomialverteilung wird $b_{n;p}(k) = \binom{n}{k} p^k q^{n-k}$ empfohlen. Die Indizes n oder p können weggelassen werden. Siehe auch Anmerkung 3 zu 2.4.

2 Im Fall $n = 1$ wird die Binomialverteilung oft Bernoulli-Verteilung genannt.

Zu 2.2.3

Der die hypergeometrische Verteilung definierende Term wird hier mit der fallenden Fakultät von x mit k Faktoren angegeben (siehe DIN 1302):

$$(x)_k = \begin{cases} x(x-1) \ldots (x-k+1) & \text{für } k > 0 \\ 1 & \text{für } k = 0 \end{cases}$$

Die hypergeometrische Verteilung kann auch durch jeden der beiden folgenden Terme definiert werden:

$$\frac{\binom{n}{k}\binom{N-n}{K-k}}{\binom{N}{K}} = \frac{\binom{K}{k}\binom{N-K}{n-k}}{\binom{N}{n}}$$

Beim ersten muß zusätzlich $k \leq K$ vorausgesetzt werden.

2.3 Spezielle Dichten und Verteilungsfunktionen in $\mathbb{R}$

Für eine Aufzählung von Zeichen für einige Wahrscheinlichkeitsverteilungen, die in dieser Form empfohlen oder in der Literatur benutzt werden, siehe Anmerkung 3 zu 2.4.

1	2	3	4	5	6
Nr	Name	Träger	Dichte auf dem Träger	Verteilungsfunktion auf dem Träger	Parameter
2.3.1	Rechteckverteilung im Intervall (a, b), auch Gleichverteilung (siehe Anmerkung zu 2.2.1)	(a, b)	$x \mapsto \frac{1}{b-a}$	$x \mapsto \frac{x-a}{b-a}$	$-\infty < a < b < +\infty$
2.3.2	Normalverteilung (Gauß-Verteilung), mit Erwartungswert μ und Standardabweichung σ (Varianz σ^2) (siehe Anmerkung zu 2.3.2)	$\mathbb{R}$	$x \mapsto \frac{1}{\sigma}\,\varphi\left(\frac{x-\mu}{\sigma}\right)$ mit $\varphi(x) = \frac{1}{\sqrt{2\pi}} \exp\left(-\frac{1}{2}x^2\right)$	$x \mapsto \Phi\left(\frac{x-\mu}{\sigma}\right)$	$\mu \in \mathbb{R}, \sigma > 0$ Für den Fall $\sigma = 0$ siehe Nr 2.4.1.
2.3.2.1	logarithmische Normalverteilung	$\mathbb{R}^+$	$x \mapsto \frac{1}{\sigma x}\,\varphi\left(\frac{\ln x-\mu}{\sigma}\right)$	$x \mapsto \Phi\left(\frac{\ln x-\mu}{\sigma}\right)$	
2.3.3	Exponentialverteilung	$\mathbb{R}^+$	$x \mapsto \alpha\,\mathrm{e}^{-\alpha x}$	$x \mapsto 1-\mathrm{e}^{-\alpha x}$	$\alpha > 0$
2.3.4	Gammaverteilung	$\mathbb{R}^+$	$x \mapsto \frac{1}{\Gamma(\nu)}\,\alpha^\nu x^{\nu-1}\,\mathrm{e}^{-\alpha x}$	$x \mapsto \frac{\Gamma_{\alpha x}(\nu)}{\Gamma(\nu)}$	$\alpha > 0, \nu > 0$
2.3.5	Betaverteilung	(a, b)	$x \mapsto \frac{\Gamma(\mu+\nu)\,(b-x)^{\mu-1}\,(x-a)^{\nu-1}}{\Gamma(\mu)\,\Gamma(\nu)\,(b-a)^{\mu+\nu-1}}$	$x \mapsto I_y(\nu, \mu)$ mit $y = \frac{x-a}{b-a}$	$\mu > 0, \nu > 0$ $-\infty < a < b < +\infty$
2.3.5.1	Arcussinusverteilung	(a, b)	$x \mapsto \frac{1}{\pi\sqrt{(x-a)\,(b-x)}}$	$x \mapsto \frac{2}{\pi}\,\mathrm{Arcsin}\sqrt{\frac{x-a}{b-a}}$	$-\infty < a < b < +\infty$
2.3.6	Cauchy-Verteilung	$\mathbb{R}$	$x \mapsto \frac{1}{\pi}\,\frac{\lambda}{\lambda^2+(x-\mu)^2}$	$x \mapsto \frac{1}{2}+\frac{1}{\pi}\,\mathrm{Arctan}\,\frac{x-\mu}{\lambda}$	$\lambda > 0, \mu \in \mathbb{R}$
2.3.7	Gumbel-Verteilung, Extremwertverteilung vom Typ I	$\mathbb{R}$	$x \mapsto \frac{1}{b}\exp\left(-\frac{x-a}{b}\right)\exp\left(-\exp\left(-\frac{x-a}{b}\right)\right)$	$x \mapsto \exp\left(-\exp\left(-\frac{x-a}{b}\right)\right)$	$a \in \mathbb{R}, b > 0$
2.3.8	Fréchet-Verteilung, Extremwertverteilung vom Typ II	(a, ∞)	$x \mapsto \frac{\alpha}{b}\left(\frac{x-a}{b}\right)^{-\alpha-1}\exp\left(-\left(\frac{x-a}{b}\right)^{-\alpha}\right)$	$x \mapsto \exp\left(-\left(\frac{x-a}{b}\right)^{-\alpha}\right)$	$a \in \mathbb{R}, b > 0$ $\alpha > 0$
2.3.9	Weibull-Verteilung, Extremwertverteilung vom Typ III	(a, ∞)	$x \mapsto \frac{\alpha}{b}\left(\frac{x-a}{b}\right)^{\alpha-1}\exp\left(-\left(\frac{x-a}{b}\right)^{\alpha}\right)$	$x \mapsto 1-\exp\left(-\left(\frac{x-a}{b}\right)^{\alpha}\right)$	$a \in \mathbb{R}, b > 0$ $\alpha > 0$

Anmerkung zu 2.3.2

Die Verteilungsfunktion der Standardnormalverteilung wird entsprechend ihrer Dichte φ häufig mit Φ bezeichnet, mit U aus Nr 2.4.2 stehen auch die Bezeichnungen f_U bzw. F_U zur Verfügung. Auf die Verwechslungsgefahr mit der in Nr 3.1.17 definierten Fourier-Transformierten (charakteristische Funktion) φ_X wird hingewiesen.

2.4 Verteilung spezieller Zufallsvariablen

Zur Bezeichnung der ermittelten Werte siehe Anmerkung 1 zu 2.4, zur Bezeichnung der unteren p-Quantile Anmerkung 4 zu 2.4.

Für eine Aufzählung von Zeichen für einige Wahrscheinlichkeitsverteilungen, die in dieser Norm empfohlen oder in der Literatur benutzt werden, siehe Anmerkung 3 zu 2.4.

1	2	3	4	5
Nr	Schreibweise [4])	Sprechweise	Charakterisierung	unteres p-Quantil (siehe Nr 3.1.1)
2.4.1	X nach $N(\mu, \sigma^2)$ verteilt	X normalverteilt mit Erwartungswert μ und Varianz σ^2	X hat die Dichte der Normalverteilung mit Erwartungswert μ und Standardabweichung $\sigma > 0$ (siehe Nr 2.3.2). Für $\sigma = 0$ gilt: $P\{X = \mu\} = 1$	
2.4.2	U	U standardnormalverteilt	U nach $N(0,1)$ verteilt	u_p
2.4.3	X verteilt[5]) wie χ_n^2	X verteilt wie ein (zentrales) Chiquadrat mit n Freiheitsgraden	X verteilt wie $\chi_n^2 = U_1^2 + U_2^2 + \ldots + U_n^2$ mit stochastisch unabhängigen $N(0,1)$ verteilten $U_1, \ldots, U_n$	$\chi_{n;p}^2$
2.4.4	X verteilt[5]) wie $\chi_{n,\delta}^2$	X verteilt wie ein nichtzentrales Chiquadrat mit n Freiheitsgraden und Nichtzentralitätsparameter δ	X verteilt wie $\chi_{n,\delta}^2 = Y_1^2 + \ldots + Y_n^2$ mit stochastisch unabhängigen $N(\mu_i, 1)$ verteilten $Y_1, \ldots, Y_n$ und $\delta^2 = \mu_1^2 + \ldots + \mu_n^2$ und $\delta \geq 0$	$\chi_{n,\delta;p}^2$
2.4.5	X verteilt[5]) wie t_n	X verteilt wie ein (zentrales) t mit n Freiheitsgraden	X verteilt wie $\frac{U}{\sqrt{\chi_n^2/n}}$ mit U und χ_n^2 stochastisch unabhängig	$t_{n;p}$
2.4.6	X verteilt[5]) wie $t_{n,\delta}$	X verteilt wie ein nichtzentrales t mit n Freiheitsgraden und Nichtzentralitätsparameter δ	X verteilt wie $\frac{U+\delta}{\sqrt{\chi_n^2/n}}$ mit U und χ_n^2 stochastisch unabhängig mit $\delta \in \mathbb{R}$	$t_{n,\delta;p}$
2.4.7	X verteilt[5]) wie $F_{n,m}$	X verteilt wie ein (zentrales) F mit n und m Freiheitsgraden	$X = \frac{Y/n}{Z/m}$ mit Y und Z stochastisch unabhängig und mit Y und Z verteilt wie χ_n^2 bzw. χ_m^2	$F_{n,m;p}$
2.4.8	X verteilt[5]) wie $F_{n,m,\delta}$	X verteilt wie ein nichtzentrales F mit n und m Freiheitsgraden und Nichtzentralitätsparameter δ	$X = \frac{Y/n}{Z/m}$ mit Y und Z stochastisch unabhängig und mit Y und Z verteilt wie $\chi_{n,\delta}^2$ bzw. χ_m^2 mit $\delta \geq 0$	$F_{n,m,\delta;p}$

4) Siehe Anmerkung 2 zu 2.4.

5) X verteilt wie t_n usw. kann nach Nr 2.1.8 kurz $X \stackrel{\mathcal{L}}{=} t_n$ geschrieben werden.

Fortsetzung des Abschnitts 2.4

1	2	3	4	5
Nr	Schreibweise	Sprechweise	Charakterisierung	unteres p-Quantil (siehe Nr 3.1.1)
2.4.9	$\boldsymbol{X}$ nach $N_n(\boldsymbol{\mu}, \boldsymbol{\Sigma})$ verteilt	$\boldsymbol{X}$ n-dimensional normalverteilt mit Erwartungswertsvektor $\boldsymbol{\mu}$ und Kovarianzmatrix $\boldsymbol{\Sigma}$	Für $\boldsymbol{X} = (X_1, \ldots, X_n)'$ mit $\boldsymbol{\mu} = (\mu_1, \ldots, \mu_n)'$ und $\boldsymbol{\Sigma}$ gilt: $\alpha_1 X_1 + \ldots + \alpha_n X_n$ verteilt nach $N(\alpha_1 \mu_1 + \ldots + \alpha_n \mu_n, \sigma^2)$ mit $\sigma^2 = (\alpha_1, \ldots, \alpha_n)\, \boldsymbol{\Sigma}\, (\alpha_1, \ldots, \alpha_n)'$ für alle $(\alpha_1, \ldots, \alpha_n) \in \mathbb{R}^n$. Für die Dichte von $N_2\left(\begin{pmatrix}\mu_1\\ \mu_2\end{pmatrix}, \begin{pmatrix}\sigma_1^2 & \varrho\sigma_1\sigma_2\\ \varrho\sigma_1\sigma_2 & \sigma_2^2\end{pmatrix}\right)$ mit $\sigma_1^2\sigma_2^2(1-\varrho^2) \neq 0$ siehe Anmerkung zu 2.4.9	
2.4.10	$\boldsymbol{S}$ nach $W_m(n, \boldsymbol{\Sigma}, \boldsymbol{M})$ verteilt	$\boldsymbol{S}$ nichtzentral Wishart-verteilt mit n Freiheitsgraden, Kovarianzmatrix $\boldsymbol{\Sigma}$ und Nichtzentralitätsmatrix $\boldsymbol{M} = (\mu_{ij})$	$\boldsymbol{S}$ verteilt wie $\begin{pmatrix}X_{11} & \ldots & X_{1n}\\ X_{m1} & \ldots & X_{mn}\end{pmatrix}\begin{pmatrix}X_{11} & \ldots & X_{m1}\\ X_{1n} & \ldots & X_{mn}\end{pmatrix}$ mit $X_j = (X_{1j}, \ldots, X_{mj})'$ verteilt nach $N_m((\mu_{1j}, \ldots, \mu_{mj})', \boldsymbol{\Sigma})$ und $\boldsymbol{X}_1, \ldots, \boldsymbol{X}_n$ stochastisch unabhängig	

Anmerkungen

Zu 2.4

1 Die Zeichen u; χ_n^2; $\chi_{n,\delta}^2$; t_n; $t_{n,\delta}$; $F_{n,m}$; $F_{n,m,\delta}$ können auch für ermittelte Werte dieser Zufallsgrößen verwendet werden (bei entsprechenden Verteilungsannahmen über das real durchgeführte Experiment).

2 Man sagt: „X ist verteilt nach $N(\mu, \sigma^2)$", weil $N(\mu, \sigma^2)$ eine Wahrscheinlichkeitsverteilung bezeichnet. Dagegen sagt man: „X verteilt wie χ_n^2", weil χ_n^2 eine Zufallsvariable bezeichnet.

3 In der mathematischen Statistik werden außer den hier in Nr 2.4.1, Nr 2.4.9, Nr 2.4.10 genormten Zeichen $N(\mu, \sigma^2)$, $N_n(\boldsymbol{\mu}, \boldsymbol{\Sigma})$, $W_m(n, \boldsymbol{\Sigma}, \boldsymbol{M})$ noch u. a. die Zeichen $\mathfrak{B}(n, p)$ für die Binomialverteilung in Nr 2.2.2, $\mathfrak{H}(N, n, K)$ für die Hypergeometrische Verteilung in Nr 2.2.3, $\mathfrak{P}(\lambda)$ für die Poisson-Verteilung in Nr 2.2.5, $\mathfrak{M}(n, p_1, \ldots, p_s)$ für die Multinomialverteilung in Nr 2.2.6 und $\mathfrak{R}(a, b)$ für die Rechteckverteilung in Nr 2.3.1, $\mathfrak{E}(\alpha)$ für Exponentialverteilung in Nr 2.3.3, $\Gamma(\alpha, \nu)$ für Gammaverteilung in Nr 2.3.4, $B(\nu, \mu)$ für Betaverteilung in Nr 2.3.5 verwendet.

4 Anstelle von χ_n^2, t_n, $F_{n,m}$; $\chi_{n;p}^2$, $t_{n;p}$, $F_{n,m,p}$ empfiehlt ISO 3534 die Zeichen $\chi^2(\nu)$, $t(\nu)$, $F(\nu_1, \nu_2)$; $\chi_p^2(\nu)$, $t_p(\nu)$, $F_p(\nu_1, \nu_2)$. Die hier empfohlenen Zeichen sind einerseits weit verbreitet, andererseits bestehen sie aus weniger Schriftzeichen. Ferner wird durch den vorliegenden Normtext kein Zeichen für die Anzahl der Freiheitsgrade genormt, während ISO 3534 das Zeichen ν empfiehlt. Es ist deshalb zulässig, in einer speziellen Anwendungsnorm die Anzahl der Freiheitsgrade z. B. mit f zu bezeichnen.

Zu 2.4.9

Die Dichte der 2-dimensionalen Normalverteilung mit Erwartungswerten μ_1, μ_2, Standardabweichungen σ_1, σ_2 mit $\sigma_1 > 0$, $\sigma_2 > 0$ und Korrelationskoeffizient ϱ mit $|\varrho| < 1$ ist gegeben durch:

$$(x_1, x_2) \to \frac{1}{2\pi\sigma_1\sigma_2\sqrt{1-\varrho^2}} \exp\left(-\frac{1}{2(1-\varrho^2)}\left(\frac{(x_1-\mu_1)^2}{\sigma_1^2} + \frac{(x_2-\mu_2)^2}{\sigma_2^2} - 2\varrho\frac{(x_1-\mu_1)(x_2-\mu_2)}{\sigma_1\sigma_2}\right)\right)$$

3 Parameter

3.1 Spezielle Funktionalparameter von Zufallsvariablen und ihren Verteilungen

In Spalte 4 erscheinen die Definitionen p-Quantil von X, Erwartungswert von $X, \ldots$ Es wird empfohlen, ausführlich p-Quantil bzgl. P_X, Erwartungswert von $P_X, \ldots$ oder ähnlich zu sprechen, wenn nicht aus dem Zusammenhang die zugrunde liegende Wahrscheinlichkeitsverteilung klar ist. Ebenso ist es zulässig, vom p-Quantil, Erwartungswert, ... einer speziellen Verteilung zu sprechen, z.B. von der Varianz npq der Binomialverteilung. Zur Bezeichnung der Funktionalparameter mit griechischen Buchstaben siehe Anmerkung zu 3.1.

Voraussetzung für die Anwendung der Nr 3.1.1 bis Nr 3.1.2.2 ist, daß die Werte der Zufallsvariablen (linear) geordnet werden können. Voraussetzung für die Anwendung der Nr 3.1.2 bis Nr 3.1.17 ist, daß Zufallsvariablen vorliegen, bei denen insbesondere die vorkommenden Additionen und Subtraktionen sinnvoll sind.

1	2	3	4	5	6	7
Nr	empfohlenes Zeichen[6])	Verwendung	Name	Definition	weitere Zeichen	Bemerkungen
3.1.1		x_p	p-Quantil von X	Ein $x_p \in \mathbb{R}$ mit $P\{X < x_p\} \leq p$ und $p \leq P\{X \leq x_p\}$		Bei Tafelwerken achte man darauf, ob die $(1-p)$-Quantile als „obere" p-Quantile oder ähnlich bezeichnet sind.
3.1.1.1		$x_{1/2}$	Median von X	0,5-Quantil		
3.1.1.2.1		$x_{1/4}$	unteres Quartil von X	0,25-Quantil		
3.1.1.2.2		$x_{3/4}$	oberes Quartil von X	0,75-Quantil		
3.1.1.3.1		$x_{0,1}$	unteres Dezil von X	0,1-Quantil		
3.1.1.3.2		$x_{0,9}$	oberes Dezil von X	0,9-Quantil		
3.1.2.1			Quartilabstand von X	$x_{3/4} - x_{1/4}$		auch Quartilspannweite genannt
3.1.2.2			Dezilabstand von X	$x_{0,9} - x_{0,1}$		
3.1.3	E	E X oder E (X)	Erwartungswert von X	Im diskreten Fall: $\mathrm{E}\,X = \sum_{\omega} X(\omega)\, f(\omega) = \sum_{x} x\, P_X\{x\}$ allgemein: $\mathrm{E}\,X = \int X(\omega)\, f(\omega)\, \mu(\mathrm{d}\omega) = \int x\, P_X(\mathrm{d}x)$	μ oder μ_X	Der Erwartungswert existiert, wenn $\mathrm{E}\,\lvert X\rvert < \infty$. Existiert der Erwartungswert nicht, so schreibt man $\mathrm{E}\,X = \infty$, wenn $\mathrm{E}\min(0, X) > -\infty$. Siehe Anmerkung zu 3.1.3 über Klammerregeln.
3.1.4	Var auch V	Var (X) auch $V(X)$	Varianz von X, zweites zentrales Moment	$\mathrm{Var}(X) = \mathrm{E}\,(X - \mathrm{E}\,X)^2$	σ^2 oder σ_X^2	Spezialfall $r = 2$ von Nr 3.1.12. Siehe Anmerkung zu 3.1.3 über Klammerregeln.
3.1.5	σ	$\sigma(X)$	Standardabweichung von X	$\sigma = \sqrt{\mathrm{Var}(X)}$	σ oder σ_X	

[6]) Siehe Anmerkung zu Spalte 2 von 3.1.

Fortsetzung von Abschnitt 3.1

1	2	3	4	5	6	7
Nr	empfohlenes Zeichen[6])	Verwendung	Name	Definition	weitere Zeichen	Bemerkungen
3.1.6			Variationskoeffizient von X	wird nur für $X(\omega) \geq 0$ definiert: $\frac{\sigma}{\mu} = \frac{\sqrt{\mathrm{Var}(X)}}{\mathrm{E}\,X}$		
3.1.7	Cov	$\mathrm{Cov}(X, Y)$	Kovarianz von X und Y	$\mathrm{Cov}(X, Y) = \mathrm{E}(X - \mathrm{E}\,X)\,(Y - \mathrm{E}\,Y)$		Siehe Anmerkung zu 3.1.3.
3.1.8	ϱ	$\varrho(X, Y)$	Korrelationskoeffizient von X und Y	$\varrho(X, Y) = \frac{\mathrm{Cov}(X, Y)}{\sqrt{\mathrm{Var}(X)\,\mathrm{Var}(Y)}}$	ϱ_{XY}	
3.1.9			Kovarianzmatrix des Zufallsvektors $(X_1, X_2, \ldots, X_n)$	$(\mathrm{E}\,(X_i - \mathrm{E}\,X_i)\,(X_j - \mathrm{E}\,X_j))$	Σ, (σ_{ij})	Bei Verwendung des Zeichens Σ gilt $\mathrm{Var}(X_i) = \sigma_{ii}$ und $\mathrm{Cov}(X_i, X_j) = \sigma_{ij}$
3.1.10			Moment der Ordnung r bzgl. c von X	$\mu'_r(c) = \mathrm{E}\,(X - c)^r$ mit $r \geq 0$	$\mu'_r(c)$ μ'_r für $\mu'_r(0)$	Im Fall $c = 0$ läßt man den Zusatz „bzgl. 0" weg. Statt „der Ordnung r" auch „r-tes Moment".
3.1.11			absolutes Moment der Ordnung r bzgl. c von X	$\gamma_r(c) = \mathrm{E}\,\lvert X - c\rvert^r$	$\gamma_r(c)$ γ_r für $\gamma_r(0)$	Wenn $\gamma_r < \infty$ für ein $r \geq 0$, so sagt man, X (bzw. P_X) besitzt Momente mindestens der Ordnung r.
3.1.12			zentrales Moment der Ordnung r von X	$\mathrm{E}\,(X - \mathrm{E}\,X)^r$	μ_r	Setze $c = \mathrm{E}\,X$ in Nr 3.1.10. Beachte, daß nach Nr 3.1.3 μ_r auch $\mathrm{E}\,X_r$ bedeuten kann.
3.1.13			faktorielles Moment k-ter Ordnung von X	$\mathrm{E}\,(X)_k$	$\mu_{(k)}$	Beachte $(X)_k = X(X-1)\ldots(X-k+1)$. Siehe Anmerkung zu 3.1.3.
3.1.14			Moment der Ordnungen i und k von X und Y	$\mathrm{E}\,X^i\,Y^k$	μ_{ik}	Siehe Anmerkung zu 3.1.3. Analog sind die absoluten, zentralen, ... Momente der Ordnungen i und k von X und Y definiert.
3.1.15			(linearer) Regressionskoeffizient von Y auf X	$\beta_{YX} = \frac{\mathrm{Cov}(X, Y)}{\mathrm{Var}\,X} = \frac{\varrho(X, Y)\,\sigma(Y)}{\sigma(X)}$	β_{YX}	Siehe Anmerkung zu 4.3.2.
3.1.16			erzeugende Funktion von X	$\langle t \to \mathrm{E}\,t^X \rangle$	G	X nicht-negativ ganzzahlig
3.1.17			Fourier-Transformierte von X, auch charakteristische Funktion von X	$\langle t \to \mathrm{E}\,\mathrm{e}^{\mathrm{i}tX} \rangle \mid \mathbb{R}^1$	φ_X	i ist die imaginäre Einheit.

[6]) Siehe Anmerkung zu Spalte 2 von 3.1.

Anmerkungen

Zu 3.1

Als Zeichen für die Funktionalparameter von Zufallsvariablen und ihren Verteilungen sollen kleine griechische Buchstaben verwendet werden, während für die entsprechenden Kennwerte von Meßreihen, d.h. ermittelten Werte von n Zufallsvariablen (siehe Abschnitt 1.2), kleine lateinische Buchstaben verwendet werden sollen.

Beispiel:	theoretisch	empirisch
zweites zentrales Moment	μ_2	m_2
Varianz	σ^2	s^2
Kovarianzmatrix	$(\sigma_{ij}), \Sigma$	(s_{ij})
Korrelationskoeffizient	ϱ_{XY}	r_{xy}
Regressionskoeffizient	β_{XY}	b_{xy}
Moment der Ordnung r bzgl. 0	μ'_r	m'_r

Die Zeichen x_p und $\bar{x}_p$ für das theoretische bzw. empirische p-Quantil (x_p nach ISO 3534) sind die auffälligste Ausnahme von der obigen Regel. x_p ist dabei als Zeichen für einen speziellen Wert der Zufallsvariablen X gewählt. Weitere Ausnahmen sind: die Erfolgswahrscheinlichkeit p und die (relative) Häufigkeit $h = h_n(1)$, der Parameter λ für die Poisson-Verteilung und die absolute Häufigkeit k.

Zu Spalte 2 von 3.1

Die Abhängigkeit von einem Parameter ϑ wird so gekennzeichnet: E_ϑ, Var_ϑ, Cov_ϑ, ϱ_ϑ, $\varphi_{\vartheta; X}$.

Zu 3.1.3

Der Erwartungswert E wirkt als Operator auf den nachfolgenden Term einschließlich Produkten von Termen, aber nicht auf Summen von Termen. Soll der Erwartungswert $\mathrm{E}\,X$ mit einer Zufallsvariablen Y multipliziert werden, so schreibe man $Y\mathrm{E}\,X$ anstelle von $(\mathrm{E}\,X)\,Y$. Kann man nicht mit der Kenntnis dieser Regeln rechnen, so setze man Klammern. Die im ersten Satz genannte Regel wurde in dieser Norm in folgenden Nummern angewendet, dabei ist die ausführlichere Schreibweise teilweise angegeben:

Nr 3.1.4 $\mathrm{E}\,(X - \mathrm{E}\,X)^2 = \mathrm{E}\,((X - \mathrm{E}\,X)^2)$

Nr 3.1.7 $\mathrm{E}\,(X - \mathrm{E}\,X)\,(Y - \mathrm{E}\,Y) = \mathrm{E}\,((X - \mathrm{E}\,X)\,(Y - \mathrm{E}\,Y))$

Nr 3.1.9 wie Nr 3.1.7

Nr 3.1.10 bis Nr 3.1.12 entsprechend Nr 3.1.4

Nr 3.1.13 $\mathrm{E}\,(X)_k = \mathrm{E}\,((X)_k)$

Nr 3.1.14 $\mathrm{E}\,X^i\,Y^k = \mathrm{E}\,(X^i\,Y^k)$

Nr 3.1.16 $\mathrm{E}\,t^X = \mathrm{E}\,(t^X)$

Nr 3.1.17 $\mathrm{E}\,\mathrm{e}^{\mathrm{i}tX} = \mathrm{E}\,(\mathrm{e}^{\mathrm{i}tX})$

3.2 Arten von Funktionalparametern

1	2	3
Nr	Name	Beispiele
3.2.1	Lageparameter	Median, Erwartungswert, wahrscheinlichster Wert, Maximum der Dichte
3.2.2	Streuungsparameter	Quartilabstand, Dezilabstand, Standardabweichung
3.2.3	Formparameter	
3.2.3.1	Wölbungsparameter	Kurtosis $\frac{\mu_4}{\sigma^4}$, Exzeß $\frac{\mu_4}{\sigma^4} - 3$
3.2.3.2	Asymmetrieparameter	Die Schiefen $\frac{\mu_3}{\sigma^3}$ und $\frac{\mu - x_{1/2}}{\sigma}$
3.2.4	Abhängigkeitsparameter	Korrelationskoeffizient, Regressionskoeffizient

3.3 Scharparameter

Ist eine Wahrscheinlichkeitsverteilung $\langle A \to P_\vartheta(A) \rangle$ von einer Variablen ϑ abhängig, so wird ϑ ein **Scharparameter** (oft kurz Parameter) der Verteilung genannt.

Beispiele von (Schar-)Parametern spezieller Wahrscheinlichkeitsverteilungen findet man in Abschnitt 2.2, Spalte 5, und in Abschnitt 2.3, Spalte 6, sowie in Abschnitt 2.4, Spalte 3. Die Namen für zwei typische Beispiele werden hier angegeben.

1	2	3
Nr	Name	Definition
3.3.1	Verschiebungsparameter	Ein **Verschiebungsparameter** μ liegt vor, wenn gilt: $F_\mu(x) = F_0(x - \mu)$
3.3.2	Skalenparameter	Ein **Skalenparameter** λ liegt vor, wenn gilt: $F_\lambda(x) = F_1\left(\frac{x}{\lambda}\right)$

4 Stochastische Abhängigkeit und Unabhängigkeit

4.1 Stochastische Unabhängigkeit

1	2	3	4
Nr	Es heißen voneinander stochastisch unabhängig	wenn	Bemerkung
4.1.1.1	die Ereignisse A, B	$P(A \cap B) = P(A)\,P(B)$	
4.1.1.2	die Ereignisse $A_1, A_2, \ldots, A_n$	$P\left(\bigcap_{i \in I} A_i\right) = \prod_{i \in I} P(A_i)$ für alle $I \subset \{1, 2, \ldots, n\}$ mit card $I \geq 2$	Die Ereignisse $A_1, A_2, \ldots, A_n$ heißen paarweise stochastisch unabhängig, wenn gilt: $P(A_i \cap A_j) = P(A_i)\,P(A_j)$ für $i \neq j$. Dies bedeutet jedoch nicht Unabhängigkeit der Ereignisse.
4.1.2.1	die Zufallsvariablen X, Y	a) im Fall von Wahrscheinlichkeitsfunktionen und (gewöhnlichen) Dichten gilt: die Funktion $\langle (x, y) \to f_X(x)\, f_Y(y) \rangle$ gibt die Wahrscheinlichkeitsfunktion bzw. die Dichte $\langle (x, y) \to f_{X,Y}(x, y) \rangle$ an b) allgemein gilt: $P\{X \in B_1, Y \in B_2\} = P\{X \in B_1\}\, P\{X \in B_2\}$ für alle $B_1 \in \mathscr{B}_1$ und $B_2 \in \mathscr{B}_2$, wobei $X: (\Omega, \mathscr{A}) \to (\mathscr{X}, \mathscr{B}_1)$ und $Y: (\Omega, \mathscr{A}) \to (\mathscr{Y}, \mathscr{B}_2)$	Liegen die Verteilungsfunktionen $\langle x \to F_X(x) \rangle$ und $\langle y \to F_Y(y) \rangle$ vor, so sind X und Y stochastisch unabhängig, wenn $F_{X,Y}(x, y) = F_X(x)\, F_Y(y)$. Sind f_X und f_Y Dichten bzgl. der Maße μ über $(\mathscr{X}, \mathscr{B}_1)$ bzw. ν über $(\mathscr{Y}, \mathscr{B}_2)$, so ist $\langle (x, y) \to f_X(x)\, f_Y(y) \rangle$ eine Dichte bzgl. des Produktmaßes $\mu \times \nu$ über $(\mathscr{X} \times \mathscr{Y}, \mathscr{B}_1 \times \mathscr{B}_2)$ mit $(\mu \times \nu)(A_1 \times A_2) = \mu(A_1)\, \nu(A_2)$, wobei $\mathscr{B}_1 \times \mathscr{B}_2$ die kleinste σ-Algebra ist, die alle Mengen $A \times B$ mit $A \in \mathscr{B}_1$ und $B \in \mathscr{B}_2$ enthält.
4.1.2.2	die Zufallsvariablen $X_1, X_2, \ldots, X_n$	a) im Fall von Wahrscheinlichkeitsfunktionen und (gewöhnlichen) Dichten gilt: die Funktion $\langle (x_1, x_2, \ldots, x_n) \to f_{X_1}(x_1)\, f_{X_2}(x_2) \ldots f_{X_n}(x_n) \rangle$ gibt die Wahrscheinlichkeitsfunktion bzw. die Dichte $\langle (x_1, x_2, \ldots, x_n) \to f_{X_1, X_2, \ldots, X_n}(x_1, x_2, \ldots, x_n) \rangle$ an b) allgemein gilt: $P\{X_1 \in B_1, \ldots, X_n \in B_n\} = \prod_{i=1}^{n} P\{X_i \in \mathscr{B}_i\}$ für alle $B_1 \in \mathscr{B}_1, \ldots, B_n \in \mathscr{B}_n$, wobei $X_i: (\Omega, \mathscr{A}) \to (\mathscr{X}_i, \mathscr{B}_i)$	
4.1.3	die σ-Algebren $\mathscr{C}_1, \mathscr{C}_2, \ldots, \mathscr{C}_n$	$P(C_1 \cap C_2 \cap \ldots \cap C_n) = P(C_1)\, P(C_2) \ldots P(C_n)$ für alle $C_1 \in \mathscr{C}_1, C_2 \in \mathscr{C}_2, \ldots, C_n \in \mathscr{C}_n$	

4.2 Bedingte Wahrscheinlichkeiten, Dichten und Verteilungsfunktionen

Es wird empfohlen, die Zeichen (|) für bedingte Wahrscheinlichkeiten und bedingte Dichten wie in den angegebenen Beispielen in den Spalten 2 und 3 zu verwenden. Für die entsprechende Verwendung bei bedingten Verteilungsfunktionen siehe Anmerkung zu 4.2, für die entsprechende Verwendung bei bedingten Erwartungswerten siehe Abschnitt 4.3. Die Terme $P(B \mid A)$ usw. für die bedingten Wahrscheinlichkeiten der Nr 4.2.1 bis Nr 4.2.4 in Spalte 2 sind nur dann durch Spalte 4 eindeutig definiert, wenn die Wahrscheinlichkeit der Bedingung A oder $\{X = x\}$ positiv ist. In diesem Fall sind die bedingten Wahrscheinlichkeitsverteilungen $\langle B \to P(B \mid A)\rangle$, $\langle B \to P_{Y \mid X}(B \mid A)\rangle$, $\langle B \to P_{Y \mid X}(B \mid x)\rangle$ und $\langle B \to P(B \mid X = x)\rangle$ eindeutig definiert. Andernfalls kann man unter gewissen Regularitätsvoraussetzungen die Funktionen $\langle x \to P(B \mid X = x)\rangle$ so wählen, daß $\langle B \to P(B \mid X = x)\rangle$ für fast alle x eine bedingte Wahrscheinlichkeitsverteilung ist. Dasselbe gilt für die Terme der bedingten Verteilungsfunktionen in der Anmerkung zu 4.2. Für die Existenz der bedingten Dichten in Spalte 3 sind weitere Voraussetzungen notwendig.

1	2	3	4
Nr	Verwendung der Zeichen (|) mit der Sprechweise		Charakterisierung
	bedingte Wahrscheinlichkeit des Ereignisses B, gegeben ...	bedingte Wahrscheinlichkeit[7]) des Ergebnisses ω (bzw. y), gegeben ... oder bedingte Dichte des Ergebnisses ω (bzw. y), gegeben ...	
4.2.1	$P(B \mid A)$	$f(\omega \mid A)$	$P(A \cap B) = P(B \mid A)\, P(A)$ (Siehe Anmerkung und Beispiel zu 4.2.1.)
4.2.2	$P_{Y \mid X}(B \mid A)$	$f_{Y \mid X}(y \mid A)$	$P_{Y \mid X}(B \mid A) = P(Y \in B \mid X \in A)$
4.2.3	$P_{Y \mid X}(B \mid x)$	$f_{Y \mid X}(y \mid x)$	Zu Spalte 2: $P_{Y \mid X}(B \mid x) =_{\text{def}} P(Y \in B \mid X = x)$ (Siehe Nr 4.2.4.) Zu Spalte 3: Eine Funktion $\langle (x, y) \to f_{Y \mid X}(y \mid x)\rangle$, so daß die Funktion $\langle (x, y) \to f_{Y \mid X}(y \mid x)\, f_X(x)\rangle$ die Wahrscheinlichkeiten bzw. die (gewöhnliche) Dichte $\langle (x, y) \to f_{X, Y}(x, y)\rangle$ angibt. Siehe Anmerkungen und Beispiel zu 4.2.3.
4.2.4	$P(B \mid X = x)$	$f(\omega \mid X = x)$	Eine Funktion mit $\langle x \to P(B \mid X = x)\rangle$ mit $P(\{X \in A\} \cap B) = \int_A P(B \mid X = x)\, P_X(\mathrm{d}x)$ für alle $A \in \mathscr{B}$, wobei diese Funktion im Sinne der Maßtheorie $\mathscr{B}$-meßbar ist. (Beachte $\{X \in A\} = \{\omega : X(\omega) \in A\}$)
4.2.5	$P(B \mid X)$		Eine Zufallsvariable $\langle \omega \to P(B \mid X)(\omega)\rangle$ mit $P(\{X \in A\} \cap B) = \int_{X \in A} P(B \mid X)(\omega)\, P(\mathrm{d}\omega)$ für alle $A \in \mathscr{B}$, wobei diese Zufallsvariable bzgl. der von X erzeugten σ-Algebra im Sinne der Maßtheorie meßbar ist.
4.2.6	$P(B \mid \mathscr{C})$		Eine $\mathscr{C}$-meßbare Zufallsvariable $\langle \omega \to P(B \mid \mathscr{C})(\omega)\rangle$ mit $P(B \cap C) = \int_C P(B \mid \mathscr{C})(\omega)\, P(\mathrm{d}\omega)$ für alle $C \in \mathscr{C}$.

[7]) Siehe Anmerkung zu 2.1.1.3.1 und 2.1.7.

Zitierte Normen

DIN 1302	Allgemeine mathematische Zeichen und Begriffe
DIN 1319 Teil 3	Grundbegriffe der Meßtechnik; Begriffe für die Fehler beim Messen
DIN 5473	Zeichen und Begriffe der Mengenlehre; Mengen, Relationen, Funktionen
DIN 5486	Schreibweise von Matrizen
DIN 13303 Teil 1	Stochastik; Wahrscheinlichkeitstheorie, Gemeinsame Grundbegriffe der mathematischen und der beschreibenden Statistik, Begriffe und Zeichen
DIN 53803 Teil 1	Prüfung von Textilien; Probenahme, Statistische Grundlagen der Probenahme bei einfacher Aufteilung
DIN 55350 Teil 21	Begriffe der Qualitätssicherung und Statistik; Begriffe der Statistik, Zufallsgrößen und Wahrscheinlichkeitsverteilungen
DIN 55350 Teil 22	Begriffe der Qualitätssicherung und Statistik; Begriffe der Statistik, Spezielle Wahrscheinlichkeitsverteilungen
DIN 55350 Teil 23	Begriffe der Qualitätssicherung und Statistik; Begriffe der Statistik, Beschreibende Statistik
DIN 55350 Teil 24	Begriffe der Qualitätssicherung und Statistik; Begriffe der Statistik, Schließende Statistik
DIN ISO 5725	Präzision von Prüfverfahren; Bestimmung von Wiederholbarkeit und Vergleichbarkeit durch Ringversuche
ISO 3534	Statistics; Vocabulary and symbols

Erläuterungen

Die vorliegende Norm dient zusammen mit DIN 13303 Teil 1 zur Vereinheitlichung der Begriffe und Zeichen der Stochastik. Die bei der Einführung einer einheitlichen Terminologie für die Stochastik zu beachtenden Gesichtspunkte sind in den Erläuterungen zu DIN 13303 Teil 1 aufgeführt.

In Nr 3.6 wird der englische Begriff „unbiased" mit „erwartungstreu" benannt. In diesem Zusammenhang wird darauf hingewiesen, daß an anderer Stelle (DIN ISO 5725, DIN 55350 Teil 24 und ferner künftig bei den Grundbegriffen der Meßtechnik, siehe DIN 1319 Teil 3 (Entwurf Juni 1981) die Benennung „systematische Abweichung" im Sinne des englischen „bias" benutzt werden soll.

Stichwortverzeichnis

Die hinter die Stichwörter gesetzten Zahlen geben die jeweiligen Abschnittsnummern an.

A
Abnehmerrisiko siehe Wahrscheinlichkeit des Fehlers zweiter Art
Abweichung, systematische siehe Erläuterungen
akzeptiert 2.3
Alternative 2.1.3
Alternativhypothese 2.1.3; Anmerkung zu 2.1
angenommen 2.3
Anteilsbereich siehe Anteilsintervall
Anteilsintervall 4.7.1
Anteilsintervallschätzer 4.7
Arbeitshypothese 2.1
Aussage 2.1.1
Aussage, richtige 4.1; 4.4; 4.6; 4.7

B
Bereich, kritischer 2.3
Bereichsschätzer 4

D
duales Konfidenzintervall Anmerkung zu 2.7.4

E
einfache Hypothese 2.2.1
einseitiger Test Beispiele zu 2.1
einseitiges Konfidenzintervall 4.3
entscheiden 2.1
erreichbares Konfidenzniveau 4.1.3
erreichbares Signifikanzniveau 2.5.2.1
erschöpfend 1.3

F
falsch 2.6
Familie der zugelassenen Wahrscheinlichkeitsverteilungen 1.2.1
Fehler erster Art 2.5
Fehler zweiter Art 2.6
Funktion, suffiziente 1.3

G
gefordertes Konfidenzniveau 4.1.2
gefordertes Signifikanzniveau 2.5.2
Gütefunktion 2.4.2

H
Hypothese 2.1.2, 2.1.1
Hypothese, einfache 2.2.1
Hypothese, statistische 2.1.1
Hypothese, zusammengesetzte 2.2.2

K
Komponente, systematische Anmerkung zu 1.2 und 1.2.1
Konfidenzbereich 4.4.1; siehe auch Konfidenzintervall
Konfidenzbereichsschätzer 4.4
Konfidenzellipsoide 4.4
Konfidenzgrenze, untere und obere 4.2
Konfidenzintervall 4.1.1
Konfidenzintervall, duales Anmerkung zu 2.7.4
Konfidenzintervall, einseitiges 4.3
Konfidenzintervall, nach unten einseitig begrenztes Beispiele zu 4.1 und 4.3
Konfidenzintervall, zweiseitiges 4.3
Konfidenzintervallschätzer 4.1

Konfidenzniveau 4.1.2
Konfidenzniveau, erreichbares 4.1.3
Konfidenzniveau, gefordertes 4.1.2
Konfidenzniveau, vereinbartes 4.1.2
Konfidenzschätzer 4.1
konsistente Schätzerfolge 3.6
kritischer Bereich 2.3
kritisches Niveau 2.5.3
kritischer Wert 2.7.4

L
Lieferantenrisiko siehe Signifikanzniveau
lineares Modell Anmerkung zu 1.2 und 1.2.1
LS-Schätzer 3.3

M
Machtfunktion 2.6.2
Maximumlikelihood-Schätzer 3.2
Menge der zugelassenen Parameterwerte 1.2.2
Menge der zugelassenen Wahrscheinlichkeitsverteilungen 1.2
ML-Schätzer 3.2
Modell, lineares Anmerkung zu 1.2 und 1.2.1
Modell, stochastisches Anmerkung zu 1.2 und 1.2.1

N
nichtparametrischer Test 2;
Beispiele zu 2.1; Anmerkung zu 2.7.4
nicht verwerfen 2.4.1
Nullhypothese 2.1.2; Anmerkung zu 2.1

O
Operations-Charakteristik 2.4.1

P
Parameterraum 1.2.2
Parameterwert, wahrer 1.1.1
Parameterwerte, Menge der zugelassenen 1.2.2
Prognoseintervall 4.6.1
Prognoseintervallschätzer 4.6
Prognoseschätzer 4.6
Prüffunktion 2.7.1
Prüfvariable 2.7.2
Prüfvariable, suffiziente Anmerkung zu 1.3
Prüfwert 2.7.3
Punktschätzer 3

R
randomisierter Test 2.8
richtig 2.5
richtige Aussage 4.1; 4.4; 4.6; 4.7
Risiko des Fehlers erster Art siehe Wahrscheinlichkeit des Fehlers erster Art
Risiko des Fehlers zweiter Art siehe Wahrscheinlichkeit des Fehlers zweiter Art

S
Schärfe 2.6.2.1
Schärfefunktion 2.6.2
Schätzbereich siehe Bereichsschätzer
Schätzer 3.1.2
Schätzer, erwartungstreuer 3.5
Schätzer, LS- 3.3
Schätzer, Maximumlikelihood- 3.2
Schätzer, mediantreuer 3.4
Schätzer mit minimaler Varianz, erwartungstreuer 3.5.1
Schätzer, ML- 3.2
Schätzer nach der Methode der kleinsten Quadrate 3.3
Schätzer, suffizienter Anmerkung zu 1.3
Schätzerfolge, asymptotisch erwartungstreue 3.5.2
Schätzerfolge, konsistente 3.6
Schätzfunktion 3.1.1
Schätzfunktion, Verzerrung der siehe systematische Abweichung
Schätzfunktion, verzerrungsfreie siehe erwartungstreuer Schätzer
Schätzwert 3.1.3
Signifikanzniveau des Tests 2.5.2
Signifikanzniveau, erreichbares 2.5.2.1
Signifikanzniveau, gefordertes 2.5.2
Signifikanzniveau, vereinbartes 2.5.2
Signifikanztest siehe statistischer Test
suffizient 1.3
suffiziente Funktion 1.3
suffiziente Prüfvariable Anmerkung zu 1.3
suffizienter Schätzer Anmerkung zu 1.3
systematische Abweichung Erläuterungen
systematische Komponente Anmerkung zu 1.2 und 1.2.1
statistic 2.7.1
statistischer Test 2; 2.1
statistische Hypothese 2.1.1
stochastisches Modell Anmerkung zu 1.2 und 1.2.1

T
Test, einseitiger Beispiele zu 2.1
Test, nichtparametrischer 2;
Beispiele zu 2.1; Anmerkung zu 2.7.4
Test, randomisierter 2.8
Test, statistischer 2; 2.1
Test, verteilungsfreier siehe nichtparametrischer Test
Test, zweiseitiger Beispiele zu 2.1
Testgröße siehe Prüffunktion
Testwert siehe Prüfwert
Toleranzintervall 4.7.1

U
unbekannte Wahrscheinlichkeitsverteilung 1.1

Ü
Überdeckungswahrscheinlichkeit 4.5

V
vereinbartes Konfidenzniveau 4.1.2
vereinbartes Signifikanzniveau 2.5.2
verteilungsfreier Test siehe nichtparametrischer Test
Vertrauensbereich 4.4.1;
siehe auch Vertrauensintervall
Vertrauensbereichsschätzer 4.4
Vertrauensgrenze, untere und obere 4.2
Vertrauensintervall 4.1.1
Vertrauensintervall, einseitiges 4.3
Vertrauensniveau 4.1.2
Vertrauensniveau, erreichbares 4.1.3
verwerfen 2.3
Verzerrung der Schätzfunktion siehe systematische Abweichung
verzerrungsfreie Schätzfunktion siehe erwartungstreuer Schätzer

W
wahrer Parameterwert 1.1.1
wahre Wahrscheinlichkeitsverteilung 1.1
Wahrscheinlichkeit des Fehlers erster Art 2.5.1
Wahrscheinlichkeit des Fehlers zweiter Art 2.6.1
Wahrscheinlichkeitsverteilung, unbekannte 1.1
Wahrscheinlichkeitsverteilung, wahre 1.1
Wahrscheinlichkeitsverteilungen, Familie der zugelassenen 1.2.1
Wahrscheinlichkeitsverteilungen, Menge der zugelassenen 1.2
Wert, kritischer 2.7.4

Z
Zufallskomponente Anmerkung zu 1.2 und 1.2.1
zugelassenen Parameterwerte, Menge der 1.2.2
zugelassenen Wahrscheinlichkeitsverteilungen, Familie der 1.2.1
zugelassenen Wahrscheinlichkeitsverteilungen, Menge der 1.2
zusammengesetzte Hypothese 2.2.2
zweiseitiges Konfidenzintervall 4.3
zweiseitiger Test Beispiele zu 2.1
zweiseitiges Vertrauensintervall 4.3

DK 528 : 001.4 : 003.62 : 519.22 Januar 1984

Begriffe, Kurzzeichen und Formelzeichen im Vermessungswesen
Ausgleichungsrechnung und Statistik

DIN 18 709 Teil 4

Concepts, abbreviations and symbols in surveying; calculus of observations and statistics

Notions, symboles et formules pour le levé de plans; calcul d'observations et statistique

Inhalt

	Seite
1 Anwendungsbereich und Zweck	1
2 Grundbegriffe der Fehlerlehre und der mathematischen Statistik	2
2.1 Beobachtung von Zufallsgrößen	2
2.2 Statistische Beschreibung von stetigen Zufallsgrößen	2
2.3 Beobachtungsreihen (Meßreihen) für stetige Zufallsgrößen (Meßgrößen)	4
2.4 Vertrauensbereiche	5
2.5 Normalverteilte Zufallsgrößen	6
2.6 Zufallsvektoren	8
2.7 Normalverteilte Zufallsvektoren	11
2.8 Beziehungen zwischen zwei Zufallsvektoren	12
2.9 Abweichungen, Varianzen und Kovarianzen von Funktionen eines Zufallsvektors	13
3 Modelle und Verfahren der Ausgleichungsrechnung	15
3.1 Allgemeinfall der Ausgleichungsrechnung	15
3.2 Ausgleichung vermittelnder Beobachtungen	17

1 Anwendungsbereich und Zweck

Diese Fachgrundnorm gilt für die Verarbeitung, Auswertung und Beurteilung der im Vermessungswesen anfallenden Daten, soweit diese stochastischer Natur sind. Zweck dieser Norm ist es einerseits, den geodätischen Sprachgebrauch an Begriffsbildungen anderer Disziplinen, soweit diese übergeordnete Bedeutung erlangt haben, anzupassen. Deshalb wurde die Norm mit dem Ausschuß Qualitätssicherung und angewandte Statistik (AQS) abgestimmt. Andererseits sollen jedoch, wo dies möglich ist, die im Vermessungswesen eingeführten Begriffe beibehalten werden.

Dementsprechend fußt diese Norm auf den Standardwerken der Ausgleichungsrechnung und mathematischen Statistik ebenso wie auf den folgenden internationalen und nationalen Normen:

ISO 3534, DIN 1319 Teil 3, DIN 2257 Teil 2, DIN 13 303 Teil 1 und Teil 2, DIN 55 302 Teil 1, DIN 55 303 Teil 2 und Teil 4 (z. Z. Entwurf), DIN 55 350 Teil 13, Teil 21 und Teil 22.

Wo dies zweckmäßig ist, wird weitestgehend von der Matrizenalgebra Gebrauch gemacht nach DIN 5486. Die Matrizensymbole sind in Antiqua (halbfett) zu setzen. In Schreibmaschinentexten sollten die Matrizensymbole durch Unterstreichen kenntlich gemacht werden.

Fortsetzung Seite 2 bis 19

Normenausschuß Bauwesen (NABau) im DIN Deutsches Institut für Normung e. V.
Ausschuß Qualitätssicherung und angewandte Statistik (AQS) im DIN

223/5*

2 Grundbegriffe der Fehlerlehre und der mathematischen Statistik

2.1 Beobachtung von Zufallsgrößen

Nr	Zeichen	Benennung	Erklärung, Bemerkung
2.1.1	X auch Y, Z	Zufallsgröße	Veränderliche Größe, die Werte einer vorgegebenen Menge von Werten entsprechend einer dieser Menge zugeordneten Verteilungsfunktion (siehe Nr 2.2.1) annehmen kann (nach DIN 55350 Teil 21). Anmerkung 1: Für die mathematische Definition siehe DIN 13303 Teil 1. Anmerkung 2: Ist die Verteilungsfunktion der Zufallsgröße stetig, so heißt die Zufallsgröße „stetige Zufallsgröße". Die vorliegende Norm befaßt sich ausschließlich mit stetigen Zufallsgrößen. Anmerkung 3: Die Benennung „Größe" wird hier in einem weiteren Sinne verstanden als in DIN 1313, wo damit physikalische Größen gemeint sind, siehe auch DIN 55350 Teil 21. Z.B. werden bei der Bewertung von Grundstücken die Kaufpreise von Vergleichsgrundstücken als Zufallsgrößen angesehen.
2.1.2	x_i auch y_i, z_i	Beobachtungswert	Einzelwert aus einer Beobachtungsreihe für eine Zufallsgröße. $i = 1, 2, \ldots\ldots, n$ n Umfang der Beobachtungsreihe
2.1.3	L	Meßgröße	Zufallsgröße, deren Werte durch Messung ermittelt werden. Anmerkung 1: Messen ist das Vergleichen eines quantitativen Merkmals, der Meßgröße, mit einer als Maßeinheit definierten Ausprägung dieses Merkmals, dem Normal. Anmerkung 2: Keine Meßgrößen im Sinne dieser Norm sind einerseits nichtphysikalische Zufallsgrößen (z.B. die Kaufpreise in Anmerkung 3 zu Nr 2.1.1) und andererseits Zufallsgrößen, die indirekt aus Meßgrößen abgeleitet werden, wie Punktkoordinaten, Flächengrößen usw. Durch das Anbringen von Korrektionen und Reduktionen (siehe DIN 18709 Teil 1) an den Meßwerten (siehe Nr 2.1.4) wird dagegen der Charakter einer Meßgröße als solche nicht verändert.
2.1.4	l_i	Meßwert	Einzelwert aus einer Meßreihe für eine Meßgröße. $i = 1, 2, \ldots, n$ n Umfang der Meßreihe Anmerkung: Der Meßwert ist das Produkt aus der Maßeinheit (siehe Anmerkung 1 zu Nr 2.1.3) und dem Zahlenwert, der angibt, wie oft die Maßeinheit in der Meßgröße enthalten ist.
2.2 Statistische Beschreibung von stetigen Zufallsgrößen			
2.2.1	$F(x)$ auch $G(x)$	Verteilungsfunktion	Eine Funktion, welche für jedes x die Wahrscheinlichkeit P ergibt, daß eine Zufallsgröße X nicht größer als x ist (siehe DIN 55350 Teil 21). $F(x) = P(X \leq x)$
2.2.2	x_p	p-Quantil	Wert, für den die Verteilungsfunktion einen vorgegebenen Wert p annimmt (siehe DIN 13303 Teil 1 und DIN 55350 Teil 21). $F(x_p) = P(X \leq x_p) = p$ Anmerkung: Für p-Quantil ist auch die Benennung Fraktil gebräuchlich.
2.2.3	$f(x)$ auch $g(x)$	Wahrscheinlichkeitsdichte	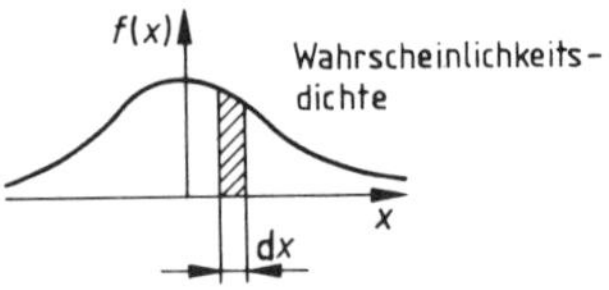 Erste Ableitung der Verteilungsfunktion (siehe DIN 55350 Teil 21) $f(x) = \frac{\mathrm{d}F(x)}{\mathrm{d}x}$ Anmerkung: Mittels der Wahrscheinlichkeitsdichte kann die Wahrscheinlichkeit P angegeben werden, mit der eine Zufallsgröße X in ein differentielles Intervall an der Stelle x fällt: $P(x \leq X < x + \mathrm{d}x) = f(x)\,\mathrm{d}x$

Fortsetzung

Nr	Zeichen	Benennung	Erklärung, Bemerkung
2.2.4	$\mathrm{E}(X)$ auch μ_X	Erwartungswert	$\mathrm{E}(X) = \mu_X = \int_{-\infty}^{+\infty} x\, f(x)\, \mathrm{d}x$ (siehe DIN 55350 Teil 21) Anmerkung 1: Das Zeichen μ wird vorzugsweise für den Erwartungswert einer normalverteilten Zufallsgröße (siehe Nr 2.5) verwendet. Anmerkung 2: Ein Schätzwert für den Erwartungswert ist der Mittelwert $\bar{x}$ (siehe Nr 2.3.3). Bei unendlich großem Umfang n der Beobachtungsreihe fallen diese beiden Werte praktisch zusammen, d. h. es gilt für beliebiges $\varepsilon > 0$: $\lim_{n \to \infty} P(\lvert \bar{x} - \mathrm{E}(X) \rvert > \varepsilon) = 0$ Anmerkung 3: Bei manchen geodätischen Problemstellungen erweist sich die Benennung des „wahren Wertes" als nützlich (siehe Nr 2.2.5). Dieser darf nicht mit dem Erwartungswert verwechselt werden.
2.2.5	$\tilde{X}$	wahrer Wert	Tatsächlicher Wert einer Größe X im Augenblick der Beobachtung unter den gegebenen Bedingungen (siehe DIN 51848 Teil 3). Anmerkung 1: Die Tilde dient zur Kennzeichnung des wahren Wertes, die wahren Werte der Zufallsgrößen Y, Z, L sind also $\tilde{Y}, \tilde{Z}, \tilde{L}$. Anmerkung 2: Eine Zufallsgröße kann so definiert sein, daß für sie kein wahrer Wert existiert. Beispiel: Die Zufallsgröße „Verkehrswert in DM/m² eines Wohngrundstückes in mittlerer Lage" besitzt einen Erwartungswert, der nach Nr 2.2.4 als Mittel aus sehr vielen Kaufpreisen geschätzt werden kann; von einem wahren Wert kann in diesem Fall jedoch nicht gesprochen werden.
2.2.6	Δ	systematische Abweichung (auch systematischer Fehler)	$\Delta = \mathrm{E}(X) - \tilde{X}$ Eine systematische Abweichung hat ihre Ursache z. B. in Unvollkommenheiten der Meßgeräte oder des Beobachtungsverfahrens; sie ist in allen Beobachtungswerten einer Beobachtungsreihe enthalten. Anmerkung 1: Siehe DIN 1319 Teil 3. Dort werden zusätzlich die „erfaßbaren systematischen Abweichungen" definiert, die durch geeignete Meßanordnungen meßtechnisch bestimmt werden können. Eine derartige Unterscheidung ist im Vermessungswesen unnötig, da „erfaßbare systematische Abweichungen" grundsätzlich durch das Anbringen entsprechender Korrektionen beseitigt werden sollen. Anmerkung 2: Auch im deutschen Sprachgebrauch wird für die systematische Abweichung häufig die englische Benennung „bias" verwendet.
2.2.7	σ_X^2 auch $\sigma^2(X)$	Varianz	$\sigma_X^2 = \sigma^2(X) = \mathrm{E}((X - \mu_X)^2) = \int_{-\infty}^{+\infty} (x - \mu_X)^2 f(x)\, \mathrm{d}x$ Siehe DIN 13303 Teil 1 und DIN 55350 Teil 21. Anmerkung: Ein Schätzwert für die Varianz σ_X^2 ist die empirische Varianz s_X^2 (siehe Nr 2.3.5). Bei unendlich großem Umfang n der Beobachtungsreihe fallen diese beiden Werte praktisch zusammen, d. h. es gilt für beliebiges $\varepsilon > 0$: $\lim_{n \to \infty} P(\lvert s_X^2 - \sigma_X^2 \rvert > \varepsilon) = 0$
2.2.8	σ_X auch $\sigma(X)$	Standardabweichung	Quadratwurzel aus der Varianz σ_X^2, siehe DIN 13303 Teil 1 und DIN 55350 Teil 21. Anmerkung: Für den Zusammenhang mit der früheren Benennung „mittlerer Fehler" siehe Anmerkung 2 zu Nr 2.3.6.

Fortsetzung

Nr	Zeichen	Benennung	Erklärung, Bemerkung
2.3	**Beobachtungsreihen (Meßreihen) für stetige Zufallsgrößen (Meßgrößen)**		
2.3.1	ε_i	zufällige Abweichung	Differenz zwischen einem Beobachtungswert (Meßwert) x_i und dem Erwartungswert μ_X einer Zufallsgröße (Meßgröße) X. $\varepsilon_i = x_i - \mu_X, \quad i = 1, 2, \ldots, n$ n Umfang der Beobachtungsreihe (Meßreihe) Anmerkung: Die Benennung „zufällige Abweichung" ist weiter gefaßt als der früher gebräuchliche „zufällige Fehler". Diese frühere Benennung war nur sinnvoll, wenn für die Zufallsgröße X ein wahrer Wert $\tilde{X}$ existierte; siehe Anmerkung 2 zu Nr 2.2.5.
2.3.2	η_i	wahre Abweichung	Differenz zwischen einem Beobachtungswert (Meßwert) x_i und dem wahren Wert $\tilde{X}$ einer Zufallsgröße (Meßgröße) X, zugleich die Summe aus systematischer Abweichung Δ und zufälliger Abweichung ε_i. $\eta_i = x_i - \tilde{X} = \Delta + \varepsilon_i, \quad i = 1, 2, \ldots, n$ n Umfang der Beobachtungsreihe (Meßreihe) Anmerkung 1: Falls die Beobachtungswerte keine systematische Abweichung enthalten, sind zufällige und wahre Abweichung identisch. Dies wurde früher oft stillschweigend vorausgesetzt. Anmerkung 2: Die früher gebräuchliche Benennung „wahrer Fehler" soll übereinstimmend mit der Terminologie in DIN 1319 Teil 3 nicht mehr verwendet werden.
2.3.3	$\bar{x}$	(arithmetischer) Mittelwert	$\bar{x} = \frac{1}{n} \sum_{i=1}^{n} x_i$, nach DIN 13 303 Teil 1. n Umfang der Beobachtungsreihe (Meßreihe) Anmerkung 1: Der Querstrich dient zur Kennzeichnung des Mittelwertes, die Mittelwerte für die Zufallsgrößen Y, Z, L sind also $\bar{y}, \bar{z}, \bar{l}$. Anmerkung 2: Wenn kein Mißverständnis zu befürchten ist, kann auf das Adjektiv verzichtet werden.
2.3.4	v_i	Verbesserung	Differenz zwischen dem Mittelwert $\bar{x}$ und einem Beobachtungswert (Meßwert) x_i für eine Zufallsgröße (Meßgröße) X. $v_i = \bar{x} - x_i, \quad i = 1, 2, \ldots, n$ n Umfang der Beobachtungsreihe (Meßreihe) Anmerkung 1: Der Mittelwert $\bar{X} = \frac{1}{n} \sum_{i=1}^{n} X_i$ ist eine Zufallsgröße mit kleinerer Standardabweichung als die einzelne Zufallsgröße X_i (siehe Nr 2.2.7 und Nr 2.3.7) und wird deshalb als „besser" angesehen; daher die Benennung Verbesserung. Anmerkung 2: In anderen Normen (DIN 1319 Teil 3 und DIN 2257 Teil 2) wird die negative Verbesserung $x_i - \bar{x}$ ohne besonderes Zeichen „zufällige Abweichung des Beobachtungswertes" genannt. Die in die Ausgleichungsrechnung eingeführte und häufig benötigte Benennung Verbesserung wird davon abweichend hier beibehalten.

Fortsetzung

Nr	Zeichen	Benennung	Erklärung, Bemerkung
2.3.5	s_x^2 auch $s^2(x)$	(empirische) Varianz	Schätzwert für die Varianz σ_X^2 (siehe Nr 2.2.7) nach DIN 13303 Teil 1. $s_x^2 = s^2(x) = \frac{1}{n-1} \sum_{i=1}^{n} v_i^2$ n Umfang der Beobachtungsreihe (Meßreihe) Anmerkung 1: Auf das Adjektiv „empirisch" kann verzichtet werden, wenn keine Verwechslung mit der Varianz σ_X^2 zu befürchten ist. Anmerkung 2: Wenn in Ausnahmefällen der Erwartungswert μ_X der Zufallsgröße X bekannt ist, wird die empirische Varianz s_x^2 aus den zufälligen Abweichungen ε_i berechnet. $s_x^2 = \frac{1}{n} \sum_{i=1}^{n} \varepsilon_i^2$ Anmerkung 3: DIN 13303 Teil 1 unterscheidet zwischen dem aus den Beobachtungswerten ermittelten Wert der empirischen Varianz $s_x^2 = \frac{1}{n-1} \sum_{i=1}^{n} (x_i - \bar{x})^2$ und der entsprechenden Zufallsvariable $s_X^2 = \frac{1}{n-1} \sum_{i=1}^{n} (X_i - \bar{X})^2.$ Der ermittelte Wert wird in Nr 2.3.5, Nr 2.3.6, Nr 2.3.8, Nr 2.5.12 und Nr 2.5.13 benutzt, während in Nr 2.5.8 die entsprechende Zufallsvariable benutzt wird.
2.3.6	s_x auch $s(x)$	(empirische) Standard- abweichung	Quadratwurzel aus der empirischen Varianz s_x^2, nach DIN 13303 Teil 1. Anmerkung 1: Auf das Adjektiv „empirisch" kann verzichtet werden, wenn keine Verwechslung mit der in Nr 2.2.8 definierten Standardabweichung σ_X zu befürchten ist. Anmerkung 2: Die empirische Standardabweichung ist nahezu mit dem noch vielfach gebräuchlichen „mittleren Fehler" identisch. Im Unterschied zu jenem hat die Standardabweichung jedoch nur das positive Vorzeichen. Die Benennung „mittlerer Fehler" soll nicht mehr verwendet werden.
2.3.7	$\sigma_{\bar{X}}$ auch $\sigma(\bar{X})$	Standard- abweichung des Mittelwertes	Standardabweichung der Zufallsgröße $\bar{X} = \frac{1}{n} \sum_{i=1}^{n} X_i$ $\sigma_{\bar{X}} = \sigma(\bar{X}) = \frac{\sigma_X}{\sqrt{n}}$ n Umfang der Beobachtungsreihe (Meßreihe)
2.3.8	$s_{\bar{x}}$ auch $s(\bar{x})$	(empirische) Standard- abweichung des Mittelwertes	Schätzwert für die Standardabweichung $\sigma_{\bar{X}}$ nach Nr 2.3.7. $s_{\bar{x}} = s(\bar{x}) = \frac{s_x}{\sqrt{n}}$ n Umfang der Beobachtungsreihe (Meßreihe) Anmerkung: Auf das Adjektiv „empirisch" kann verzichtet werden, wenn keine Verwechslung mit der Standardabweichung $\sigma_{\bar{X}}$ zu befürchten ist.
2.4	**Vertrauensbereiche**		Vertrauensbereich (auch Konfidenzbereich) ist nach DIN 13303 Teil 2 der Oberbegriff zu Vertrauensintervall (Nr 2.4.2), Vertrauensellipsoid (Nr 2.7.2) und Vertrauensellipse (Nr 2.7.3)
2.4.1	$1-\alpha$	Vertrauensniveau auch Konfidenzniveau	Für die Berechnung eines Vertrauensbereichs vorgegebene Wahrscheinlichkeit. Anmerkung: α ist gewöhnlich eine im Vergleich mit 1 kleine Zahl, z. B. $\alpha = 0{,}05$ oder $\alpha = 0{,}01$.

Fortsetzung

Nr	Zeichen	Benennung	Erklärung, Bemerkung
2.4.2	C	Vertrauensintervall auch Konfidenzintervall	Das Vertrauensintervall $C = [C_u, C_o]$ (siehe Nr 2.4.3) enthält den wahren Wert $\tilde{\theta}$ für einen zu schätzenden Parameter θ mit der Wahrscheinlichkeit $P = 1 - \alpha$ (siehe Nr 2.4.1). $$P(\tilde{\theta} \in C) = P(C_u \leq \tilde{\theta} \leq C_o) = 1 - \alpha$$
2.4.3	C_u, C_o	untere bzw. obere Vertrauensgrenze auch untere bzw. obere Konfidenzgrenze	Untere bzw. obere Grenze des Vertrauensintervalls. Wenn nicht ausdrücklich anders bemerkt, gilt neben der Wahrscheinlichkeitsbeziehung in Nr 2.4.2 zusätzlich: $$P(\tilde{\theta} < C_u) = P(\tilde{\theta} > C_o) = \frac{\alpha}{2}$$ Da es sich bei den Vertrauensgrenzen um Zufallsgrößen handelt, werden die dafür berechneten Schätzwerte analog zu Nr 2.1.1 und Nr 2.1.2 mit Kleinbuchstaben angegeben. Anmerkung: In der Benennung der Vertrauensgrenze wird zwischen den Zufallsgrößen und ihren Schätzwerten nicht unterschieden, da dafür kein praktisches Bedürfnis besteht.
2.5	**Normalverteilte Zufallsgrößen**		
2.5.1	$N(\mu_X, \sigma_X^2)$	Normalverteilung	Wahrscheinlichkeitsverteilung einer Zufallsgröße X mit Erwartungswert μ_X und Varianz σ_X^2, welche die Wahrscheinlichkeitsdichte $$f(x) = \frac{1}{\sigma_X}\,\varphi\left(\frac{x-\mu_X}{\sigma_X}\right), \quad -\infty < x < \infty, \quad \sigma_X > 0$$ aufweist, mit $\varphi(u)$ aus Nr 2.5.3. Anmerkung 1: X verteilt nach $N(\mu_X, \sigma_X^2)$. Anmerkung 2: Wenn nicht besondere Umstände dagegen sprechen, werden die Werte der im Vermessungswesen vorkommenden Meßgrößen als normalverteilt angenommen. Eine Überprüfung dieser Hypothese im Einzelfall ist wegen des gewöhnlich zu geringen Umfangs der Meßreihen nur selten möglich.
2.5.2	$N(0,1)$	Standardisierte Normalverteilung	Wahrscheinlichkeitsverteilung einer Zufallsgröße Y mit Erwartungswert $\mu_Y = 0$ und Varianz $\sigma_Y^2 = 1$, welche die Wahrscheinlichkeitsdichte $\varphi(u)$ aus Nr 2.5.3 aufweist. Anmerkung 1: Schreibweise: Y verteilt nach $N(0,1)$. Anmerkung 2: Eine nach $N(\mu_X, \sigma_X^2)$ verteilte Zufallsgröße X wird in eine nach $N(0,1)$ verteilte Zufallsgröße Y transformiert durch: $$Y = \frac{X - \mu_X}{\sigma_X}$$
2.5.3	$\varphi(u)$	Wahrscheinlichkeitsdichte der standardisierten Normalverteilung	$$\varphi(u) = \frac{1}{\sqrt{2\pi}} \exp\left(-\frac{u^2}{2}\right), \quad -\infty < u < \infty$$
2.5.4	$\Phi(u)$	Verteilungsfunktion der standardisierten Normalverteilung	$$\Phi(u) = P(Y \leq u) = \int_{-\infty}^{u} \varphi(x)\,\mathrm{d}x, \quad -\infty < u < \infty$$ Anmerkung: Y verteilt nach $N(0,1)$.
2.5.5	u_p	p-Quantil der standardisierten Normalverteilung	Wert, für den die Verteilungsfunktion $\Phi(u)$ einer nach $N(0,1)$ verteilten Zufallsgröße Y einen vorgegebenen Wert p annimmt. $$\Phi(u_p) = p$$

Fortsetzung

Nr	Zeichen	Benennung	Erklärung, Bemerkung
2.5.6	χ_f^2	Chiquadrat-verteilte Zufallsgröße	$\chi_f^2 = \sum_{i=1}^{f} Y_i^2$ Y_i verteilt nach $N(0,1)$ und untereinander stochastisch unabhängig. Anmerkung 1: Schreibweise: X verteilt wie χ_f^2. Anmerkung 2: Sprechweise: X verteilt wie Chiquadrat mit f Freiheitsgraden. Anmerkung 3: Die Wahrscheinlichkeitsdichte von χ_f^2 ist in DIN 55350 Teil 22 angegeben.
2.5.7	$\chi_{f;p}^2$	p-Quantil der Chiquadrat-verteilung	Wert, für den die Verteilungsfunktion einer wie χ_f^2 verteilten Zufallsgröße X einen vorgegebenen Wert p annimmt. $F(\chi_{f;p}^2) = P(X \leq \chi_{f;p}^2) = p$
2.5.8	t_f	t-verteilte Zufallsgröße	$t_f = \frac{X - \mu_X}{s_X}$ X verteilt nach $N(\mu_X, \sigma_X^2)$ und stochastisch unabhängig von s_X f Anzahl der Freiheitsgrade bei der Berechnung von s_X Anmerkung 1: Schreibweise: Y verteilt wie t_f. Anmerkung 2: Sprechweise: Y verteilt wie t mit f Freiheitsgraden. Anmerkung 3: Wird s_X aus den Verbesserungen v_i einer Beobachtungsreihe vom Umfang n berechnet (siehe Nr 2.3.5); so ist $f = n - 1$. Anmerkung 4: Die Wahrscheinlichkeitsdichte von t_f ist in DIN 55350 Teil 22 angegeben.
2.5.9	$t_{f;p}$	p-Quantil der t-Verteilung	Wert, für den die Verteilungsfunktion einer wie t_f verteilten Zufallsgröße Y einen vorgegebenen Wert p annimmt. $F(t_{f;p}) = P(Y \leq t_{f;p}) = p$ Y verteilt wie t_f.
2.5.10	$F_{m,n}$	F-verteilte Zufallsgröße	Quotient zweier stochastisch unabhängiger χ^2-verteilter Zufallsgrößen, jede dividiert durch die Anzahl m bzw. n ihrer Freiheitsgrade. $F_{m,n} = \frac{n\,\chi_m^2}{m\,\chi_n^2}$ χ_m^2 und χ_n^2 stochastisch unabhängig. Anmerkung 1: Schreibweise: X verteilt wie $F_{m,n}$. Anmerkung 2: Sprechweise: X verteilt wie F mit m und n Freiheitsgraden. Anmerkung 3: Die Wahrscheinlichkeitsdichte von $F_{m,n}$ ist in DIN 55350 Teil 22 angegeben.
2.5.11	$F_{m,n;p}$	p-Quantil der F-Verteilung	Wert, für den die Verteilungsfunktion einer wie $F_{m,n}$ verteilten Zufallsgröße X einen vorgegebenen Wert p annimmt. $G(F_{m,n;p}) = P(X \leq F_{m,n;p}) = p$ X verteilt wie $F_{m,n}$.
2.5.12	$C_{\mu,\mathrm{u}}$ $C_{\mu,\mathrm{o}}$	Untere bzw. obere Vertrauensgrenze (auch Konfidenzgrenze) für den Erwartungswert	Untere bzw. obere Grenze des Vertrauensintervalls, das den Erwartungswert μ_X einer Zufallsgröße X mit der Wahrscheinlichkeit $P = 1 - \alpha$ enthält. $P(C_{\mu,\mathrm{u}} \leq \mu_X \leq C_{\mu,\mathrm{o}}) = 1 - \alpha$ Voraussetzung: X verteilt nach $N(\mu_X, \sigma_X^2)$. Die Schätzwerte $c_{\mu,\mathrm{u}}$ bzw. $c_{\mu,\mathrm{o}}$ werden berechnet nach: $c_{\mu,\mathrm{u}} = \bar{x} - s_{\bar{x}} \cdot t_{f;1-\alpha/2}$ $c_{\mu,\mathrm{o}} = \bar{x} + s_{\bar{x}} \cdot t_{f;1-\alpha/2}$ Anmerkung 1: Zur Definition der Variablen siehe Nr 2.3.3, Nr 2.3.8 und Nr 2.5.9. Anmerkung 2: Zur Anzahl f der Freiheitsgrade siehe Anmerkung 3 zu Nr 2.5.8.

Fortsetzung

Nr	Zeichen	Benennung	Erklärung, Bemerkung
2.5.13	$C_{\sigma,\mathrm{u}}$ $C_{\sigma,\mathrm{o}}$	untere bzw. obere Vertrauensgrenze (auch Konfidenzgrenze) für die Standardabweichung	Untere bzw. obere Grenze des Vertrauensintervalls, das die Standardabweichung σ_X einer Zufallsgröße X mit der Wahrscheinlichkeit $P = 1 - \alpha$ enthält. $P(C_{\sigma,\mathrm{u}} \leq \sigma_X \leq C_{\sigma,\mathrm{o}}) = 1 - \alpha$ Voraussetzung: X verteilt nach $N(\mu_X, \sigma_X^2)$. Die Schätzwerte $c_{\sigma,\mathrm{u}}$ und $c_{\sigma,\mathrm{o}}$ werden berechnet nach: $c_{\sigma,\mathrm{u}} = s_x \sqrt{\frac{f}{\chi^2_{f;\,1-\alpha/2}}}, \quad c_{\sigma,\mathrm{o}} = s_x \sqrt{\frac{f}{\chi^2_{f;\,\alpha/2}}}$ Anmerkung 1: Zur Definition der Variablen siehe Nr 2.3.6 und Nr 2.5.7. Anmerkung 2: Zur Anzahl f der Freiheitsgrade siehe Anmerkung 3 zu Nr 2.5.8.
2.6	**Zufallsvektoren**		Anmerkung 1: Unter einem Vektor wird in dieser Norm stets eine einspaltige Matrix verstanden. Anmerkung 2: Nach DIN 5486 sollen Vektoren mit (lateinischen) Kleinbuchstaben angegeben werden. Von dieser Regel wird in einigen Fällen abgewichen, um die Systematik der in den Statistiknormen üblichen Benennungen beibehalten zu können. Anmerkung 3: Die Klammerzusätze in den Benennungen Nr 2.6.3 bis Nr 2.6.8, Nr 2.6.13 und Nr 2.6.16 können entfallen, wenn über die Vektoreigenschaft keine Zweifel bestehen.
2.6.1	$\mathbf{X}$ auch $\mathbf{L}, \mathbf{Y}, \mathbf{Z}$	Zufallsvektor	Vektor, dessen Komponenten Zufallsgrößen sind. $\mathbf{X}^{\mathrm{T}} = [X_1\ X_2 \ldots .\ X_n]$ n ist die Dimension des Zufallsvektors Anmerkung: Falls die Komponenten des Zufallsvektors Meßgrößen sind, wird vorzugsweise das Zeichen $\mathbf{L}$ verwendet.
2.6.2	$\mathbf{x}$ auch $\mathbf{l}, \mathbf{y}, \mathbf{z}$	Beobachtungsvektor	Vektor, dessen Komponenten Beobachtungswerte für die Komponenten eines Zufallsvektors sind. $\mathbf{x}^{\mathrm{T}} = [x_1\ x_2 \ldots .\ x_n]$ Anmerkung 1: Falls die Komponenten des Vektors Meßwerte sind, wird vorzugsweise das Zeichen $\mathbf{l}$ verwendet. Anmerkung 2: Falls für einen Zufallsvektor $\mathbf{X}$ m-Beobachtungsvektoren vorliegen, dient ein Index i zu deren Unterscheidung ($\mathbf{x}_i, i = 1, 2 \ldots, m$). In diesem Falle dient ein Querstrich zur Kennzeichnung des Vektors $\bar{\mathbf{x}}$ der Mittelwerte. $\bar{\mathbf{x}} = \frac{1}{m} \sum_{i=1}^{m} \mathbf{x}_i$
2.6.3	$\mathrm{E}(\mathbf{X})$ auch $\boldsymbol{\mu}_X$	Erwartungswert (des Zufallsvektors $\mathbf{X}$)	Vektor, dessen Komponenten die Erwartungswerte der entsprechenden Komponenten eines Zufallsvektors sind. $\mathrm{E}(\mathbf{X}^{\mathrm{T}}) = \boldsymbol{\mu}_X^{\mathrm{T}} = [\mathrm{E}(X_1)\ \mathrm{E}(X_2) \ldots .\ \mathrm{E}(X_n)]$ Anmerkung: Der Erwartungswert eines mehrdimensional normalverteilten Zufallsvektors $\mathbf{X}$ (siehe Nr 2.7.1) wird vorzugsweise mit $\boldsymbol{\mu}_X$ bezeichnet.
2.6.4	$\tilde{\mathbf{X}}$ auch $\tilde{\mathbf{L}}, \tilde{\mathbf{Y}}, \tilde{\mathbf{Z}}$	wahrer Wert (des Zufallsvektors $\mathbf{X}$)	Vektor, dessen Komponenten die wahren Werte der entsprechenden Komponenten eines Zufallsvektors sind. $\tilde{\mathbf{X}}^{\mathrm{T}} = [\tilde{X}_1\ \tilde{X}_2 \ldots .\ \tilde{X}_n]$ Anmerkung: Zur Existenz des wahren Wertes einer Zufallsgröße siehe Anmerkung 2 zu Nr 2.2.5.
2.6.5	$\boldsymbol{\Delta}$	systematische Abweichung (eines Zufallsvektors)	Vektor, dessen Komponenten die systematischen Abweichungen (siehe Nr 2.2.6) der entsprechenden Komponenten eines Zufallsvektors sind. $\boldsymbol{\Delta}^{\mathrm{T}} = [\Delta_1\ \Delta_2 \ldots .\ \Delta_n]$ $\boldsymbol{\Delta} = \mathrm{E}(\mathbf{X}) - \tilde{\mathbf{X}}$

Fortsetzung

Nr	Zeichen	Benennung	Erklärung, Bemerkung
2.6.6	$\boldsymbol{\varepsilon}$	zufällige Abweichung (eines Beobachtungsvektors)	Vektor, dessen Komponenten die zufälligen Abweichungen (siehe Nr 2.3.1) der entsprechenden Komponenten eines Beobachtungsvektors sind. $\boldsymbol{\varepsilon}^{\mathrm{T}} = [\varepsilon_1\ \varepsilon_2 \ldots\ \varepsilon_n]$ $\boldsymbol{\varepsilon} = \mathbf{x} - \mathrm{E}(\mathbf{X})$
2.6.7	$\boldsymbol{\eta}$	wahre Abweichung (eines Beobachtungsvektors)	Vektor, dessen Komponenten die wahren Abweichungen (siehe Nr 2.3.2) der entsprechenden Komponenten eines Beobachtungsvektors sind. $\boldsymbol{\eta}^{\mathrm{T}} = [\eta_1\ \eta_2 \ldots\ \eta_n]$ $\boldsymbol{\eta} = \mathbf{x} - \tilde{\mathbf{X}} = \boldsymbol{\Delta} + \boldsymbol{\varepsilon}$ Anmerkung: Falls der Beobachtungsvektor $\mathbf{x}$ keine systematische Abweichung enthält ($\boldsymbol{\Delta} = 0$), sind zufällige und wahre Abweichung identisch. Dies wird oft stillschweigend unterstellt.
2.6.8	$\boldsymbol{\Sigma}_{\mathbf{XX}}$	Kovarianzmatrix (des Zufallsvektors $\mathbf{X}$)	$\boldsymbol{\Sigma}_{\mathbf{XX}} = \mathrm{E}\{[\mathbf{X} - \mathrm{E}(\mathbf{X})][\mathbf{X} - \mathrm{E}(\mathbf{X})]^{\mathrm{T}}\} = \begin{bmatrix} \sigma_1^2 & \sigma_{12} & \ldots & \sigma_{1n} \\ \sigma_{21} & \sigma_2^2 & \ldots & \sigma_{2n} \\ \vdots & \vdots & & \vdots \\ \sigma_{n1} & \sigma_{n2} & \ldots & \sigma_n^2 \end{bmatrix}$ Anmerkung 1: Durch den Doppelindex $\mathbf{XX}$ wird kenntlich gemacht, daß es sich bei den Elementen von $\boldsymbol{\Sigma}_{\mathbf{XX}}$ um die Varianzen und Kovarianzen der Komponenten des Zufallsvektors $\mathbf{X}$ handelt. Vergleiche dazu die Definition der Kreuzkovarianzmatrix zweier Zufallsvektoren (Nr 2.8.1). Anmerkung 2: Zur Bedeutung der Elemente von $\boldsymbol{\Sigma}_{\mathbf{XX}}$ siehe Nr 2.6.9 und Nr 2.6.11. Anmerkung 3: Die Matrix $\boldsymbol{\Sigma}_{\mathbf{XX}}$ ist symmetrisch. $\sigma_{ik} = \sigma_{ki}; \quad i, k = 1, 2, \ldots, n; \quad i \neq k$
2.6.9	σ_i^2 auch $\sigma^2(X_i)$	Varianz von X_i	Varianz (siehe Nr 2.2.7) der Komponente X_i eines Zufallsvektors $\mathbf{X}$. $\sigma_i^2 = \sigma^2(X_i) = \mathrm{E}\{[X_i - \mathrm{E}(X_i)]^2\}; \quad i = 1, 2, \ldots, n$
2.6.10	σ_i auch $\sigma(X_i)$	Standardabweichung von X_i	Standardabweichung (siehe Nr 2.2.8) der Komponente X_i eines Zufallsvektors $\mathbf{X}$, Quadratwurzel aus der Varianz σ_i^2.
2.6.11	σ_{ik} auch $\mathrm{Cov}(X_i, X_k)$	Kovarianz zwischen X_i und X_k	Kovarianz zwischen zwei Komponenten X_i und X_k eines Zufallsvektors $\mathbf{X}$. $\sigma_{ik} = \mathrm{Cov}(X_i, X_k) = \mathrm{E}\{[X_i - \mathrm{E}(X_i)][X_k - \mathrm{E}(X_k)]\} \quad i, k = 1, 2, \ldots, n; \ i \neq k$ Anmerkung: Es gilt $\sigma_{ik} = \sigma_{ki}$.
2.6.12	ϱ_{ik} auch $\varrho(X_i, X_k)$	Korrelationskoeffizient zwischen X_i und X_k	$\varrho_{ik} = \varrho(X_i, X_k) = \dfrac{\sigma_{ik}}{\sigma_i\,\sigma_k}; \quad i, k = 1, 2, \ldots, n; \quad i \neq k$ Anmerkung 1: Der Korrelationskoeffizient ist ein Maß für den linearen stochastischen Zusammenhang der Zufallsgrößen X_i und X_k. Anmerkung 2: Es gilt $\varrho_{ik} \neq \varrho_{ki}$.
2.6.13	$\mathbf{Q}_{\mathbf{XX}}$	Kofaktormatrix (des Zufallsvektors $\mathbf{X}$)	$\mathbf{Q}_{\mathbf{XX}} = \dfrac{1}{\sigma_0^2}\,\boldsymbol{\Sigma}_{\mathbf{XX}}$ Die Kofaktormatrix $\mathbf{Q}_{\mathbf{XX}}$ unterscheidet sich von der Kovarianzmatrix $\boldsymbol{\Sigma}_{\mathbf{XX}}$ durch eine Konstante σ_0^2, die Varianz der Gewichtseinheit (siehe Nr 2.6.14). Anmerkung: Für die Indizierung der Kofaktormatrix gilt die Anmerkung 1 zu Nr 2.6.8.
2.6.14	σ_0^2	Varianz der Gewichtseinheit	Varianz einer tatsächlich beobachteten oder einer fiktiven Bezugsgröße. Anmerkung: Die Benennung „Gewichtseinheit" für die Bezugsgröße ist in der Anmerkung zu Nr 3.2.7 erklärt.

Fortsetzung

Nr	Zeichen	Benennung	Erklärung, Bemerkung
2.6.15	σ_0	Standardabweichung der Gewichtseinheit	Quadratwurzel aus der Varianz σ_0^2 der Gewichtseinheit.
2.6.16	$\mathbf{S_{XX}}$	(empirische) Kovarianzmatrix (des Zufallsvektors $\mathbf{X}$)	$$\mathbf{S_{XX}} = \begin{bmatrix} s_1^2 & s_{12} & \dots & s_{1n} \\ s_{21} & s_2^2 & \dots & s_{2n} \\ \vdots & \vdots & & \\ s_{n1} & s_{n2} & \dots & s_n^2 \end{bmatrix}$$ Anmerkung 1: Für die Indizierung der Matrix gilt die Anmerkung 1 zu Nr 2.6.8. Anmerkung 2: Zur Bedeutung der Elemente von $\mathbf{S_{XX}}$ siehe Nr 2.6.17 und Nr 2.6.19. Anmerkung 3: Die Matrix $\mathbf{S_{XX}}$ ist symmetrisch, $s_{ik} = s_{ki}$. Anmerkung 4: Das Adjektiv „empirisch" kann entfallen, wenn keine Verwechslung mit der Kovarianzmatrix $\mathbf{\Sigma_{XX}}$ (siehe Nr 2.6.8) zu befürchten ist.
2.6.17	s_i^2 auch $s^2(X_i)$	(empirische) Varianz von X_i	Empirische Varianz (siehe Nr 2.3.5) der Komponente X_i eines Zufallsvektors $\mathbf{X}$. Anmerkung 1: Die empirische Varianz kann berechnet werden, wenn für $\mathbf{X}$ mehrere (m) Beobachtungsvektoren $\mathbf{x}_j$ vorliegen ($m \geq 2$), siehe Nr 2.6.2. Für den Mittelwertvektor $\bar{\mathbf{x}}$ und dessen Komponenten $\bar{x}_i$ gilt: $$\bar{\mathbf{x}} = \frac{1}{m} \sum_{j=1}^{m} \mathbf{x}_j$$ $$\bar{x}_i = \frac{1}{m} \sum_{j=1}^{m} x_{ij}; \quad i = 1, 2, \dots, n$$ Dann ist $$v_{ij} = \bar{x}_i - x_{ij}$$ $$s_i^2 = s^2(X_i) = \frac{1}{m-1} \sum_{j=1}^{m} v_{ij}^2$$ Anmerkung 2: Auf das Adjektiv „empirisch" kann verzichtet werden, wenn keine Verwechslung mit der Varianz σ_i^2 (siehe Nr 2.6.9) zu befürchten ist.
2.6.18	s_i auch $s(X_i)$	(empirische) Standardabweichung von X_i	Quadratwurzel aus der empirischen Varianz s_i^2. Anmerkung 1: Auf das Adjektiv „empirisch" kann verzichtet werden, wenn keine Verwechslung mit der Standardabweichung σ_i (siehe Nr 2.6.10) zu befürchten ist. Anmerkung 2: Siehe auch Anmerkung 2 zu Nr 2.3.6.
2.6.19	s_{ik} auch $s(X_i, X_k)$	(empirische) Kovarianz zwischen X_i und X_k	Empirische Kovarianz zwischen zwei Komponenten X_i und X_k eines Zufallsvektors $\mathbf{X}$; $i \neq k$. Anmerkung 1: Unter den Voraussetzungen und mit den Benennungen der Anmerkung 1 zu Nr 2.6.17 gilt: $$s_{ik} = s(X_i, X_k) = \frac{1}{m-1} \sum_{j=1}^{m} v_{ij} v_{kj} \quad i \neq k$$ Anmerkung 2: Es gilt $s_{ik} = s_{ki}$. Anmerkung 3: Auf das Adjektiv „empirisch" kann verzichtet werden, wenn keine Verwechslung mit der Kovarianz σ_{ik} (siehe Nr 2.6.11) zu befürchten ist.

Fortsetzung

Nr	Zeichen	Benennung	Erklärung, Bemerkung
2.6.20	r_{ik} auch $r(X_i, X_k)$	(empirischer) Korrelationskoeffizient zwischen X_i und X_k	$r_{ik} = \frac{s_{ik}}{s_i s_k}$ Anmerkung 1: Es gilt $r_{ik} = r_{ki}$. Anmerkung 2: Auf das Adjektiv „empirisch" kann verzichtet werden, wenn keine Verwechslung mit dem Korrelationskoeffizienten ϱ_{ik} (siehe Nr 2.6.12) zu befürchten ist.
2.6.21	–	stochastische Unabhängigkeit	Zwei Komponenten X_i und X_k eines Zufallsvektors $\mathbf{X}$ sind stochastisch unabhängig, wenn für ihren Korrelationskoeffizienten (siehe Nr 2.6.12) $\varrho_{ik} = 0$ gilt. Zwei Zufallsvektoren $\mathbf{X}$ und $\mathbf{Y}$ sind stochastisch unabhängig, wenn ihre Kreuzkovarianzmatrix $\mathbf{\Sigma_{XY}}$ (siehe Nr 2.8.1) die Nullmatrix ist.
2.7	**Normalverteilte Zufallsvektoren**		
2.7.1	$N(\boldsymbol{\mu}_\mathbf{X}, \mathbf{\Sigma_{XX}})$	n-dimensionale Normalverteilung	Wahrscheinlichkeitsverteilung eines n-dimensionalen Zufallsvektors $\mathbf{X}$ mit der Wahrscheinlichkeitsdichte $f(\mathbf{x}) = \frac{1}{\sqrt{(2\pi)^n \det \mathbf{\Sigma_{XX}}}} \exp\left[-\frac{1}{2}(\mathbf{x}-\boldsymbol{\mu}_\mathbf{X})^\mathrm{T} \mathbf{\Sigma}_\mathbf{XX}^{-1} (\mathbf{x}-\boldsymbol{\mu}_\mathbf{X})\right]$ $\boldsymbol{\mu}_\mathbf{X}$: Erwartungswert von $\mathbf{X}$ $\mathbf{\Sigma_{XX}}$: Kovarianzmatrix von $\mathbf{X}$ Anmerkung 1: Die Kovarianzmatrix $\mathbf{\Sigma_{XX}}$ ist positiv definit und somit regulär. Anmerkung 2: Normalverteilte Zufallsvektoren mit semidefiniter und somit singulärer Kovarianzmatrix werden in dieser Norm nicht behandelt. Anmerkung 3: Wenn nicht besondere Umstände dagegen sprechen, wird für die im Vermessungswesen auftretenden Zufallsvektoren eine mehrdimensionale Normalverteilung vorausgesetzt.
2.7.2	–	Vertrauensellipsoid auch Konfidenzellipsoid	n-dimensionales Ellipsoid, das den Erwartungswert $\boldsymbol{\mu}_\mathbf{X}$ eines nach $N(\boldsymbol{\mu}_\mathbf{X}, \mathbf{\Sigma_{XX}})$ n-dimensional normalverteilten Zufallsvektors $\mathbf{X}$ auf dem Vertrauensniveau $1-\alpha$ enthält (siehe Nr 2.4.1). Seine Gleichung lautet $(\boldsymbol{\xi}-\mathbf{x})^\mathrm{T} \mathbf{Q}_\mathbf{XX}^{-1} (\boldsymbol{\xi}-\mathbf{x}) = \sigma_0^2 \chi^2_{n;1-\alpha}$ $\mathbf{x}$ Beobachtungsvektor für $\mathbf{X}$ $\boldsymbol{\xi}$ Koordinatenvektor im R_n $\mathbf{Q_{XX}} = \frac{1}{\sigma_0^2} \mathbf{\Sigma_{XX}}$: Kofaktormatrix von $\mathbf{X}$ (siehe Nr 2.6.13) Anmerkung 1: Das Vertrauensellipsoid hat sein Zentrum im Punkte $\mathbf{x}$. Die Richtungen seiner Halbachsen A_i, $i = 1, 2, \ldots, n$, sind durch die Eigenvektoren $\mathbf{y}_i$ von $\mathbf{Q_{XX}}$ bestimmt. Die Längen der Halbachsen sind $A_i = \sigma_0 \sqrt{\lambda_i \chi^2_{n;1-\alpha}}$ λ_i: Eigenwert von $\mathbf{Q_{XX}}$; $i = 1, 2, \ldots, n$ Anmerkung 2: Falls als Schätzwert für σ_0^2 die empirische Varianz s_0^2 der Gewichtseinheit gegeben ist (siehe Nr 3.1.20), errechnen sich die Halbachsen A_i aus $A_i = s_0 \sqrt{n \lambda_i F_{n,f;1-\alpha}}$ f Anzahl der überschüssigen Beobachtungen (Freiheitsgrade) bei der Berechnung von s_0^2.

Fortsetzung

Nr	Zeichen	Benennung	Erklärung, Bemerkung
2.7.3	–	Vertrauensellipse auch Konfidenzellipse	Zweidimensionaler Sonderfall des Vertrauensellipsoids (siehe Nr 2.7.2): Ellipse, die den Erwartungswert $\boldsymbol{\mu}_\mathbf{X}$ eines nach $N(\boldsymbol{\mu}_\mathbf{X}, \boldsymbol{\Sigma}_\mathbf{XX})$ zweidimensional normalverteilten Zufallsvektors $\mathbf{X}$ auf dem Vertrauensniveau $1-\alpha$ enthält. 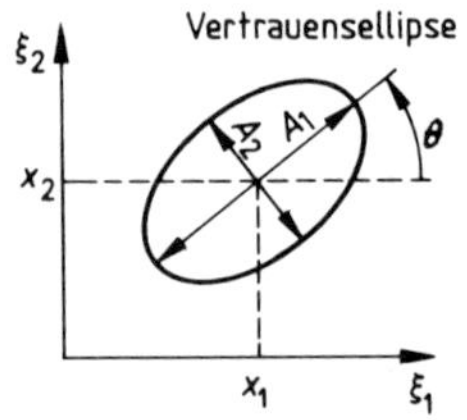 Anmerkung 1: Die Vertrauensellipse hat ihr Zentrum im Punkte $\mathbf{x}$ ($\mathbf{x}$ Beobachtungsvektor für $\mathbf{X}$). Ihre Gleichung kann für $n=2$ aus Nr 2.7.2 abgeleitet werden. Die in Anmerkung 1 zu Nr 2.7.2 angegebenen Formeln gelten entsprechend. Die Eigenwerte λ_1 und λ_2 der Kofaktormatrix $\mathbf{Q}_\mathbf{XX}$ können jedoch direkt berechnet werden: $\mathbf{Q}_\mathbf{XX} = \begin{bmatrix} \mathbf{q}_{11} & \mathbf{q}_{12} \\ \mathbf{q}_{21} & \mathbf{q}_{22} \end{bmatrix} = \frac{1}{\sigma_0^2} \boldsymbol{\Sigma}_\mathbf{XX} = \frac{1}{\sigma_0^2} \begin{bmatrix} \sigma_1^2 & \sigma_{12} \\ \sigma_{21} & \sigma_2^2 \end{bmatrix}$ $W = \sqrt{(\mathbf{q}_{11} - \mathbf{q}_{22})^2 + 4\,\mathbf{q}_{12}^2}$ $\lambda_1 = \frac{1}{2}(\mathbf{q}_{11} + \mathbf{q}_{22} + W)$ $\lambda_2 = \frac{1}{2}(\mathbf{q}_{11} + \mathbf{q}_{22} - W)$ Der Richtungswinkel θ der großen Halbachse ist $\theta = \frac{1}{2} \arctan \frac{2\,\mathbf{q}_{12}}{\mathbf{q}_{11} - \mathbf{q}_{22}}$ Anmerkung 2: Im mathematischen Koordinatensystem (siehe Bild) wird der Richtungswinkel entgegen der Uhrzeigerrichtung gemessen. In geodätischen Koordinatensystemen wird der Richtungswinkel von der positiven x-Achse in Richtung auf die positive y-Achse, also gewöhnlich in Uhrzeigerrichtung, gemessen. Anmerkung 3: Die Anmerkung 2 zu Nr 2.7.2 gilt mit $n=2$.
2.8	**Beziehungen zwischen zwei Zufallsvektoren**		
2.8.1	$\boldsymbol{\Sigma}_\mathbf{XY}$	Kreuzkovarianzmatrix (zwischen $\mathbf{X}$ und $\mathbf{Y}$)	$\boldsymbol{\Sigma}_\mathbf{XY} = \mathrm{E}\{[\mathbf{X} - \mathrm{E}(\mathbf{X})]\,[\mathbf{Y} - \mathrm{E}(\mathbf{Y})]^\mathrm{T}\}$ $\boldsymbol{\Sigma}_\mathbf{XY} = \begin{bmatrix} \mathrm{Cov}(X_1, Y_1) & \mathrm{Cov}(X_1, Y_2) & \dots & \mathrm{Cov}(X_1, Y_n) \\ \mathrm{Cov}(X_2, Y_1) & \mathrm{Cov}(X_2, Y_2) & \dots & \mathrm{Cov}(X_2, Y_n) \\ \vdots & \vdots & & \vdots \\ \mathrm{Cov}(X_m, Y_1) & \mathrm{Cov}(X_m, Y_2) & \dots & \mathrm{Cov}(X_m, Y_n) \end{bmatrix}$ $\mathbf{X}$ m-dimensionaler Zufallsvektor $\mathbf{Y}$ n-dimensionaler Zufallsvektor Anmerkung 1: Vergleiche die Definition der Kovarianzmatrix (siehe Nr 2.6.8). Anmerkung 2: Zur Bedeutung der Komponenten von $\boldsymbol{\Sigma}_\mathbf{XY}$ siehe Nr 2.8.2 und Nr 2.8.3. Anmerkung 3: Auf den Klammerzusatz in der Benennung kann verzichtet werden, wenn keine Verwechslung zu befürchten ist.

Fortsetzung

Nr	Zeichen	Benennung	Erklärung, Bemerkung
2.8.2	$\mathrm{Cov}\,(X_i, Y_k)$	Kovarianz zwischen X_i und Y_k	Kovarianz zwischen den Komponenten X_i und Y_k zweier Zufallsvektoren $\mathbf{X}$ und $\mathbf{Y}$ $\mathrm{Cov}\,(X_i, Y_k) = \mathrm{E}\,\{[X_i - \mathrm{E}\,(X_i)]\,[Y_k - \mathrm{E}\,(Y_k)]\}$ $i = 1, 2, \ldots, m$ $k = 1, 2, \ldots, n$
2.8.3	$\varrho\,(X_i, Y_k)$	Korrelations-koeffizient zwischen X_i und Y_k	Korrelationskoeffizient zwischen den Komponenten X_i und Y_k zweier Zufallsvektoren $\mathbf{X}$ und $\mathbf{Y}$. $\varrho\,(X_i, Y_k) = \dfrac{\mathrm{Cov}\,(X_i, Y_k)}{\sigma\,(X_i)\,\sigma\,(Y_k)}$ $\sigma\,(X_i)$, $\sigma\,(Y_k)$ Standardabweichungen von X_i und Y_k. Anmerkung: Zur Definition der Standardabweichungen siehe Nr 2.2.8.
2.8.4	$\mathbf{Q}_{\mathbf{XY}}$	Kreuzkofaktor-matrix (zwischen $\mathbf{X}$ und $\mathbf{Y}$)	$\mathbf{Q}_{\mathbf{XY}} = \dfrac{1}{\sigma_0^2}\,\mathbf{\Sigma}_{\mathbf{XY}}$ σ_0^2 Varianz der Gewichtseinheit (siehe Nr 2.6.14) Anmerkung 1: Vergleiche die Definition der Kofaktormatrix (siehe Nr 2.6.13). Anmerkung 2: Auf den Klammerzusatz in der Benennung kann verzichtet werden, wenn keine Verwechslung zu befürchten ist.
2.9	**Abweichungen, Varianzen und Kovarianzen von Funktionen eines Zufallsvektors** („Fehlerfortpflanzung")		
2.9.1	$\boldsymbol{\varphi}\,(\mathbf{X})$	Funktion eines Zufallsvektors	n-dimensionaler Zufallsvektor, dessen Komponenten Y_i (im allgemeinen nichtlineare) Funktionen eines m-dimensionalen Zufallsvektors $\mathbf{X}$ sind. Die n-Funktionen $\varphi_i\,(\mathbf{X})$ werden zu einem (nichtlinearen) Operator $\boldsymbol{\varphi}\,(\mathbf{X})$ zusammengefaßt. $\mathbf{Y} = \boldsymbol{\varphi}\,(\mathbf{X}) = \begin{bmatrix} \varphi_1\,(\mathbf{X}) \\ \varphi_2\,(\mathbf{X}) \\ \vdots \\ \varphi_n\,(\mathbf{X}) \end{bmatrix}$
2.9.2	$\mathbf{y}$	Funktionsvektor	n-dimensionaler Vektor, der durch Anwendung des in Nr 2.9.1 definierten Operators auf einen Beobachtungsvektor $\mathbf{x}$ des Zufallsvektors $\mathbf{X}$ gebildet wird. $\mathbf{y} = \boldsymbol{\varphi}\,(\mathbf{x}) = \begin{bmatrix} \varphi_1\,(\mathbf{x}) \\ \varphi_2\,(\mathbf{x}) \\ \vdots \\ \varphi_n\,(\mathbf{x}) \end{bmatrix}$
2.9.3	$\mathrm{E}\,(\mathbf{Y})$ auch $\boldsymbol{\mu}_{\mathbf{Y}}$	Erwartungswert des Funktions-vektors	Erwartungswert der Funktion $\mathbf{Y}$ eines Zufallsvektors $\mathbf{X}$ (siehe Nr 2.9.1). $\mathrm{E}\,(\mathbf{Y}) = \boldsymbol{\mu}_{\mathbf{Y}} = \mathrm{E}\,\{\boldsymbol{\varphi}\,(\mathbf{X})\}$ Der Erwartungswert ist ein n-dimensionaler Vektor.
2.9.4	$\tilde{\mathbf{Y}}$	wahrer Wert des Funktions-vektors	n-dimensionaler Vektor, der durch Anwendung des in Nr 2.9.1 definierten Operators auf den wahren Wert $\tilde{\mathbf{X}}$ des Zufallsvektors $\mathbf{X}$ gebildet wird. $\tilde{\mathbf{Y}} = \boldsymbol{\varphi}\,(\tilde{\mathbf{X}})$ Anmerkung: Zur Existenz des wahren Wertes $\tilde{\mathbf{X}}$ siehe Anmerkung 2 zu Nr 2.2.5. Der wahre Wert $\tilde{\mathbf{Y}}$ existiert genau dann, wenn $\tilde{\mathbf{X}}$ existiert.

Fortsetzung

Nr	Zeichen	Benennung	Erklärung, Bemerkung
2.9.5	$\mathbf{F}$	Funktionsmatrix	n, m-Matrix, deren Komponenten die partiellen Ableitungen des in Nr 2.9.1 definierten Operators $\boldsymbol{\varphi}(X)$ nach den Komponenten X_j des Zufallsvektors $\mathbf{X}$ sind. $\mathbf{F} = \begin{bmatrix} \frac{\partial \varphi_1(\mathbf{X})}{\partial X_1} & \frac{\partial \varphi_1(\mathbf{X})}{\partial X_2} & \cdots & \frac{\partial \varphi_1(\mathbf{X})}{\partial X_m} \\ \frac{\partial \varphi_2(\mathbf{X})}{\partial X_1} & \frac{\partial \varphi_2(\mathbf{X})}{\partial X_2} & \cdots & \frac{\partial \varphi_2(\mathbf{X})}{\partial X_m} \\ \vdots & \vdots & & \vdots \\ \frac{\partial \varphi_n(\mathbf{X})}{\partial X_1} & \frac{\partial \varphi_n(\mathbf{X})}{\partial X_2} & \cdots & \frac{\partial \varphi_n(\mathbf{X})}{\partial X_m} \end{bmatrix}$ Anmerkung: Die Funktionsmatrix $\mathbf{F}$ wird auch Jacobische Matrix genannt.
2.9.6	$\boldsymbol{\Delta}_Y$	systematische Abweichung (auch systematischer Fehler) des Funktionsvektors	$\boldsymbol{\Delta}_Y = \mathrm{E}(\mathbf{Y}) - \tilde{\mathbf{Y}}$ Anmerkung: Die systematische Abweichung $\boldsymbol{\Delta}_Y$ kann berechnet werden, wenn die systematische Abweichung $\boldsymbol{\Delta}_X$ des Zufallsvektors $\mathbf{X}$ aus Nr 2.9.1 bekannt ist. $\boldsymbol{\Delta}_Y = \mathbf{F}\,\boldsymbol{\Delta}_X$ Fortpflanzung systematischer Abweichungen Voraussetzung $\lVert \boldsymbol{\Delta}_X \rVert < < \lVert \mathbf{X} \rVert$
2.9.7	$\boldsymbol{\varepsilon}_Y$	zufällige Abweichung des Funktionsvektors	$\boldsymbol{\varepsilon}_Y = \mathbf{y} - \mathrm{E}(\mathbf{Y})$ Anmerkung 1: Die zufällige Abweichung $\boldsymbol{\varepsilon}_Y$ kann berechnet werden, wenn die zufällige Abweichung $\boldsymbol{\varepsilon}_X$ des in Nr 2.9.2 verwendeten Beobachtungsvektors $\mathbf{x}$ bekannt ist. $\boldsymbol{\varepsilon}_Y = \mathbf{F}\,\boldsymbol{\varepsilon}_X$ Fortpflanzung zufälliger Abweichungen Voraussetzung $\lVert \boldsymbol{\varepsilon}_X \rVert < < \lVert \mathbf{x} \rVert$ Anmerkung 2: Da die zufällige Abweichung $\boldsymbol{\varepsilon}_X$ gewöhnlich unbekannt ist, hat die vorstehende Formel vorwiegend theoretische Bedeutung.
2.9.8	$\boldsymbol{\eta}_Y$	wahre Abweichung des Funktionsvektors	$\boldsymbol{\eta}_Y = \mathbf{y} - \tilde{\mathbf{Y}} = \boldsymbol{\Delta}_Y + \boldsymbol{\varepsilon}_Y$ Anmerkung 1: Die wahre Abweichung $\boldsymbol{\eta}_Y$ kann berechnet werden, wenn die wahre Abweichung $\boldsymbol{\eta}_X$ des in Nr 2.9.2 verwendeten Beobachtungsvektors $\mathbf{x}$ bekannt ist. $\boldsymbol{\eta}_Y = \mathbf{F}\,\boldsymbol{\eta}_X$ Fortpflanzung wahrer Abweichungen Voraussetzung $\lVert \boldsymbol{\eta} \rVert < < \lVert \mathbf{x} \rVert$ Anmerkung 2: Die Anmerkung zu Nr 2.6.7 und die Anmerkung 2 zu Nr 2.9.7 gelten entsprechend.
2.9.9	$\boldsymbol{\Sigma}_{YY}$	Kovarianzmatrix des Funktionsvektors	Kovarianzmatrix der Funktion $\mathbf{Y}$ eines Zufallsvektors $\mathbf{X}$ (siehe Nr 2.9.1) $\boldsymbol{\Sigma}_{YY} = \mathbf{F}\,\boldsymbol{\Sigma}_{XX}\,\mathbf{F}^{\mathrm{T}} = \begin{bmatrix} \sigma_1^2 & \sigma_{12} & \cdots & \sigma_{1n} \\ \sigma_{21} & \sigma_2^2 & \cdots & \sigma_{2n} \\ \vdots & \vdots & & \vdots \\ \sigma_{n1} & \sigma_{n2} & \cdots & \sigma_n^2 \end{bmatrix}$ $\mathbf{F}$ Funktionsmatrix (siehe Nr 2.9.5) $\boldsymbol{\Sigma}_{XX}$ Kovarianzmatrix von $\mathbf{X}$ (siehe Nr 2.6.8) Anmerkung: Die obenstehende Beziehung wird „Kovarianzfortpflanzungsgesetz“ genannt, früher „Allgemeines Fehlerfortpflanzungsgesetz“.
2.9.10	$\mathbf{Q}_{YY}$	Kofaktormatrix des Funktionsvektors	Kofaktormatrix der Funktion $\mathbf{Y}$ eines Zufallsvektors $\mathbf{X}$ (siehe Nr 2.9.1) $\mathbf{Q}_{YY} = \frac{1}{\sigma_0^2}\,\boldsymbol{\Sigma}_{YY} = \mathbf{F}\,\mathbf{Q}_{XX}\,\mathbf{F}^{\mathrm{T}}$ $\mathbf{F}$ Funktionsmatrix (siehe Nr 2.9.5) $\mathbf{Q}_{XX}$ Kofaktormatrix von $\mathbf{X}$ (siehe Nr 2.6.13)

3 Modelle und Verfahren der Ausgleichungsrechnung

Nr	Zeichen	Benennung	Erklärung, Bemerkung
3.1	**Allgemeinfall der Ausgleichungsrechnung**		
3.1.1	$\mathbf{L}$	Beobachtungsvektor	n-dimensionaler Vektor, dessen Komponenten L_j Beobachtungswerte für entsprechende Zufallsgrößen sind. $\mathbf{L}^{\mathrm{T}} = [L_1\ L_2 \ldots L_n]$ Anmerkung: In Nr 2.6.1 wird der Großbuchstabe $\mathbf{L}$ auch als Zeichen für den Zufallsvektor verwendet. Eine Verwechslung ist dadurch nicht zu befürchten, da der Begriff des Zufallsvektors bei der rechentechnischen Behandlung von Ausgleichungsaufgaben nur sehr selten explizit benötigt wird.
3.1.2	$\tilde{\mathbf{L}}$	wahrer Wert des Beobachtungsvektors	n-dimensionaler Vektor, dessen Komponenten $\tilde{L}_j$ die wahren Werte der entsprechenden Komponenten L_j eines Beobachtungsvektors $\mathbf{L}$ sind. $\tilde{\mathbf{L}}^{\mathrm{T}} = [\tilde{L}_1\ \tilde{L}_2 \ldots \tilde{L}_n]$
3.1.3	$\mathbf{X}$	Parametervektor	u-dimensionaler Vektor, dessen Komponenten X_i unbekannte Parameter des Ausgleichungsmodells (siehe Nr 3.1.5) sind. $\mathbf{X}^{\mathrm{T}} = [X_1\ X_2 \ldots X_u]$ Anmerkung: Die Anmerkung zu Nr 3.1.1 gilt hier entsprechend.
3.1.4	$\tilde{\mathbf{X}}$	wahrer Wert des Parametervektors	u-dimensionaler Vektor, dessen Komponenten $\tilde{X}_i$ die wahren Werte der entsprechenden Komponenten X_i eines Parametervektors $\mathbf{X}$ sind. $\tilde{\mathbf{X}}^{\mathrm{T}} = [\tilde{X}_1\ \tilde{X}_2 \ldots \tilde{X}_u]$
3.1.5	–	(nichtlineares) funktionales Modell	System von r (im allgemeinen nichtlinearen) Gleichungen, die von den wahren Werten $\tilde{\mathbf{L}}$ des Beobachtungsvektors und $\tilde{\mathbf{X}}$ des Parametervektors erfüllt werden. $\boldsymbol{\Psi}(\tilde{\mathbf{L}}, \tilde{\mathbf{X}}) = \begin{bmatrix} \Psi_1(\tilde{\mathbf{L}}, \tilde{\mathbf{X}}) \\ \Psi_2(\tilde{\mathbf{L}}, \tilde{\mathbf{X}}) \\ \vdots \\ \Psi_r(\tilde{\mathbf{L}}, \tilde{\mathbf{X}}) \end{bmatrix} = \mathbf{0}$
3.1.6	–	stochastisches Modell	Modellvorstellung über die stochastischen Eigenschaften des Beobachtungsvektors $\mathbf{L}$, im engeren Sinne die Kovarianzmatrix $\boldsymbol{\Sigma}_{LL}$ (siehe Nr 2.6.8) einer dem Beobachtungsvektor $\mathbf{L}$ zugeschriebenen n-dimensionalen Normalverteilung $N(\tilde{\mathbf{L}}, \boldsymbol{\Sigma}_{LL})$; siehe Nr 2.7.1. Anmerkung 1: Abweichend von Nr 2.7.1 wird hier der Erwartungswert $\boldsymbol{\mu}_L$ durch den wahren Wert $\tilde{\mathbf{L}}$ ersetzt. Dadurch wird zum Ausdruck gebracht, daß der Beobachtungsvektor $\mathbf{L}$ keine systematische Abweichung (siehe Nr 2.6.5) enthält: $\boldsymbol{\Delta} = \boldsymbol{\mu}_L - \tilde{\mathbf{L}} = \mathbf{0}$ Anmerkung 2: Für die Lösung der Ausgleichungsaufgabe wird nicht die Kovarianzmatrix $\boldsymbol{\Sigma}_{LL}$ selbst benötigt, sondern eine Kofaktormatrix $\mathbf{Q}_{LL} = \frac{1}{\sigma_0^2} \boldsymbol{\Sigma}_{LL}$ (siehe Nr 2.6.13). Die empirische Varianz s_0^2 der Gewichtseinheit (siehe Nr 3.1.20) als Schätzwert für die Konstante σ_0^2 wird im Ausgleichungsalgorithmus bestimmt.
3.1.7	–	mathematisches Ausgleichungsmodell	Zusammenfassung des funktionalen (siehe Nr 3.1.5) und des stochastischen Modells (siehe Nr 3.1.6) einer Ausgleichungsaufgabe. Anmerkung: Das mathematische Modell führt zusammen mit der Ausgleichungsbedingung (siehe Nr 3.1.13) und der Ausgleichungsforderung (siehe Nr 3.1.14) zur Lösung der Aufgabe.
3.1.8	$\mathbf{v}$	Verbesserungsvektor	n-dimensionaler Vektor, dessen Komponenten v_j die an den Komponenten L_j des Beobachtungsvektors $\mathbf{L}$ anzubringenden Verbesserungen sind.

Fortsetzung

Nr	Zeichen	Benennung	Erklärung, Bemerkung
3.1.9	$\hat{\mathbf{L}}$	ausgeglichener Beobachtungsvektor	n-dimensionaler Vektor, dessen Komponenten $\hat{L}_j$ die – durch den Ausgleichungsprozeß bestimmten – verbesserten Beobachtungen sind. $\hat{\mathbf{L}} = \mathbf{L} + \mathbf{v}$
3.1.10	$\hat{\mathbf{X}}$	Schätzwert für den Parametervektor	u-dimensionaler Vektor, dessen Komponenten $\hat{X}_i$ die durch den Ausgleichungsprozeß bestimmten Werte für die Parameter X_i sind.
3.1.11	$\mathbf{X}_0$	genäherter Parametervektor	u-dimensionaler Vektor, dessen Komponenten X_{0i} Näherungswerte für die unbekannten Parameter X_i sind.
3.1.12	$\hat{\mathbf{x}}$	(gekürzter) Parametervektor	$\hat{\mathbf{x}} = \hat{\mathbf{X}} - \mathbf{X}_0$ Anmerkung: Auf das Adjektiv kann verzichtet werden, wenn keine Verwechslung mit den Vektoren $\mathbf{X}$ oder $\hat{\mathbf{X}}$ (siehe Nr 3.1.3 und Nr 3.1.10) zu befürchten ist.
3.1.13	–	Ausgleichungsbedingung	$\boldsymbol{\psi}(\hat{\mathbf{L}}, \hat{\mathbf{X}}) = \begin{bmatrix} \psi_1(\hat{\mathbf{L}}, \hat{\mathbf{X}}) \\ \psi_2(\hat{\mathbf{L}}, \hat{\mathbf{X}}) \\ \vdots \\ \psi_r(\hat{\mathbf{L}}, \hat{\mathbf{X}}) \end{bmatrix} = \mathbf{0}$ Anmerkung: Von den Ergebnissen $\hat{\mathbf{L}}$ und $\hat{\mathbf{X}}$ der Ausgleichung wird verlangt, daß sie das zwischen den entsprechenden wahren Werten $\tilde{\mathbf{L}}$ und $\tilde{\mathbf{X}}$ definierte funktionale Modell (siehe Nr 3.1.5) erfüllen.
3.1.14	–	Ausgleichungsforderung	$\mathbf{v}^{\mathrm{T}} \mathbf{Q}_{LL}^{-1} \mathbf{v} \overset{!}{=} \min$ Anmerkung: $\mathbf{v}$ Verbesserungsvektor (siehe Nr 3.1.8) $\mathbf{Q}_{LL}$ Kofaktormatrix (Anmerkung 2 zu Nr 3.1.6)
3.1.15	$\mathbf{w}$	Widerspruchsvektor	n-dimensionaler Vektor, dessen Komponenten die Widersprüche des nichtlinearen funktionalen Modells (siehe Nr 3.1.5) sind, wenn die wahren Werte $\tilde{\mathbf{L}}$ und $\tilde{\mathbf{X}}$ durch den Beobachtungsvektor $\mathbf{L}$ und den genäherten Parametervektor $\mathbf{X}_0$ ersetzt werden. $\mathbf{w} = \boldsymbol{\psi}(\mathbf{L}, \mathbf{X}_0) = \begin{bmatrix} \psi_1(\mathbf{L}, \mathbf{X}_0) \\ \psi_2(\mathbf{L}, \mathbf{X}_0) \\ \vdots \\ \psi_r(\mathbf{L}, \mathbf{X}_0) \end{bmatrix}$
3.1.16	$\mathbf{A}, \mathbf{B}$	Modellmatrix	r, u- bzw. r, n-Matrix, deren Komponenten die partiellen Ableitungen der nichtlinearen Funktionen Nr 3.1.5 (nichtlineares funktionales Modell) nach den Komponenten X_i des Parametervektors $\mathbf{X}$ bzw. L_j des Beobachtungsvektors $\mathbf{L}$ sind. Die Ableitungen werden an der Stelle $\mathbf{L}$ und $\mathbf{X}_0$ berechnet. $\mathbf{A}_{r,u} = \begin{bmatrix} \left(\frac{\partial \psi_1(\mathbf{L}, \mathbf{X})}{\partial X_1}\right) & \ldots & \left(\frac{\partial \psi_1(\mathbf{L}, \mathbf{X})}{\partial X_u}\right) \\ \vdots & & \vdots \\ \left(\frac{\partial \psi_r(\mathbf{L}, \mathbf{X})}{\partial X_1}\right) & \ldots & \left(\frac{\partial \psi_r(\mathbf{L}, \mathbf{X})}{\partial X_u}\right) \end{bmatrix}$ $\mathbf{B}_{r,n} = \begin{bmatrix} \left(\frac{\partial \psi_1(\mathbf{L}, \mathbf{X})}{\partial L_1}\right) & \ldots & \left(\frac{\partial \psi_1(\mathbf{L}, \mathbf{X})}{\partial L_n}\right) \\ \vdots & & \vdots \\ \left(\frac{\partial \psi_r(\mathbf{L}, \mathbf{X})}{\partial L_1}\right) & \ldots & \left(\frac{\partial \psi_r(\mathbf{L}, \mathbf{X})}{\partial L_n}\right) \end{bmatrix}$

Fortsetzung

Nr	Zeichen	Benennung	Erklärung, Bemerkung
3.1.17	–	linearisiertes funktionales Modell	Aus der Ausgleichungsbedingung Nr 3.1.13 durch Taylor-Entwicklung folgendes lineares Gleichungssystem $\mathbf{B\,v} + \mathbf{A}\,\hat{\mathbf{x}} + \mathbf{w} = \mathbf{0}$ Anmerkung: Zur Definition der in dieser Gleichung auftretenden Größen siehe Nr 3.1.8, Nr 3.1.10, Nr 3.1.15, Nr 3.1.16.
3.1.18	$\mathbf{k}$	Korrelatenvektor	r-dimensionaler Vektor, der als Hilfsgröße zur Berechnung des Verbesserungsvektors $\mathbf{v}$ benötigt wird. $\mathbf{v} = \mathbf{Q}_{LL}\,\mathbf{B}^{\mathrm{T}}\,\mathbf{k}$
3.1.19	–	Normalgleichungen	Gleichungssystem zur Bestimmung des Parametervektors $\hat{\mathbf{x}}$ (siehe Nr 3.1.12) und des Korrelationsvektors $\mathbf{k}$ (siehe Nr 3.1.18). $\begin{bmatrix} \mathbf{B\,Q}_{LL}\,\mathbf{B}^{\mathrm{T}} & \mathbf{A} \\ \mathbf{A}^{\mathrm{T}} & \mathbf{0} \end{bmatrix} \begin{bmatrix} \mathbf{k} \\ \hat{\mathbf{x}} \end{bmatrix} + \begin{bmatrix} \mathbf{w} \\ \mathbf{0} \end{bmatrix} = \mathbf{0}$
3.1.20	s_0^2	(empirische) Varianz der Gewichtseinheit	Schätzwert für die Varianz σ_0^2 der Gewichtseinheit (siehe Nr 2.6.14 und Anmerkung 2 zu Nr 3.1.6), der aus den Verbesserungen berechnet wird. $s_0^2 = \dfrac{\mathbf{v}^{\mathrm{T}}\,\mathbf{Q}_{LL}^{-1}\,\mathbf{v}}{r-u} = \dfrac{-\mathbf{w}^{\mathrm{T}}\,\mathbf{k}}{r-u}$ Anmerkung 1: Auf das Adjektiv kann verzichtet werden, wenn keine Verwechslung mit σ_0^2 zu befürchten ist. Anmerkung 2: In der obigen Gleichung ist die zweite Formel rechentechnisch günstiger. Anmerkung 3: Die Anzahl der Überbestimmungen (Freiheitsgrade), siehe z. B. Anmerkung 2 zu Nr 2.7.2, ist $f = r - u$.
3.1.21	s_0	(empirische) Standardabweichung der Gewichtseinheit	Quadratwurzel aus der empirischen Varianz s_0^2 der Gewichtseinheit. Anmerkung: Auf das Adjektiv kann verzichtet werden, wenn keine Verwechslung mit σ_0 zu befürchten ist.
3.2 Ausgleichung vermittelnder Beobachtungen			
3.2.1	–	(nichtlineares) funktionales Modell	System von n (im allgemeinen nichtlinearen) Gleichungen zwischen den wahren Werten $\tilde{\mathbf{L}}$ eines Beobachtungs- und $\tilde{\mathbf{X}}$ eines Parametervektors. $\tilde{\mathbf{L}} = \boldsymbol{\varphi}(\tilde{\mathbf{X}}) = \begin{bmatrix} \varphi_1(\tilde{\mathbf{X}}) \\ \varphi_2(\tilde{\mathbf{X}}) \\ \vdots \\ \varphi_n(\tilde{\mathbf{X}}) \end{bmatrix}$ Anmerkung: Das Modell entsteht aus dem allgemeinen (nichtlinearen) funktionalen Modell Nr 3.1.5, wenn die Variablen $\tilde{\mathbf{L}}$ und $\tilde{\mathbf{X}}$ in der obigen Weise getrennt werden.
3.2.2	–	Ausgleichungsbedingung	$\hat{\mathbf{L}} = \mathbf{L} + \mathbf{v} = \boldsymbol{\varphi}(\hat{\mathbf{X}}) = \begin{bmatrix} \varphi_1(\hat{\mathbf{X}}) \\ \varphi_2(\hat{\mathbf{X}}) \\ \vdots \\ \varphi_n(\hat{\mathbf{X}}) \end{bmatrix}$ Anmerkung 1: Von den Ergebnissen $\hat{\mathbf{L}}$ und $\hat{\mathbf{X}}$ der Ausgleichung wird verlangt, daß sie das zwischen den entsprechenden wahren Werten $\tilde{L}$ und $\tilde{X}$ definierte funktionale Modell (siehe Nr 3.2.1) erfüllen. Anmerkung 2: Zur Definition von $\mathbf{L}$, $\hat{\mathbf{L}}$, $\mathbf{v}$ und $\hat{\mathbf{X}}$ siehe Nr 3.1.1, Nr 3.1.8, Nr 3.1.9 und Nr 3.1.12.

Fortsetzung

Nr	Zeichen	Benennung	Erklärung, Bemerkung
3.2.3	$\mathbf{A}$	Modellmatrix	n, u-Matrix, deren Komponenten die partiellen Ableitungen der nichtlinearen Funktionen Nr 3.2.1 (nichtlineares funktionales Modell) nach den Komponenten X_i des Parametervektors $\mathbf{X}$ sind. Die Ableitungen werden an der Stelle $\mathbf{X}_o$ berechnet. $\mathbf{A}_{n,u} = \begin{bmatrix} \left(\frac{\partial \varphi_1(\mathbf{X})}{\partial X_1}\right) & \cdots & \left(\frac{\partial \varphi_1(\mathbf{X})}{\partial X_u}\right) \\ \vdots & & \vdots \\ \left(\frac{\partial \varphi_n(\mathbf{X})}{\partial X_1}\right) & \cdots & \left(\frac{\partial \varphi_n(\mathbf{X})}{\partial X_u}\right) \end{bmatrix}$
3.2.4	$\mathbf{L}_o$	genäherter Beobachtungsvektor	n-dimensionaler Vektor, dessen Komponenten L_{oj} Näherungswerte für die Beobachtungswerte L_j sind, wie sie sich aus dem funktionalen Modell (siehe Nr 3.2.1) durch Einsetzen eines genäherten Parametervektors $\mathbf{X}_o$ ergeben. $\mathbf{L}_o = \boldsymbol{\varphi}(\mathbf{X}_o) = \begin{bmatrix} \varphi_1(\mathbf{X}_o) \\ \varphi_2(\mathbf{X}_o) \\ \vdots \\ \varphi_n(\mathbf{X}_o) \end{bmatrix}$
3.2.5	$\mathbf{l}$	gekürzter Beobachtungsvektor	$\mathbf{l} = \mathbf{L} - \mathbf{L}_o$
3.2.6	–	linearisiertes funktionales Modell	Aus der Ausgleichungsbedingung Nr 3.2.2 durch Taylor-Entwicklung folgendes lineares Gleichungssystem $\mathbf{l} + \mathbf{v} = \mathbf{A}\,\hat{\mathbf{x}}$ Anmerkung: Zur Definition der in dieser Gleichung auftretenden Größen siehe Nr 3.2.5, Nr 3.1.8, Nr 3.2.3 und Nr 3.1.12.
3.2.7	$\mathbf{P}$	Gewichtsmatrix	Inverse einer Kofaktormatrix $\mathbf{Q}_{LL}$ (siehe Nr 2.6.13) des Beobachtungsvektors $\mathbf{L}$. $\mathbf{P} = \mathbf{Q}_{LL}^{-1}$ Anmerkung: Im allgemeinen sind die Kovarianzmatrix $\mathbf{\Sigma}_{LL}$ (siehe Nr 2.6.8) und damit auch die Kofaktormatrix $\mathbf{Q}_{LL}$ voll besetzt. Nur in dem Sonderfall stochastisch unabhängiger Beobachtungen (siehe Nr 2.6.21) sind $\mathbf{\Sigma}_{LL}$ und $\mathbf{Q}_{LL}$ Diagonalmatrizen. Auch die Gewichtsmatrix $\mathbf{P}$ ist in diesem Sonderfall eine Diagonalmatrix: $\mathbf{P} = \mathbf{Q}_{LL}^{-1} = \sigma_o^2\,\mathbf{\Sigma}_{LL}^{-1} = \begin{bmatrix} \frac{\sigma_o^2}{\sigma_1^2} & & & \\ & \frac{\sigma_o^2}{\sigma_2^2} & & \\ & & \ddots & \\ & & & \frac{\sigma_o^2}{\sigma_n^2} \end{bmatrix} = \begin{bmatrix} p_{11} & & & \\ & p_{22} & & \\ & & \ddots & \\ & & & p_{nn} \end{bmatrix}$ Die Elemente p_{jj} dieser Matrix heißen Gewichte der Beobachtungen L_j. Falls daher in diesem Sonderfall für ein beliebiges j $\sigma_j^2 = \sigma_o^2$, folgt daraus $p_{jj} = 1$. σ_o^2 ist demnach die Varianz einer (tatsächlich vorhandenen oder fiktiven) Beobachtung von L_j vom Gewicht $p_{jj} = 1$ oder kurz die „Varianz der Gewichtseinheit".

Fortsetzung

Nr	Zeichen	Benennung	Erklärung, Bemerkung
3.2.8	**N**	Normalgleichungsmatrix	$\mathbf{N} = \mathbf{A}^T \mathbf{P} \mathbf{A}$
3.2.9	**n**	Absolutglied des Normalgleichungssystems	$\mathbf{n} = \mathbf{A}^T \mathbf{P} \mathbf{l}$
3.2.10	–	Normalgleichungen	Gleichungssystem zur Bestimmung des Parametervektors $\hat{\mathbf{x}}$ (siehe Nr 3.1.12). $\mathbf{N} \hat{\mathbf{x}} = \mathbf{n}$

Zitierte Normen

DIN 1313 Physikalische Größen und Gleichungen; Begriffe, Schreibweisen

DIN 1319 Teil 3 Grundbegriffe der Meßtechnik; Begriffe für die Meßunsicherheit und für die Beurteilung von Meßgeräten und Meßeinrichtungen

DIN 2257 Teil 2 Begriffe der Längenprüftechnik; Fehler und Unsicherheiten beim Messen

DIN 5486 Schreibweise von Matrizen

DIN 13303 Teil 1 Stochastik; Wahrscheinlichkeitstheorie, Gemeinsame Grundbegriffe der mathematischen und der beschreibenden Statistik; Begriffe und Zeichen

DIN 13303 Teil 2 Stochastik; Mathematische Statistik; Begriffe und Zeichen

DIN 18709 Teil 1 Begriffe, Kurzzeichen und Formelzeichen im Vermessungswesen; Allgemeines

DIN 51848 Teil 3 Prüfung von Mineralölen; Prüffehler, Berechnung von Prüffehlern

DIN 55302 Teil 1 Statistische Auswertungsverfahren; Häufigkeitsverteilung, Mittelwert und Streuung, Grundbegriffe und allgemeine Rechenverfahren

DIN 55303 Teil 2 Statistische Auswertung von Daten; Testverfahren und Vertrauensbereiche für Erwartungswerte und Varianzen

DIN 55303 Teil 4 (z. Z. Entwurf) Statistische Auswertung von Daten; Macht von Tests für Mittelwerte und Varianzen

DIN 55350 Teil 13 Begriffe der Qualitätssicherung und Statistik; Begriffe der Qualitätssicherung, Genauigkeitsbegriffe

DIN 55350 Teil 21 Begriffe der Qualitätssicherung und Statistik; Begriffe der Statistik; Zufallsgrößen und Wahrscheinlichkeitsverteilungen

DIN 55350 Teil 22 Begriffe der Qualitätssicherung und Statistik; Begriffe der Statistik; Spezielle Wahrscheinlichkeitsverteilungen

ISO 3534 Statistics – Vocabulary and symbols, Bilingual edition

Internationale Patentklassifikation

G 01 C

DK 621.797:658.58:001.4 Januar 1985

Instandhaltung
Begriffe und Maßnahmen

DIN 31 051

Physical assets maintenance; definitions and actions

Ersatz für Ausgabe 03.82

1 Anwendungsbereich

Die in dieser Norm angegebenen Begriffe gelten für den Bereich der Instandhaltung.

Die Festlegungen sollen dazu dienen, die Bedeutung der bisher mit sehr unterschiedlichen Begriffsinhalten verwendeten Benennungen zu vereinheitlichen und damit die Verständigung in diesem Bereich zu verbessern. Bei Anwendung dieser Norm ist zu beachten, daß die Benennungen in bestehenden technischen Regeln – beispielsweise in der Verordnung nach § 24 der Gewerbeordnung – und in anderen Vereinbarungen und Verträgen mit abweichender Bedeutung verwendet werden und häufig nur Teilaspekte der Grundbegriffe betreffen.

2 Begriffe und Maßnahmen

Nr	Benennung	Definition
1	**Instandhaltung**	**Maßnahmen zur Bewahrung und Wiederherstellung des Sollzustandes sowie zur Feststellung und Beurteilung des Istzustandes von technischen Mitteln eines Systems.** Die Maßnahmen beinhalten: Die Maßnahmen der – **Wartung** (Nr 1.1), – **Inspektion** (Nr 1.2) und – **Instandsetzung** (Nr 1.3). Sie schließen ein – **Abstimmung** der Instandhaltungsziele mit den Unternehmenszielen – **Festlegung entsprechender Instandhaltungsstrategien.** Anmerkung: Die vier Grundbegriffe Instandhaltung, Wartung, Inspektion und Instandsetzung umfassen jeweils die Gesamtheit aller Maßnahmen, die für die Instandhaltung der technischen Mittel eines Systems (Anlage bzw. Anlagenteile) innerhalb eines Unternehmens (innerbetrieblich) erforderlich sind. Die für die Wartung, Inspektion und Instandsetzung aufgeführten einzelnen Maßnahmen sind in der Reihenfolge ihrer zeitlichen und logischen Aufeinanderfolge aufgeführt. Art und Umfang der einzelnen Maßnahmen orientieren sich jeweils an der Instandhaltungsstrategie des Unternehmens. Werden einzelne Instandhaltungsmaßnahmen, wie z. B. die Durchführung von Wartungsmaßnahmen oder die Durchführung definierter Instandsetzungsmaßnahmen außerhalb des Unternehmens, d. h. vom Produkthersteller selbst oder von Dritten in eigener Regie und Verantwortung vorgenommen, so können sich diese grundsätzlich nur am Produkt selbst und an den als üblich zu unterstellenden Betriebs- und Umgebungsbedingungen orientieren. Die Berücksichtigung von betriebsspezifischen Sonderbedingungen und von Maßnahmen der Instandhaltung, die aus den Instandhaltungszielen und der Instandhaltungsstrategie des Unternehmens resultieren, bedarf besonderer Vereinbarungen.

Fortsetzung Seite 2 bis 8

Normenausschuß Instandhaltung (NIN) im DIN Deutsches Institut für Normung e.V.
Normenausschuß Maschinenbau (NAM) im DIN

Nr	Benennung	Definition
1.1	**Wartung**	**Maßnahmen zur Bewahrung des Sollzustandes von technischen Mitteln eines Systems.** Diese Maßnahmen beinhalten: – **Erstellen eines Wartungsplanes,** der auf die spezifischen Belange des jeweiligen Betriebes oder der betrieblichen Anlage abgestellt ist und hierfür verbindlich gilt (Wartungsanleitung siehe DIN 31 052) – **Vorbereitung** der Durchführung – **Durchführung** – **Rückmeldung** Anmerkung: Siehe Anmerkung unter Nr 1.
1.2	**Inspektion**	**Maßnahmen zur Feststellung und Beurteilung des Istzustandes von technischen Mitteln eines Systems.** Diese Maßnahmen beinhalten: – **Erstellen eines Planes** zur Feststellung des Istzustandes, der für die spezifischen Belange des jeweiligen Betriebes oder der betrieblichen Anlage abgestellt ist und hierfür verbindlich gilt. (Inspektionsanleitung siehe DIN 31 052.) Dieser Plan soll u. a. Angaben über Ort, Termin, Methode, Gerät und Maßnahmen enthalten. – **Vorbereitung** der Durchführung – **Durchführung**, vorwiegend die quantitative Ermittlung bestimmter Größen – **Vorlage** des Ergebnisses der Istzustandsfeststellung – **Auswertung** der Ergebnisse zur Beurteilung des Istzustandes – **Ableitung der notwendigen Konsequenzen** aufgrund der Beurteilung. Anmerkung: Siehe Anmerkung unter Nr 1.
1.3	**Instandsetzung**	**Maßnahmen zur Wiederherstellung des Sollzustandes von technischen Mitteln eines Systems.** Diese Maßnahmen beinhalten: – **Auftrag**, Auftragsdokumentation und Analyse des Auftragsinhaltes – **Planung** im Sinne des Aufzeigens und Bewertens alternativer Lösungen unter Berücksichtigung betrieblicher Forderungen – **Entscheidung** für eine Lösung – **Vorbereitung** der Durchführung, beinhaltend Kalkulation, Terminplanung, Abstimmung, Bereitstellung von Personal, Mitteln und Material, Erstellung von Arbeitsplänen – **Vorwegmaßnahmen** wie Arbeitsplatzausrüstung, Schutz- und Sicherheitseinrichtungen usw. – **Überprüfung** der Vorbereitung und der Vorwegmaßnahmen einschließlich der Freigabe zur Durchführung – **Durchführung** – **Funktionsprüfung** und Abnahme – **Fertigmeldung** – **Auswertung** einschließlich Dokumentation, Kostenaufschreibung, Aufzeigen und gegebenenfalls Einführen von Verbesserungen. Anmerkung: Siehe Anmerkung unter Nr 1.
2	**System*)**	Im Sinne der Instandhaltung Gesamtheit technischer, organisatorischer und anderer Mittel zur selbständigen Erfüllung eines Aufgabenkomplexes. (Siehe auch DIN 40 150.)
2.1	**Anlage*)**	Im Sinne der Instandhaltung Gesamtheit der technischen Mittel eines Systems. (Entspricht „bauliche Einrichtung" nach DIN 40 150.)
2.1.1	**Gruppe*)**	Im Sinne der Instandhaltung Zusammenfassung oder Verbindung von Elementen. Die Gruppe hat eine eigenständige Funktion, sie ist innerhalb einer Anlage jedoch nicht selbständig verwendbar. (Entspricht „Baugruppe" nach DIN 40 150.)

*) Die Begriffe Nr 2, 2.1 und 2.1.1 sind durch Hinzufügen von Beiwörtern wie Unter, Teil, Sub, im Bedarfsfall weiter zu gliedern und anzupassen, z. B. Untergruppe, Teilanlage, Subsystem.

Nr	Benennung	Definition
2.1.1.1	**Element**	Im Sinne der Instandhaltung die in Abhängigkeit von der Betrachtung kleinste, als unteilbar aufgefaßte technische Einheit. (Entspricht „Bauelement" nach DIN 40 150.) Anmerkung: Bei weiterer Aufteilung würde diese Einheit die für den jeweiligen Verwendungszweck spezifischen Eigenschaften verlieren.
3	**Betrachtungseinheit**	Im Sinne der Instandhaltung Gegenstand einer Betrachtung, der jeweils nach Art und Umfang ausschließlich vom Betrachter abgegrenzt wird. (Siehe auch DIN 40 150.) Anmerkung: Eine Betrachtungseinheit ist selbst nicht Gliederungsmerkmal eines Ordnungsschemas. Sie kann aber dem Festlegen einer Betrachtungsebene dienen, der ein Ordnungsschema zugeordnet werden kann.
4	**Abnutzung**	Im Sinne der Instandhaltung Abbau des Abnutzungsvorganges (Nr 4.1) infolge physikalischer und/oder chemischer Einwirkungen. Anmerkung: Abnutzung im Sinne der Instandhaltung sind z. B. Verschleiß, Alterung, Korrosion und auch plötzlich auftretende Istzustandsveränderungen wie z. B. ein Bruch (Abnutzung in kaufmännischer Bewertung ist die Abschreibung).
4.1	**Abnutzungsvorrat**	Im Sinne der Instandhaltung Vorrat der möglichen Funktionserfüllungen unter festgelegten Bedingungen, der einer Betrachtungseinheit aufgrund der Herstellung oder aufgrund der Wiederherstellung durch Instandsetzung innewohnt.
5	**Nutzung**	Im Sinne der Instandhaltung bestimmungsgemäße und den allgemein anerkannten Regeln der Technik entsprechende Verwendung einer Betrachtungseinheit, wobei unter Abbau des Abnutzungsvorrats Sach- und/oder Dienstleistungen entstehen. (Siehe auch DIN 32 541.)
5.1	**Nutzungsvorrat**	Im Sinne der Instandhaltung Vorrat der bei der Nutzung – bis zum vollständigen Abbau des Abnutzungsvorrats einer Betrachtungseinheit – unter festgelegten Bedingungen erzielbaren Sach- und/oder Dienstleistungen.
5.2	**Nutzungsmenge**	Im Sinne der Instandhaltung Menge der bei der Nutzung der Betrachtungseinheit erzielten Sach- und/oder Dienstleistungen.
5.3	**Nutzungsgrad**	Im Sinne der Instandhaltung Verhältnis von Nutzungsmenge zu Nutzungsvorrat, soweit es durch die Art der Nutzung bedingt ist.
6	**Funktion**	Im Sinne der Instandhaltung eine durch den Verwendungszweck bedingte Aufgabe. Anmerkung: Im allgemeinen Sprachgebrauch wird „Funktion" sowohl im Sinne einer „Aufgabe" als auch im Sinne der „Erfüllung einer Aufgabe" verwendet. Im Bereich der Instandhaltung ist jedoch eine klare Unterscheidung dieser beiden Begriffsinhalte notwendig.
6.1	**Funktionserfüllung**	Erfüllen der vom Verwendungszweck unter gegebenen Bedingungen vorgesehenen Aufgabe.
6.1.1	**Ingangsetzung**	Auslösen der Funktionserfüllung. (Siehe auch DIN 32 541.)
6.1.2	**Störung**	Im Sinne der Instandhaltung unbeabsichtigte Unterbrechung (oder bereits auch schon Beeinträchtigung) der Funktionserfüllung einer Betrachtungseinheit. (Siehe auch DIN 40 042.)
6.1.3	**Stillsetzung**	Im Sinne der Instandhaltung beabsichtigte Unterbrechung (auch Beendigung) der Funktionserfüllung einer Betrachtungseinheit.
6.2	**Funktionsfähigkeit**	Fähigkeit einer Betrachtungseinheit zur Funktionserfüllung aufgrund ihres eigenen technischen Zustandes.
6.2.1	**Inbetriebnahme**	Im Sinne der Instandhaltung Bereitstellen einer funktionsfähigen Betrachtungseinheit zur Nutzung. (Siehe auch DIN 32 541.)
6.2.2	**Ausfall**	Im Sinne der Instandhaltung unbeabsichtigte Unterbrechung der Funktionsfähigkeit einer Betrachtungseinheit. (Siehe auch DIN 40 042.)

Nr	Benennung	Definition
6.2.3	**Außerbetriebsetzung**	Im Sinne der Instandhaltung beabsichtigte befristete Unterbrechung der Funktionsfähigkeit einer Betrachtungseinheit während der Nutzung.
6.2.4	**Außerbetriebnahme**	Im Sinne der Instandhaltung beabsichtigte unbefristete Unterbrechung der Funktionsfähigkeit einer Betrachtungseinheit.
7	**Istzustand**	Die in einem gegebenen Zeitpunkt festgestellte Gesamtheit der Merkmalswerte.
8	**Sollzustand**	Die für den jeweiligen Fall festzulegende Gesamtheit der Merkmalswerte.
9	**Abweichung**	Die Nichtübereinstimmung von Zuständen, Werten und Größen (siehe auch DIN 55 350 Teil 12). Der Unterschied kann gegebenenfalls quantifiziert werden. Im diesem Sinne gelten für die Instandhaltung die Begriffe Nr 9.1 und Nr 9.2.
9.1	**Istzustandsabweichung**	Im Sinne der Instandhaltung Nichtübereinstimmung von Istzuständen vorwiegend einer Betrachtungseinheit zu verschiedenen Zeitpunkten oder auch mehrerer Betrachtungseinheiten zum gleichen Zeitpunkt.
9.2	**Sollzustandsabweichung**	Im Sinne der Instandhaltung Nichtübereinstimmung zwischen dem Istzustand und dem Sollzustand einer Betrachtungseinheit bei einem gegebenen Zeitpunkt.
10	**Schaden**	Im Sinne der Instandhaltung Zustand einer Betrachtungseinheit nach Unterschreiten eines bestimmten (festzulegenden) Grenzwertes des Abnutzungsvorrats, der eine im Hinblick auf die Verwendung unzulässige Beeinträchtigung der Funktionsfähigkeit bedingt.
11	**Fehler**	Nichterfüllung vorgegebener Forderungen durch einen Merkmalswert (aus DIN 55 350 Teil 11/09.80) Anmerkung 1: In der Technik ist z. B. eine vorgegebene Forderung für ein quantitatives Merkmal ein festgelegter Toleranzbereich der von Grenzwerten (G_{un}, G_{ob}) eingeschlossen wird (siehe DIN 55 350 Teil 12). Liegt der Merkmalswert x außerhalb des Toleranzbereichs, handelt es sich um einen Fehler, wobei der Wert des Betrages des Grenzwertabstandes ($\lvert x - G_{ob} \rvert$ oder $\lvert x - G_{un} \rvert$) bedeutsam für die Entscheidung sein kann, was mit der fehlerhaften Einheit geschehen soll. Die Verwendbarkeit ist durch einen Fehler nicht notwendigerweise beeinträchtigt. Anmerkung 2: Vom Fehler ist der Begriff des Mangels zu unterscheiden, der stets eine Beeinträchtigung der Verwendbarkeit bedeutet: Einen Mangel weist nach § 459 BGB eine Sache auf, wenn sie „mit Fehlern behaftet ist, die den Wert oder die Tauglichkeit zu dem gewöhnlichen oder dem nach dem Vertrage vorausgesetzten Gebrauch aufheben oder mindern" „Nicht in Betracht" kommt als Begründung für einen Mangel ein Fehler, der nur „eine unerhebliche Minderung des Wertes oder der Tauglichkeit" zur Folge hat. Ein Mangel kann auch bei Wiederinbetriebnahme nach einer Instandsetzung vorliegen. Anmerkung 3: Der Begriff „Fehler" wurde bisher auch in anderem Sinne verwendet, beispielsweise auf dem Gebiet der Meßtechnik im Sinne einer Abweichung (siehe DIN 55 350 Teil 12).
12	**Schwachstelle**	Durch die Nutzung bedingte Schadenstelle oder schadensverdächtige Stelle, die mit technisch möglichen und wirtschaftlich vertretbaren Mitteln so verändert werden kann, daß Schadenshäufigkeit und/oder Schadensumfang sich verringern (siehe Erläuterungen). Anmerkung: Sicherheitsforderungen können den wirtschaftlich vertretbaren Aufwand beeinflussen.
13	**Teile in Anlagen**	
13.1	**Zeitbegrenztes Teil**	Betrachtungseinheit, deren Lebensdauer im Verhältnis zur Lebensdauer der übergeordneten Betrachtungseinheit verkürzt ist und mit technisch möglichen und wirtschaftlich vertretbaren Mitteln nicht verlängert werden kann. Anmerkung: Hierzu gehört auch das Fristaustauschteil.

Nr	Benennung	Definition
13.1.1	**Verschleißteil**	Betrachtungseinheit, die an Stellen, an denen betriebsbedingt unvermeidbar Verschleiß auftritt, eingesetzt wird, um dadurch andere Betrachtungseinheiten vor Verschleiß zu schützen, und die vom Konzept her für den Austausch vorgesehen ist (Verschleiß siehe DIN 50 320).
13.2	**Sollbruchteil**	Betrachtungseinheit, die bei betriebsbedingter Überbeanspruchung andere Betrachtungseinheiten durch Eigenverzehr (z.B. Bruch) vor Schaden schützt und die vom Konzept her für den Austausch vorgesehen ist.
13.3	**Reserveteil**	Ersatzteil (siehe DIN 24 420 Teil 1), das einer oder mehreren Anlagen eindeutig zugeordnet ist, in diesem Sinne nicht selbständig genutzt, zum Zwecke der Instandhaltung disponiert und bereitgehalten wird und in der Regel wirtschaftlich instandgesetzt werden kann. Anmerkung: Entsprechend der Möglichkeit, Reserveteile einer oder mehreren Anlagen zuzuordnen, können Einort- oder Mehrort-Reserveteile unterschieden werden.
13.4	**Verbrauchsteil**	Ersatzteil, das einer oder mehreren Anlagen eindeutig zugeordnet ist, in diesem Sinne nicht selbständig genutzt, zum Zwecke der Instandhaltung disponiert und bereitgehalten wird und dessen Instandsetzung in der Regel nicht wirtschaftlich ist.
13.5	**Kleinteil**	Ersatzteil, das allgemein verwendbar, vorwiegend genormt und von geringem Wert ist.

Zitierte Normen

DIN 24 420 Teil 1	Ersatzteillisten; Allgemeines
DIN 31 052	Instandhaltung; Aufbau und Inhalt von Instandhaltungsanleitungen
DIN 32 541	Betreiben von Maschinen und vergleichbaren technischen Arbeitsmitteln; Begriffe für Tätigkeiten
DIN 40 042	Zuverlässigkeit elektrischer Geräte, Anlagen und Systeme; Begriffe
DIN 40 150	Begriffe zur Ordnung von Funktions- und Baueinheiten
DIN 50 320	Verschleiß; Begriffe; Systemanalyse von Verschleißvorgängen, Gliederung des Verschleißgebietes
DIN 55 350 Teil 11	Begriffe der Qualitätssicherung und Statistik; Begriffe der Qualitätssicherung; Grundbegriffe
DIN 55 350 Teil 12	Begriffe der Qualitätssicherung und Statistik; Begriffe der Qualitätssicherung; Merkmalsbezogene Begriffe

Frühere Ausgaben

DIN 31 051 Teil 1: 12.74; DIN 31 051 Teil 10: 10.77; DIN 31 051: 03.82

Änderungen

Gegenüber der Ausgabe März 1982 wurden folgende Änderungen vorgenommen:

a) Die Begriffe Istzustand, Sollzustand und Abweichung wurden neu definiert.

b) Der Begriff Zustand, der bisher nur mit einer Erläuterung versehen war, wurde aus der Norm herausgenommen.

c) Der Begriff Mangel wurde gestrichen, da er per Gesetz geregelt ist.

d) Der Begriff Fehler wurde zusätzlich aufgenommen.

e) Die Anmerkungen zu den Begriffen Nr 1 und Nr 1.1 bis 1.3 wurden erweitert.

Die Änderungen a bis d sind das Ergebnis eines Schiedsverfahrens nach DIN 820 Teil 4.

Erläuterungen

In dieser Norm sind Begriffe und Maßnahmen festgelegt, die für die Arbeit der Instandhaltung von Bedeutung sind. Insbesondere galt es, das Fachgebiet zu strukturieren und zu gliedern. In diesem Sinne wurde Instandhaltung als umfassender Oberbegriff definiert, der lückenlos in die drei Bereiche Wartung, Inspektion und Instandsetzung unterteilt werden kann.

Zu jedem dieser Begriffe gehören Maßnahmen, die den Aufgabenkomplex des damit angesprochenen Bereiches bestimmen. In der Praxis müssen jedoch nicht unbedingt alle Maßnahmen zum Tragen kommen. Beispielsweise erübrigt sich bei routinemäßig sich wiederholenden Arbeiten der Instandsetzung meistens das Aufzeigen und Bewerten alternativer Lösungen. Festgelegt wird nur, daß z. B. bei Verwendung des Begriffes Instandsetzung grundsätzlich die gesamte Palette der beschriebenen Maßnahmen angesprochen ist und daß immer dann, wenn von dieser Gesamtheit abgewichen werden soll, der erforderliche Umfang genau beschrieben und entsprechend gekennzeichnet werden muß. Dies ist u. a. wichtig bei der Vergabe von Instandhaltungsaufträgen an Dritte, weil beispielsweise einige Maßnahmen mit besonderer Verantwortung belegt sind, wie die „Überprüfung der Vorbereitung" und die „Vorwegmaßnahmen", oder weil sie spezifische Kenntnisse der Unternehmensziele voraussetzen, wie die „Beurteilung des Istzustandes" und den daraus abzuleitenden Konsequenzen im Rahmen der Inspektion oder wie die Entscheidung für eine der vorgelegten alternativen Lösungen im Rahmen der Instandsetzung. Daher wird häufig nur ein bestimmter Teil der Maßnahmen zu vergeben sein, der dann aber auch als solcher eindeutig gekennzeichnet werden muß.

Andererseits kann die Liste der aufgeführten Maßnahmen aber auch wie eine Checkliste genutzt werden, anhand derer es jedem Instandhalter ohne großen Aufwand an Organisation und Hilfsmitteln möglich ist, sich über den optimalen Ablauf in der Instandhaltung Rechenschaft zu geben und seine eigenen Aufgaben zu erkennen. So haben beispielsweise nach der Durchführung der Instandsetzung eine Funktionsprüfung und eine Abnahme zu erfolgen, um Funktionsfähigkeit gewährleisten zu können und daran anschließend die Fertigmeldung. Hierzu gehört jedoch nicht die Freigabe zur Ingangsetzung, weil hierfür der Betreiber zuständig ist, der über das zusätzliche Wissen hinsichtlich der Möglichkeit der Funktionserfüllung verfügt. So wird ein Kraftwerksblock nach einer Instandsetzung nur dann zugeschaltet werden, wenn für die erzeugbare Leistung auch Bedarf besteht.

Es war notwendig, einige Begriffe zu klären, die man eigentlich als bekannt voraussetzen sollte, die aber im allgemeinen Sprachgebrauch in abweichender, wenn nicht sogar entgegengesetzter Bedeutung angewendet werden. So besteht zwar für die Definition des Begriffes Funktion aus der Sicht der Instandhaltung keine zwingende Notwendigkeit, wohl aber für die eindeutige Aussage über den Betriebszustand einer Betrachtungseinheit und gegebenenfalls über die Ursachen für das „Nicht-Inbetriebsein". Dazu mußte der Unterschied deutlich gemacht werden, ob die Betrachtungseinheit aufgrund ihres technischen Zustandes wohl in der Lage wäre, die vorgegebenen Aufgaben zu erfüllen, jedoch durch äußere Einflüsse daran gehindert wird, oder ob ihr eigener Zustand dies verhindert, sie also nicht funktionsfähig ist.

Dabei wird unterstellt, daß der Zustand die Gesamtheit der Merkmale umfaßt, die das Maß der Eignung der Betrachtungseinheit für den vorgesehenen Verwendungszweck ausdrücken.

Für die Aufgaben der Instandhaltung war somit eine Unterscheidung zwischen „Funktionserfüllung" und „Funktionsfähigkeit" erforderlich. Diese beiden Begriffe lassen sich in einer Matrix mit weiteren Aussagen folgender Art verknüpfen:

FE Funktionserfüllung	b beabsichtigt	B Beeinträchtigung
FF Funktionsfähigkeit	u unbeabsichtigt	U Unterbrechung

Es wurde nicht für zweckmäßig erachtet, alle Kombinationen dieser Matrix mit eigenen Begriffen zu belegen, sondern nur die, die für die Arbeit der Instandhaltung sinnvoll sind. Dabei wurde auf den Sprachgebrauch soweit wie möglich Rücksicht genommen.

Dennoch ist gerade hier zustimmende Kompromißbereitschaft dringend erforderlich, da in den verschiedenen Industriezweigen z. B. Störung und Ausfall, die mit den Begriffen „Funktionserfüllung" und „Funktionsfähigkeit" verknüpft sind, mit umgekehrter Bedeutung angewendet werden. Die Unterscheidung, ob das „Nicht-Inbetriebsein" in der Verantwortung des Betreibers oder Instandhalters liegt, ist für Kosten- und Ursachenermittlung jedoch unumgänglich.

Um die gegenseitige Verständigung zu erleichtern und eine klare Ansprache der Betrachtungseinheit zu ermöglichen, war es notwendig, Ordnungsbegriffe festzulegen. Hierzu gehören Anlage, Gruppe und Element. Eine vergleichbare Gliederung ist in DIN 40 150 enthalten. Diese Begriffe legen ein hierarchisches Prinzip der technischen Mittel eines Systems fest, wobei davon auszugehen ist, daß die Betrachtungsebene, d. h. die Größenordnung und der Aufgabenumfang durch das System vorgegeben ist. Dabei hat die Anlage einen vom System bestimmten spezifischen Verwendungszweck. Das gleiche gilt auch für die im Bedarfsfalle zu bestimmenden Anlagen-Gliederungen wie Teilanlage usw. Demgegenüber haben Gruppe und Element eine zwar eigenständige, im Sinne des Systems aber unspezifische Aufgabe zu erfüllen und können mit diesen Aufgaben auch bei anderen Systemen Verwendung finden.

Die genannten Begriffe können durch entsprechende Bezugsworte näher spezifiziert werden, z. b. Baugruppe, Konstruktionselement, Funktionsgruppe, Flugelement.

In diese hierarchische Ordnung gehören nicht Begriffe wie „Gerät", „Apparat", „Maschine" oder „Fahrzeug". Sie können, falls eindeutig definierbar, auf jeder Betrachtungsebene der Gliederung angesiedelt sein und wurden daher im Zusammenhang mit dem Gliederungsschema nicht definiert.

Eine Gruppe weiterer für die Instandhaltung wichtiger Begriffe sind Nutzung und Abnutzung und die hiermit im Zusammenhang stehenden Abnutzungsbegriffe.

Zur Erläuterung des Begriffkomplexes „Abnutzung/Abnutzungsvorrat" dient Bild 1, wobei der Abnutzungsvorrat ein für die Instandhaltung charakteristisches Merkmal zur Beschreibung des Zustandes ist.

Hierzu ist zu bemerken, daß der Abbau des Abnutzungsvorrates, z. B. der Verschleiß eines Zahnrades in einem offenen Zahntrieb, die Abnutzung wiedergibt. Der Kurvenzug gibt eine mögliche Form des Verlaufes der Abnutzung während der Zeit der Nutzung an. Er wird durch Inspektion ermittelt und hängt einerseits von der Anlage selbst ab, z. B. von der Materialauswahl, der Vergütung, der Bearbeitungsstufe, andererseits von den äußeren Einflüssen oder Randbedingungen, wie

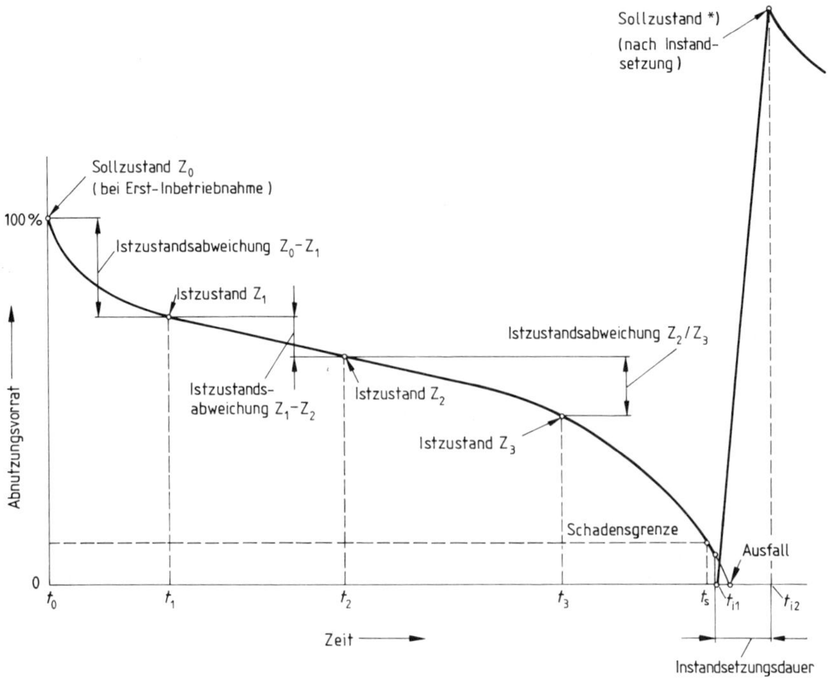

Istzustände Z_1, Z_2, Z_3 durch Inspektion festgestellt.

Bild 1.

Wartungszustand, korrosive Umluft, Staub und zum Dritten von der Art des Betreibens, ob mit Teillast oder zeitweise mit Überlast, stoßbelastet oder gleichmäßig gefahren wird.

Alle genannten Faktoren können den Kurvenverlauf beeinflussen, ohne ihn jedoch qualitativ zu verändern, denn Nutzung bedeutet immer den Abbau des Abnutzungsvorrates, der als feste Ausgangsgröße vor Beginn der Abnutzung verstanden wird. Daraus folgt, daß auch die plötzliche Änderung des Abnutzungsvorrates beispielsweise durch einen Bruch mit zur Abnutzung zählen muß und daß somit die Zeit für den Begriff „Abnutzung" nicht entscheidend, wohl aber für ihre Beurteilung und Bewertung von ganz wesentlichem Interesse ist.

Die Teile in Anlagen, deren Abnutzungsvorrat so abgebaut wird, daß die für die Nutzung zur Verfügung stehende Zeit den Bedürfnissen des Betriebes nicht genügt, sind daraufhin zu untersuchen, ob durch geeignete technische Maßnahmen der Abbau des Abnutzungsvorrates in befriedigender Weise vermindert werden kann. Der Aufwand, der für diese Maßnahmen notwendig ist, hat selbstverständlich in einem vernünftigen Verhältnis zu dem erwarteten Erfolg zu stehen.

*) Eine Erhöhung des Abnutzungsvorrates auf über 100 % bezogen auf den Ausgangszustand ist durch Instandsetzung möglich, wenn diese Maßnahmen eine Verbesserung (z. B. bessere Materialpaarung, Änderung der Schmiernuten usw.) beinhalten und diese Erhöhung als neuer Sollzustand für die Instandsetzung abgestimmt und festgelegt wurde.

Wenn diese Voraussetzungen gegeben sind, bezeichnen wir diese Teile als Schwachstellen. Da durch ihre Beseitigung ein wirtschaftlicher Vorteil erzielt werden kann, müssen Schwachstellen, sobald sie erkannt aber nicht beseitigt wurden, als Vorwurf an die Instandhaltung gelten.

Bild 2 gibt ein Schema zur Beurteilung einer Schadenstelle unter dem Gesichtspunkt „Schwachstelle, ja oder nein" an.

Abnutzung ist der Preis, der für die Nutzung der Anlagen entrichtet werden muß. Ohne Abnutzung können Anlagen nicht betrieben werden. Aufgabe der Instandhaltung ist es, die Abnutzung zu erkennen, zu beeinflussen und durch Instandsetzung neue Abnutzungsvorräte zu schaffen. Diese Prozesse können in sehr kurzen Intervallen ablaufen, ohne daß deswegen von Schwachstellen gesprochen werden kann, wenn der augenblickliche Stand der Technik keine besseren Lösungen erlaubt. Vielmehr sind solche Teile in Anlagen, deren Abnutzungsvorrat sich im Verhältnis zu dem der Gesamtanlage schneller abbaut, zeitbegrenzte Teile. Als Beispiel können Kranseile genannt werden, deren nutzbare Lebensdauer bei hochbelasteten Kranen nie die Standzeit des Kranes erreicht. Da eine technische Lösung zur Verlängerung der Lebensdauer nicht vorhanden ist, sind Kranseile aber keine Schwachstellen, sondern zeitbegrenzte Teile, deren Austausch Instandsetzung ist.

Der Verlauf der Abbaukurve (siehe Bild 1) wird im weitesten Sinne durch die Inspektion festgestellt. Da aus dem Kurvenzug wesentlich verbindlichere Schlüsse auf das Verhalten der Anlagenteile und die Ursachen hierfür gezogen werden

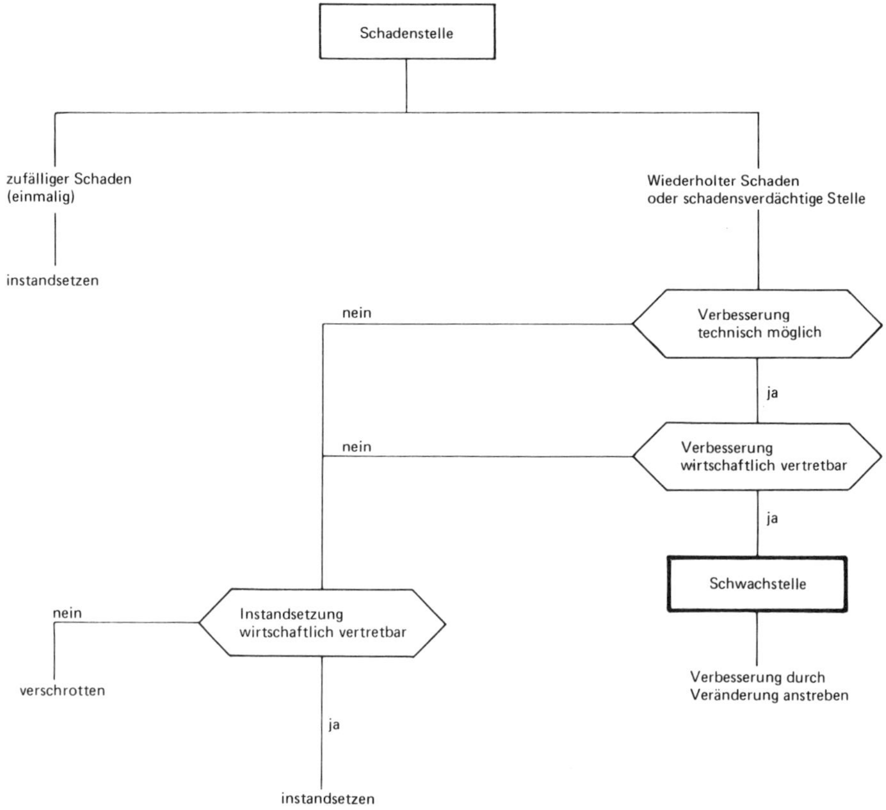

Bild 2.

können als aus den Instandsetzungsintervallen und dem Schadensbild, sollten die Aufschreibungen der Inspektion, d. h. die Dokumentation der Ergebnisse und Auswertungen über die Ableitung der notwendigen Konsequenzen hinaus genutzt werden zum Sammeln allgemein gültiger Erfahrungen, die der Erweiterung des Grundlagenwissens über das Verhalten der Anlagen dienen. Eine derartige Dokumentation könnte zur Grundlage der vielgestellten Forderung „feedback" an den Konstrukteur werden.

Bei der Erarbeitung der Norm wurde versucht, soweit wie möglich auch andere Normen mit fachübergreifenden terminologischen Festlegungen zu berücksichtigen. Um den Erfordernissen der Instandhaltung gerecht zu werden sowie im Interesse eines logisch aufgebauten Begriffssystems mußte man dabei allerdings verschiedentlich für an anderer Stelle bereits genormte Begriffe zwar sinngleiche, jedoch abweichend formulierte Definitionen wählen.

In einigen Fällen waren aber auch inhaltliche Abweichungen unvermeidbar. So steht z. B. bei der Definition des Begriffes „Ausfall" in DIN 40 042 die Verletzung eines Ausfallkriteriums im Vordergrund, während für die Definition in DIN 31 051 die Unterbrechung der Funktionsfähigkeit das entscheidende Kriterium ist. Dennoch besteht zwischen beiden Definitionen kein Widerspruch.

Der NIN wird auch in Zukunft eine Harmonisierung der Begriffe auf der Grundlage einer gegenseitigen Abstimmung anstreben, soweit diese unter Wahrung der berechtigten Interessen der beteiligten Fachgebiete möglich ist.

Internationale Patentklassifikation

F

DK 621.3-192:001.4

Entwurf November 1988

Zuverlässigkeit
Begriffe

DIN 40 041

Dependability; concepts

Einsprüche bis 28. Feb 1989
Anwendungswarnvermerk auf der letzten Seite beachten!

Vorgesehen als Ersatz für DIN 40 041 T1/11.82 und Ersatz für die Entwürfe DIN 40 041 T2/02.83 DIN 40 041 T3/03.84 DIN 40 041 T4/10.84 DIN 40 041 T5/10.85

Zusammenhang mit IEC 271, mit dem Kapitel 191 des Internationalen Elektrotechnischen Wörterbuches (IEV) (z. Z. Entwurf) und mit DIN 55 350 siehe Erläuterungen.

Die fremdsprachlichen Benennungen sind nicht Bestandteil dieser Norm.

Fortsetzung Seite 2 bis 40

Deutsche Elektrotechnische Kommission im DIN und VDE (DKE)
Ausschuß Qualitätssicherung und angewandte Statistik (AQS) im DIN Deutsches Institut für Normung e. V.

Vorbemerkung

Diese Norm wurde in ihren Grundzügen vom Komitee 132 "Zuverlässigkeit" der Deutschen Elektrotechnischen Kommission im DIN und VDE (DKE) erarbeitet. Entsprechend dem Aufgabenbereich dieses Gremiums, der sich mit dem von IEC TC 56 "Reliability and Maintainability" deckt, war sie daher zunächst nur im Bereich der Elektrotechnik gültig. Diese Einschränkung soll nun entfallen, nachdem der Ausschuß Qualitätssicherung und angewandte Statistik (AQS) Mitträger dieser Norm wird. Sie soll nun in allen Bereichen angewendet werden und ist einer Norm der Reihe DIN 55 350 gleichgestellt, indem sie im Rahmen der Begriffe der Qualitätssicherung und Statistik die Zuverlässigkeitsbegriffe festlegt.

1 Anwendungsbereich und Zweck

Diese Norm dient der Vereinheitlichung der in der Zuverlässigkeitssicherung verwendeten Begriffe und damit der Verständigung auf diesem Gebiet. Sie ist in allen Bereichen der Technik anzuwenden.

2. Begriffe

Die in Klammern angegebenen Nummern sind Hinweise auf die Nummern der in dieser Norm enthaltenen Begriffe.

Nr.	Benennung	Definition
1.	Grundbegriffe	

1.1	Einheit
	item
	entité
		Materieller oder immaterieller Gegenstand der Betrachtung (aus:DIN 55350 Teil 11/05.87)
		
		Anmerkung 1: Bei Qualitätsbetrachtungen können Einheiten sein:
		- Ergebnisse von Tätigkeiten und Prozessen:
		  - Materielle Produkte (tangible products);
		  - Immaterielle Produkte (intangible products), z.B. eine Dienstleistung, ein DV-Programm, ein Konstruktionsentwurf, eine Gebrauchsanweisung;
		  - Eine Kombination aus materiellen und immateriellen Produkten, z.B. ein Datenverarbeitungssystem mit Hardware und Software.
		- Die Tätigkeiten oder Prozesse selbst, z.B. das Erbringen einer Dienstleistung, ein maschineller Arbeitsablauf (Prozeß), ein Verfahren, jede Tätigkeit im Rahmen der Qualitätssicherung.
		
		Tätigkeiten oder Prozesse können zwar "immaterielle Gegenstände der Betrachtung" sein, sie sind aber nicht immaterielle Produkte (aus: DIN 55350 Teil 11/05.87).
		Anmerkung 2: Die Abgrenzung der Einheit hängt von der Aufgabenstellung ab. Eine Zusammenstellung von Einheiten kann wiederum eine Einheit sein, z.B. Kugel - Kugelkäfig - Kugellager. Entsprechend ergeben sich bei Unterteilung einer Einheit wiederum Einheiten, z.B. Gesamtfertigung - Prüflos - Stichprobe - Prüfstich (aus: DIN 55350 Teil 11/05.87).

Nr.	Benennung	Definition
		Anmerkung 3: "Einheit" wird auch in speziellem, in übertragenem oder in eingeschränktem Sinn verwendet. Beispiele dafür sind Einheiten in einer Organisation, Einheiten im Meßwesen nach DIN 1301 Teil 1 und DIN 1313, der Normungsgegenstand nach DIN 820 Teil 3 (aus: DIN 55350 Teil 11/05.87). **Anmerkung 4:** Eine Funktion kann immaterieller Gegenstand einer Zuverlässigkeitsbetrachtung sein. **Anmerkung 5:** Für Zuverlässigkeitsbetrachtungen kann es von Bedeutung sein, zwischen instandzusetzenden und nichtinstandzusetzenden Einheiten zu unterscheiden. Eine instandzusetzende Einheit ist dadurch gekennzeichnet, daß sowohl die Möglichkeit als auch die Absicht besteht, einen Fehler zu beheben. **Anmerkung 6:** Bei jeder Zuverlässigkeitsbetrachtung sollen die Einheiten und gegebenenfalls deren Hierarchie festgelegt werden.
1.2	Beschaffenheit	Gesamtheit der Merkmale und Merkmalswerte einer Einheit (aus: DIN 55 350 Teil 11/05.87).
1.3	Qualität quality qualité	Beschaffenheit (1.2) einer Einheit (1.1) bezüglich ihrer Eignung, festgelegte und vorausgesetzte Erfordernisse zu erfüllen (aus: DIN 55 350 Teil 11/05.87).
1.4	Zuverlässigkeit	Beschaffenheit (1.2) einer Einheit (1.1) bezüglich ihrer Eignung, während oder nach vorgegebenen Zeitspannen bei vorgegebenen Anwendungsbedingungen die Zuverlässigkeitsforderung (1.6)zu erfüllen. **Anmerkung 1:** Kurzform der Definition: Teil der Qualität (1.3) im Hinblick auf das Verhalten der Einheit während oder nach vorgegebenen Zeitspannen bei vorgegebenen Anwendungsbedingungen. **Anmerkung 2:** Anstelle einer Zeitspanne, z.B. in Stunden, kann auch die vorgegebene Anzahl von Betriebszyklen oder ähnliches benutzt werden.

Nr.	Benennung	Definition
		Anmerkung 3: In dieser Norm ist der Begriff Zuverlässigkeit wie oben definiert umfassend zu verstehen. Der Begriff reliability ist dagegen teils in der Bedeutung "Funktionsfähigkeit" (2.1.2), teils in der Bedeutung "Überlebenswahrscheinlichkeit" (3.4.5) definiert und daher als Übersetzung für "Zuverlässigkeit" mißverständlich.
1.5	Zuverkässigkeits-merkmal	Die Zuverlässigkeit (1.4) mitbestimmendes Qualitätsmerkmal (aus: DIN 55 350 Teil 12/06.84 (z.Z. Entwurf)).
1.5.1	Zuverlässigkeits-kenngröße	Funktion der Beobachtungswerte, die eine Eigenschaft der Häufigkeitsverteilung eines Zuverlässigkeitsmerkmals (1.5) charakterisiert. **Anmerkung:** Gebräuchliche Zuverlässigkeitskenngrößen enthält Abschnitt 3.3.
1.5.2	Zuverlässigkeits-parameter	Größe zur Kennzeichnung der Wahrscheinlichkeitsverteilung eines Zuverlässigkeitsmerkmals (1.5). **Anmerkung:** Gebräuchliche Zuverlässigkeitsparameter enthalten die Abschnitte 3.4 und 3.5. Sie werden durch Zuverlässigkeitskenngrößen geschätzt.
1.6	Zuverlässigkeits-forderung	Gesamtheit der betrachteten Einzelforderungen an die Beschaffenheit einer Einheit, die das Verhalten der Einheit während oder nach vorgegebenen Zeitspannen bei vorgegebenen Anwendungsbedingungen betreffen, und zwar in der betrachteten Konkretisierungsstufe der Einzelforderungen. **Anmerkung 1:** Die Zuverlässigkeitsforderung ist Teil der Qualitätsforderung (siehe DIN 55 350 Teil 11) und durchläuft im Zuge der Zuverlässigkeitsplanung im allgemeinen mehrere Konkretisierungsstufen. In verschiedenen Konkretisierungsstufen sind die Anteile der festgelegten und der vorausgesetzten Einzelforderungen unterschiedlich.

Nr.	Benennung	Definition
		Anmerkung 2: Sowohl die vorgegebenen Zeitspannen als auch die vorgegebenen Anwendungsbedingungen sind wichtige Voraussetzungen für die Planung der Zuverlässigkeitsforderung, nicht aber ihr Bestandteil. **Anmerkung 3:** Einzelheiten zur Planung der Zuverlässigkeitsforderung finden sich z.B. in DIN ISO 9001, DIN ISO 9004 und in DIN IEC 300.

Nr.	Benennung	Definition
2.	Zustände und Ereignisse	
2.1	Zustandsbegriffe	
2.1.1	Zustand state état	Beschaffenheit (1.2) einer Einheit (1.1) zum Betrachtungszeitpunkt. **Anmerkung:** Der vorgegebene Zustand im Sinne der Festlegung von Toleranzbereichen für die zu betrachtenden Merkmale betrifft Grenzwerte und soll zur Vermeidung von Verwechslungen mit Sollwerten nicht "Sollzustand" genannt werden.
2.1.2	Funktionsfähigkeit	Fähigkeit einer Einheit, eine geforderte Funktion unter vorgegebenen Anwendungsbedingungen zu erfüllen.
2.1.3	Abweichung deviation écart	Allgemein: Unterschied zwischen einem Merkmalswert oder einem dem Merkmal zugeordneten Wert und einem Bezugswert. Bei einem quantitativen Merkmal: Merkmalswert oder ein dem Merkmal zugeordneter Wert minus Bezugswert. (aus: DIN 55 350 Teil 12/04.86 (z.Z. Entwurf)).
2.1.4	Fehler nonconformity nonconformité	Nichterfüllung einer Forderung (aus: DIN 55350 Teil 11/05.87). **Anmerkung 1:** Der Fehler kennzeichnet einen Zustand, z.B. eine nicht zugelassene Abweichung. **Anmerkung 2:** Für ein und dieselbe Einheit können je nach Betrachtung verschiedene Forderungen vorgegeben werden, z.B. bei Hardware Annahmekriterien für die Eingangsprüfung oder Ausfallkriterien in einer Zuverlässigkeitsbetrachtung.

Nr.	Benennung	Definition
		Anmerkung 3: Je nach Verursachung hinsichtlich der Phasen des Qualitäts kreises (siehe DIN 55350 Teil 11) kann man unterscheiden: - Planungs-/Spezifikationsfehler - Entwurfs-/Entwicklungsfehler - Fertigungsfehler - Montagefehler - Fehlerhafte Prüfung - Implementierfehler - usw. Solche Fehler führen zu fehlerhaften Endprodukten. Sie können die Zuverlässigkeit verschlechtern, wenn sie nicht vor Anwendungsbeginn (3.1.4) behoben werden.
2.1.5	Fehlerkriterium nonconformity criterion critère de nonconformité	Festlegung zur Feststellung, ob ein Fehler vorliegt. **Anmerkung:** Für quantitative Merkmale sind dies beispielsweise Grenzwerte, Grenzabweichungen, Toleranzen (siehe DIN 55350 Teil 12/04.86 (z.Z. Entwurf)).
2.1.6	Störung deficiency, trouble défaut	Fehlende, fehlerhafte oder unvollständige Erfüllung einer geforderten Funktion durch die Einheit.
2.2	Ereignisbegriffe	
2.2.1	Ereignis event evènement	Übergang von einem in einen anderen Zustand (2.1.1)
2.2.2	Änderung change variation	Entstehen einer Abweichung (2.1.3) gegenüber dem Merkmalswert bei Betrachtungsbeginn.
2.2.3	Versagen malfunction malfonctionnement	Entstehen einer Störung (2.1.6) bei zugelassenem Einsatz (siehe Anwendung (3.1.2)) aufgrund einer in der Einheit selbst liegenden Ursache.

Nr.	Benennung	Definition
		Anmerkung 1: Bei Systemen kommen als Ursache des Versagens alle Elemente einschließlich des Menschen in Betracht. **Anmerkung 2:** Fälle von Versagen sind Gegenstand von Zuverlässigkeitsbe trachtungen. **Anmerkung 3:** Versagen entsteht, wenn ein Fehler bei zugelassenem Einsatz der Einheit wirksam wird.
2.2.4	Ausfall failure défaillance	Beendigung der Funktionsfähigkeit (2.1.2) einer materiellen Einheit im Rahmen der zugelassenen Beanspruchung. **Anmerkung:** Der Ausfall führt zum Versagen, wenn die Erfüllung der geforderten Funktion verlangt wird.
2.2.5	Ausfallkriterium failure criterion critère de défaillance	Festlegung zur Feststellung, ob ein Ausfall vorliegt.
2.2.6	Ausfallzeitpunkt instant of failure instant de l'apparition de la dèfaillance	Tatsächlicher Zeitpunkt des Ausfalls (2.2.4). **Anmerkung 1:** Wenn der tatsächliche Ausfallzeitpunkt nicht feststellbar ist, muß ein fiktiver Ausfallzeitpunkt festgelegt werden (z.B. der Zeitpunkt des Versagens). **Anmerkung 2:** Die Zeitpunkte von Störung bzw. Versagen ergeben sich unmittelbar aus dem Augenblick der Störung bzw. des Versagens.
2.3	Ausfallaspekte	
2.3.1	Aspekte des Beeinträchtigungsumfangs	
2.3.1.1	Vollausfall complete failure défaillance complète	Ausfall (2.2.4), der alle Funktionen einer Einheit betrifft.

Nr.	Benennung	Definition
		Anmerkung 1: Ein Vollausfall, der gleichzeitig ein Sprungausfall (2.3.2.1) ist, wird im Englischen auch "catastrophic failure" genannt. **Anmerkung 2:** Bei komplexen Systemen mit Hard- und Software kann für diesen Begriff die Benennung "Vollversagen" benutzt werden.
2.3.1.2	Teilausfall partial failure défaillance partielle	Ausfall (2.2.4), der nicht alle Funktionen einer Einheit betrifft. **Anmerkung 1:** Ein Teilausfall, der gleichzeitig ein Driftausfall (2.3.2.2) ist, wird im Englischen auch "degradation failure" genannt. **Anmerkung 2:** Bei komplexen Systemen mit Hard- und Software kann für diesen Begriff die Benennung "Teilversagen" benutzt werden.
2.3.2	Aspekte der Änderungsgeschwindigkeit	
2.3.2.1	Sprungausfall sudden failure défaillance soudaine	Ausfall (2.2.4) aufgrund einer schnellen Änderung (2.2.2) von Merkmalswerten. **Anmerkung 1:** Die Abgrenzung zwischen schnellen und langsamen Änderungen ist in Beziehung zu den Beobachtungsabständen vorzunehmen. **Anmerkung 2:** Ein Sprungausfall, der gleichzeitig ein Vollausfall (2.3.1.1) ist, wird im Englischen auch "catastrophic failure" genannt.
2.3.2.2	Driftausfall gradual failure defaillance progressive	Ausfall (2.2.4) aufgrund einer langsamen Änderung (2.2.2) von Merkmalswerten. **Anmerkung 1:** Die Abgrenzung zwischen schnellen und langsamen Änderungen ist in Beziehung zu den Beobachtungsabständen vorzunehmen. **Anmerkung 2:** Nur bei Driftausfällen können Aussagen über den Verlauf der Änderung gemacht werden, z.B. um den Ausfallzeitpunkt abzuschätzen.

Nr.	Benennung	Definition
		Anmerkung 3: Ein Driftausfall, der gleichzeitig ein Teilausfall (2.3.1.2) ist, wird im Englischen auch "degradation failure" genannt.
2.3.3	Aspekte der Ausfallursache	
2.3.3.1	Entwurfsbedingter Ausfall design failure défaillance de conception	Ausfall (2.2.4) aufgrund von Entwurfsfehlern (siehe 2.1.4)
2.3.3.2	Fertigungsbedingter Ausfall manufacturing failure défaillance de fabrication	Ausfall (2.2.4) aufgrund von Fertigungsfehlern (siehe 2.1.4).
2.3.3.3	Abnutzungsausfall wear out failure usure	Ausfall (2.2.4), der durch Abnutzung verursacht wird. **Anmerkung:** Der Begriff Abnutzung (siehe DIN 31 051) ist hier als Oberbegriff für Alterung (siehe DIN 50035), Verschleiß (siehe DIN 50320) und Materialverbrauch verwendet.
2.3.3.4	Intermittierender Ausfall intermittent failure défaillance intermittente	Ausfall (2.2.4) aufgrund von Mechanismen, die zeitweilig zu reversiblen Änderungen (2.2.2) von Merkmalswerten führen.
2.4	Betriebsphasen mit definiertem Ausfallverhalten	
2.4.1	Frühausfallphase early failure period période de defaillance precoce	Anfangsbereich der Betriebsdauer (3.1.8), wenn dort eine wesentlich höhere Ausfallrate (3.4.1) als im nachfolgenden Bereich der Betriebsdauer auftritt.

Nr.	Benennung	Definition
2.4.2	Phase konstanter Ausfallrate constant failure rate period	Bereich der Betriebsdauer (3.1.8) mit nahezu konstanter Ausfallrate (3.4.1).
2.4.3	Spätausfallphase	Endbereich der Betriebsdauer (3.1.8), wenn dort eine ständig zunehmende Ausfallrate (3.4.1) auftritt.

Nr.	Benennung	Definition
3.	Merkmale für Zuverlässigkeitsbetrachtungen	
3.1	Zeitpunkte, Zeitspannen	
3.1.1	Erfassungsbeginn	Kalenderzeitpunkt, ab dem Daten für eine Zuverlässigkeitsbetrachtung erfaßt werden.
3.1.2	Anwendung	Einsatz einer Einheit unter den vorgegebenen Anwendungsbedingungen. **Anmerkung:** Der Einsatz der Einheit schließt gegebenenfalls Zeitspannen ein, in denen die Einheit nicht betrieben wird.
3.1.3	Anwendungsdauer	Zeitspanne der Anwendung (3.1.2) **Anmerkung:** Die Anwendungsdauer kann den gesamten Einsatz der Einheit umfassen oder einen betrachteten Teil davon.
3.1.4	Anwendungsbeginn	Beginn der Anwendungsdauer (3.1.3).
3.1.5	Klardauer	Intervall der Anwendungsdauer (3.1.3), das nicht durch Versagen (2.2.3) unterbrochen ist. **Anmerkung:** Die Klardauer kann Betriebspausen (3.1.10) enthalten.
3.1.6	Unklardauer	Intervall der Anwendungsdauer (3.1.3) ab dem Zeitpunkt des Versagens (2.2.3), in dem die geforderte Funktion nicht erfüllt werden kann.
3.1.7	Geforderte Anwendungsdauer	Anwendungsdauer (3.1.3), in welcher der Anwender die Erfüllung der geforderten Funktion verlangt.
3.1.8	Betriebsdauer	Intervall der Anwendungsdauer (3.1.3), in dem die geforderte Funktion erfüllt wird. **Anmerkung 1:** In der Regel wird die Einheit während der geforderten Anwendungsdauer (3.1.7) betrieben. **Anmerkung 2:** Die Betriebsdauer ist zu unterscheiden von der Klardauer (3.1.5), die Betriebspausen (3.1.10) enthalten kann.

Nr.	Benennung	Definition
3.1.9	Störungsdauer	Intervall der geforderten Anwendungsdauer (3.1.7), in dem eine Störung (2.1.6) besteht.
3.1.10	Betriebspause	Intervall der Anwendungsdauer (3.1.3), in dem der Anwender die Erfüllung der geforderten Funktion nicht verlangt.
3.1.11	Lebensdauer	Betriebsdauer (3.1.8) einer nicht instandzusetzenden Einheit vom Anwendungsbeginn (3.1.4) bis zum Zeitpunkt des Ausfalls (2.2.4). **Anmerkung 1:** Es ist international üblich und im Hinblick auf die Vergleichbarkeit von Zuverlässigkeitsbetrachtungen sinnvoll, die Lebensdauer nicht mit der Klardauer zu definieren, weil die Klardauer Betriebspausen enthalten kann. **Anmerkung 2:** Bei instandzusetzenden Einheiten wird statt des Begriffs Lebensdauer der Begriff Brauchbarkeitsdauer (3.1.12) verwendet.
3.1.12	Brauchbarkeits-dauer	Intervall der Anwendungsdauer (3.1.3), während dem die Zuverlässigkeitsforderung (1.6) erfüllt wird.
3.1.13	Zeitspanne bis zu ersten Ausfall	Intervall der Anwendungsdauer (3.1.3) bis zum erstenAusfall (2.2.4)
3.1.14	Ausfallabstand	Intervall der Anwendungsdauer (3.1.3) zwischen zwei aufeinanderfolgenden Ausfällen. **Anmerkung:** Vom Ausfallabstand ist die Betriebsdauer zwischen zwei aufeinanderfolgenden Ausfällen zu unterscheiden.
3.2.	Bestand bei nichtinstandzusetzenden Einheiten	
3.2.1	Anfangsbestand	Anzahl der Einheiten bei Anwendungsbeginn (3.1.4), die für eine Zuverlässigkeitsbetrachtung erfaßt werden.

Nr.	Benennung	Definition
3.2.2	Bestand	Anzahl der Einheiten des Anfangsbestandes (3.2.1), deren Lebensdauern (3.1.11) eine betrachtete Betriebsdauer (3.1.8) mindestens erreichen. **Anmerkung:** Der Bestand als Funktion der Betriebsdauer ab Anwendungsbeginn (3.1.4) wird Bestandsfunktion genannt.
3.2.3	Relativer Bestand	Bestand (3.2.2) dividiert durch Anfangsbestand (3.2.1).
3.3	Zuverlässigkeitskenngrößen (1.5.1) für nichtinstandzusetzende Einheiten	
3.3.1	Ausfallhäufigkeit	Relativer Bestand (3.2.3) am Anfang minus relativer Bestand am Ende einer betrachteten Betriebsdauer (3.1.8).
3.3.2	Ausfallhäufigkeits-summe	Eins minus relativer Bestand (3.2.3) **Anmerkung:** In DIN 40040 wird anstelle "Ausfallhäufigkeitssumme" die Benennung "Ausfallsatz" verwendet.
3.3.3	Temporäre Ausfall-häufigkeit	Ausfallhäufigkeit (3.3.1) dividiert durch relativen Bestand (3.2.3) am Anfang der betrachteten Betriebsdauer (3.1.8).
3.3.4	Temporäre Ausfall-häufigkeitsdichte	Temporäre Ausfallhäufigkeit (3.3.3) dividiert durch die betrachtete Betriebsdauer (3.1.8). **Anmerkung:** Auch "Ausfallquote"
3.4	Zuverlässigkeitsparameter (1.5.2) für nichtinstandzusetzende Einheiten	
3.4.1	Ausfallrate	Mathematischer Grenzwert der Temporären Ausfallhäufigkeitsdichte (3.3.4) für eine gegen Null gehende Betriebsdauer (3.1.8).

Nr.	Benennung	Definition
3.4.2	Lebensdauerverteilung	Mathematischer Zusammenhang zwischen Ausfallwahrscheinlichkeiten (3.4.4) und Lebensdauern (3.1.11)
3.4.3	Mittlere Lebensdauer	Erwartungswert der Lebensdauerverteilung (3.4.2). **Anmerkung 1:** Der Erwartungswert wird durch den arithmetischen Mittelwert einer Stichprobe von Lebensdauern geschätzt. **Anmerkung 2:** Wenn die Lebensdauern exponentialverteilt sind (Phase der Zufallsausfälle (2.4.2)), ist die mittlere Lebensdauer gleich dem Kehrwert der Ausfallrate (3.4.1). **Anmerkung 3:** Es wird empfohlen, die Abkürzung MTTF nur für die Phase der Zufallsausfälle (2.4.2) zu verwenden.
3.4.4	Ausfallwahrscheinlichkeit	Wahrscheinlichkeit, daß die Lebensdauer (3.1.11) eine betrachtete Betriebsdauer (3.1.8) ab Anwendungsbeginn (3.1.4) nicht erreicht. **Anmerkung:** Die Ausfallhäufigkeitssumme (siehe 3.3.2) ist ein Schätzwert der Ausfallwahrscheinlichkeit.
3.4.5	Überlebenswahrscheinlichkeit	Wahrscheinlichkeit, daß die Lebensdauer (3.1.11) eine betrachtete Betriebsdauer (3.1.8) ab Anwendungsbeginn (3.1.4) mindestens erreicht. **Anmerkung:** Überlebenswahrscheinlichkeit und Ausfallwahrscheinlichkeit addieren sich zu Eins.
3.5	Zuverlässigkeitsparameter (1.5.2) für instandzusetzende Einheiten	
3.5.1	Mittlere Zeitspanne bis zum ersten Ausfall	Erwartungswert der Verteilung der Zeitspannen bis zum ersten Ausfall (3.1.13) **Anmerkung 1:** Bei nichtinstandzusetzenden Einheiten "mittlere Lebensdauer".

Nr.	Benennung	Definition
		Anmerkung 2: Der Erwartungswert wird durch den arithmetischen Mittelwert einer Stichprobe von Zeitspannen bis zum ersten Ausfall geschätzt.
3.5.2	Mittlerer Ausfallabstand	Erwartungswert der Verteilung der Ausfallabstände (3.1.14) **Anmerkung 1:** Der Erwartungswert wird durch den arithmetischen Mittelwert einer Stichprobe von Ausfallabständen geschätzt. **Anmerkung 2:** Der mittlere Ausfallabstand ist zu unterscheiden von der mittleren Betriebsdauer zwischen zwei Ausfällen (3.5.3) **Anmerkung 3:**Für den Begriff "Mittlerer Ausfallabstand" darf nicht die englische Kurzbezeichnung "MTBF" (mean time between failures) verwendet werden. Bei der Verwendung dieser Kurzbezeichnung für Zuverlässigkeitsberechnungen ist immer die mittlere Betriebsdauer zwischen zwei Ausfällen (3.5.3) gemeint.
3.5.3	Mittlere Betriebsdauer zwischen zwei Ausfällen	Erwartungswert der Verteilung der Betriebsdauern (3.1.8) zwischen zwei aufeinanderfolgenden Ausfällen. **Anmerkung 1:** Der Erwartungswert wird durch den arithmetischen Mittelwert einer Stichprobe von Betriebsdauern zwischen zwei Ausfällen geschätzt. **Anmerkung 2:** In der Phase der Zufallsausfälle (2.4.2) ist die mittlere Betriebsdauer zwischen zwei Ausfällen gleich dem Kehrwert der Ausfallrate (3.4.1). In dieser Phase kann der Erwartungswert auch mit dem Quotienten aus der Summe der beobachteten Betriebsdauern und der Anzahl der beobachteten Ausfälle geschätzt werden. **Anmerkung 3:** Englische Kurzbezeichnung "MTBF" (mean time between failures). Die Kurzbezeichnung "MTBF" sollte nur für die Phase der Zufallsausfälle verwendet werden.

Nr.	Benennung	Definition
3.5.4	Mittlere Klardauer	Erwartungswert der Verteilung der Klardauern (3.1.5) **Anmerkung 1:** Der Erwartungswert wird durch den arithmetischen Mittelwert einer Stichprobe von Klardauern geschätzt. **Anmerkung 2:** Die mittlere Klardauer ist zu unterscheiden von der mittleren Betriebsdauer zwischen zwei Ausfällen, da Klardauern auch Betriebspausen enthalten können. **Anmerkung 3:** Englische Kurzbezeichnung "MUT" (mean uptime). **Anmerkung 4:** Die mittlere Klardauer soll für Verfügbarkeitsberechnungen nicht verwendet werden, weil sie sich nicht nur auf die geforderte Anwendungsdauer (3.1.7) bezieht und damit die Berechnungsergebnisse nicht vergleichbar sind.
3.5.5	Mittlere Unklardauer	Erwartungswert der Verteilung der Unklardauern (3.1.6) **Anmerkung 1:** Der Erwartungswert wird durch den arithmetischen Mittelwert einer Stichprobe von Unklardauern geschätzt. **Anmerkung 2:** Die mittlere Unklardauer ist zu unterscheiden von der mittleren Störungsdauer (3.5.6) **Anmerkung 3:** Für den Begriff "Mittlere Unklardauer" darf nicht die englische Kurzbezeichnung "MDT" (mean downtime) verwendet werden. Bei der Verwendung dieser Kurzbezeichnung für Zuverlässigkeitsberechnungen ist immer die mittlere Störungsdauer (3.5.6) gemeint.
3.5.6	Mittlere Störungsdauer	Erwartungswert der Verteilung der Störungsdauern (3.1.9). **Anmerkung:** Englische Kurzbezeichnung "MDT" (mean downtime).
3.5.7	Momentane Verfügbarkeit	Wahrscheinlichkeit, eine Einheit zu einem vorgegebenen Zeitpunkt der geforderten Anwendungsdauer (3.1.7) in einem funktionsfähigen Zustand anzutreffen.

Nr.	Benennung	Definition
		Anmerkung: In der Praxis wird hierfür als Schätzwert der Quotient aus Betriebsdauer (3.1.8) und geforderter Anwendungsdauer verwendet.
3.5.8	Stationäre Verfügbarkeit	Mittlere Betriebsdauer zwischen zwei Ausfällen (3.5.3) dividiert durch die Summe aus mittlerer Betriebsdauer zwischen zwei Ausfällen und mittlerer Störungsdauer (3.5.6) **Anmerkung 1:** Die stationäre Verfügbarkeit ist identisch mit einer zeitunabhängigen momentanen Verfügbarkeit. **Anmerkung 2:** In der Praxis wird hierfür als Schätzwert der Quotient aus Betriebsdauer (3.1.8) und geforderter Anwendungsdauer (3.1.7) verwendet.
3.5.9	Instandhaltbarkeit maintainability maintenabilité	Beschaffenheit einer Einheit bezüglich ihrer Eignung für die Instandhaltung bei festgelegten Mitteln und Verfahren. **Anmerkung:** Die Instandhaltbarkeit beeinflußt wesentlich die Unklardauer (3.1.6).

Nr.	Benennung	Definition
4.	Bestimmungs- und Einflußfaktoren auf Zuverlässigkeitskenngrößen	
4.1	Beanspruchungen	
4.1.1	Beanspruchung stress contrainte	Gesamtheit oder Teilgesamtheit der Einwirkungen, denen die Einheit ausgesetzt sein kann. **Anmerkung 1:** Eine Beanspruchung muß sich nicht ungünstig auf die Erfüllung der Zuverlässigkeitsforderung (1.6) auswirken. **Anmerkung 2:** Bei den für Zuverlässigkeitsbetrachtungen relevanten Einwirkungen sind Intensität, Dauer und Verlauf von Bedeutung. **Anmerkung 3:** Je nach Betrachtung unterscheidet man beispielsweise - Beanspruchung zur Voralterung - Beanspruchung bei der Herstellung - Beanspruchung durch Lagerung - Beanspruchung durch Transport - Beanspruchung durch Betrieb **Anmerkung 4:** Von der Benutzung der Benennung "Betriebsbeanspruchung" wird abgeraten, weil sich im Betrieb die Beanspruchungen ständig ändern können.
4.1.1.1	Nennbeanspruchung nominal stress contrainte nominale	Beanspruchung, bei der die einer Zuverlässigkeitskenngröße (1.5.1) zugrundeliegenden Beobachtungswerk eines Zuverlässigkeitsmerkmals (1.5) mit den Nennwerten (siehe DIN 55 350 Teil 12/04.86 (z.Z. Entwurf)) übereinstimmen.
4.1.1.2	Istbeanspruchung actual stress contrainte actuelle	Tatsächliche Beanspruchung bei der Betrachtung.

Nr.	Benennung	Definition
4.1.2	Beanspruchungs- verhältnis stress ratio	Istwert einer Einwirkung dividiert durch den Nennwert. **Anmerkung:** Bei relevanten Einwirkungen kann durch eine Verringerung des Beanspruchungsverhältnisses eine Verbesserung der Zuverlässigkeit herbeigeführt werden; z.B. Temperatureinwirkung bei elektronischen Bauelementen.
4.2	Bestimmungsfaktoren für die Auslegung der Einheit	
4.2.1	Redundanz redundancy redondance	Vorhandensein von mehr funktionsfähigen Mitteln in einer Einheit, als für die Erfüllung der geforderten Funktion notwendig sind. **Anmerkung 1:** Wieviel Mittel ohne Redundanz notwendig sind, hängt vom Einzelfall ab. **Anmerkung 2:** Die Aufrechterhaltung der Redundanz erfordert die Instandhaltung, d.h. die Überwachung, die Erhaltung und bei Versagen (2.2.3) die Wiederherstellung der Funktionsfähigkeit aller Mittel.
4.2.2	Funktionsbe- teiligte Re- dundanz active redun- dancy redondance active	Redundanz ((4.2.1), bei der alle Mittel gleichzeitig an der Erfüllung der geforderten Funktion beteiligt sind. **Anmerkung:** Auch "aktive Redundanz" oder "heiße Redundanz"
4.2.3	Nicht funktions- beteiligte Re- dundanz standby redun- dancy redondance passive	Redundanz (4.2.1), bei der zusätzliche Mittel erst bei Ausfall aktiver Mittel an der Erfüllung der geforderten Funktion beteiligt werden. **Anmerkung:** Auch "Standby-Redundanz", "passive Redundanz" oder "kalte Redundanz".
4.2.4	Operationspfad operation path	Kette von Vorgängen, mit der eine geforderte Funktion oder Teilfunktion

Nr.	Benennung	Definition
4.2.5	Vermaschte Redundanz intermeshing	Redundanz (4.2.1) durch Erhöhung der Anzahl der Operationspfade mittels Querverbindungen.
4.2.6	Homogene Redundanz homogeneous redundancy	Redundanz (4.2.1), bei der die Mittel gleichartig sind.
4.2.7	Diversitäre Redundanz diversity	Redundanz (4.2.1), bei der die Mittel ungleichartig sind. **Anmerkung 1:** Die ungleichartigen Mittel können z.B. sein: - Anwendung anderer physikalischer Prinzipien, - andere Lösungswege für die gleiche Funktion, - andere Auslegung. **Anmerkung 2:** Verschiedentlich (weniger anschaulich) "Diversität".
4.3	Fertigungsbezogene Bestimmungsfaktoren	
4.3.1	Voraltern pre-aging	Zweckmäßig ausgewähltes Beanspruchen bei einem Fertigungslos, um Einheiten, die für Frühausfälle anfällig sind, aussortieren zu können.
4.3.1.1	Einlaufen run-in	Voraltern bei einer Beanspruchung (4.1.1), wie sie in der Nutzungsphase zu erwarten ist. **Anmerkung:** Der Begriff "Einlaufen" wird gelegentlich auch in anderem Zusammenhang verwendet und bezeichnet dann Maßnahmen, die ein Betriebsmittel befähigen sollen, seine geforderte Funktion zu erfüllen.
4.3.1.2	Einbrennen burn-in	Beschleunigtes Voraltern durch erhöhte Beanspruchung (4.1.1). **Anmerkung:** Durch Einbrennen soll die Brauchbarkeitsdauer (3.1.12) nicht beeinträchtigt werden.

Nr.	Benennung	Definition
4.3.2	Sortierprüfung screening test essai de selection	100 % Prüfung (siehe DIN 55 350 Teil 17) eines Loses, um vor der Lieferung fehlerhafte oder durch Voraltern kenntlich gemachte Einheiten auszusortieren.
4.4	Einsatzbezogene Bestimmungsfaktoren	
4.4.1	Dauerbetrieb continuous operation	Betriebsart, bei der keine Unterbrechung vorgesehen ist.
4.4.2	Aussetzbetrieb intermittent operation	Betriebsart mit vorgesehenen Unterbrechungen.
4.4.3	Überlastbetrieb operation at overstress	Betrieb einer Einheit bei einem Beanspruchungsverhältnis (4.1.2) größer als Eins.
4.4.4	Nennlastbetrieb operation at nominal stress	Betrieb einer Einheit bei Nennbeanspruchung (4.1.1.1).
4.4.5	Unterlastbetrieb operation at partial stress	Betrieb einer Einheit bei einem Beanspruchungsverhältnis (4.1.2) kleiner als Eins. **Anmerkung:** In einigen Fällen kann auch eine Verringerung der Beanspruchung zur Beeinträchtigung der Zuverlässigkeit führen.
4.4.6	Instandhaltung maintenance maintenance	Maßnahmen zur Bewahrung und Wiederherstellung des Sollzustandes sowie zur Feststellung und Beurteilung des Istzustandes von technischen Mitteln eines Systems (aus: DIN 31 051/01.85).
4.4.6.	Wartung preventive maintenance entretien	Maßnahmen zur Bewahrung des Sollzustandes von technischen Mitteln eines Systems (aus: DIN 31 051/01.85).

Nr.	Benennung	Definition
		Anmerkung: Zum Sollzustand ist die Anmerkung zu Zustand (2.1.1) zu beachten.
4.4.6.2	Instandsetzung repair reparation	Maßnahmen zur Wiederherstellung des Sollzustandes von technischen Mitteln eines Systems (aus: DIN 31 051/01.85).
4.4.6.3	Inspektion inspection	Maßnahmen zur Feststellung und Beurteilung des Istzustandes von technischen Mitteln eines Systems (aus: DIN 31 051/01.85).
4.5	Maßnahmen bei Bestimmungsfaktoren	
4.5.1	Zuverlässig- keitswachstum	Anhand von Werten einer Zuverlässigkeitskenngröße (1.5.1) feststellbare, fortschreitende Verbesserung der Erfüllung von Einzelforderungen im Rahmen der Zuverlässigkeitsforderung (1.6). **Anmerkung:** Das Zuverlässigkeitswachstum ist oft auch ein Ergebnis der Qualitätsförderung (siehe DIN 55 350 Teil 11). Es kann sich über mehrere Phasen hinziehen, bis die spezifizierte Zuverlässigkeitsforderung vollständig erfüllt ist.
4.5.2	Zuverlässig- keitsver- besserung	Zuverlässigkeitswachstum (4.5.1) durch gezielte Maßnahmen bei Bestimmungsfaktoren.
4.5.3	Zuverlässig- keitslern- prozess	Zuverlässigkeitswachstum (4.5.1) durch bessere Beherrschung der Bestimmungsfaktoren aufgrund zunehmender Erfahrung.

Nr.	Benennung	Definition
5.	Aspekte zu Zuverlässigkeitsprüfungen	
5.1	Zuverlässig- keitsprüfung	Feststellen, inwieweit ein Produkt die Zuverlässigkeitsforderung (1.6) erfüllt (aus: DIN 55 350 Teil 17/08.88) **Anmerkung 1:** Die Zuverlässigkeitsprüfung ist ein Unterbegriff der Qualitätsprüfung (siehe DIN 55 350 Teil 11) **Anmerkung 2:** Die Feststellung der Erfüllung der Zuverlässigkeitsforderung kann auch unter Benutzung von Daten aus Zuverlässigkeitsprüfungen getroffen werden, die an vergleichbaren Produkten gewonnen wurden. Daten aus dem Einsatz eines Produkts unter anderen als den vorgegebenen Anwendungsbedingungen dürfen nicht zur Zuverlässigkeitsprüfung herangezogen werden.
5.2	Zuverlässigkeits- qualifikation	Nachgewiesene Erfüllung der Zuverlässigkeitsforderung (1.6). **Anmerkung 1:** Man unterscheidet vielfach die Zuverlässigkeitsqualifikation - mittels mathematisch-logischer und/oder mathematisch-physikalischer Schlußweisen (auch "Beweis"), - aufgrund der Zuverlässigkeitsforderung in einer vorgegebenen Konkretisierungsstufe (auch "Verifikation"), - bezüglich des Produktverhaltens während der Anwendung (3.1.2) (auch "Validation") **Anmerkung 2:** Es muß festgelegt sein, auf welche Zuverlässigkeitsmerkmale (1.5) sich die Zuverlässigkeitsqualifikation bezieht.

Nr.	Benennung	Definition
5.3	Beanspruchungsaspekte	
5.3.1	Zeitraffende Zuverlässigkeitsprüfung	Zuverlässigkeitsprüfung unter Beanspruchungen, die gegenüber der Nennbeanspruchung (4.1.1.1) erhöht sind, mit dem Ziel, die Prüfdauer zu verkürzen. **Anmerkung:** Für eine zeitraffende Zuverlässigkeitsprüfung müssen die Arten und Mechanismen der Ausfälle und deren Verhältnis zueinander dem Prinzip nach bekannt sein und berücksichtigt werden.
5.3.2	Raffungsfaktor time acceleration factor facteur d'accélération temporelle	Verhältnis der erforderlichen Einwirkungsdauern zweier unterschiedlicher Beanspruchungen der gleichen Art, um bei zwei Stichproben (siehe DIN 55350 Teil 14) desselben Umfangs aus demselben Los (siehe DIN 55350 Teil 31) jeweils die gleiche Anzahl von Ausfällen zu bewirken.
5.3.3	Beanspruchbarkeitsfeststellung step stress test essai sous contrainte echélonnée	Feststellen der Beanspruchbarkeit einer Einheit, wobei in aufeinanderfolgenden gleichlangen Zeitspannen eine Beanspruchung gleicher Art schrittweise erhöht wird. **Anmerkung:** Beanspruchbarkeitsfeststellungen können auch zur Bestimmung von Raffungsfaktoren (5.3.2) benutzt werden.
5.3.4	Zerstörende Zuverlässigkeitsprüfung	Zuverlässigkeitsprüfung (5.1), die dazu führt, daß die geprüfte Einheit nicht mehr anwendbar ist.
5.3.5	Zuverlässigkeits-Dauerprüfung	Zuverlässigkeitsprüfung (5.1) über eine festgelegte, längere Zeitspanne unter gleichbleibender dynamischer oder statischer Beanspruchung innerhalb der Beanspruchungsgrenzwerte.

Nr.	Benennung	Definition
5.4	Anwendungsaspekte	
5.4.1	Anwendungs-simulation	Möglichst wirklichkeitsgetreue Nachbildung der Anwendung (3.1.2).
5.4.2	Anwendungser-probung	Probeweiser Einsatz einer Einheit unter Anwendungsbedingungen, die weitgehend mit den vorgegebenen übereinstimmen.

Zitierte Normen

DIN 820 Teil 3	Normungsarbeit; Begriffe
DIN 1301 Teil 1	Einheiten; Einheitennamen, Einheitenzeichen
DIN 1313	Physikalische Größen und Gleichungen; Begriffe, Schreibweisen
DIN 25 419	Ereignisablaufanalyse; Verfahren, graphische Symbole und Auswertung
DIN 31 051	Instandhaltung; Begriffe und Maßnahmen
DIN 40 040	Anwendungsklassen und Zuverlässigkeitsangaben für Bauelemente der Nachrichtentechnik und Elektronik
DIN 50 035	Begriffe auf dem Gebiet der Alterung von Materialien
DIN 50 320	Verschleiß; Begriffe, Systemanalyse von Verschleißvorgängen, Gliederung des Verschleißgebietes
DIN 55 350 Teil 11	Begriffe der Qualitätssicherung und Statistik; Grundbegriffe der Qualitätssicherung
DIN 55 350 Teil 12	Begriffe der Qualitätssicherung und Statistik; Merkmalsbezogene Begriffe
DIN 55 350 Teil 14	Begriffe der Qualitätssicherung und Statistik; Begriffe der Probenahme
DIN 55 350 Teil 17	Begriffe der Qualitätssicherung und Statistik; Begriffe zu Qualitätsprüfungsarten
DIN 55 350 Teil 21	Begriffe der Qualitätssicherung und Statistik; Begriffe der Statistik; Zufallsgrößen und Wahrscheinlichkeitsverteilungen
DIN 55 350 Teil 23	Begriffe der Qualitätssicherung und Statistik; Begriffe der Statistik; Beschreibende Statistik
DIN 55 350 Teil 31	Begriffe der Qualitätsprüfung und Statistik; Begriffe der Annahmestichprobenprüfung

DIN ISO 9001	Qualitätssicherungssysteme; Nachweis über die Eignung der Qualitätssicherung für Entwicklung und Konstruktion, Fertigung, Montage und Kundendienst.
DIN ISO 9004	Leitfaden zu Elementen der Qualitätssicherung und eines Qualitätssicherungssystems.
DIN IEC 300	Leitfaden für das Zuverlässigkeitsmanagement.

Änderungen

Gegenüber DIN 40 041 Teil 1, Ausgabe November 1982 wurden folgende Änderungen vorgenommen:

a) Inhalt vollständig überarbeitet (Einzelheiten siehe Erläuterungen)

b) Anwendungsbereich erweitert

c) "Zuverlässigkeit" wird nun als Teil der "Qualität" verstanden. Damit ergeben sich zahlreiche Bezüge zu DIN 55 350.

Erläuterungen

Dieser Norm-Entwurf wurde ausgearbeitet vom Komitee 132 "Zuverlässigkeit" der Deutschen Elektrotechnischen Kommission im DIN und VDE (DKE).

Für die Festlegungen in dieser Norm wurden die Erfahrungen angewendet, die mit den Vornormen DIN 40 041 "Zuverlässigkeit elektrischer Bauelemente; Begriffe", Ausgabe Oktober 1967 und DIN 40 042 "Zuverlässigkeit elektrischer Geräte, Anlagen und Systeme; Begriffe", Ausgabe Juni 1970 (beide inzwischen zurückgezogen) gesammelt wurden. Auch die Erfahrungen mit den 5 Teilen zur Folgeausgabe zu DIN 40 041 (Teil 1 als Vornorm, Teil 2 bis 5 als Entwurf) sind in diese Norm eingeflossen.

Darüber hinaus wurde der derzeitige Stand der nationalen und internationalen Normung der Begriffe auf diesem Gebiet berücksichtigt. Dazu gehören DIN 55 350, insbesondere die Teile 11, 12 und 17, ferner IEC 271 (wird z. Z. überarbeitet) und das Kapitel 191 "Reliability, Maintainability und Quality of Service" des Internationalen Elektrotechnischen Wörterbuchs IEV (z. Z. Entwurf).

Daraus ergaben sich unterschiedliche Randbedingungen:

- Im nationalen Bereich war die vollständige inhaltliche Übereinstimmung in Überschneidungsbereichen sicherzustellen.

- Im internationalen Bereich war die spätere Harmonisierung bestmöglich, wenigstens durch Widerspruchsfreiheit vorzubereiten.

Die wesentliche Überschneidung im nationalen Bereich besteht beim Begriff "Zuverlässigkeit" selbst. Da Zuverlässigkeit nach allgemeinem Verständnis ein Teil der Qualität ist, erscheint dieser Begriff folgerichtig auch in der Normenreihe DIN 55 350 "Begriffe der Qualitätssicherung und Statistik". Der Zusammenhang Zuverlässigkeit - Qualität wird in der Definition der Zuverlässigkeit nachdrücklich betont und spiegelt sich auch in der Wortwahl wieder. Dadurch entsteht auf der anderen Seite ein deutlicher Unterschied zum angelsächsischen Begriff "reliability", der auch in seinem qualitativen Begriffsinhalt nur die eingeschränkte Bedeutung "Funktionsfähigkeit" hat.

Dieses Dilemma liegt auf der Ebene grundsätzlicher Erwägungen und ist daher nicht auf dem Weg der nationalen Normung, sondern nur im Zug der internationalen Harmonisierung zu lösen.

Die Begriffe "Zustand" und Ereignis" werden in der vorliegenden Norm ausschließlich in Verbindung mit Zuverlässigkeitsbetrachtungen verwendet. Dabei wird der Zustand einer Einheit in Anlehnung an die Betrachtung Markoffscher Prozesse als vektorielle Zusammenfassung der Zustände ihrer Teile gesehen; Ereignisse sind hingegen grundsätzlich mit Zustandsänderungen verknüpft. Insbesondere werden Ereignisse, die die Fähigkeit einer Einheit zur Erfüllung vorgegebener Forderungen unzulässig beeinträchtigen, im Sinne dieser Norm nach Störungen, Versagen und Ausfällen differenziert. An anderer Stelle werden sie teilweise anders benannt, z. B. Störfall (siehe DIN 25 419); Fehlfunktion; Fehler (in Funktion oder Ergebnis, nicht im Sinne von 2.1.4); Schaden.

Grundsätzlich sollte immer, wenn die Beendigung der Fähigkeit zur Erfüllung einer Funktion bemerkt wird, der Ausfallbegriff in der Bedeutung der Definition 2.2.4 angewendet werden, und zwar auch dann, wenn, wie häufig bei komplexen Systemen, der Zeitpunkt des Bemerkens der Funktionsunfähigkeit nicht mit dem wahren Ausfallzeitpunkt identisch ist. Nicht immer läßt sich jedoch die Ursache für eine Funktionsunfähigkeit auf einen Ausfall in diesem engeren Sinne zurückführen. Besonders bei komplexen Systemen mit vielfältig vernetzten Ursache - Wirkungs-Beziehungen muß ein allgemeinerer Begriff gefunden werden, der sich z. B. auch auf den Menschen als Systemkomponente anwenden läßt. Als Ausweg bot sich der im Softwarebereich üblich gewordene Begriff "Versagen" (2.2.3) an, der sinnfälliger als der Ausfall auf das beobachtete Systemverhalten bezogen werden kann und den Ausfall einer Hardwareeinheit als Sonderfall mit einschließt.

Bei Ausfallbetrachtungen muß stets sorgfältig auf die Beibehaltung der Betrachtungsebene geachtet werden, um Mißverständnisse zu vermeiden. Tritt z. B. bei einem zweifach redundanten System eine Störung bei einer der beiden redundanten Baugruppen auf, so führt eine Zuverlässigkeitsbetrachtung auf Baugruppenebene zu einer Ausfallaussage für diese Baugruppe, falls die Störungsursache in ihr selbst liegt und die Beanspruchung den zulässigen Rahmen nicht überschreitet. Dagegen ist bei einer Zuverlässigkeitsbetrachtung auf Systemebene kein Ausfall vorhanden, weil die Aufgabe durch die funktionsfähig gebliebene redundante Baugruppe weiterhin ausgeführt wird.

Im Zusammenhang mit den Ausfallaspekten nach Abschnitt 2.3 ist darauf hinzuweisen, daß in der Praxis Ausfallursachen und -auswirkungen in der Regel nicht durch ein einziges Kriterium beschrieben werden können; vielmehr treten die Kriterien fast in jeder beliebigen Kombination auf. Die angegebenen Gliederungen sind daher nicht als Basis für die Bildung von Zuverlässigkeitskenngrößen gedacht, sondern als Zuordnungskriterien bei Ausfallanalysen.

Daneben trifft man gelegentlich auch die Gliederungsaspekte

- Primärausfall
- Sekundärausfall
- zu wertender Ausfall
- nicht zu wertender Ausfall

an. Dabei wird im wesentlichen danach unterschieden, ob die Ursache für den Ausfall einer Einheit in dieser selbst liegt oder nicht.

Bei den Begriffen zu den Betriebsphasen (Abschnitt 2.4) wird von dem bekannten Modell einer sogenannten "Badewannenkurve" der Ausfallrate ausgegangen. Dieses Modell trifft in der Praxis vielfach mehr oder weniger gut, in einfacher oder modifizierter Form zu. Es lassen sich jedoch auch zahlreiche Fälle anführen, in denen dieses Modell nicht gilt. In diesen Fällen sind die Begriffe daher z. T. nicht anwendbar.

Das Verhältnis der in Abschnitt 3.1 aufgeführten Zeitbegriffe zueinander ist in Bild 1 dargestellt. Die Rolle von Ausfall- bzw. Versagensereignissen innerhalb der Anwendungsdauer wird in diesem Zusammenhang besonders deutlich.

Bestimmungsfaktoren für Zuverlässigkeitskenngrößen wurden aufgeführt, wenn sie eine aktive Beeinflussung des Betriebsverhaltens durch die Auslegung oder durch die Gestaltung der Betriebsbedingungen beinhalten.

Nicht enthalten sind:

- Qualitätsmerkmale zur Beschreibung zeitunabhängiger Eigenschaften von Einheiten. Solche Qualitätsmerkmale sind beispielsweise die Fehlertoleranz, die Fehlermaskierung, die Robustheit und die Korrektheit, die speziell bei Systemen mit Software verwendet werden.

- Konstruktionsmerkmale aufgrund der Anwendung spezieller Konstruktionsprinzipien, wobei insbesondere auf das Fail-safe-Prinzip hinzuweisen ist, durch das gefährliche Ausfallauswirkungen konstruktiv verhindert werden.

- Einflußfaktoren, die sich aus den internen Wechselwirkungen in einem Mensch-Maschine-System ergeben. Hierher gehören z. B. Bedienbarkeit, Interpretierbarkeit von Anzeigen, Falschbedienung usw.

Zuverlässigkeitsprüfungen sind nach Abschnitt 5.1 eine Untergruppe der in DIN 55 350 Teil 17 umfassend definierten Qualitätsprüfungen. Zu jeder Zuverlässigkeitsprüfung gehören (Bild 2):

- vorbereitende Tätigkeiten der Prüfplanung, der Erstellung der Spezifikationen und Anweisungen für die Zuverlässigkeitsprüfung (siehe DIN 55 350, Teil 11), sowie der Bereitstellung des Prüfgegenstandes und der Prüfeinrichtung. Der Umfang dieser Vorbereitungsarbeit kann den der Prüfung selbst übersteigen,

- feststellende Tätigkeiten der Ermittlung der Werte von Zuverlässigkeitsmerkmalen, wobei darauf hinzuweisen ist, daß in manchen Fällen die Zuverlässigkeit einer Einheit auch ohne Zuverlässigkeitsprüfung auf indirektem Weg ermittelt werden kann, z. B. durch Beurteilung ihrer Auslegung, der Bauweise oder der Komponentenauswahl,

- vergleichende Tätigkeiten zur Feststellung, inwieweit festgelegte Zuverlässigkeitsforderungen erfüllt werden,

- auswertende Tätigkeiten zum Nachweis der Erfüllung von Zuverlässigkeitsforderungen aufgrund von Prüfergebnissen.

Der Zusammenhang zwischen den in Anmerkung 1 zu 5.2 erwähnten Begriffen "Beweis", "Verifikation", "Validation" ist in Bild 3 dargestellt. Es ist darauf hinzuweisen, daß diese Begriffe, wie bereits aus Bild 2 hervorgeht, ein positives Auswertungsergebnis implizieren: von Verifikation oder Validation kann nur dann gesprochen werden, wenn beim Vergleich der Beschaffenheit der Einheit mit der Zuverlässigkeitsforderung in ihren verschiedenen Konkretisierungsstufen (vgl. 1.6) Übereinstimmung festgestellt wird.

Die in den Abschnitten 5.3 und 5.4 aufgeführten Besanspruchungs- und Anwendungsaspekte treten bei Zuverlässigkeitsprüfungen je nach den Prüfzielen stets in unterschiedlichen Kombinationen auf, wobei sich einzelne Aspekte gegenseitig ausschließen können.

Die Begriffe

Kurzzeitprüfung
Langzeitprüfung
Prüfung bei konstanter Beanspruchung
Prüfung bei wechselnder Beanspruchung,

die für die Zuverlässigkeit von Bedeutung sind, sind selbsterklärend.

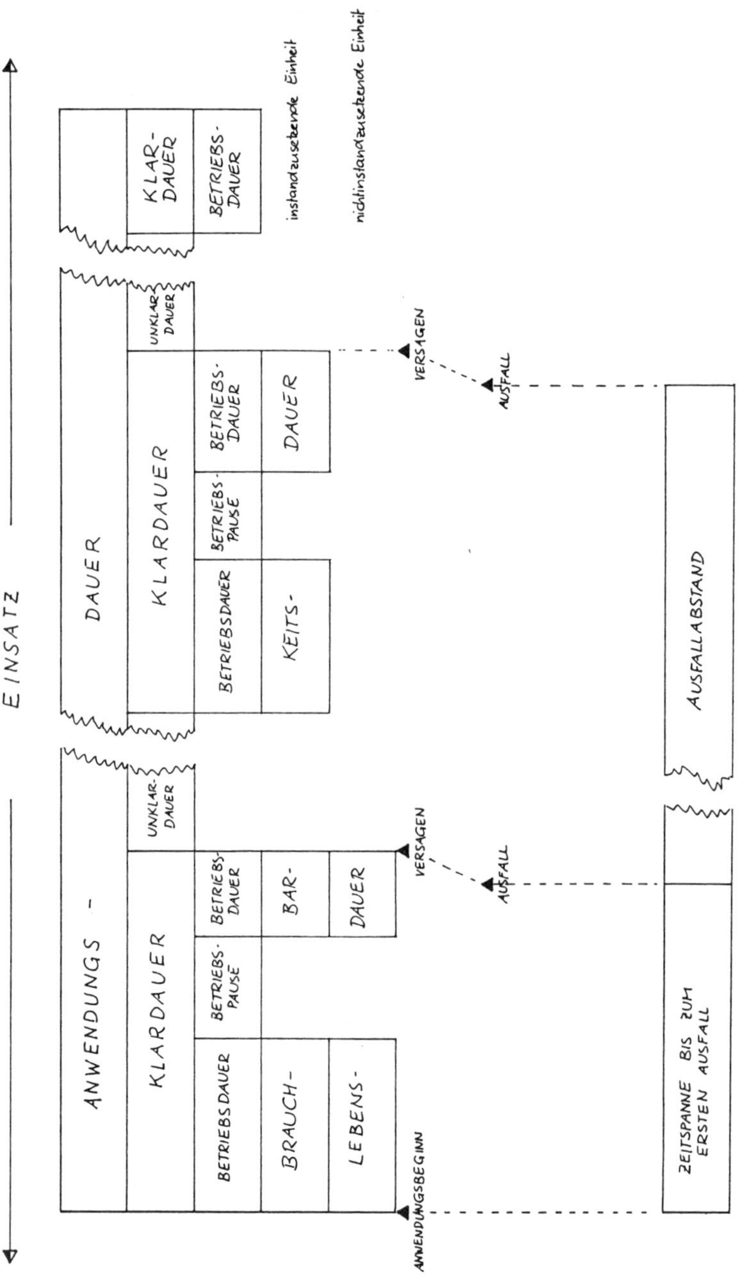

Bild 1. Zeitbegriffe

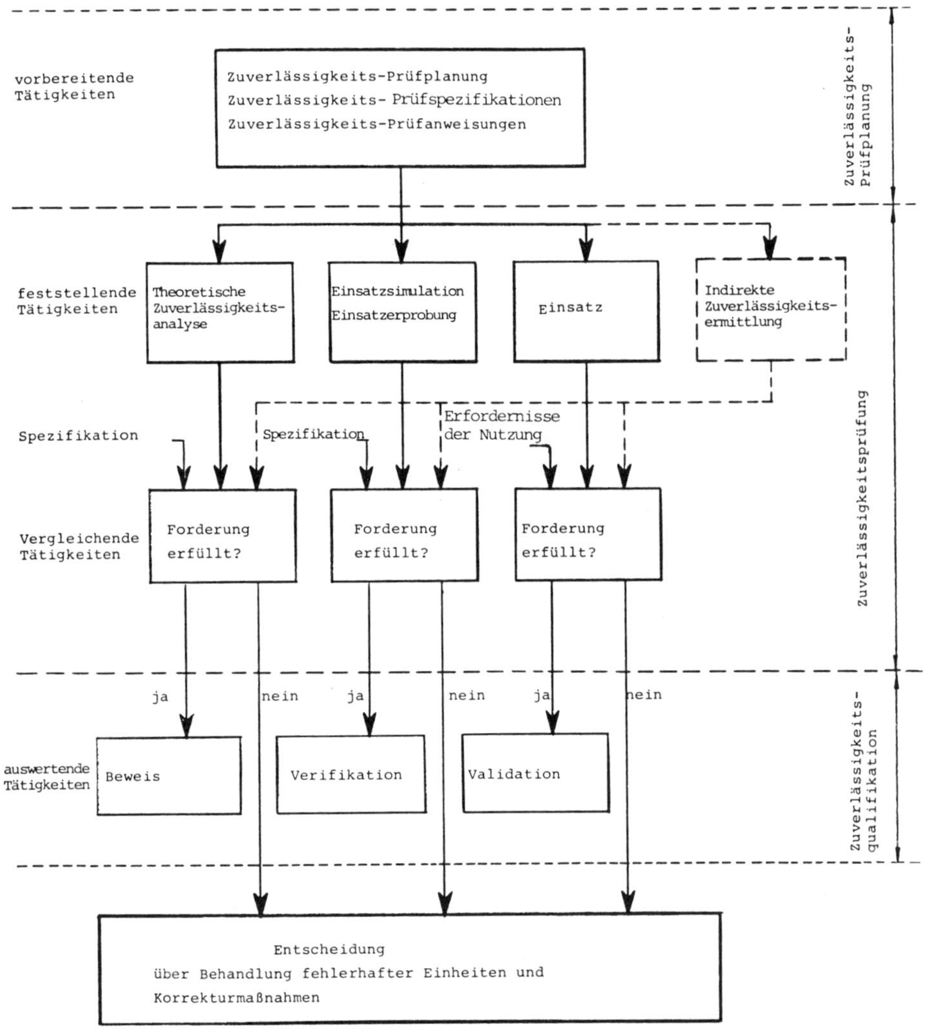

Bild 2. Schritte der Zuverlässigkeitsprüfung

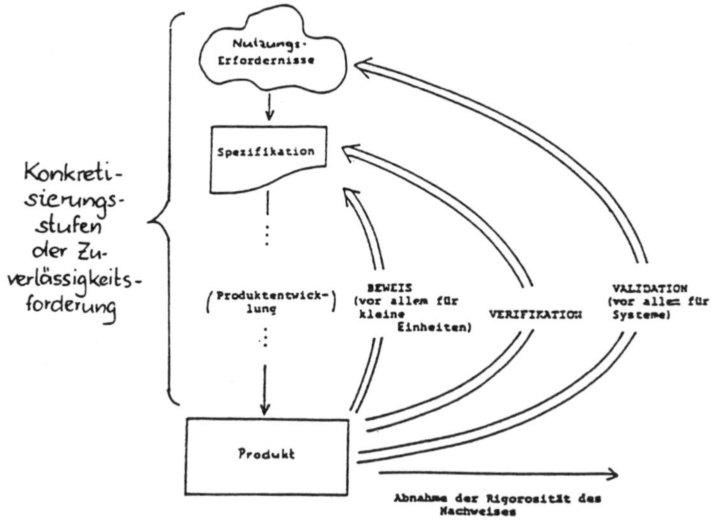

Bild 3. Verschiedene Aspekte der Zuverlässigkeitsqualifikation

Stichwortverzeichnis (Benennungen in deutscher Sprache)

Dieses Verzeichnis enthält auch Benennungen, die nur in Anmerkungen vorkommen.

Abnutzungsausfall	2.3.3.3
Abweichung	2.1.3
Änderung	2.2.2
Änderungsgeschwindigkeit	2.3.2
Aktive Redundanz	4.2.2, Anm.
Anfangsbestand	3.2.1
Anwendung	3.1.2
Anwendungsbeginn	3.1.4
Anwendungsdauer	3.1.3
Anwendungserprobung	5.4.2
Anwendungssimulation	5.4.1
Ausfall	2.2.4
Ausfallabstand	3.1.14
Ausfallaspekte	2.3
Ausfallhäufigkeit	3.3.1
Ausfallhäufigkeitssumme	3.3.2
Ausfallkriterium	2.2.5
Ausfallquote	3.3.4, Anm.
Ausfallrate	3.4.1
Ausfallsatz	3.3.2, Anm.
Ausfallursache	2.3.3
Ausfallwahrscheinlichkeit	3.4.4
Ausfallzeitpunkt	2.2.6
Aussetzbetrieb	4.4.2
Beanspruchung	4.1.1
Beanspruchungsverhältnis	4.1.2
Beanspruchbarkeitsfeststellung	5.3.3
Beeinträchtigungsumfang	2.3.1
Beschaffenheit	1.2
Bestand	3.2.2
Bestimmungsfaktoren	4.
Betriebsdauer	3.1.8
Betriebspause	3.1.10
Beweis	5.2, Anm.
Brauchbarkeitsdauer	3.1.12

Dauerbetrieb 4.4.1
Diversitäre Redundanz 4.2.7
Diversität 4.2.7, Anm.
Driftausfall 2.3.2.2

Einbrennen 4.3.1.2
Einflußfaktoren 4.
Einheit 1.1
Einlaufen 4.3.1.1
Entwurfsbedingter Ausfall 2.3.3.1
Ereignis 2.2.1
Erfassungsbeginn 3.1.1

Fehler 2.1.4
Fehlerkriterium 2.1.5
Fertigungsbedingter Ausfall 2.3.3.2
Frühausfallphase 2.4.1
Funktionsbeteiligte Redundanz 4.2.2
Funktionsfähigkeit 2.1.2

Geforderte Anwendungsdauer 3.1.7

Heiße Redundanz 4.2.2, Anm.
Homogene Redundanz 4.2.6

Inspektion 4.4.6.3
Instandhaltbarkeit 3.5.9
Instandhaltung 4.4.6
Instandsetzung 4.4.6.2
Instandzusetzende Einheit 1.1, Anm. 5
Intermittierender Ausfall 2.3.3.4
Istbeanspruchung 4.1.1.2

Kalte Redundanz 4.2.3, Anm.
Klardauer 3.1.5

Lebensdauer 3.1.11
Lebensdauerverteilung 3.4.2

MDT 3.5.6, Anm.
Mittlere Betriebsdauer zwischen zwei Ausfällen 3.5.3
Mittlere Klardauer 3.5.4
Mittlere Lebensdauer 3.4.3
Mittlere Störungsdauer 3.5.6
Mittlere Unklardauer 3.5.5
Mittlere Zeitspanne bis zum ersten Ausfall 3.5.1
Mittlerer Ausfallabstand 3.5.2
Momentane Verfügbarkeit 3.5.7
MTBF 3.5.3, Anm. 3
MUT 3.5.4, Anm. 3

Nennbeanspruchung 4.1.1.1
Nennlastbetrieb 4.4.4
Nicht funktionsbeteiligte Redundanz 4.2.3
Nichtinstandzusetzende Einheit 1.1, Anm. 5

Operationspfad 4.2.4

Passive Redundanz 4.2.3, Anm.
Phase der Zufallsausfälle 2.4.2

Qualität 1.3

Raffungsfaktor 5.3.2
Redundanz 4.2.1
Relativer Bestand 3.2.3

Sortierprüfung 4.3.2
Spätausfallphase 2.4.3
Sprungausfall 2.3.2.1
Standby - Redundanz 4.2.3, Anm.
Stationäre Verfügbarkeit 3.5.8
Störung 2.1.6
Störungsdauer 3.1.9

DK 621.3 : 001.4 Oktober 1981

Nennwert, Grenzwert, Bemessungswert, Bemessungsdaten

Begriffe

DIN 40 200

Nominal value, limiting value, rated value, rating – concepts

Valeur nominale, valeur limite, valeur assignée, caractéristiques assignées – notions

Zusammenhang mit der von der Internationalen Elektrotechnischen Kommission (IEC) herausgegebenen Publikation 50 (151) (1978), siehe Erläuterungen.

1 Anwendungsbereich und Zweck

Zweck dieser Norm ist es, die einheitliche Anwendung der Benennungen und Definitionen der Begriffe -04-01 bis -04 aus der IEC-Publikation 50 (151) in deutschen Normen und anderen Texten zu sichern.

2 Benennungen und Definitionen

Die englischen und französischen Benennungen und Definitionen wurden aus der IEC-Publikation 50 (151) entnommen und stellen keine Übersetzung aus dem Deutschen dar.

Nr	Benennung	Definition
1	**Nennwert** *)	Ein geeigneter gerundeter Wert einer Größe zur Bezeichnung oder Identifizierung eines Elements, einer Gruppe oder einer Einrichtung.
	E *nominal value*	*A suitable approximate quantity value used to designate or identify a component, device or equipment.*
	F *valeur nominale* *valeur de dénomination*	*Valeur approchée appropriée d'une grandeur, utilisée pour dénommer ou identifier un composant, un dispositif ou un matériel.*
		Anmerkung 1: Element, Gruppe und Einrichtung sind Betrachtungseinheiten (nach DIN 40 150/10.79, Abschnitte 2 und 4, sowie Erläuterungen Seite 4, Absätze 5 und 6).
		Anmerkung 2: Siehe auch DIN 55 350 Teil 12/07.78, Nr 2.1 „Nennwert".
2	**Grenzwert**	Der in einer Festlegung enthaltene größte oder kleinste zulässige Wert einer Größe.
	E *limiting value*	*In a specification, the greatest or smallest admissible value of one of the quantities.*
	F *valeur limite*	*Pour une grandeur figurant dans une spécification, la plus grande ou la plus petite valeur admissible.*
		Anmerkung: Siehe auch DIN 55 350 Teil 12/07.78, Nr 2.4 „Grenzwerte".

*) Siehe Seite 2, Fortsetzung der Zusammenstellung

Fortsetzung Seite 2 und 3

Deutsche Elektrotechnische Kommission im DIN und VDE (DKE)
Normenausschuß Einheiten und Formelgrößen (AEF) im DIN Deutsches Institut für Normung e. V.
Ausschuß Qualitätssicherung und angewandte Statistik (AQS) im DIN
Normenausschuß Maschinenbau (NAM) im DIN
Normenausschuß Rohre, Rohrverbindungen und Rohrleitungen (FR) im DIN

Nr	Benennung	Definition
3	**Bemessungswert** *) E *rated value* F *valeur assignée*	Ein für eine vorgegebene Betriebsbedingung geltender Wert einer Größe, der im allgemeinen vom Hersteller für ein Element, eine Gruppe oder eine Einrichtung festgelegt wird. *A quantity value assigned, generally by a manufacturer, for a specified operating condition of a component, device or equipment.* *Valeur d'une grandeur fixée généralement par le constructeur pour un fonctionnement spécifié d'un composant, d'un dispositif ou d'un matériel.* Anmerkung: Element, Gruppe und Einrichtung sind Betrachtungseinheiten (nach DIN 40 150/10.79, Abschnitte 2 und 4, sowie Erläuterungen Seite 4, Absätze 5 und 6).
4	**Bemessungsdaten** E *rating* F *caractéristiques assignées* (veraltet: *régime nominale*)	Zusammenstellung von Bemessungswerten und Betriebsbedingungen. *The set of rated values and operating conditions.* *Ensemble des valeurs assignées et des conditions de fonctionnement.*

*) Es gibt Fälle, in denen Nennwert und Bemessungswert den gleichen Wert haben; dann ist derjenige Begriff festzulegen, dessen Definition zutrifft.

Zitierte Normen und Unterlagen

DIN 40 150 Begriffe zur Ordnung von Funktions- und Baueinheiten

DIN 55 350 Teil 12 Begriffe der Qualitätssicherung und Statistik; Begriffe der Qualitätssicherung; Merkmalsbezogene Begriffe

IEC-Publikation 50 (151) Electrical and magnetic devices

Weitere Normen

DIN 5490 Gebrauch der Wörter bezogen, spezifisch, relativ, normiert und reduziert

DIN 7182 Teil 1 Toleranzen und Passungen; Grundbegriffe

DIN 40 002 Nennspannungen von 100 V bis 380 kV

Erläuterungen

Die vorliegende Norm wurde vom Arbeitskreis 111.0.2 „Nennwerte und Begriffsbestimmungen mit der Vorsilbe ‚Nenn-'" erarbeitet und vom Komitee 111 „Terminologie" der Deutschen Elektrotechnischen Kommission verabschiedet.

Die in dieser Norm festgelegten Begriffe sollen anstelle der bisher oft unterschiedlichen Definitionen und Benennungen im deutschen Normenwerk und in anderen deutschen Texten einheitlich angewendet werden. Dieses Ziel kann ohne weitgehende Übereinstimmung über die neue Anwendungsweise und ohne Kompromißbereitschaft bezüglich früherer Gewohnheiten nicht erreicht werden.

Zur Ausarbeitung dieser Norm wurden auch Vertreter nichtelektrotechnischer Normenbereiche hinzugezogen. Die Aufzählung der Mitträger auf der Titelseite zeigt, daß die bei IEC geltende Einschränkung des Geltungsbereichs auf die Elektrotechnik für den deutschen Normenbereich entfällt. Darüber hinaus ist es gelungen, die Zustimmung der elektrotechnischen Verbände der Schweiz und Österreichs zu erhalten.

Die deutschen Definitionen sind Übersetzungen der Definitionen aus der IEC-Publikation 50 (151) (1978). Bei den Benennungen entspricht die deutsche Benennung „Nennwert" für den Begriff „nominal value" dem allgemeinen Sprachgebrauch und der üblichen Übersetzung. Das gleiche gilt bei der Benennung „Grenzwert" für den Begriff „limiting value". Besondere Überlegungen waren beim Begriff „rated value" nötig, für den es im Deutschen kein adäquates Wort gibt. Nach Überprüfung von zahlreichen anderen Wörtern wurde die Benennung „Bemessungswert" gewählt, da gemäß der Definition mit diesem Begriff Größenwerte bezeichnet werden, die Grundlage für die Herstellung und Bemessung sind. Entsprechend lautet für „rating" die Übersetzung „Bemessungsdaten".

Die begriffliche Unterscheidung zwischen dem „Nennwert" und dem „Bemessungswert" ist weithin neu im deutschen Normenwerk. Bisher wurde für beide Begriffe die Benennung „Nennwert" verwendet. Die Unterscheidung ist künftig besonders zu beachten und bedingt Korrekturen bei bestehenden Normen.

So ist die „Nennspannung" eines elektrischen Netzes ein Wert, z. B. 10 kV, der der Bezeichnung dieses Netzes dient (siehe DIN 40 002 „Nennspannungen von 100 V bis 380 kV"). Eine Spannung, die etwa 20 % über der Nennspannung liegt – hier 12 kV –, ist Grundlage für die Bemessung bestimmter Betriebsmittel im Netz. Dieser Wert ist also die „Bemessungsspannung". In früherer Zeit nannte man ihn „Obere Nennspannung". Das widerspricht der vorliegenden Norm.

Auch in ausländischen Texten sind die Begriffe nicht immer im Sinne der in dieser Norm genannten IEC-Publikation verwendet (so entsprach dem „rated value“ früher das französische „valeur nominal“). Bei Übersetzungen ins Deutsche ist aus dem zugehörigen Text zu entnehmen, welcher Begriff gemäß den Definitionen der vorliegenden Norm gemeint ist. Dementsprechend ist die zugehörige deutsche Benennung zu wählen.

Für die Anpassung anderslautender Definitionen sei als Beispiel auf die DIN 55 350 Teil 12 „Begriffe der Qualitätssicherung und Statistik; Begriffe der Qualitätssicherung, Merkmalsbezogene Begriffe“ hingewiesen. Hier beginnt die Definition für den Nennwert mit dem Satz: „Wert einer Größe zur Gliederung des Anwendungsbereichs“. Er enthält keinen Widerspruch zur Definition der Nr 1 dieser Norm, ist vielmehr eine andere Form der gleichen Aussage. Der zweite Satz der Definition lautet: „Ist ein Nennwert vorgegeben, sind Grenzabweichungen auf ihn zu beziehen“. Dieser in der vorliegenden Norm nicht enthaltene Satz war im Hinblick auf die Längenmeßtechnik in die DIN 55 350 aufgenommen worden. Er bedeutet eine Einengung der Definition und geht auf ISO/R 286-1962 „ISO Systems of limits and fits. Part 1: General, tolerances and deviations“ zurück, wo Nennmaß (basic size) definiert ist als „size by reference to which the limits of size are fixed“. Diese Definition ist nämlich in die deutsche Grundnorm für die Begriffe bei DIN 7182 Teil 1, „Toleranzen und Passungen“ übernommen worden. Inzwischen zeigt sich aber, daß diese Einengung in DIN 55 350 Teil 12 nicht aufrechterhalten werden kann. Es ist deshalb beantragt und damit zu rechnen, daß dieser zweite Satz der Definition in einer Folgeausgabe der Vornorm ersatzlos gestrichen wird. Dadurch ergäbe sich eine weitere Annäherung der jetzt schon nicht widersprüchlichen Definitionen.

Nenn- und Bemessungswert können dem Wert nach gleich sein. Dann ist aus dem Zusammenhang zu klären, welcher Begriff für den vorliegenden Fall festzulegen ist. Zum Beispiel wird ein für die Drehzahl 3000 min^{-1} bei 50 Hz konstruierter Synchronmotor bei dieser Frequenz stets mit 3000 min^{-1} laufen. Der Anwender wird diese Drehzahl ebenso wie die Drehzahl der von dem Synchronmotor direkt angetriebenen Maschine als „Nenndrehzahl“ ansehen, weil der runde Zahlenwert zur Bezeichnung und Identifizierung im täglichen Gebrauch geeignet ist. Diese Drehzahl ist gleichzeitig auch als „Bemessungsdrehzahl“ anzusehen, weil sie eine Grundlage für die Konstruktion und Bemessung des Motors ist.

Bei unterschiedlichen Werten für die Bezeichnung und die Bemessung kann die Verwendung des unzutreffenden Begriffs zu Mißverständnissen führen, man darf also den Zusatz „Nenn-“ oder „Bemessungs-“ nicht fortlassen. Die Kennzeichnung kann auch durch Indizes am Formelzeichen erfolgen. Dafür sollte man zunächst die unstreitig festliegende Form mit drei Buchstaben, „nom“ für „Nenn-“ und „rat“ für Bemessungswerte wählen. Im obigen Beispiel ist also zu schreiben: $U_{nom} = 10$ kV für die Nennspannung des Netzes und $U_{rat} = 12$ kV für die zugehörige Bemessungsspannung.

Nenn- und Bemessungswerte sind für ein Element, eine Gruppe oder eine Einrichtung vorgegebene Werte. Sie unterscheiden sich von den im Betrieb oder am fertigen Objekt beobachteten Werten. Z. B. ist die „Nennspannung“ eines elektrischen Netzes ein vorgegebener Wert, von dem die Betriebsspannung nach Zeit und Ort abweicht. Auch die „Bemessungswanddicke“ eines Rohres ist ein vorgegebener Wert, von dem die am fertigen Rohr beobachteten Werte in der Regel innerhalb des Toleranzfeldes abweichen.

Grenzwerte sind vorgegebene Werte, die außer für ein Element, eine Gruppe oder eine Einrichtung auch für andere Größen, wie z. B. Betriebs-, Zustands-, Verfahrens- und Umweltgrößen festgelegt werden können. Dabei können die verschiedensten Gesichtspunkte für die Festlegung solcher Grenzwerte gelten, wie Wirtschaftlichkeit, Gefährdungsmöglichkeit, Zuverlässigkeit, Umweltschonung.

Solche Gesichtspunkte können auch für Nenn- und Bemessungswerte Bedeutung haben.

In der Verfahrenstechnik werden die auf ein Bauteil (Element, Gruppe, Einrichtung) bezogenen Bemessungswerte von den auf ein Medium (Durchflußstoff, Fördergut, Energieträger) bezogenen unterschieden.

Für die vielfältigen Betriebsgrößen eines Systems gibt es zahlreiche weitere Begriffe und Benennungen. Einige davon sind zu finden in DIN 55 350 Teil 12.

Die vorliegende Norm legt ebensowenig wie die IEC-Publikation 50 (151) (1978) allgemein fest, welche Größen als Bezugsgrößen im Sinne von DIN 5490 „Gebrauch der Wörter bezogen, spezifisch, relativ, normiert und reduziert“ zu verwenden sind. Zur Zeit wird in Normen, die zugleich als VDE-Bestimmungen gekennzeichnet sind, oft auf den Nennwert, bei IEC auf den Bemessungswert bezogen. Im Einzelfall ist der zweckmäßige Bezugswert zu klären und anzugeben.

DK 658.562 : 519.2 : 001.4 Mai 1987

Begriffe der Qualitätssicherung und Statistik
Grundbegriffe der Qualitätssicherung

DIN 55 350 Teil 11

Concepts in quality and statistics; basic concepts in quality management, quality control and quality assurance

Ersatz für die im Januar 1986 zurückgezogene Ausgabe 09.80

Zusammenhang mit den von der International Organization for Standardization (ISO) herausgegebenen Internationalen Normen ISO 8402 – 1986 und ISO/DIS 3534/2 – 1986. Die Hinweise bei den Begriffen des Abschnitts 2 auf ISO 8402 sind, auf die jeweiligen Definitionen folgend, als „Hinweis auf ISO 8402 – 1986" formuliert; siehe auch Erläuterungen.

Die fremdsprachlichen Benennungen sind nicht Bestandteil dieser Norm.

1 Zweck und Anwendungsbereich

Diese Norm dient wie alle Teile von DIN 55 350 dazu, Benennungen und Definitionen der in der Qualitätssicherung und Statistik verwendeten Begriffe zu vereinheitlichen und dient damit der Verständigung auf diesem Gebiet.

Die Teile von DIN 55 350 sollen nach Möglichkeit alle an der Normung interessierten Anwendungsbereiche berücksichtigen. Sie dürfen deshalb ihre Definitionen nicht so eng fassen, daß sie nur für spezielle Bereiche gelten (Technik, Landwirtschaft, Medizin und andere).

Die internationale Terminologie wurde berücksichtigt, insbesondere die von der International Organization for Standardization (ISO) herausgegebenen internationalen Normen ISO 8402 „Quality – Vocabulary" sowie ISO/DIS 3534/2 „Statistics – Vocabulary and symbols – Part 2: Statistical quality control."

2 Begriffe

Allgemeines zum Begriff Qualität: Siehe Erläuterungen.

Wenn in den Definitionen von „Organisation" gesprochen wird, kann darunter ein Unternehmen, eine Behörde, ein Krankenhaus usw. verstanden werden.

Die nachfolgend bei Benennungen in Klammern angegebenen Nummern sind Hinweise auf die Nummern der in dieser Norm enthaltenen Begriffe.

Fortsetzung Seite 2 bis 14

Ausschuß Qualitätssicherung und angewandte Statistik (AQS) im DIN Deutsches Institut für Normung e.V.

Nr	Benennung	Definition
1	Einheit item	Materieller oder immaterieller Gegenstand der Betrachtung. *Hinweis auf ISO 8402 – 1986: Entspricht der Bedeutung von „product or service" in den Definitionen für quality, für grade und für quality assurance.* Anmerkung 1: Bei Qualitätsbetrachtungen können Einheiten sein: – Ergebnisse von Tätigkeiten und Prozessen: – Materielle Produkte (tangible products); – Immaterielle Produkte (intangible products), z. B. eine Dienstleistung, ein DV-Programm, ein Konstruktionsentwurf, eine Gebrauchsanweisung; – Eine Kombination aus materiellen und immateriellen Produkten, z. B. ein Datenverarbeitungssystem mit Hardware und Software. – Die Tätigkeiten oder Prozesse selbst, z. B. das Erbringen einer Dienstleistung, ein maschineller Arbeitsablauf (Prozeß), ein Verfahren, jede Tätigkeit im Rahmen der Qualitätssicherung. Tätigkeiten oder Prozesse können zwar „immaterielle Gegenstände der Betrachtung" sein, sie sind aber nicht immaterielle Produkte. Anmerkung 2: Die Abgrenzung der Einheit hängt von der Aufgabenstellung ab. Eine Zusammenstellung von Einheiten kann wiederum eine Einheit sein, z. B. Kugel – Kugelkäfig – Kugellager. Entsprechend ergeben sich bei Unterteilung einer Einheit wiederum Einheiten, z. B. Gesamtfertigung – Prüflos – Stichprobe – Prüfstück. Anmerkung 3: „Einheit" wird auch in speziellem, in übertragenem oder in eingeschränktem Sinn verwendet. Beispiele dafür sind Einheiten in einer Organisation, Einheiten im Meßwesen nach DIN 1301 Teil 1 und DIN 1313, der Normungsgegenstand nach DIN 820 Teil 3.
2	Beschaffenheit	Gesamtheit der Merkmale und Merkmalswerte (siehe DIN 55 350 Teil 12, z. Z. Entwurf) einer Einheit (1). *Hinweis auf ISO 8402 – 1986: Entspricht der Bedeutung von „The totality of features and characteristics" in der Definition für quality.* Anmerkung: Beschaffenheit ist, ähnlich wie Zustand, ein Begriff, dessen komplexe Bedeutung weit über Technik und Wirtschaft hinaus nicht Gegenstand der Norm sein kann.
3	Anspruchsniveau grade classe	Rangindikator für unterschiedliche Qualitätsforderungen (4) an Einheiten (1), die dem gleichen Zweck dienen. *Hinweis auf ISO 8402 – 1986: Stimmt sachlich mit der Definition für grade überein.* Anmerkung 1: Je größer der geplante und/oder anerkannte Unterschied im Anspruchsniveau ist, um so größer ist, trotz gleichen Zwecks der Einheit, der Unterschied in der Qualitätsforderung (4) an die Einheit und im allgemeinen auch im Preis der Einheit. Anmerkung 2: Auf jedem Anspruchsniveau ist, entsprechend den unterschiedlichen Qualitätsforderungen, zufriedenstellende und nicht zufriedenstellende Qualität denkbar, z. B. ein Luxushotel mit schlechtem Service, ein Landgasthaus mit guter Bedienung. Anmerkung 3: Werden Anspruchsniveaus mit Zahlen gekennzeichnet, so wird für das höchste im allgemeinen „1" verwendet, für die darunter „2", „3", „4" usw. Besteht die Kennzeichnung in Punkten oder Sternen, hat das niedrigste Anspruchsniveau die kleinste Anzahl von Punkten oder Sternen. Anmerkung 4: Verschiedentlich wird das Anspruchsniveau auch „Sorte" oder „Anforderungsstufe" genannt.

Nr	Benennung	Definition
4	Qualitäts- forderung	Die festgelegten und vorausgesetzten Erfordernisse. *Hinweis auf ISO 8402 – 1986: Entspricht der Bedeutung von „stated or implied needs" in der Definition für quality, der Bedeutung von „needs" in den Definitionen für grade und für quality loop, der Bedeutung von „requirements for quality" in den Definitionen für quality assurance und für quality control, der Bedeutung von „specified requirements for quality" in der Definition für quality surveillance und der Bedeutung von „specified requirements" in den Definitionen für inspection, für concession; waiver, für production permit; deviation permit und für non-conformity.* Anmerkung 1: Die Qualitätsforderung ist damit die Gesamtheit der betrachteten Einzelforderungen an die Beschaffenheit (2) einer Einheit (1) in der betrachteten Konkretisierungsstufe der Einzelforderungen. Die Qualitätsforderung durchläuft im Zuge der Qualitätsplanung (12.2) im allgemeinen mehrere Konkretisierungsstufen. In verschiedenen Konkretisierungsstufen sind die Anteile der festgelegten und der vorausgesetzten Einzelforderungen unterschiedlich. Anmerkung 2: Die Qualitätsforderung ergibt sich unter Berücksichtigung des Anspruchsniveaus (3) aus dem vorgesehenen Zweck der Einheit (1). Sie schließt gegebenenfalls Sicherheit, Zuverlässigkeit (einschließlich Verfügbarkeit), Wiederverwendbarkeit, Instandhaltbarkeit, angemessenen Mitteleinsatz, Umweltverträglichkeit usw. ein. Anmerkung 3: Eine Qualitätsforderung oder Teile davon sind z. B. festgelegt in einem Lastenheft, in einer technischen Spezifikation (siehe DIN 820 Teil 3), einer technischen Zeichnung, in den technischen Lieferbedingungen. Anmerkung 4: Werte von Qualitätsmerkmalen in einer Qualitätsforderung sind z. B. Bemessungswerte, Grenzabweichungen, Toleranzen (siehe DIN 55 350 Teil 12, z. Z. Entwurf), Grenzmuster (siehe DIN 55 350 Teil 15). Anmerkung 5: Ist für die Qualitätsplanung (12.2) eine Qualitätsforderung vertraglich geregelt, gilt diese; in den anderen Fällen wird sie entsprechend den Marktgegebenheiten ermittelt.
4.1	Zuverlässigkeits- forderung 1)	Derjenige Teil der Qualitätsforderung, der das Verhalten der Einheit (1) während oder nach vorgegebenen Zeitspannen bei vorgegebenen Anwendungsbedingungen betrifft. Anmerkung: Entsprechende Definitionen sind auch für andere Bestandteile der Qualitätsforderung sinnvoll, z. B. für die Sicherheitsforderung, die Verfügbarkeitsforderung.
4.2	Qualifikation 1)	Nachgewiesene Erfüllung der Qualitätsforderung. Anmerkung 1: Die Qualifikation kann sich auf den Entwurf für die Einheit (1) oder auf die Einheit selbst beziehen. Anmerkung 2: Zur Feststellung, ob Qualifikation vorliegt, dient die Qualifikationsprüfung (siehe DIN 55 350 Teil 17).
5	Qualität quality qualité	Beschaffenheit (2) einer Einheit (1) bezüglich ihrer Eignung, festgelegte und vorausgesetzte Erfordernisse zu erfüllen. *Hinweis auf ISO 8402 – 1986: Volle sachliche Übereinstimmung mit quality bei Verwendung der Begriffe Beschaffenheit (2) und Einheit (1), für die es in ISO 8402 weder Benennungen noch Definitionen gibt. Siehe auch die Hinweise bei (1), (2) und (4).* Anmerkung 1: Zu „festgelegte und vorausgesetzte Erfordernisse" siehe Qualitätsforderung (4). Anmerkung 2: Qualität ist demnach weder „Vortrefflichkeit", noch die Qualitätsforderung (4), noch ein Teil davon (siehe Erläuterungen). Anmerkung 3: Qualität wird in vielen Phasen der Planung, der Realisierung und der Nutzung der Einheit beeinflußt (siehe Qualitätselement (8) und Qualitätskreis (9)).

1) Keine erschöpfende Aufführung von Unterbegriffen

Nr	Benennung	Definition
noch: 5	Qualität	Anmerkung 4: Der Qualitätsbegriff gestattet quantitativ stetig abgestufte Bewertungen der Qualität einer Einheit: Je nach dem Ausmaß der Erfüllung kann z. B. von hervorragender, von zufriedenstellender, von nicht zufriedenstellender oder von schlechter Qualität der Einheit gesprochen werden. Oft steht am Ende einer Qualitätsbetrachtung allerdings ein vereinfachtes qualitatives Ergebnis: Annehmbar oder nicht annehmbar (Alternativmerkmal). Anmerkung 5: Von der Verwendung der Benennung „Güte" synonym zu „Qualität" wird mit Rücksicht auf die internationale Normung abgeraten. Wird „Güte" benutzt, wie vielfach im behördlichen Bereich, soll diese Benennung als Synonym zu „Ausführungsqualität" (10) verwendet werden.
5.1	Zuverlässigkeit [1])	Teil der Qualität im Hinblick auf das Verhalten der Einheit während oder nach vorgegebenen Zeitspannen bei vorgegebenen Anwendungsbedingungen. *Hinweis auf ISO 8402 – 1986: Keine sachliche Übereinstimmung mit ISO 8402. Die englische Definition für reliability bedeutet inhaltlich positiv „Funktionsfähigkeit", nicht entsprechend der Qualitätsdefinition deren Relation zur Zuverlässigkeitsforderung mit der Möglichkeit einer zufriedenstellenden oder nicht zufriedenstellenden Zuverlässigkeit. Eine zweite Bedeutung von reliability ist Erfolgswahrscheinlichkeit. Für die Zuverlässigkeit im obigen Sinn wird häufig „dependability" verwendet.* Anmerkung 1: Langform der Definition: Beschaffenheit (2) einer Einheit (1) bezüglich ihrer Eignung, während oder nach vorgegebenen Zeitspannen bei vorgegebenen Anwendungsbedingungen die Zuverlässigkeitsforderung (4.1) zu erfüllen. Anmerkung 2: Die Zuverlässigkeit kann auch durch Lagerung und Transport beeinflußt werden. Anmerkung 3: Wie Qualität durch Qualitätsmerkmale (7), so ist Zuverlässigkeit durch Zuverlässigkeitsmerkmale (7.1) bestimmt. Anmerkung 4: Man spricht von „Zuverlässigkeitssicherung" als einem Bestandteil der Qualitätssicherung (12), es gibt jedoch keine eigene Benennung für den zuverlässigkeitsbezogenen Aspekt des Qualitätssicherungssystems (13). Anmerkung 5: Im Englischen und im Französischen sind für diesen Begriff noch keine einheitlichen Benennungen festgelegt.
5.2	Gebrauchstauglichkeit [1]) fitness for use	Eignung eines Gutes für seinen bestimmungsgemäßen Verwendungszweck, die auf objektiv und nicht objektiv feststellbaren Gebrauchseigenschaften beruht, und deren Beurteilung sich aus individuellen Bedürfnissen ableitet (aus DIN 66 050/08.80). Anmerkung: Die Zuordnung des Begriffs Gebrauchstauglichkeit zum Qualitätsbegriff ergibt sich aus der Beziehung der Gebrauchseigenschaften zur Beschaffenheit der Einheit.
6	Fehler nonconformity non-conformité	Nichterfüllung einer Forderung. *Hinweis auf ISO 8402 – 1986: Sachliche Übereinstimmung mit der Definition für nonconformity; Die Bedeutung von defect (Mangel) ist (entsprechend BGB) nachfolgend in Anmerkung 3 erläutert.* Anmerkung 1: Eine – im Rahmen einer Qualitätsforderung (4) vorgegebene – Einzelforderung an ein quantitatives Merkmal ist z. B. ein Toleranzbereich, der durch die Grenzwerte (G_{un}; G_{ob}) definiert ist (siehe DIN 55 350 Teil 12, z. Z. Entwurf). Liegt ein Merkmalswert x außerhalb des Toleranzbereichs, handelt es sich um einen Fehler. Dabei kann der Betrag des negativen Grenzwertabstandes $\lvert G_{ob} - x \rvert$ oder $\lvert x - G_{un} \rvert$ (siehe DIN 55 350 Teil 12, z. Z. Entwurf) bedeutsam für die Entscheidung sein, was mit der fehlerhaften Einheit geschehen soll. Die Verwendbarkeit ist durch einen Fehler nicht notwendigerweise beeinträchtigt. Anmerkung 2: Vom Fehler ist der Mangel (E: „defect"; F: „defaut") zu unterscheiden, der stets eine Beeinträchtigung der Verwendbarkeit bedeutet: Einen Mangel weist nach § 459 BGB eine Sache auf, wenn sie „mit Fehlern behaftet ist, die den Wert oder die Tauglichkeit zu dem gewöhnlichen oder dem nach dem Ver-

[1]) Siehe Seite 3

Nr	Benennung	Definition
noch 6	Fehler	trage vorausgesetzten Gebrauch aufheben oder mindern". „Nicht in Betracht" kommt als Begründung für einen Mangel ein Fehler, der nur „eine unerhebliche Minderung des Wertes oder der Tauglichkeit zur Folge hat. Ein gewährleistungsrechtlich besonderer Mangel ist das Fehlen einer „zugesicherten Eigenschaft" (siehe § 459 BGB, Abs. 2). Anmerkung 3: Der Begriff des Fehlers wurde früher auch in anderem Sinn verwendet, z.B. auf dem Gebiet der Meßtechnik im Sinne einer Abweichung (siehe DIN 55 350 Teil 12, z. Z. Entwurf). Anmerkung 4: In der Instandhaltung wird ein spezieller Fehler „Schaden" genannt (siehe DIN 31 051). Der Schaden als Grundbegriff der Sicherheitstechnik (siehe DIN 31 004 Teil 1) ist ein „Nachteil durch die Verletzung von Rechtsgütern aufgrund eines technischen Vorganges oder Zustandes".
7	Qualitätsmerkmal quality characteristic caractéristique de qualité	Die Qualität (5) mitbestimmendes Merkmal (siehe DIN 55 350 Teil 12, z. Z. Entwurf). Anmerkung: Prüfmerkmale (siehe DIN 55 350 Teil 12, z. Z. Entwurf) sind häufig Qualitätsmerkmale.
7.1	Zuverlässigkeitsmerkmal [1])	Die Zuverlässigkeit (5.1) mitbestimmendes Qualitätsmerkmal.
8	Qualitätselement	Beitrag zur Qualität – eines materiellen oder immateriellen Produkts aufgrund des Ergebnisses einer Tätigkeit oder eines Prozesses in einer der Planungs-, Realisierungs- oder Nutzungsphasen, bzw. – einer Tätigkeit oder eines Prozesses aufgrund eines Elements im Ablauf dieser Tätigkeit oder dieses Prozesses. *Hinweis auf ISO 8402 – 1986: Entspricht der Bedeutung von „activities that influence the quality of a product or service in the various stages ranging from the identification of needs to the assessment of whether these needs have been satisfied" in der Definition von quality loop, wobei „. . that influence" die Ergebnisse der Tätigkeiten oder Prozesse kennzeichnet, welche die Produktqualität unmittelbar beeinflussen.* Anmerkung 1: Bei Produkten gibt es unmittelbar und mittelbar wirksame Qualitätselemente. Beispiel für ein unmittelbar wirksames ist das Ergebnis der Beschaffung. Beispiel für ein mittelbar wirksames ist das Ergebnis der Erprobung eines Entwicklungsmusters. Anmerkung 2: Zu jeder Tätigkeit und jedem Prozeß, deren Ergebnis ein Qualitätselement für ein Produkt bewirkt, gibt es Planung, Lenkung und Prüfung.

[1]) Siehe Seite 3

Nr	Benennung	Definition
9	Qualitätskreis quality lopp/quality spiral boucle de la qualité/spirale de la qualité	Modell für das Ineinandergreifen der Beiträge zur Qualität (5) eines materiellen oder immateriellen Produkts aufgrund der Ergebnisse von Tätigkeiten oder Prozessen in den Planungs-, Realisierungs- und Nutzungsphasen. *Hinweis auf ISO 8402 – 1986: Sachlich fast übereinstimmend mit der Definition für quality loop. Siehe auch Hinweis auf ISO 8402 – 1986 bei Qualitätselement (8).* 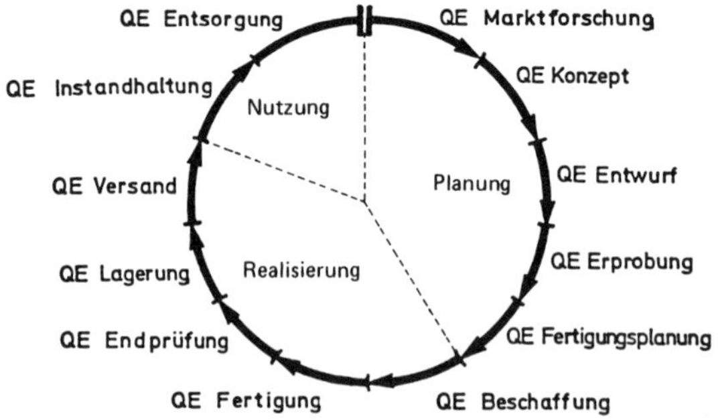 Bild 1. Beipiel des Qualitätskreises für ein spezielles materielles Produkt Anmerkung 1: Der Qualitätskreis spiegelt nicht den zeitlichen Ablauf der Tätigkeiten wider. Er zeigt modellhaft, daß in allen Phasen der Planung, der Realisierung und der Nutzung eines Produkts dessen Qualität beeinflußt wird. Dabei hängen die Qualitätselemente von der Produktart ab. Für das Ineinandergreifen von Kosten- und Terminelementen gibt es ebenfalls Kreismodelle. Anmerkung 2: Das Modell Qualitätskreis trifft bei einer Tätigkeit oder einem Prozeß als Gegenstand der Qualitätsbetrachtung wegen des Fehlens der Nutzungsphasen nicht zu. Anmerkung 3: Der Qualitätskreis kann auf eine einzige Organisation angewendet werden, aber auch mehrere zur Planung, zur Realisierung und zur Nutzung des Produkts beitragende Organisationen oder andere Beteiligte betreffen.
10	Ausführungs-qualität	Beschaffenheit (2) der Ergebnisse von Tätigkeiten und Prozessen für ein oder mehrere Qualitätselemente (8) bezüglich ihrer Eignung, die für die Ergebnisse vorgegebenen Forderungen zu erfüllen.
11	Qualitäts-politik quality policy politique qualité	Die grundlegenden Absichten und Zielsetzungen einer Organisation zur Qualität (5), wie sie von ihrer Leitung formell erklärt werden. *Hinweis auf ISO 8402 – 1986: Volle Übereinstimmung mit der Definition für quality policy.*
11.1	Qualitäts-management quality management gestion de la qualité	Derjenige Aspekt der Gesamtführungsaufgabe, welcher die Qualitätspolitik festlegt und zur Ausführung bringt. *Hinweis auf ISO 8402 – 1986: Volle Übereinstimmung mit der Definition für quality management.*

Nr	Benennung	Definition
12	Qualitäts-sicherung	Gesamtheit der Tätigkeiten des Qualitätsmanagements (11.1), der Qualitätsplanung (12.2), der Qualitätslenkung (12.3) und der Qualitätsprüfungen (12.4). *Hinweis auf ISO 8402 – 1986: Im Englischen ist für diesen Begriff noch keine einheitliche Benennung festgelegt. Verwendet werden die drei Benennungen „quality assurance", „quality control" und „quality management".* Anmerkung 1: Qualitätssicherung ist eine Aufgabe aller organisatorischer Gruppen. Die Verantwortung dafür liegt bei der Leitung der Organisation. Deshalb wird empfohlen, eine spezielle organisatorische Gruppe, die sich vorwiegend mit Qualitätssicherung befaßt, nicht mit „Qualitätssicherung" zu benennen, sondern z. B. mit „Qualitätswesen". Anmerkung 2: Im öffentlichen Auftragswesen ist die Güteprüfung ein wesentlicher Bestandteil der Qualitätssicherung. Anmerkung 3: In Wortverbindungen kann „Qualitätssicherung" mit „QS" abgekürzt werden, z. B. in „QS-System" und „QS-Nachweis".
12.1	Qualitäts-sicherungsplan quality plan plan qualité	Ein Dokument, welches die speziellen Elemente der Qualitätssicherung sowie die Zuständigkeiten, sachlichen Mittel und Tätigkeiten festlegt, die für ein materielles oder immaterielles Produkt, einen Vertrag oder ein Projekt vorgesehen sind. *Hinweis auf ISO 8402 – 1986: Volle Übereinstimmung mit der Definition für quality plan.*
12.2	Qualitätsplanung	Auswählen, Klassifizieren und Gewichten der Qualitätsmerkmale (7) sowie schrittweises Konkretisieren aller Einzelforderungen an die Beschaffenheit zu Realisierungsspezifikationen, und zwar im Hinblick auf die durch den Zweck der Einheit gegebenen Erfordernisse, auf das Anspruchsniveau (3) und unter Berücksichtigung der Realisierungsmöglichkeiten. Anmerkung: Die Qualitätsplanung ist zu unterscheiden von der Planung der Qualitätssicherung (12), also von der Planung der Qualitätsplanung, der Qualitätslenkung und der Qualitätsprüfungen, wobei bisher nur für die Planung der Qualitätsprüfungen die Benennung „Prüfplanung" (12.4.1) existiert.
12.2.1	Zuverlässigkeits-planung 1)	Derjenige Teil der Qualitätsplanung, der das Verhalten der Einheit (1) während oder nach vorgegebenen Zeitspannen bei vorgegebenen Anwendungsbedingungen betrifft.
12.3	Qualitätslenkung quality control maîtrise de la qualité	Die vorbeugenden, überwachenden und korrigierenden Tätigkeiten bei der Realisierung der Einheit (1) mit dem Ziel, die Qualitätsforderung (4) zu erfüllen. *Hinweis auf ISO 8402 – 1986: Sachliche Übereinstimmung mit der Definition für quality control.* Anmerkung 1: Die Qualitätslenkung erfolgt im Anschluß an die Qualitätsplanung (12.2) und unter Verwendung von Ergebnissen der Qualitätsprüfungen (12.4) und/oder anderer Qualitätsdaten. Anmerkung 2: Für die erfolgreiche Qualitätslenkung sind beherrschte Prozesse (12.3.2) von Bedeutung, jedoch nicht immer eine hinreichende Voraussetzung. Anmerkung 3: Aus wörtlicher, aber nicht sinngemäßer Übersetzung von „quality control" ist die Bezeichnung „Qualitätskontrolle" entstanden. Weil diese Bezeichnung meist fälschlich und damit mißverständlich synonym zu „Qualitätsprüfung" eingeschränkt benutzt wird, ist von ihrer Benutzung abzuraten. Anmerkung 4: Früher auch „Qualitätssteuerung" oder „Qualitätsregelung".
12.3.1	Statistische Qualitätslenkung statistical quality control maîtrise statistique de la qualité	Derjenige Teil der Qualitätslenkung, bei dem statistische Verfahren eingesetzt werden.

1) Siehe Seite 3

Nr	Benennung	Definition
12.3.2	Beherrschter Prozeß process in control processus sous contrôle	Prozeß, bei dem sich die Parameter (siehe DIN 55 350 Teil 21) der Verteilung der Merkmalswerte des Prozesses praktisch nicht oder nur in bekannter Weise oder in bekannten Grenzen ändern. Anmerkung 1: Dieser Begriff kennzeichnet stochastische Kenngrößen eines Prozesses, nicht etwa seine Qualitätsfähigkeit (14). Oft ist ein beherrschter Prozeß zwar eine wichtige Voraussetzung für die Erfüllung der Qualitätsforderung (4) an sein Ergebnis, aber es gibt auch Fälle, in denen er keine hinreichende Voraussetzung ist, oder in denen er als Voraussetzung nicht erforderlich ist. Anmerkung 2: Sind die Ursachen für die Änderungen der Parameter auch nur teilweise unbekannt oder nicht korrigierbar, ist es ein nicht beherrschter Prozeß. Anmerkung 3: Eine beherrschte Fertigung ist eine Fertigung, bei der die Prozesse beherrscht sind.
12.4	Qualitätsprüfung quality inspection contrôle (inspection) de la qualité	Feststellen, inwieweit eine Einheit (1) die Qualitätsforderung (4) erfüllt. *Hinweis auf ISO 8402 – 1986: Sachliche Übereinstimmung mit der Definition für inspection. Vereinfachung der Definition durch Verwendung der Begriffe Qualitätsforderung (4) und Einheit (1).* Anmerkung 1: Qualitätsprüfungen werden anhand von Prüfmerkmalen (siehe DIN 55 350 Teil 12, z. Z. Entwurf) durchgeführt. Dabei muß festgelegt sein, auf welche Merkmale (siehe DIN 55 350 Teil 12, z. Z. Entwurf) sich die Qualitätsprüfung bezieht, und welche Konkretisierungsstufe der Qualitätsforderung (4) maßgeblich ist. Anmerkung 2: Begriffe zu Qualitätsprüfungsarten siehe DIN 55 350 Teil 17. Anmerkung 3: Qualitätsprüfungen können immer und überall stattfinden, z. B. in bezug auf jede Phase des Qualitätskreises (9). Anmerkung 4: Die Benennungen „Überprüfung", „Gegenprüfung", „Vorprüfung", „Nachprüfung", „Nachweisprüfung" und „Bestätigungsprüfung" werden häufig synonym zu „Qualitätsprüfung", aber auch mit eingeschränkter Bedeutung angewendet. Deshalb sollten diese Benennungen vermieden werden, oder es sollte die für den Anwendungsfall zutreffende Definition festgelegt werden.
12.4.1	Prüfplanung inspection planning planning de l'inspection	Planung der Qualitätsprüfung(en). Anmerkung: Die Prüfplanung wird verschiedentlich fälschlich als Bestandteil der Qualitätsplanung (12.2) betrachtet.
12.4.2	Prüfplan	Ergebnis der Prüfplanung (12.4.1). Anmerkung: Der Prüfplan enthält im allgemeinen Prüfspezifikationen (12.4.3), Prüfanweisungen (12.4.4) und Prüfablaufpläne (12.4.5).
12.4.3	Prüfspezifikation inspection specification spécification de contrôle (d'inspection)	Festlegung der Prüfmerkmale (siehe DIN 55 350 Teil 12, z. Z. Entwurf) für die Qualitätsprüfung und gegebenenfalls der vorgegebenen Merkmalswerte (siehe DIN 55 350 Teil 12, z. Z. Entwurf) sowie erforderlichenfalls der Prüfverfahren. Anmerkung 1: Die Prüfspezifikation ist gegebenenfalls Bestandteil einer technischen Spezifikation (siehe DIN 820 Teil 3/03.75, Anhang A). Anmerkung 2: Die früher hierfür übliche Benennung „Prüfvorschrift" wird wegen deren Definition in DIN 820 Teil 3/03.75, Anhang A, nicht mehr angewendet.
12.4.4	Prüfanweisung inspection instruction instruction de contrôle (d'inspection)	Anweisung für die Durchführung einer Qualitätsprüfung. Anmerkung: Liegt eine schriftliche Prüfspezifikation vor (12.4.3), dann ist sie Grundlage für die Prüfanweisung.

Nr	Benennung	Definition
12.4.5	Prüfablaufplan inspection schedule	Festlegung der Abfolge der Qualitätsprüfungen. Anmerkung: Ein Prüfablaufplan ist den Phasen im Qualitätskreis (9) angepaßt.
12.5	Qualitätstechnik quality engineering technique de gestion de la qualité	Anwendung wissenschaftlicher und technischer Kenntnisse sowie von Führungstechniken für die Qualitätssicherung (12). Anmerkung: Qualitätstechnik ist derjenige Teil der Technik (engineering), dessen Ziel die Erfüllung der Qualitätsforderungen (4) ist.
12.6	Qualitäts-überwachung quality surveillance surveillance de la qualité	Fortlaufendes Prüfen und Bewerten des Standes der Qualitätssicherung (12) und ihrer Ergebnisse sowie Auswerten von Aufzeichnungen bezüglich vorgegebener Festlegungen, und zwar zur Sicherstellung der Erfüllung von Qualitätsforderungen (4). *Hinweis auf ISO 8402 – 1986: Sachliche Übereinstimmung mit der Definition für quality surveillance.* Anmerkung 1: Qualitätsüberwachung kann durch den Abnehmer oder in seinem Auftrag durchgeführt werden, um sicherzustellen, daß die vertraglich festgelegten Qualitätsforderungen (4) erfüllt werden. Anmerkung 2: Qualitätsüberwachung sollte alle Faktoren in Betracht ziehen, welche zeitabhängig zu einer Qualitätsbeeinträchtigung führen könnten.
13	Qualitäts-sicherungs-system quality system système qualité	Die festgelegte Ablauf- und Aufbauorganisation zur Durchführung der Qualitätssicherung (12) sowie die hierfür erforderlichen Mittel. *Hinweis auf ISO 8402 – 1986: Sachliche Übereinstimmung mit der Definition für quality system. Übersetzungsformulierung entsprechend den Fachbegriffen dieser Norm.* Anmerkung 1: Es gibt unternehmensspezifische und vertragsspezifische Qualitätssicherungssysteme. Anmerkung 2: Die Planung des Qualitätssicherungssystems ist zu unterscheiden von der Qualitätsplanung (12.2). Anmerkung 3: In Wortverbindungen kann das Qualitätssicherungssystem mit „QSS" abgekürzt werden, z. B. in „QSS-Planung" und „QSS-Bewertung".
14	Qualitäts-fähigkeit quality capability	Eignung einer Organisation oder ihrer Elemente zur Realisierung einer Einheit (1), die Qualitätsforderung (4) zu erfüllen. Anmerkung: Elemente der Organisation sind z. B. Personen, Verfahren, Maschinen.
14.1	Qualitäts-förderung quality improvement	Verbessern der Qualitätsfähigkeit. Anmerkung: Man unterscheidet die personenbezogene, die verfahrensbezogene und die einrichtungsbezogene Qualitätsförderung.
14.2	Lieferanten-beurteilung	Beurteilung der Qualitätsfähigkeit (14) eines Lieferers durch den Abnehmer. Anmerkung: Es gibt in QS-Systemen (13) unterschiedliche Verfahren der Beurteilung eines Lieferers. Beispiele sind vor der Auftragserteilung die – Sammlung von Information über die Qualitätsfähigkeit des Lieferers (Englisch: „vendor appraisal"); nach der Auftragserteilung die – Überwachung des QS-Systems des Lieferers durch den Abnehmer, seinen Beauftragten oder eine unabhängige Stelle (siehe Qualitätsüberwachung (12.6)); – Prüfung der Vertragsgegenstände durch den Abnehmer oder seinen Beauftragten bei dem Lieferer („vendor inspection"); – Eingangsprüfung (siehe DIN 55350 Teil 17) der Vertragsgegenstände beim Abnehmer mit laufender Bewertung der Qualitätsfähigkeit (14) des Lieferers („vendor rating").

Nr	Benennung	Definition
15	Qualitätsaudit quality audit audit qualité	Beurteilung der Wirksamkeit des Qualitätssicherungssystems (13) oder seiner Elemente durch eine unabhängige systematische Untersuchung. *Hinweis auf ISO 8402 – 1986: Sachliche Übereinstimmung mit der Definition für quality audit. Definitionsvereinfachung durch Verwendung des Begriffs Qualitätssicherungssystem.* Anmerkung 1: Die Beurteilung umfaßt die Prüfung, inwieweit die einschlägigen QS-Verfahrensanweisungen befolgt werden, und ob diese zweckmäßig sind. Gegebenenfalls folgen daraus Hinweise auf nötige Verbesserungen und Korrekturen. Anmerkung 2: Es wird unterschieden zwischen Systemaudit, Verfahrensaudit und Produktaudit. Von „Verfahrensaudit" oder von „Produktaudit" wird gesprochen, wenn die Wirksamkeit von Elementen des Qualitätssicherungssystems anhand von Verfahren oder Produkten beurteilt wird. Von „Systemaudit" spricht man, wenn die Wirksamkeit des Qualitätssicherungssystems als Ganzes beurteilt wird. Anmerkung 3: Qualitätsaudits werden – je nach Veranlassung durch die Leitung der Organisation oder durch Vertragspartner/Dritte – für interne oder für externe Zwecke durchgeführt („Internes Qualitätsaudit"/„Externes Qualitätsaudit").
16	QSS-Bewertung quality system review revue du système qualité	Formelle Bewertung des Standes und der Angemessenheit des Qualitässicherungssystems (13) in bezug auf die Qualitätspolitik (11) sowie auf neue Zielsetzungen aufgrund veränderter Umstände durch die Leitung der Organisation. *Hinweis auf ISO 8402 – 1986: Volle Übereinstimmung mit der Definition für quality system review.*
17	QS-Nachweisführung quality assurance assurance de la qualité	Alle geplanten systematischen Tätigkeiten, die notwendig sind, um hinreichendes Vertrauen herzustellen, daß die Qualitätsforderungen (4) erfüllt werden. *Hinweis auf ISO 8402 – 1986: Weitgehende inhaltliche Übereinstimmung mit der Definition für quality assurance.* Anmerkung 1: Wichtigster Maßstab für die Planung der QS-Nachweisführung sind erwartete QS-Nachweisforderungen (18) von Abnehmern. Üblicherweise benötigt man eine fortlaufende Bewertung aller Faktoren, welche die Angemessenheit des Entwurfs oder der Spezifikation für die vorgesehene Anwendung beeinflussen, außerdem bestätigende Qualitätsprüfungen und interne Qualitätsaudits in bezug auf alle betrachteten Phasen des Qualitätskreises (9). Anmerkung 2: Innerhalb der Organisation dient die QS-Nachweisführung als Führungsmittel, im Vertragsverhältnis dient sie zur Herstellung von Vertrauen gegenüber dem Lieferer. Anmerkung 3: Das Ergebnis der QS-Nachweisführung ist der QS-Nachweis (siehe DIN 55 350 Teil 16, z. Z. Entwurf).
18	QS-Nachweisforderung quality assurance requirements	Forderung eines Nachweises über die Realisierung von Elementen eines QS-Systems (12) gegenüber dem Auftraggeber bei vertraglicher Vereinbarung, oder gegenüber einer zuständigen Stelle bei gesetzlicher Auflage. Anmerkung 1: QS-Nachweisforderungen ergeben sich aus der Tatsache, daß die Qualität (5) komplexer Produkte durch eine Abnahmeprüfung (siehe DIN 55 350 Teil 17) allein nicht nachgewiesen werden kann. Anmerkung 2: Von der QS-Nachweisforderung sind zu unterscheiden die Qualitätsforderung (4) und die Forderung nach einem Qualitätsnachweis (siehe DIN 55 350 Teil 16, z. Z. Entwurf).
18.1	QS-Nachweisstufe	Rangstufe der genormten QS-Nachweisforderung (18). Anmerkung 1: Zur Abstufung von QS-Nachweisforderungen dienen im allgemeinen drei genormte Nachweisstufen (siehe DIN/ISO 9001 bis DIN/ISO 9003; hier erfolgt die QS-Nachweisführung (17) „für Entwicklung und Konstruktion, Produktion, Montage und Kundendienst" (höchste Stufe), „für Produktion und Montage" sowie schließlich „für Endprüfungen", wozu auch die Beherrschung des Fehlergeschehens gehört).

Nr	Benennung	Definition
noch: **18.1**	QS-Nachweisstufe	Anmerkung 2: Die QS-Nachweisstufe richtet sich nach der Komplexität der Qualitätsforderung (4) an die Vertragsgegenstände. Anmerkung 3: Der Umfang der QS-Nachweisführung ist bestimmt durch die Anzahl der im Rahmen der ausgewählten QS-Nachweisstufe für die QS-Nachweisführung (17) vereinbarten oder vorgegebenen Elemente des QS-Systems. Anmerkung 4: Die QS-Nachweistiefe ist der Grad der Detaillierung der QS-Nachweisführung für die einzelnen ausgewählten Elemente des QS-Systems.
19	Qualitätskosten quality costs	Kosten, die vorwiegend durch Qualitätsforderungen (4) verursacht sind, das heißt: Kosten, die durch Tätigkeiten der Fehlerverhütung, durch planmäßige Qualitätsprüfungen (12) sowie durch intern oder extern festgestellte Fehler (6) verursacht sind. Anmerkung 1: International üblich ist die Benennung dieser drei Qualitätskostengruppen als „Fehlerverhütungskosten" („prevention costs"), „Prüfkosten" („appraisal costs") und „Fehlerkosten" („failure costs"). Siehe z. B. DGQ-Schrift 14-17, 5. verb. Auflage 1985. Anmerkung 2: Die Beurteilung der Qualitätskosten dient der Optimierung der Qualitätskosten, nicht aber der Erfassung der Kosten der Qualitätssicherung (12) oder der Ermittlung der Kosten für die Qualität (5) einer Einheit (1).
20	Sonderfreigabe concession; waiver/ production permit; deviation permit	Zustimmung zur Freigabe fehlerhafter Einheiten (1). *Hinweis auf ISO 8402 – 1986: Sachliche Übereinstimmung mit den Definitionen für concession; waiver und für production permit; deviation permit. Die betreffende Unterscheidung ist hier in der Anmerkung 1 erläutert.* Anmerkung 1: Man unterscheidet zwischen der Sonderfreigabe geprüfter Einheiten (concession; waiver) und der Sonderfreigabe vor der Realisierung von Einheiten (production permit; deviation permit). Anmerkung 2: Bei Sonderfreigabe vor der Realisierung muß die Anzahl der Einheiten oder der Zeitraum festliegen. Auch bei der Sonderfreigabe geprüfter Einheiten sollte eine dieser Begrenzungen festgelegt sein. Anmerkung 3: Im Vertragsfall werden Sonderfreigaben in der Regel schriftlich erteilt.
21	Rückverfolgbarkeit traceability traçabilité	Möglichkeit des Nachweises von Werdegang, Verwendung und Ort einer Einheit (1) oder gleicher Einheiten anhand identifizierender Aufzeichnungen. *Hinweis auf ISO 8402 – 1986: Volle Übereinstimmung mit der Definition für traceability.* Anmerkung 1: Rückverfolgbarkeit kann sich beziehen auf die – Produktauslieferung, – Kalibrierung von Prüfmitteln, – Produktentstehung hinsichtlich der im Qualitätskreis (9) anfallenden Daten. Anmerkung 2: Rückverfolgbarkeitsforderungen sollten für einen vorgegebenen Zeitraum oder von einem vorgegebenen Anfangspunkt ab festgelegt werden.

Zitierte Normen und andere Unterlagen

DIN 820 Teil 3 Normungsarbeit; Begriffe
DIN 1301 Teil 1 Einheiten; Einheitennamen, Einheitenzeichen
DIN 1313 Physikalische Größen und Gleichungen; Begriffe, Schreibweisen
DIN 31 004 Teil 1 Begriffe der Sicherheitstechnik; Grundbegriffe
DIN 31 051 Instandhaltung; Begriffe und Maßnahmen
DIN 55 350 Teil 12 (z. Z. Entwurf) Begriffe der Qualitätssicherung und Statistik; Merkmalsbezogene Begriffe
DIN 55 350 Teil 15 Begriffe der Qualitätssicherung und Statistik; Begriffe zu Mustern
DIN 55 350 Teil 16 (z. Z. Entwurf) Begriffe der Qualitätssicherung und Statistik; Begriffe der Qualitätssicherung; Begriffe zu Qualitätssicherungssystemen
DIN 55 350 Teil 17 Begriffe der Qualitätssicherung und Statistik; Begriffe zu Qualitätsprüfungsarten

DIN 55 350 Teil 21	Begriffe der Qualitätssicherung und Statistik; Begriffe der Statistik; Zufallsgrößen und Wahrscheinlichkeitsverteilungen
DIN 66 050	Gebrauchstauglichkeit; Begriff
DIN ISO 9001	Qualitätssicherungssysteme; Qualitätssicherungs-Nachweisstufe für Entwicklung, Konstruktion, Produktion, Montage und Kundendienst; Identisch mit ISO 9001 Ausgabe 1987-03-19
DIN ISO 9002	Qualitätssicherungssysteme; Qualitätssicherungs-Nachweisstufe für Produktion und Montage; Identisch mit ISO 9002 Ausgabe 1987-03-19
DIN ISO 9003	Qualitätssicherungssysteme; Qualitätssicherungs-Nachweisstufe für Endprüfungen; Identisch mit ISO 9003 Ausgabe 1987-03-19
ISO/DIS 3534/2	Statistics – Vocabulary and symbols – Part 2: Statistical quality control
ISO 8402	Quality – Vocabulary

DGQ-Schrift Nr 14-17, 5. verb. Auflage 1985: Qualitätskosten; Rahmenempfehlungen zu ihrer Definition, Erfassung, Beurteilung

Zu beziehen durch Beuth Verlag GmbH, Burggrafenstraße 6, 1000 Berlin 30

Weitere Normen

DIN 55 350 Teil 13	Begriffe der Qualitätssicherung und Statistik; Begriffe zur Genauigkeit von Ermittlungsverfahren und Ermittlungsergebnissen
DIN 55 350 Teil 14	Begriffe der Qualitätssicherung und Statistik; Begriffe der Probenahme
DIN 55 350 Teil 18	Begriffe der Qualitätssicherung und Statistik; Begriffe zu Bescheinigungen über die Ergebnisse von Qualitätssprüfungen; Qualitätsprüf-Zertifikate
DIN 55 350 Teil 22	Begriffe der Qualitätssicherung und Statistik; Begriffe der Statistik; Spezielle Wahrscheinlichkeitsverteilungen
DIN 55 350 Teil 23	Begriffe der Qualitätssicherung und Statistik; Begriffe der Statistik; Beschreibende Statistik
DIN 55 350 Teil 24	Begriffe der Qualitätssicherung und Statistik; Begriffe der Statistik; Schließende Statistik
DIN 55 350 Teil 31	Begriffe der Qualitätssicherung und Statistik; Begriffe der Annahmestichprobenprüfung

Frühere Ausgaben

DIN 55 350 Teil 11: 09.80

Änderungen

Gegenüber der im Januar 1986 zurückgezogenen Ausgabe September 1980 wurden folgende Änderungen vorgenommen:

a) Vornormcharakter aufgehoben.

b) Inhalt vollständig überarbeitet.

Erläuterungen

Das Wort „Qualität" geht auf das lateinische „qualitas" zurück, das aus „qualis" („wie beschaffen?") gebildet wurde. In der Gemeinsprache steht „Qualität" häufig (entgegen der Festlegung dieser Norm) für

- Vortrefflichkeit (z. B. im Sinne von „Spitzenqualität");
- Sorte (auch kommerziell, z. B. „schwere englische Tuchqualität");
- die Beschaffenheit (siehe Abschnitt 2, Nr 2);
- das Anspruchsniveau (siehe Abschnitt 2, Nr 3);
- die Qualitätsforderung (siehe Abschnitt 2, Nr 4);
- irgendeine Wertigkeit (z. B. einer Figur im Schachspiel).

Für den weiten Anwendungsbereich der Qualitätssicherung benötigt man einen klaren Fachbegriff. Das ist auch deshalb nötig, weil die Auffassung dieses Grundbegriffs das Verständnis zahlreicher abgeleiteter Begriffe bestimmt, deren Benennung „Qualität" enthält, z. B. „Qualitätsprüfung".

In Übereinstimmung mit der international geltenden Begriffsbestimmung wird in dieser Norm Qualität nach Abschnitt 2, Nr 5 definiert. Man könnte schlagwortartig sagen: Qualität ist die an der geforderten Beschaffenheit gemessene realisierte Beschaffenheit. Das gilt für jede beliebige Einheit, die einer gedanklichen oder praktischen Qualitätsbetrachtung unterworfen wird.

Der immaterielle Qualitätsbegriff enthält stetige Bewertungsmöglichkeiten, z. B. von „sehr schlecht" bis „sehr gut". Am Ende einer Qualitätsbetrachtung wird ein ursprünglich quantitatives Ergebnis aber oft in ein qualitatives Ergebnis verwandelt, indem man alternativ nur noch von „gut" oder „schlecht" spricht.

Wer – wie oft in der Werbung – unter „Qualität" das Gute versteht, wird für das Schlechte die „Unqualität" definieren müssen. Damit ergibt sich am technisch-wirtschaftlich entscheidenden, meist stetigen Übergang zwischen „annehmbare Qualität" und „nicht annehmbare Qualität" eine störende Begriffsunstetigkeit. Über deren negative Auswirkungen liegen Erfahrungen vor.

Die Qualität als Relation zwischen realisierter und geforderter Beschaffenheit kann bezüglich eines einzelnen

Qualitätsmerkmals oder bezüglich mehrerer oder aller Qualitätsmerkmale interessieren, also für ausgewählte oder für alle Qualitätselemente (siehe Abschnitt 2, Nr 8). Entsprechendes gilt für die aufeinander folgenden Konkretisierungsstufen der Forderungen: Qualitätsprüfungen müssen meist schon lange vor dem Beginn der Realisierung einer Einheit angesetzt werden. Man muß wissen, ob der Entwurf die vorausgesetzten und festgelegten Erfordernisse erfüllt. Alles dies enthält der Begriff Qualitätsforderung (siehe Abschnitt 2, Nr 4), wie insbesondere die Anmerkung 1 zu diesem Begriff zeigt.

Für die Anpassung an die 1986 erschienene ISO 8402 gilt folgendes: Auf eine wörtliche Angleichung der deutschen Definitionen und Benennungen an die englischen Fassungen hat man in vielen Fällen um der Begriffs- und Benennungsklarheit willen verzichten müssen. Beispielsweise wird sich international erst in der Zukunft zeigen, daß der Gegenstand von Qualitätsbetrachtungen einer fachbezogenen Begriffserklärung für die Qualitätssicherung bedarf. Das ist im Abschnitt 2, Nr 1 bereits geschehen. Die zugehörige Benennung „Einheit" wird, wenn ihr Begriffsinhalt umfassend zutrifft, in den neuen Normen der Reihe DIN 55 350 durchweg benutzt. Dadurch wird z. B. die Qualitätsdefinition entlastet. Gleiches gilt unter anderem für die Qualitätsforderung und die Zuverlässigkeitsforderung. Je nach dem Grad der Komplexität einer Einheit durchlaufen diesen Forderungen während der Qualitätsplanung eine außerordentlich unterschiedliche Anzahl von Konkretisierungsstufen. Wie sie entstehen, hängt sehr davon ab, ob nach Auftrag gefertigt wird oder der Bedarf auf dem Markt erst erkundet werden muß.

Ein zweites Beispiel ist die im englischen Sprachraum durch die betreffenden Definitionen nicht geklärte und daher unterschiedlich auslegbare Beziehung zwischen den Begriffen quality management, quality control und quality assurance.

Die mit der neuen Benennung „quality system" (bis 1983 „quality assurance system" bzw. „quality management system") getroffene Lösung, solche Unklarheiten durch Weglassung des Benennungszusatzes zu verdecken, kann nicht übernommen werden. Beispielsweise wäre es dann viel schwerer, zwischen Qualitätselementen (Abschnitt 2, Nr 8) und Qualitätssicherungs-Elementen (QS-Führungs-, QS-Ablauf- und QS-Aufbauelementen) des Qualitätssicherungssystems (Abschnitt 2, Nr 13) zu unterscheiden.

Deshalb wurden im Hinblick auf die internationale Übereinstimmung anhand der vorausgegangenen Entwürfe zu ISO 8402 für die Entwicklung der vorliegenden Begriffsbestimmungen 1983 die folgenden 3 Zielsetzungen festgelegt und seitdem angewendet, wobei die Reihenfolge auch Rangfolge ist:

1 Keine Widersprüchlichkeiten zu internationalen Festlegungen.

2 Begriffsklarheit auch dort, wo sie international noch nicht erreicht ist.

3 Schaffung einer Diskussionsgrundlage in verabschiedetem Status zur Unterstützung der weiteren internationalen Begriffsarbeit.

Stichwortverzeichnis

(Benennungen in deutscher Sprache)

Dieses Verzeichnis enthält auch Benennungen, die in Anmerkungen vorkommen, und zwar auch dann, wenn sie dort als nicht empfehlenswert eingestuft sind.

A
Anspruchsniveau 3
Anwendungsbedingungen 5.1
Ausführungsqualität 5, 10

B
Beherrschte Fertigung 12.3.2
Beherrschter Prozeß 12.3.2
Beschaffenheit 2
Bestätigungsprüfung 12.4

D
Dienstleistung 1

E
Einheit 1
externes Qualitätsaudit 15

F
Fehler 6
Fehlerkosten 19
Fehlerverhütungskosten 19
Funktionsfähigkeit 5.1

G
Gebrauchstauglichkeit 5.2
Gegenprüfung 12.4
Gegenstand der Betrachtung 1
Grenzwertabstand 6
Güte 5
Güteprüfung 12

I
internes Qualitätsaudit 15, 17

K
Konkretisierungsstufe der Qualitätsforderung 4, 12.4
Kostenelement 9
Kostenkreis 9

L
Lastenheft 4
Lieferantenbeurteilung 14.2

M
Mangel 6

N
Nachprüfung 12.4
Nachweisprüfung 12.4
nicht beherrschter Prozeß 12.3.2

P
Planung der Qualitätslenkung 12.2
Planung der Qualitätsplanung 12.2
Planung der Qualitätsprüfung 12.2
Planung der Qualitätssicherung 12.2
Produktaudit 15
Preis der Einheit 3
Prozeß 1
Prüfablaufplan 12.4.5
Prüfanweisung 12.4.4
Prüfkosten 19
Prüfplan 12.4.2
Prüfplanung 12.2, 12.4.1
Prüfspezifikation 12.3.4
Prüfvorschrift 12.4.3

Q
QS 12
QS-Nachweis 17
QS-Nachweisforderung 18
QS-Nachweisführung 17
QS-Nachweisstufe 18.1
QS-Nachweistiefe 18.1
QS-Nachweisumfang 18.1
QS-Plan 12.1
QS-System 13
– unternehmensspezifisches 13
– vertragsspezifisches 13
QSS-Bewertung 16
Qualifikation 4.2
Qualifikationsprüfung 4.2
Qualität 5
Qualitätsaudit 15
Qualitätsbetrachtung 1
Qualitätselement 8
– mittelbar wirksames 8
– unmittelbar wirksames 8
Qualitätsfähigkeit 14
Qualitätsförderung 14.1
Qualitätsforderung 4
Qualitätskontrolle 12.3
Qualitätskosten 19
Qualitätskreis 9
Qualitätslenkung 12.3
Qualitätsmanagement 11.1
Qualitätsmerkmal 7
Qualitätsnachweis 18
Qualitätsplanung 12.2
Qualitätspolitik 11
Qualitätsprüfung 12.4
Qualitätsregelung 12.3
Qualitätssicherung (QS) 12
Qualitätssicherungs-Nachweis 17
Qualitätssicherungs-Nachweisforderung 18
Qualitätssicherungs-Nachweisführung 17
Qualitätssicherungs-Nachweisstufe 18.1
Qualitätssicherungs-Nachweistiefe 18.1
Qualitätssicherungs-Nachweisumfang 18.1
Qualitätssicherungsplan 12.1
Qualitätssicherungssystem 13
– unternehmensspezifisches 13
– vertragsspezifisches 13
Qualitätssicherungssystem-Bewertung 16
Qualitätssteuerung 12.3
Qualitätstechnik 12.5
Qualitätsüberwachung 12.6
Qualitätswesen 12

R
Rückverfolgbarkeit 21
Rückverfolgbarkeitsforderung 21

S
Schaden 6
Sicherheitsforderung 4.1
Sonderfreigabe 20
– geprüfter Einheiten 20
– vor Realisierung der Einheiten 20
Sorte 3
statistische Qualitätslenkung 12.3.1
Systemaudit 15

T
Tätigkeit 1
technische Spezifikation 4, 12.4.3
Terminelement 9
Terminkreis 9
Tiefe der QS-Nachweisführung 18.1

U
Überprüfung 12.4
Umfang der QS-Nachweisführung 18.1

V
Verfahrensaudit 15
Verfügbarkeitsforderung 4.1
Vorprüfung 12.4
Vortrefflichkeit 5

Z
zugesicherte Eigenschaft 6
Zustand 2
Zuverlässigkeit 5.1
Zuverlässigkeitsforderung 4.1
Zuverlässigkeitsmerkmal 7.1
Zuverlässigkeitsplanung 12.2.1
Zuverlässigkeitssicherung 5.1

Internationale Patentklassifikation

G 06 F 15/46 G 07 C 3/14

DK 658.562:001.4 März 1989

Begriffe der Qualitätssicherung und Statistik
Merkmalsbezogene Begriffe

DIN 55 350 Teil 12

Concepts in the field of quality and statistics; concepts relating to characteristics

Ersatz für Ausgabe 09.88

Die in dieser Norm enthaltenen fremdsprachlichen Benennungen (in der Reihenfolge englisch, französisch) sind nicht Bestandteil dieser Norm. Sie sollen das Übersetzen erleichtern.

1 Anwendungsbereich und Zweck

Diese Norm dient wie alle Teile von DIN 55 350 dazu, Benennungen und Definitionen der in der Qualitätssicherung und Statistik verwendeten Begriffe zu vereinheitlichen.

Die Teile von DIN 55 350 sollen nach Möglichkeit alle an der Normung interessierten Anwendungsbereiche berücksichtigen. Sie dürfen deshalb ihre Definitionen nicht so eng fassen, daß sie nur für spezielle Bereiche gelten (Technik, Landwirtschaft, Medizin u. a.). Die internationale Terminologie wurde berücksichtigt, insbesondere die von der International Organization for Standardization (ISO) herausgegebene Internationale Norm ISO 3534 – 1977 „Statistics – Vocabulary and Symbols".

2 Begriffe

Die nachfolgenden Begriffe betreffen immer nur ein Einzelmerkmal, dem ein Einzelwert zugeordnet ist (univariater Fall). Bei mehreren zusammenhängenden Einzelmerkmalen, die unter einer einzigen Merkmalsbenennung zusammengefaßt sein können, und denen Wertetupel zugeordnet sind (multivariater Fall), sind die Begriffe auf jedes Einzelmerkmal getrennt anwendbar, beispielsweise auf jede Komponente eines Vektors. Einzige Ausnahme ist das Quantil, das als (vorgegebener oder festgestellter) Merkmalswert grundsätzlich einem vorgegebenen Verteilungsanteil zugeordnet ist.

Werden nachfolgend die Bestimmungswörter „Nenn-", „Soll-", „Richt-", „Grenz-", „Höchst-", „Mindest-", „Bemessungs-", „Beobachtungs-", „Extrem-" oder „Ist-" in Verbindung mit der Benennung von Größen gebraucht, so wird darunter immer der diesem Bestimmungswort entsprechende Wert dieser Größe im Sinne der jeweils nachfolgend gegebenen Definition verstanden. Beispiel: Soll-Temperatur.

Die Begriffe zu abgestuften Grenzwerten sind in Anhang A aufgeführt (siehe auch Erläuterungen).

Jedes Ermittlungsergebnis (z. B. Istwert, Istquantil und Ist-Verteilungsanteil), ist mit einer von Ergebnisabweichungen herrührenden Ergebnisunsicherheit (siehe DIN 55 350 Teil 13) behaftet. Diese kann sich auf die Festlegung von vorgegebenen Merkmalswerten auswirken.

Die in Klammern angegebenen Nummern sind Hinweise auf die Nummern der in dieser Norm enthaltenen Begriffe.

Fortsetzung Seite 2 bis 13

Ausschuß Qualitätssicherung und angewandte Statistik (AQS) im DIN Deutsches Institut für Normung e.V.

Nr	Benennung	Definition und Anmerkungen
1 Allgemeine Begriffe		
1.1	Merkmal characteristic caractère	Eigenschaft zum Erkennen oder zum Unterscheiden von Einheiten (siehe DIN 55 350 Teil 11). Anmerkung: Das Unterscheiden dient sowohl der Abgrenzung als auch der Untersuchung einer Grundgesamtheit (siehe DIN 55 350 Teil 14).
1.1.1	Merkmalswert characteristic value	Der Erscheinungsform des Merkmals zugeordneter Wert. Anmerkung: Durch die spezielle Festlegung des betrachteten Merkmals ist die Art des Merkmals (z. B. Farbe, Länge) bestimmt (Art des Merkmals: siehe 1.1.4 bis 1.1.5.2 und Fußnote 1) und damit auch die Art der Merkmalswerte (z. B. rot, 3 m).
1.1.2	Wertebereich eines Merkmals	Menge aller Merkmalswerte (1.1.1), die das betrachtete Merkmal annehmen kann.
1.1.3	Skala	Zweckmäßig geordneter Wertebereich eines Merkmals (1.1.2). Anmerkung: Zur Festlegung einer Skala gehört auch die Festlegung der zwischen ihren Werten zulässigen Beziehungen und Transformationen (siehe Tabelle 1 der Erläuterungen).
1.1.4	Quantitatives Merkmal quantitative characteristic caractère quantitatif	Merkmal, dessen Werte einer Skala (1.1.3) zugeordnet sind, auf der Abstände definiert sind. Anmerkung 1: Diese Skala heißt „Metrische Skala" oder „Kardinalskala". Auf ihr sind entweder nur Abstände definiert („Intervallskala") oder zusätzlich auch Verhältnisse („Verhältnisskala"). Beispielsweise sind auf der Temperaturskala nach Celsius nur Abstände definiert, während auf der Kelvin-Temperaturskala zusätzlich auch Verhältnisse definiert sind. Anmerkung 2: Nach dem Wertebereich (1.1.2) werden „kontinuierliche Merkmale" und „diskrete Merkmale" unterschieden. Anmerkung 3: Ein quantitatives Merkmal kann dadurch in ein qualitatives Merkmal verwandelt werden, daß nur noch festgestellt wird, ob der Istwert in einem vorgegebenen Bereich von Werten liegt (der zum Wertebereich des Merkmals (1.1.2) gehört). Anmerkung 4: Der Wert eines quantitativen Merkmals wird als Produkt aus Zahlenwert und Einheit (z. B. SI-Einheit, Währungseinheit, siehe auch DIN 1301 Teil 1) ausgedrückt (siehe DIN 1313). Anmerkung 5: Alle (physikalischen) Größen sind quantitative Merkmale. Größenwerte sind Werte quantitativer Merkmale.
1.1.4.1	Kontinuierliches Merkmal continuous characteristic caractère mesurable	Quantitatives Merkmal, dessen Wertebereich überabzählbar unendlich ist. Anmerkung 1: Statistische Auswertungsverfahren zu dieser Merkmalsart siehe DIN 53 804 Teil 1 [1]). Anmerkung 2: Eine Menge ist dann überabzählbar unendlich, wenn zu ihrer Durchnumerierung die Menge der natürlichen Zahlen nicht ausreicht (z. B. ist die Menge der reellen Zahlen überabzählbar unendlich). Anmerkung 3: Die Benennungen „meßbares Merkmal" und „Variablenmerkmal" werden nicht empfohlen. Anmerkung 4: Leicht mißverständlich auch „stetiges Merkmal".

[1]) Die Benennungen für die in DIN 53 804 behandelten vier Merkmalsarten sollen – soweit nötig – bei der jeweils nächsten Ausgabe an die obigen Benennungen angeglichen werden. Das bedeutet, daß geändert wird:

- im Teil 1: „Meßbare (kontinuierliche) Merkmale" in „Kontinuierliche Merkmale"
- im Teil 2: „Zählbare (diskrete) Merkmale" in „Zählmerkmale (Diskrete Merkmale)" und
- im Teil 4: „Attributmerkmale" in „Nominalmerkmale".

Nr	Benennung	Definition und Anmerkungen
1.1.4.2	Diskretes Merkmal discrete characteristic caractère discret	Quantitatives Merkmal, dessen Wertebereich endlich oder abzählbar unendlich ist. Anmerkung 1: Statistische Auswertungsverfahren speziell zu Zählmerkmalen siehe DIN 53 804 Teil 2 [1]). Anmerkung 2: Eine Menge ist dann abzählbar unendlich, wenn zu ihrer Durchnumerierung die Menge der natürlichen Zahlen ausreicht. Anmerkung 3: Zählmerkmale sind spezielle diskrete Merkmale, deren Wertebereich die Menge der natürlichen Zahlen einschließlich der Null (0, 1, 2, ...) oder eine Teilmenge dieser Menge ist. Der festgestellte (ermittelte, beobachtete, gemessene) Merkmalswert eines Zählmerkmals heißt „Zählwert". Anmerkung 4: Die Benennung „zählbares Merkmal" wird nicht empfohlen.
1.1.5	Qualitatives Merkmal qualitative characteristic caractère qualitatif	Merkmal, dessen Werte einer Skala zugeordnet sind, auf der keine Abstände definiert sind. Anmerkung 1: Diese Skala heißt „Topologische Skala". Anmerkung 2: Es ist sinnvoll und vielfach üblich, Merkmalswerte von qualitativen Merkmalen mit einer Schlüsselnummer zu kennzeichnen, also mit Zahlen. Dadurch wird jedoch den Werten dieses qualitativen Merkmals keine Skala zugeordnet, auf der Abstände definiert sind. Das qualitative Merkmal wird also durch eine Benummerung der Merkmalswerte nicht in ein quantitatives Merkmal umgewandelt. Anmerkung 3: Die Benennungen „Attributmerkmal" oder „attributives Merkmal" werden nicht empfohlen.
1.1.5.1	Ordinalmerkmal ordinal characteristic caractère ordinal	Qualitatives Merkmal, für dessen Merkmalswerte eine Ordnungsbeziehung besteht. Anmerkung 1: Statistische Auswertungsverfahren zu dieser Merkmalsart siehe DIN 53 804 Teil 3 [1]). Anmerkung 2: Die topologische Skala (siehe Anmerkung 1 zu 1.1.5) heißt hier speziell „Ordinalskala". Anmerkung 3: Merkmalswerte eines Ordinalmerkmals können nur in einer einzigen Ordnung (im Sinne einer Aufeinanderfolge) auf der Ordinalskala angeordnet werden. Siehe auch Anmerkung 2 zu 1.1.5. Anmerkung 4: Die Ordnungsbeziehung besteht in den Beziehungen „größer als", „gleich", „kleiner als". Beispielsweise sind die drei möglichen Beobachtungswerte einer Grenzlehre „Maß im Toleranzbereich", „Maß über Höchstmaß" und „Maß unter Mindestmaß" einer Ordinalskala zugeordnet. Anmerkung 5: Die Merkmalswerte von Ordinalmerkmalen werden häufig auch „Noten" genannt.
1.1.5.2	Nominalmerkmal nominal characteristic caractère nominal	Qualitatives Merkmal, für dessen Werte keine Ordnungsbeziehung besteht. Anmerkung 1: Statistische Auswertungsverfahren zu dieser Merkmalsart siehe DIN 53 804 Teil 4 [1]). Anmerkung 2: Die topologische Skala (siehe Anmerkung 1 zu 1.1.5) heißt hier speziell „Nominalskala". Anmerkung 3: Weil keine Ordnungsbeziehung besteht, kann man nur „gleich" oder „ungleich" erkennen. Deshalb ist auch jede beliebige Anordnung der Werte wählbar. Z. B. sind die Farben „grün", „weiß" und „rot" einer Nominalskala zugeordnet. Ein weiteres Beispiel ist die Zuordnung von Schlüsselnummern zu Berufsgruppen für eine Berufsgruppenstatistik. Anmerkung 4: Der Merkmalswert eines Nominalmerkmals wird häufig auch „Attribut" genannt. Ein Nominalmerkmal mit nur zwei möglichen Merkmalswerten heißt „dichotomes Merkmal", „Binärmerkmal" oder „Alternativmerkmal". Anmerkung 5: Die Benennung „klassifikatorisches Merkmal" wird nicht empfohlen.

[1]) Siehe Seite 2

Nr	Benennung	Definition und Anmerkungen
1.2	Abweichung deviation écart	Allgemein: Unterschied zwischen einem Merkmalswert (1.1.1) oder einem dem Merkmal (1.1) zugeordneten Wert und einem Bezugswert. Bei einem quantitativen Merkmal (1.1.4): Merkmalswert oder ein dem Merkmal zugeordneter Wert minus Bezugswert. Anmerkung: Bei quantitativen Merkmalen wird häufig der Abweichungsbetrag benutzt. Ein Beispiel für Abweichungsgrenzbeträge (2.6.3) sind die Fehlergrenzen (siehe DIN 1319 Teil 3).
1.3 Allgemeine qualitätsbezogene Merkmalsbegriffe		
1.3.1	Qualitätsmerkmal quality characteristic caractère de la qualité	Die Qualität (siehe DIN 55 350 Teil 11) mitbestimmendes Merkmal. Anmerkung 1: Entsprechend der Bedeutung unterscheidet man vielfach Klassen von Qualitätsmerkmalen. Es ist empfehlenswert, diese Klassen entsprechend der Fehlerklassifizierung (siehe DIN 55 350 Teil 31) festzulegen. Anmerkung 2: Ein Qualitätsmerkmal sowie seine Werte dürfen weder als „Qualität" noch als „Qualitätselement" bezeichnet werden.
1.3.1.1	Zuverlässigkeitsmerkmal	Die Zuverlässigkeit (siehe DIN 55 350 Teil 11) mitbestimmendes Qualitätsmerkmal. Anmerkung: Die Anmerkungen zu Nr 1.3.1 gelten sinngemäß.
1.3.2	Prüfmerkmal inspection characteristic	Merkmal, anhand dessen eine Prüfung durchgeführt wird. Anmerkung: In der Qualitätssicherung ist die Prüfung eine Qualitätsprüfung.
2 Begriffe zu vorgegebenen Merkmalswerten		
2.1	Nennwert nominal value valeur nominale	Wert eines quantitativen Merkmals (1.1.4) zur Gliederung des Anwendungsbereichs. Anmerkung 1: Der Nennwert wird oft unter Verwendung einer gerundeten Zahl ausgedrückt. Anmerkung 2: Ist ein Nennwert vorgegeben, so können Grenzabweichungen (2.6) oder Abweichungsgrenzbeträge (2.6.3) auf ihn bezogen werden. Bei Längenmaßen heißen Grenzabweichungen, die auf das Nennmaß bezogen sind, „Grenzabmaße" (siehe DIN 7182 Teil 1). Anmerkung 3: In der inhaltsgleichen Nennwert-Definition nach DIN 40 200 („Geeigneter gerundeter Wert einer Größe zur Bezeichnung oder zur Identifizierung eines Elements, einer Gruppe oder einer Einrichtung") ist die obige Anmerkung 1 enthalten.
2.2	Bemessungswert rated value valeur assignée	Für vorgegebene Anwendungsbedingungen vorgegebener Wert eines quantitativen Merkmals (1.1.4), der von dem festgelegt wird, der die Qualitätsforderung an die Einheit festlegt. Anmerkung: Die Definition des Bemessungswertes nach DIN 40 200 („Ein für eine vorgegebene Betriebsbedingung geltender Wert einer Größe, der im allgemeinen vom Hersteller für ein Element, eine Gruppe oder eine Einrichtung festgelegt wird") ist in der obigen Definition enthalten.
2.3	Sollwert desired value valeur de consigne	Wert eines quantitativen Merkmals (1.1.4), von dem die Istwerte (3.1.1) dieses Merkmals so wenig wie möglich abweichen sollen. Anmerkung 1: Die Abweichungen dürfen im Fall eines zusätzlich vorgegebenen Toleranzbereichs (2.7.2) nicht zur Überschreitung des Höchstwertes (2.5.2) oder zur Unterschreitung des Mindestwertes (2.5.1) führen. Anmerkung 2: Sollwert und Nennwert (2.1) können zusammenfallen. Anmerkung 3: Der Begriff Sollwert ist nur auf die Ergebnisse von Realisierungsverfahren anwendbar, nicht aber auf die Ergebnisse von Ermittlungsverfahren. Ein für ein Meßverfahren vorgegebener richtiger Wert (siehe DIN 1319 Teil 3) soll daher nicht Sollwert genannt werden. Er ist nach DIN 55 350 Teil 13 Bezugswert für die Feststellung von Ermittlungsabweichungen, nicht Sollwert gemäß obiger Definition.

Nr	Benennung	Definition und Anmerkungen
2.4	Richtwert standard value valeur indicatif	Wert eines quantitativen Merkmals (1.1.4), dessen Einhaltung durch die Istwerte (3.1.1) empfohlen wird, ohne daß Grenzwerte (2.5) vorgegeben sind.
2.5	Grenzwert limiting value valeur limitante	Mindestwert (2.5.1) oder Höchstwert (2.5.2). Anmerkung 1: „Toleranzgrenze" wird als Synonym für „Grenzwert" nicht empfohlen, weil die Benutzung zu Verwechslungen führt. Anmerkung 2: Bei quantitativen Merkmalen mit dem Sollwert Null, z. B. bei Unsymmetriegrößen (siehe bei „Zentrierte Zufallsgröße" in DIN 55 350 Teil 21), genügt es meist, einen Grenzbetrag (2.5.3) vorzugeben. Anmerkung 3: Bei multivariaten quantitativen Merkmalen können Grenzwerte einzeln für jede Komponente vorgegeben sein und außerdem voneinander abhängen. Anmerkung 4: Bei Längenmaßen heißt der Grenzwert „Grenzmaß" (siehe DIN 7182 Teil 1).
2.5.1	Mindestwert lower limiting value valeur limite inférieure	Kleinster zugelassener Wert eines quantitativen Merkmals (1.1.4). Anmerkung: Bei Längenmaßen heißt der Mindestwert „Mindestmaß" (siehe DIN 7182 Teil 1).
2.5.2	Höchstwert upper limiting value valeur limite supérieure	Größter zugelassener Wert eines quantitativen Merkmals (1.1.4). Anmerkung: Bei Längenmaßen heißt der Höchstwert „Höchstmaß" (siehe DIN 7182 Teil 1).
2.5.3	Grenzbetrag upper limiting amount	Betrag für Mindestwert (2.5.1) und Höchstwert (2.5.2), die bis auf das Vorzeichen übereinstimmen. Anmerkung 1: Ein Grenzbetrag wird vor allem bei Größen mit dem Sollwert (2.3) Null vorgegeben, z. B. bei Unsymmetriegrößen (siehe „Zentrierte Zufallsgröße" in DIN 55 350 Teil 21). Anmerkung 2: Ein für Abweichungen (1.2) vorgegebener Grenzbetrag hat die Benennung „Abweichungsgrenzbetrag" (2.6.3).
2.6	Grenzabweichung limiting deviation écart limite	Untere Grenzabweichung (2.6.1) oder obere Grenzabweichung (2.6.2). Anmerkung 1: Es ist unrichtig, betragsmäßig gleiche Grenzabweichungen als „Plusminus-Toleranz" oder als „höchstzulässige Abweichung ± A" zu bezeichnen. Richtig ist die Benennung „Grenzabweichungen ± A" oder „Betrag A der Grenzabweichungen" oder „Abweichungsgrenzbetrag A" (2.6.3). Anmerkung 2: Bei Längenmaßen heißt die auf das Nennmaß bezogene Grenzabweichung „Grenzabmaß" (siehe DIN 7182 Teil 1).
2.6.1	Untere Grenzabweichung lower limiting deviation écart limite inférieure	Mindestwert (2.5.1) minus Bezugswert. Anmerkung 1: Bezugswert ist der Nennwert (2.1) oder der Sollwert (2.3). Im Zweifel ist der verwendete Bezugswert anzugeben. Anmerkung 2: Es ist unrichtig, die untere Grenzabweichung als „Minustoleranz" zu bezeichnen.
2.6.2	Obere Grenzabweichung upper limiting deviation écart limite supérieure	Höchstwert (2.5.2) minus Bezugswert. Anmerkung 1: Bezugswert ist der Nennwert (2.1) oder der Sollwert (2.3). Im Zweifel ist der verwendete Bezugswert anzugeben. Anmerkung 2: Es ist unrichtig, die obere Grenzabweichung als „Plustoleranz" zu bezeichnen.

Nr	Benennung	Definition und Anmerkungen
2.6.3	Abweichungsgrenzbetrag	Betrag der unteren Grenzabweichung(2.6.1) und/oder der oberen Grenzabweichung (2.6.2). Anmerkung: Untere und obere Grenzabweichung können unterschiedliche Beträge haben. Werden in einem solchen Fall Abweichungsgrenzbeträge festgelegt, dann werden sie als „Oberer Abweichungsgrenzbetrag" und „Unterer Abweichungsgrenzbetrag" bezeichnet. Ein Beispiel aus der Meßtechnik ist eine von der oberen Fehlergrenze verschiedene untere Fehlergrenze (siehe DIN 1319 Teil 3). Man unterscheide davon den Grenzbetrag (2.5.3) mit definitionsgemäß gleichen Beträgen für Mindest- und Höchstwert der erlaubten Abweichungen vom Bezugswert Null.
2.7	Toleranz tolerance tolerance	Höchstwert (2.5.2) minus Mindestwert (2.5.1), und auch obere Grenzabweichung (2.6.2) minus untere Grenzabweichung (2.6.1). Anmerkung: Sind Zweifel möglich, zu welchem Merkmal die Toleranz gehört, sollte die Benennung durch ein Bestimmungswort ergänzt werden. Beispiele sind „Maßtoleranz", „Temperaturtoleranz", „Drucktoleranz".
2.7.1	Prozeßtoleranz process tolerance	Toleranz für das Merkmal eines Prozesses. Anmerkung 1: Die Toleranz für ein Merkmal des Prozeßergebnisses ist keine Prozeßtoleranz. Anmerkung 2: Zu einem Prozeß können auch Tätigkeiten von Personen gehören. Anmerkung 3: Die Prozeßtoleranz in einem Fertigungsprozeß wird „Fertigungstoleranz" genannt.
2.7.2	Toleranzbereich tolerance zone tolerance	Bereich zugelassener Werte zwischen Mindestwert (2.5.1) und Höchstwert (2.5.2). Anmerkung: Der Toleranzbereich ist bestimmt durch die Toleranz und durch seine Lage zum Bezugswert, z. B. durch die Abweichung eines der beiden Grenzwerte oder des Mittenwerts (2.7.3) vom Nennwert (2.1) oder vom Sollwert (2.3).
2.7.3	Mittenwert	Arithmetischer Mittelwert aus Mindestwert (2.5.1) und Höchstwert (2.5.2). Anmerkung: Vielfach stimmt der Mittenwert mit dem gedachten oder mit dem festgelegten Sollwert (2.3) überein.
3	**Begriffe zu festgestellten Merkmalswerten**	
3.1	Ermittlungsergebnis result of determination	Durch die Anwendung eines Ermittlungsverfahrens festgestellter Merkmalswert (1.1.1).[2] Anmerkung 1: Das Ermittlungsverfahren ist ein Beurteilungs-, Beobachtungs-, Meß-, Berechnungs-, statistisches Schätzverfahren oder eine Kombination daraus. Die Feststellung ist eine Beurteilung, Beobachtung, Messung (siehe DIN 1319 Teil 1), Berechnung oder eine Kombination daraus. Je nach der Art des Ermittlungsverfahrens heißt das Ermittlungsergebnis Beurteilungs-, Beobachtungs-, Meß-, Rechen-, statistisches Schätzergebnis. Anmerkung 2: Ein Ermittlungsergebnis ist im allgemeinen nur dann vollständig, wenn es eine Angabe über die Ergebnisunsicherheit (siehe DIN 55 350 Teil 13) enthält. Anmerkung 3: Ein Ermittlungsergebnis höherer Stufe kann durch Zusammenfassung mehrerer Ermittlungsergebnisse niedrigerer Stufe entstanden sein. Beispielsweise kann das Ermittlungsergebnis höherer Stufe der Mittelwert aus mehreren Meßergebnissen (Ermittlungsergebnissen niedrigerer Stufe) sein. Anmerkung 4: Das „berichtigte Ermittlungsergebnis" ist das um die bekannte systematische Ergebnisabweichung (siehe DIN 55 350 Teil 13) berichtigte Ermittlungsergebnis. Anmerkung 5: In der vorangegangenen Ausgabe dieser Norm war statt „Ermittlungsergebnis" noch „Beobachtungswert" enthalten. In DIN 55 350 Teil 23 kann das Wort „Beobachtungswert" durch „Einzelermittlungsergebnis" oder „Einzelergebnis" (siehe DIN 13 303 Teil 1) ersetzt werden.

[2]) Definition und Anmerkungen 1 bis 4 aus DIN 55 350 Teil 13/07.87

Nr	Benennung	Definition und Anmerkungen
3.1.1	Istwert actual value	Ermittlungsergebnis eines quantitativen Merkmals (1.1.4). Anmerkung: Anmerkungen 1 bis 4 zu 3.1 gelten sinngemäß.
3.1.2	Extremwert	Kleinster Einzelistwert (3.1.2.1) oder größter Einzelistwert (3.1.2.2). Anmerkung 1: Extremwerte haben in der Praxis häufig die größte Zufallsstreuung. Anmerkung 2: Zur Vermeidung von Verwechslungen zwischen Extremwerten und Grenzwerten (2.5) wird davon abgeraten, für die Extremwerte die kürzeren Benennungen „Kleinstwert" und „Größtwert" zu benutzen.
3.1.2.1	Kleinster Einzelistwert	In einer bezüglich ihres Umfangs festgelegten Serie von Einzelistwerten (siehe 3.1.1) der kleinste.
3.1.2.2	Größter Einzelistwert	In einer bezüglich ihres Umfangs festgelegten Serie von Einzelistwerten (siehe 3.1.1) der größte.
3.1.3	Grenzwertabstand	Istwert (3.1.1) minus Mindestwert (2.5.1) oder Höchstwert (2.5.2) minus Istwert. Anmerkung 1: Der Istwert kann ein Einzelistwert, ein Istmittelwert oder ein anderer charakteristischer Istwert sein. Anmerkung 2: Ein negativer Grenzwertabstand zeigt, daß der Istwert den Mindestwert unterschreitet oder den Höchstwert überschreitet.

Anhang A
Begriffe zu abgestuften Grenzwerten

Nr	Benennung	Definition und Anmerkungen
A.1 Allgemeine Begriffe		
A.1.1	Merkmalskette	Zusammenfassung mehrerer zusammenwirkender, voneinander unabhängiger Einzelmerkmale (A.1.1.1) gleicher Dimension. Anmerkung 1: In der Praxis kommen oft lineare (additive) Merkmalsketten vor. Auf die beteiligten Einzelmerkmale und das Schließmerkmal (A.1.1.2) werden zweckmäßig abgestufte Grenzwerte (A.2.3) oder abgestufte Toleranzen (A.2.4) angewendet. Anmerkung 2: Die Einzelmerkmale heißen auch „Glieder der Merkmalskette".
A.1.1.1	Einzelmerkmal	Quantitatives Merkmal (1.1.4) als Glied einer Merkmalskette.
A.1.1.2	Schließmerkmal	Quantitatives Merkmal (1.1.4), das sich aus dem Zusammenwirken voneinander unabhängiger Einzelmerkmale (A.1.1.1) in einer Merkmalskette (A.1.1) ergibt. Anmerkung 1: Siehe die Anmerkung 1 zu Merkmalskette. Anmerkung 2: Beispiele für Werte von Schließmerkmalen linearer Merkmalsketten bei Längenmaßen sind die Dicke des Blechpakets für einen Transformatorkern oder das Maß des Luftspalts bei einem Elektromotor.

Nr	Benennung	Definition und Anmerkungen
A.1.2	Quantil quantile quantil	Allgemein für eine Verteilungsfunktion: Siehe DIN 55 350 Teil 21 und DIN 13 303 Teil 1. Bei einem kontinuierlichen Merkmal (1.1.4.1): Merkmalswert (1.1.1), unter dem ein vorgegebener Anteil der Merkmalswerte einer Verteilung liegt. Anmerkung 1: Das Quantil hat die Dimension des Merkmalswertes. Der zugehörige vorgegebene Anteil der Merkmalswerte der Verteilung hat die Dimension 1. Anmerkung 2: Gemäß Definition ist der Anteil der Merkmalswerte der Verteilung unter diesem Merkmalswert stets vorgegeben, sowohl bei einem festgestellten als auch bei einem vorgegebenen Quantil. In beiden Fällen muß entweder eine wirkliche oder eine gedachte Verteilung existieren. Demnach ist – ein vorgegebenes Quantil ein (zum vorgegebenen Verteilungsanteil) vorgegebener Merkmalswert, z. B. ein Mindestquantil (A.2.1.1). – ein festgestelltes Quantil ein (zum vorgegebenen Verteilungsanteil) festgestellter Merkmalswert, z. B. ein Istquantil (A.3.1).
A.2	**Begriffe zu vorgegebenen Merkmalswerten**	
A.2.1	Grenzquantil limiting quantile	Mindestquantil oder Höchstquantil (A.2.1.1 oder A.2.1.2). Anmerkung 1: Für ein zusammengehöriges Paar von Mindest- und Höchstquantil, das zur Eingrenzung einer als symmetrisch vorausgesetzten Verteilung durch abgestufte Grenzwerte (A.2.3) vorgegeben wird, ist die Summe der zugehörigen Grenz-Unterschreitungsanteile (A.2.2) hundert Prozent. Anmerkung 2: Auch für einzelne Grenzquantile eines abgestuften Grenzwertes können Grenzwertabstände (3.1.3) festgestellt werden.
A.2.1.1	Mindestquantil lower limiting quantile	Kleinstes zugelassenes Quantil, und damit ein vorgegebener Merkmalswert, unter dem nicht mehr als der vorgegebene Anteil von Merkmalswerten der Verteilung (siehe DIN 55 350 Teil 23) zugelassen ist. Anmerkung 1: Ein Beispiel für ein Mindestquantil ist eine Mindestwanddicke 1,00 mm bei einem vorgegebenen Verteilungsanteil von 10 Prozent. Unter 1,00 mm ist folglich ein Höchst-Unterschreitungsanteil (A.2.2.1) 10 Prozent von Wanddickenwerten zugelassen. Anmerkung 2: Wird ein Höchst-Unterschreitungsanteil von null Prozent der Merkmalswerte einer Verteilung unter dem Mindestquantil zugelassen, verwandelt sich das Mindestquantil dadurch in einen Mindestwert (2.5.1), weil dieser dann der kleinste zugelassene Wert ist.
A.2.1.2	Höchstquantil upper limiting quantile	Größtes zugelassenes Quantil, und damit ein vorgegebener Merkmalswert, unter dem nicht weniger als der vorgegebene Anteil von Merkmalswerten der Verteilung (siehe DIN 55 350 Teil 23) gefordert wird. Anmerkung 1: Ein Beispiel für ein Höchstquantil ist eine Höchstwanddicke 1,20 mm bei einem vorgegebenen Verteilungsanteil von 90 Prozent. Unter 1,20 mm ist folglich ein Mindest-Unterschreitungsanteil (A.2.2.2) 90 Prozent von Wanddickenwerten gefordert. Anmerkung 2: Wird ein Mindest-Unterschreitungsanteil von hundert Prozent der Merkmalswerte einer Verteilung unter dem Höchstquantil gefordert, verwandelt sich das Höchstquantil dadurch in einen Höchstwert (2.5.2), weil dieser dann der größte zugelassene Wert ist.
A.2.2	Grenz-Unterschreitungsanteil limiting proportion	Höchst-Unterschreitungsanteil (A.2.2.1) oder Mindest-Unterschreitungsanteil (A.2.2.2). Anmerkung 1: Der Grenz-Unterschreitungsanteil ist in der Quantil-Definition (A.1.2) der „vorgegebene Anteil der Merkmalswerte einer Verteilung". Anmerkung 2: Für ein zusammengehöriges Paar von Mindest- und Höchstquantil, das zur Eingrenzung einer als symmetrisch vorausgesetzten Verteilung durch abgestufte Grenzwerte (A.2.3) vorgegeben wird, ist die Summe der zugehörigen Grenz-Unterschreitungsanteile hundert Prozent.

Nr	Benennung	Definition und Anmerkungen
A.2.2.1	Höchst-Unterschreitungsanteil upper limiting proportion	Größter zugelassener Anteil der Merkmalswerte einer Verteilung unter dem Mindestquantil (A.2.1.1). Anmerkung: Der Merkmalsgrenzwert des Mindestquantils darf höchstens von einem Anteil von Merkmalswerten der Verteilung unterschritten werden, der dem Höchst-Unterschreitungsanteil entspricht.
A.2.2.2	Mindest-Unterschreitungsanteil lower limiting proportion	Kleinster geforderter Anteil der Merkmalswerte einer Verteilung unter dem Höchstquantil (A.2.1.2). Anmerkung: Der Merkmalsgrenzwert des Höchstquantils muß mindestens von einem Anteil von Merkmalswerten der Verteilung unterschritten werden, der dem Mindest-Unterschreitungsanteil entspricht.
A.2.3	Abgestufter Grenzwert stepped limiting value	Aus einer Folge von Grenzquantilen (A.2.1) aufgebauter mehrstufiger Grenzwert mit zugehörigen Grenz-Unterschreitungsanteilen (A.2.2). Anmerkung 1: Die Benennung „abgestufter Grenzwert" ist aus seiner Darstellung im Wahrscheinlichkeitsnetz entstanden. Anmerkung 2: Praxisüblich sind einfache, zweifache und dreifache Abstufungen. Eine mehrfache Abstufung ermöglicht die ein- oder zweiseitige Eingrenzung der Kennwerte für Lage und Streuung einer Verteilung, bei Feinabstufung sogar für deren Form. Anmerkung 3: Sonderfall eines abgestuften Grenzwertes ist ein einzelnes Mindestquantil oder ein einzelnes Höchstquantil. Dann existiert (im Wahrscheinlichkeitsnetz) nur eine einzige Stufe. Die einfache Abstufung gestattet z. B. die Berücksichtigung kleiner Überschreitungs- oder Unterschreitungsanteile bei Grenzwerten.
A.2.3.1	Abgestufter Mindestwert stepped lower limiting value	Abfallende Folge von Mindestquantilen (A.2.1.1) mit zugehöriger abfallender Folge von Höchst-Unterschreitungsanteilen (A.2.2.1). Anmerkung: Den Höchst-Unterschreitungsanteilen sind für die statistische Qualitätsprüfung häufig Annahmefaktoren A zugeordnet (A = Mindestbetrag für $\lvert G-\bar{x}\rvert/s$, wobei G der betrachtete Grenzwert (2.5) und für $\bar{x}$ positiver Grenzwertabstand (3.1.3) vorausgesetzt ist.
A.2.3.2	Abgestufter Höchstwert stepped upper limiting value	Ansteigende Folge von Höchstquantilen (A.2.1.2) mit zugehöriger ansteigender Folge von Mindest-Unterschreitungsanteilen (A.2.2.2). Anmerkung: Den Komplementen zu Eins der Mindest-Unterschreitungsanteile sind für die statistische Qualitätsprüfung häufig Annahmefaktoren A (siehe Anmerkung zu A.2.3.1) zugeordnet. Bei manchen bestehenden Spezifikationen abgestufter Höchstwerte sind diese Komplemente zu Eins der Mindest-Unterschreitungsanteile statt der Mindest-Unterschreitungsanteile selbst festgelegt.
A.2.4	Abgestufte Toleranz stepped tolerance	Oberstes Höchstquantil des abgestuften Höchstwertes (A.2.3.2) minus unterstes Mindestquantil des abgestuften Mindestwertes (A.2.3.1). Anmerkung: Die Abstufungen der Grenzquantile sind also stets „nach innen" gerichtet.
A.2.4.1	Abgestufte Einzeltoleranz	Abgestufte Toleranz für ein Einzelmerkmal (A.1.1.1).
A.2.4.2	Schließtoleranz	Abgestufte Toleranz für ein Schließmerkmal (A.1.1.2). Anmerkung: Man unterscheidet zwischen dem unwirtschaftlichen Fall der „arithmetischen Schließtoleranz" als der Summe der abgestuften Einzeltoleranzen, dem Idealfall der „quadratischen Schließtoleranz" als der positiven Quadratwurzel aus der Summe der Quadrate der abgestuften Einzeltoleranzen, und der dazwischen liegenden „statistischen Schließtoleranz". Diese wiederum wird unterschieden nach der optimalen und der aufgrund des eingesetzten Ermittlungsaufwands anwendbaren. Die anwendbare statistische Schließtoleranz ist in der Regel ungünstiger (enger) als die optimale.
A.2.5	Abgestufter Toleranzbereich stepped tolerance zone	Bereich zugelassener Werte zwischen einem abgestuften Mindestwert (A.2.3.1) und einem abgestuften Höchstwert (A.2.3.2). Anmerkung: Als abgestufte Toleranz (A.2.4) ist die Differenz zwischen dem obersten Höchstquantil und dem untersten Mindestquantil festgelegt.

Nr	Benennung	Definition und Anmerkungen
A.3 Begriffe zu festgestellten Merkmalswerten		
A.3.1	Istquantil	Quantil (A.1.2) einer Häufigkeitsverteilung (siehe DIN 55 350 Teil 23). Anmerkung 1: Für den Fall, daß die Häufigkeitsverteilung beim vorgegebenen Anteil keinen Merkmalswert aufweist, ist bei Anwendung von Istquantilen festzulegen, ob der nächste darunterliegende, der nächste darüberliegende Merkmalswert oder der Mittelwert aus diesen beiden als Istquantil gelten soll. Fehlt diese Festlegung, so ist der darüberliegende Merkmalswert zu verwenden. Anmerkung 2: Auch „empirisches Quantil" (siehe DIN 13 303 Teil 1)
A.3.2	Ist-Unterschreitungsanteil	Anzahl der Einzelistwerte (siehe 3.1.1) unter einem vorgegebenen Merkmalswert dividiert durch die gesamte Anzahl Einzelistwerte der Häufigkeitsverteilung.

Zitierte Normen

DIN 1301 Teil 1	Einheiten; Einheitennamen, Einheitenzeichen
DIN 1313	Physikalische Größen und Gleichungen; Begriffe, Schreibweisen
DIN 1319 Teil 1	Grundbegriffe der Meßtechnik; Allgemeine Grundbegriffe
DIN 1319 Teil 3	Grundbegriffe der Meßtechnik; Begriffe für die Meßunsicherheit und für die Beurteilung von Meßgeräten und Meßeinrichtungen
DIN 7182 Teil 1	Maße, Abmaße, Toleranzen und Passungen; Grundbegriffe
DIN 13 303 Teil 1	Stochastik; Wahrscheinlichkeitstheorie, Gemeinsame Grundbegriffe der mathematischen und der beschreibenden Statistik; Begriffe und Zeichen
DIN 40 200	Nennwert, Grenzwert, Bemessungswert, Bemessungsdaten; Begriffe
DIN 53 804 Teil 1	Statistische Auswertungen; Meßbare (kontinuierliche) Merkmale
DIN 53 804 Teil 2	Statistische Auswertungen; Zählbare (diskrete) Merkmale
DIN 53 804 Teil 3	Statistische Auswertungen; Ordinalmerkmale
DIN 53 804 Teil 4	Statistische Auswertungen; Attributmerkmale
DIN 55 350 Teil 11	Begriffe der Qualitätssicherung und Statistik; Grundbegriffe der Qualitätssicherung
DIN 55 350 Teil 13	Begriffe der Qualitätssicherung und Statistik; Begriffe zur Genauigkeit von Ermittlungsverfahren und Ermittlungsergebnissen
DIN 55 350 Teil 14	Begriffe der Qualitätssicherung und Statistik; Begriffe der Probenahme
DIN 55 350 Teil 21	Begriffe der Qualitätssicherung und Statistik; Begriffe der Statistik; Zufallsgrößen und Wahrscheinlichkeitsverteilungen
DIN 55 350 Teil 23	Begriffe der Qualitätssicherung und Statistik; Begriffe der Statistik; Beschreibende Statistik
DIN 55 350 Teil 31	Begriffe der Qualitätssicherung und Statistik; Begriffe der Annahmestichprobenprüfung
DIN ISO 3534 – 1977	Statistics – Vocabulary and Symbols

Weitere Normen

DIN 7186 Teil 1	Statistische Tolerierung; Begriffe, Anwendungsrichtlinien und Zeichnungsangaben
DIN 55 350 Teil 15	Begriffe der Qualitätssicherung und Statistik; Begriffe zu Mustern
DIN 55 350 Teil 17	Begriffe der Qualitätssicherung und Statistik; Begriffe der Qualitätsprüfungsarten
DIN 55 350 Teil 18	Begriffe der Qualitätssicherung und Statistik; Begriffe zu Bescheinigungen über die Ergebnisse von Qualitätsprüfungen; Qualitätsprüf-Zertifikate
DIN 55 350 Teil 22	Begriffe der Qualitätssicherung und Statistik; Begriffe der Statistik; Spezielle Wahrscheinlichkeitsverteilungen
DIN 55 350 Teil 24	Begriffe der Qualitätssicherung und Statistik; Begriffe der Statistik; Schließende Statistik

Frühere Ausgaben

DIN 55 350 Teil 12 : 07.78, 09.88

Änderungen

Gegenüber der im Januar 1986 zurückgezogenen Ausgabe Juli 1978 wurden folgende Änderungen vorgenommen:

Vollständige Überarbeitung und Ergänzung.

Gegenüber der Ausgabe September 1988 wurden folgende Berichtigungen vorgenommen:

In Tabelle 1 wurden der Tabellenkopf für die beiden letzten Spalten korrigiert und einige mißverständliche Beispiele korrigiert bzw. entfernt. Weitere Korrekturen in 1.1.5.1, A.2.1.2, A.2.2, A.2.3, A.2.3.1, A.2.3.2 und A.3.1.

Erläuterungen

Die dieser Norm vorausgegangene Vornorm war im Juli 1978 herausgegeben worden (die erste vom Ausschuß für Qualitätssicherung und angewandte Statistik (AQS) erarbeitete Veröffentlichung). Seinerzeit waren 18 merkmalsbezogene Begriffe genormt worden.

Seit Herausgabe der Vornorm wurden zahlreiche weitere merkmalsbezogene Begriffe in der Praxis (z. B. Werknormen), in DIN-Normen (z. B. Normen der Reihe DIN 1319) und in der internationalen Normung (z. B. DIN 40 200 als Folge der Publication IEC 50 (151)(1978)) festgelegt.

Erläuterungen zu den vier Merkmalsarten:

Es war notwendig, die Begriffe für die vier Merkmalsarten (im Abschnitt 2 die Nummern 1.1.4.1, 1.1.4.2, 1.1.5.1 und 1.1.5.2) und ihre beiden Oberbegriffe (Nummern 1.1.4 und 1.1.5) in die Folgeausgabe der Norm aufzunehmen, siehe auch Tabelle 1. Diese Tabelle stammt aus Padberg und Wilrich: Die Auswertung von Daten und ihre Abhängigkeit von der Merkmalsart, „Qualität und Zuverlässigkeit" 26 (1981), Heft 6, Seite 180, und wurde für diese Erläuterungen und aufgrund der zwischenzeitlichen Entwicklung der Begriffsnormung modifiziert.

Tabelle 1. **Übersicht über die vier Merkmalsarten anhand der zugehörigen Skalentypen**

Merkmalsart	Qualitative Merkmale		Quantitative (kontinuierliche oder diskrete) Merkmale	
	Nominalmerkmal	Ordinalmerkmal		
Skalentyp	Topologische Skalen		Kardinalskalen (Metrische Skalen)	
	Nominalskala	Ordinalskala	Intervallskala	Verhältnisskala
Definierte Beziehungen	= ≠	= ≠ < >	= ≠ < > + −	= ≠ < > + − · :
Interpretation der hinzukommenden Beziehung	Unterscheidung gleich/ungleich möglich	Unterscheidung kleiner/größer möglich	Differenzen haben empirischen Sinn	Verhältnisse haben empirischen Sinn
Zugelassene Transformationen	umkehrbar eindeutige (bijektive)	monoton steigende (isotone)	lineare $y = ax + b \quad (a > 0)$	Ähnlichkeitstransform. $y = ax \quad (a > 0)$
Beispiele für Merkmale	Postleitzahlen Autokennzeichen Artikelnummern Symbole	Schulnoten Militärische Dienstgrade Mercalli'sche Erdbebenskala Windstärke Beaufort	Celsius-Temperatur Kalenderdatum	Temperatur Einkommen Fehleranzahl Richter'sche Erdbebenskala Windgeschwindigkeit m/s
Beispiele für statistische Kennwerte	Modalwert Häufigkeiten	Quantile *) (Median, Quartile, ...)	arithmetischer Mittelwert *) Standardabweichung	geometrischer Mittelwert *) Variationskoeffizient
Anzuwendende statistische Verfahren	nichtparametrische		parametrische, und zwar unter Beachtung der Modellvoraussetzungen	
Informationsinhalt	gering ——————————▶ hoch			
Empfindlichkeit gegenüber Ergebnisabweichungen	gering ——————————▶ hoch			

*) Die statistischen Kennwerte in allen jeweils links von einer betrachteten Tabellenspalte stehenden Tabellenspalten sind weitere Beispiele für statistische Kennwerte.

Erläuterungen zu den im Anhang A enthaltenen Begriffen zu abgestuften Grenzwerten

Die Diskussion zu den Begriffen zu Grenzwerten unter Berücksichtigung statistischer Gesichtspunkte ist noch nicht abgeschlossen. Um dennoch eine Grundlage zur Vereinheitlichung zu schaffen, wurden die Begriffe im Anhang A aufgeführt. Abgestufte Grenzwerte werden in diesem Anhang mit Hilfe von Quantilen definiert. Dabei kann der Quantilbegriff in seiner Definition für kontinuierliche Merkmale benutzt werden (vergleiche A.1.2). Bei abgestuften Grenzwerten werden im allgemeinen nur diese Merkmale betrachtet.

Zur Erleichterung des Verständnisses für abgestufte Grenzwerte dienen die nachfolgenden drei Bilder (aus Geiger: Grenzwerte, abgestufte Grenzwerte und ihre Bezeichnung, DIN-Mitteilungen+elektronorm 61. 1982, Nr. 2, Seiten 76 bis 80).

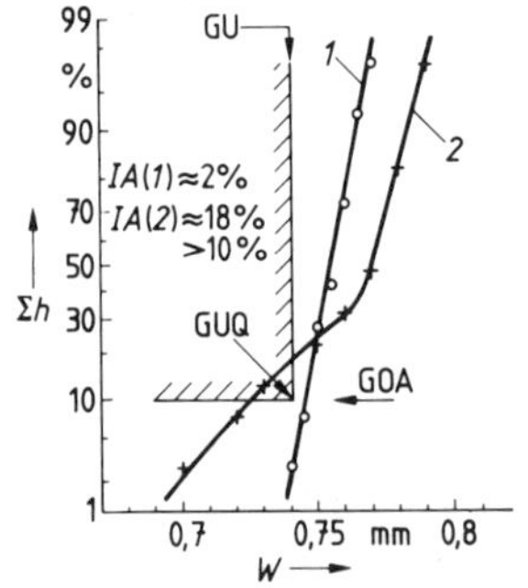

Bild 1. Beispiel eines Mindestquantils

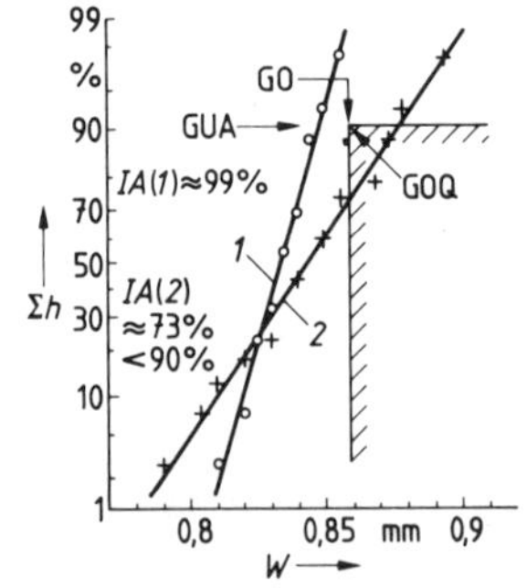

Bild 2. Beispiel eines Höchstquantils

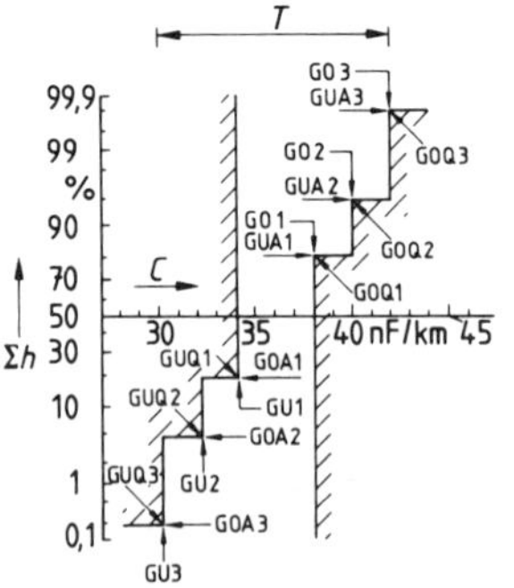

Bild 3. Praxisbeispiel eines dreifach abgestuften Toleranzbereichs

Die Häufigkeitsverteilungen mit „1" sind zugelassen, die mit „2" nicht.

T – Toleranzbereich

GK
GO
GUQ
GOA
GUA
GOQ

G – Grenzwert
U – unten; Mindest-
O – oben; Höchst-
Q – Quantil
A – Anteil (Unterschreitungsanteil)

W – Isolierwanddicke

C – Betriebskapazität

Wird ein Mindest-Unterschreitungsanteil von Istwerten von weniger als hundert Prozent unter dem Höchstwert gefordert, verwandelt sich der Höchstwert dadurch in ein Höchstquantil, weil Werte zugelassen sind, die größer sind als dieser Höchstwert. Wird ein Höchst-Unterschreitungsanteil von Istwerten von mehr als null Prozent unter dem Mindestwert zugelassen, verwandelt sich der Mindestwert dadurch in ein Mindestquantil, weil Werte zugelassen sind, die kleiner sind als dieser Mindestwert. Bei Mindestquantilen wird schon bisher immer der größte zugelassene Anteil von kleineren Merkmalswerten vorgegeben. Bei Höchstquantilen hingegen ist gelegentlich ein Umdenken nötig. Dort sind oft noch größte zugelassene Überschreitungsanteile vorgegeben. Sie müssen nach Definition A.2.1.2 ersetzt werden durch deren Komplemente zu 1, das sind die Mindest-Unterschreitungsanteile.

Abgestufte Grenzwerte sind der Allgemeinfall von Grenzwerten (2.5), d. h. von Mindestwerten (2.5.1) oder Höchstwerten (2.5). Bei abgestuften Grenzwerten handelt es sich um eine komplexe Festlegung aufgrund einer verbesserten Kenntnis der praktisch erzielbaren oder erzielten Häufigkeitsverteilungen der Einzelmerkmale. (Siehe Beispiele im DIN-Fachbereicht Nr 6 sowie DIN 7186 Teil 1).

Es gibt Fälle, in denen ein Mindestanteil von Merkmalswerten zwischen zwei symmetrisch zum Mittenwert (z. B. Ursprung) liegenden Grenzwerten liegen muß, die deshalb als Mindestquantil und Höchstquantil festgelegt sind, wobei die Summe der beiden Grenz-Unterschreitungsanteile 100 % ergibt (vergleiche Anmerkung 1 zu A.2.1 und Anmerkung 2 zu A.2.2). In diesem Fall kann auch ein Höchstquantil für die Abweichungsbeträge vom Mittenwert festgelegt werden.

Die Abstufung von Grenzwerten für Einzelmerkmale und Schließmerkmale von Merkmalsketten unter Ausnutzung der Abweichungsfortpflanzung ist in größerem Umfang in der Praxis erst jetzt möglich, weil die erforderlichen Berechnungen nun mit der Datenverarbeitung in wirtschaftlicher Weise ausgeführt und alle relevanten statistischen Methoden ausgenutzt werden können. So wird der Einsatz abgestufter Grenzwerte auch dort sinnvoll, wo bisher der Aufwand für Planung und Informationsbeschaffung noch zu groß war.

Dies ergibt eine Fertigung, die

- bei vorgegebener Schließtoleranz und bekannten Häufigkeitsverteilungen der Einzelmerkmale zu wirtschaftlicheren abgestuften Einzeltoleranzen für die Einzelmerkmale oder
- bei bekannten Häufigkeitsverteilungen der Einzelmerkmale zu günstigeren (kleineren) Schließtoleranzen führt.

Stichwortverzeichnis

(Benennungen in deutscher Sprache)

Dieses Verzeichnis enthält auch Benennungen, die in Anmerkungen vorkommen.

A

Abgestufte Einzeltoleranz A.2.4.1
Abgestufte Toleranz A.2.4
Abgestufter Grenzwert A.2.3
Abgestufter Höchstwert A.2.3.2
Abgestufter Mindestwert A.2.3.1
Abgestufter Toleranzbereich A.2.5
Abweichung 1.2
Abweichungsbetrag 1.2
Abweichungsgrenzbetrag 2.6.3
Alternativmerkmal 1.1.5.2
Anwendbare statistische Schließtoleranz A.2.4.2
Arithmetische Schließtoleranz A.2.4.2
Attribut 1.1.5.2
Attributives Merkmal 1.1.5
Attributmerkmal 1.1.5

B

Bemessungswert 2.2
Beobachtungsergebnis 3.1
Beobachtungsverfahren 3.1
Beobachtungswert 3.1
Berechnungsverfahren 3.1
Beurteilungsergebnis 3.1
Beurteilungsverfahren 3.1
Binärmerkmal 1.1.5.2

D

Dichotomes Merkmal 1.1.5.2
Diskretes Merkmal 1.1.4.2

E

Einzelergebnis 3.1
Einzelmerkmal A.1.1.1
Empirisches Quantil A.3.1
Ermittlungsergebnis 3.1
Extremwert 3.1.2

F

Fertigungstoleranz 2.7.1

G

Glieder der Merkmalskette A.1.1
Grenzabmaß 2.1, 2.6
Grenzabweichung 2.6
Grenzbetrag 2.5.3
Grenzmaß 2.5
Grenzquantil A.2.1
Grenz-Unterschreitungsanteil A.2.2
Grenzwert 2.5
Grenzwertabstand 3.1.3
Größenwert 1.1.4
Größter Einzelistwert 3.1.2.2
Größtwert 3.1.2

H

Höchstmaß 2.5.2
Höchstquantil A.2.1.2
Höchst-Unterschreitungsanteil A.2.2.1
Höchstwert 2.5.2
Höchstzulässige Abweichung 2.6

I

Intervallskala 1.1.4
Istquantil A.3.1
Ist-Unterschreitungsanteil A.3.2
Istwert 3.1.1

K

Kardinalskala 1.1.4
Klassifikatorisches Merkmal 1.1.5.2
Kleinster Einzelistwert 3.1.2.1
Kleinstwert 3.1.2
Kontinuierliches Merkmal 1.1.4.1

M

Merkmal 1.1
Merkmalskette A.1.1
Merkmalswert 1.1.1
Meßbares Merkmal 1.1.4.1
Meßergebnis 3.1
Meßverfahren 3.1
Metrische Skale 1.1.4
Mindestmaß 2.5.1
Mindestquantil A.2.1.1
Mindest-Unterschreitungsanteil A.2.2.2
Mindestwert 2.5.1
Minustoleranz 2.6.1
Mittenwert 2.7.3

N

Nennwert 2.1
Nominalmerkmal 1.1.5.2
Nominalskala 1.1.5.2
Note 1.1.5.1

O

Obere Grenzabweichung 2.6.2
Oberer Abweichungsgrenzbetrag 2.6.3
Optimale statistische Schließtoleranz A.2.4.2
Ordinalmerkmal 1.1.5.1
Ordinalskala 1.1.5.1

P

Plusminus-Toleranz 2.6
Plustoleranz 2.6.2
Prozeßtoleranz 2.7.1
Prüfmerkmal 1.3.2

Q

Quadratische Schließtoleranz A.2.4.2
Qualitatives Merkmal 1.1.5
Qualitätsmerkmal 1.3.1
Quantil A.1.2
Quantitatives Merkmal 1.1.4

R

Rechenergebnis 3.1
Richtwert 2.4

S

Schließmerkmal A.1.1.2
Schließtoleranz A.2.4.2
Skala 1.1.3
Sollwert 2.3
Statistische Schließtoleranz A.2.4.2
Statistisches Schätzergebnis 3.1
Statistisches Schätzverfahren 3.1
Stetiges Merkmal 1.1.4.1

T

Toleranz 2.7
Toleranzbereich 2.7.2
Toleranzgrenze 2.5
Topologische Skala 1.1.5

U

Unsymmetriegröße 2.5, 2.5.3
Untere Grenzabweichung 2.6.1
Unterer Abweichungsgrenzbetrag 2.6.3

V

Variablenmerkmal 1.1.4.1
Verhältnisskala 1.1.4

W

Wertebereich eines Merkmals 1.1.2

Z

Zählbares Merkmal 1.1.4.2
Zählmerkmal 1.1.4.2
Zählwert 1.1.4.2
Zuverlässigkeitsmerkmal 1.3.1.1

Internationale Patentklassifikation

G 07 C 3/14

223/11*

DK 658.562:519.2:001.4 Juli 1987

Begriffe der Qualitätssicherung und Statistik Begriffe zur Genauigkeit von Ermittlungsverfahren und Ermittlungsergebnissen	DIN 55 350 Teil 13

Concepts in quality and statistics; concepts relating to the accuracy of methods of determination and of results of determination

Ersatz für die im Januar 1986 zurückgezogene Ausgabe 01.81

Die in dieser Norm enthaltenen fremdsprachlichen Benennungen (in der Reihenfolge englisch, französisch) sind nicht Bestandteil dieser Norm, sie sollen das Übersetzen erleichtern.

1 Anwendungsbereich und Zweck

Diese Norm dient wie alle Teile von DIN 55 350 dazu, Benennungen und Definitionen der in der Qualitätssicherung und Statistik verwendeten Begriffe zu vereinheitlichen.

Die Teile von DIN 55 350 sollen nach Möglichkeit alle an der Normung interessierten Anwendungsbereiche berücksichtigen. Sie dürfen deshalb ihre Definitionen nicht so eng fassen, daß sie nur für spezielle Bereiche gelten (Technik, Landwirtschaft, Medizin u. a.). Die internationale Terminologie wurde berücksichtigt, insbesondere die von der Internationalen Organization for Standardization (ISO) herausgegebene Internationale Norm ISO 3534 – 1977 „Statistics – Vocabulary and Symbols".

Die in dieser Norm dargelegten Begriffe zur Genauigkeit von Ermittlungsverfahren und Ermittlungsergebnissen sowie für die zugehörigen Bezugswerte (z. B. wahrer Wert), Abweichungen und Unsicherheiten lassen sich sinngemäß, nötigenfalls bei Verwendung anderer Benennungen, übertragen auf Begriffe zur Genauigkeit von Realisierungsverfahren (z. B. Positionierverfahren und Fertigungsverfahren) und von Realisierungsergebnissen (z. B. von Positionierergebnissen und, gegebenenfalls davon abhängend, von Fertigungsergebnissen) sowie für deren zugehörige Bezugswerte (z. B. Sollwert), Abweichungen und Unsicherheiten. Dabei ist zu berücksichtigen, daß Realisierungsergebnisse nur durch Ermittlungen festgestellt werden können und daß sich dabei die Abweichungen (bzw. Unsicherheiten) der Realisierungen und die Abweichungen (bzw. Unsicherheiten) der Ermittlungen überlagern.

Fortsetzung Seite 2 bis 8

Ausschuß Qualitätssicherung und angewandte Statistik (AQS) im DIN Deutsches Institut für Normung e.V.
Normenausschuß Einheiten und Formelgrößen (AEF) im DIN

2 Begriffe

Die in Klammern angegebenen Nummern sind Hinweise auf die Nummern der in dieser Norm enthaltenen Begriffe.

Nr	Benennung	Definition
1	**Allgemeine Begriffe**	
1.1	Ermittlungsergebnis result of determination	Durch die Anwendung eines Ermittlungsverfahrens festgestellter Merkmalswert (siehe DIN 55 350 Teil 12 (z. Z. Entwurf)). Anmerkung 1: Das Ermittlungsverfahren ist ein Beurteilungs-, Beobachtungs-, Meß-, Berechnungs-, statistisches Schätzverfahren oder eine Kombination daraus. Die Feststellung ist eine Beurteilung, Beobachtung, Messung (siehe DIN 1319 Teil 1), Berechnung oder einer Kombination daraus. Je nach der Art des Ermittlungsverfahrens heißt das Ermittlungsergebnis Beurteilungs-, Beobachtungs-, Meß-, Rechen-, statistisches Schätzergebnis. Anmerkung 2: Ein Ermittlungsergebnis ist im allgemeinen nur dann vollständig, wenn es eine Angabe über die Ergebnisunsicherheit (4.1) enthält. Anmerkung 3: Ein Ermittlungsergebnis höherer Stufe kann durch Zusammenfassung mehrerer Ermittlungsergebnisse niedrigerer Stufe entstanden sein. Beispielsweise kann das Ermittlungsergebnis höherer Stufe der Mittelwert aus mehreren Meßergebnissen (als Ermittlungsergebnisse niedrigerer Stufe) sein. Anmerkung 4: Das „berichtigte Ermittlungsergebnis" ist das um die bekannte systematische Ergebnisabweichung (1.2.1) berichtigte Ermittlungsergebnis.
1.2	Ergebnisabweichung error of result	Unterschied zwischen einem Ermittlungsergebnis (1.1) und dem Bezugswert, wobei dieser je nach Festlegung oder Vereinbarung der wahre, der richtige oder der Erwartungswert (1.3 bis 1.5) sein kann.
1.2.1	Systematische Ergebnisabweichung systematic error of result, bias of result	Bestandteil der Ergebnisabweichung (1.2), der im Verlauf mehrerer Feststellungen konstant bleibt oder sich in einer vorhersehbaren Weise ändert. Anmerkung: Systematische Ergebnisabweichungen und ihre Ursachen können bekannt oder unbekannt sein.
1.2.2	Zufällige Ergebnisabweichung random error of result	Bestandteil der Ergebnisabweichung (1.2), der im Verlauf mehrerer Feststellungen in unvorhersehbarer Weise schwankt. Anmerkung: Die Schwankung kann sich sowohl auf den Betrag als auch auf das Vorzeichen beziehen.
1.2.3	Meßabweichung error of measurement	Ergebnisabweichung (1.2), wenn das Ermittlungsverfahren ein Meßverfahren ist.
1.3	Wahrer Wert true value valeur vraie	Tatsächlicher Merkmalswert (siehe DIN 55 350 Teil 12 (z. Z. Entwurf)) unter den bei der Ermittlung herrschenden Bedingungen. Anmerkung 1: Oftmals ist der wahre Wert ein ideeller Wert, weil er sich nur dann feststellen ließe, wenn sämtliche Ergebnisabweichungen (1.2) vermieden werden könnten, oder er ergibt sich aus theoretischen Überlegungen. Anmerkung 2: Der wahre Wert eines mathematisch-theoretischen Merkmals wird auch „exakter Wert" genannt. Bei einem numerischen Berechnungsverfahren wird sich als Ermittlungsergebnis jedoch nicht immer der exakte Wert ergeben. Beispielsweise ist der exakte Wert der Fläche eines Kreises mit dem Durchmesser d gleich $\pi d^2/4$.

Nr	Benennung	Definition
1.4	Richtiger Wert conventional true value	Wert für Vergleichszwecke, dessen Abweichung vom wahren Wert (1.3) für den Vergleichszweck als vernachlässigbar betrachtet wird. Anmerkung 1: Der richtige Wert ist ein Näherungswert für den wahren Wert (1.3). Er kann z. B. aus internationalen, nationalen oder Gebrauchsnormalen, von Referenzmaterialien oder Referenzverfahren (z. B. auf der Grundlage speziell organisierter Versuche) gewonnen werden. Anmerkung 2: Es gibt mehrere Benennungen, die synonym zu „richtiger Wert" benutzt werden, beispielsweise „Sollwert" (siehe jedoch DIN 55 350 Teil 12 (z. Z. Entwurf)), „Zielwert". Diese Benennungen sind mißverständlich und daher zu vermeiden. Anmerkung 3: Auch „(konventionell) richtiger Wert".
1.5	Erwartungswert expectation	Das mittlere Ermittlungsergebnis (1.1), welches aus der unablässig wiederholten Anwendung des unter vorgegebenen Bedingungen angewendeten Ermittlungverfahrens gewonnen werden könnte. Anmerkung: Siehe auch DIN 55 350 Teil 21 und DIN 13 303 Teil 1.
2 Qualitative Genauigkeitsbegriffe		
2.1	Genauigkeit accuracy justesse	Qualitative Bezeichnung für das Ausmaß der Annäherung von Ermittlungsergebnissen (1.1) an den Bezugswert, wobei dieser je nach Festlegung oder Vereinbarung der wahre, der richtige oder der Erwartungswert (1.3 bis 1.5) sein kann. Anmerkung 1: Es wird dringend davon abgeraten, quantitative Angaben für dieses Ausmaß der Annäherung mit der Benennung „Genauigkeit" zu versehen. Für quantitative Angaben gilt der Begriff Ergebnisunsicherheit (4.1), bei Meßergebnissen der Begriff Meßunsicherheit (4.1.1). Anmerkung 2: Die Genauigkeit bezieht man nur dann auf den Erwartungswert, wenn kein wahrer (oder richtiger) Wert existiert. In diesem Fall ist der Begriff Richtigkeit (2.1.1) nicht anwendbar; Angaben über die Präzision (2.1.2) sind dann gleichzeitig Genauigkeitsangaben. Anmerkung 3: Bei einem Meßergebnis ist die Genauigkeit durch die Sorgfalt bei der Ausschaltung bekannter systematischer Meßabweichungen (1.2.3) und durch die Meßunsicherheit (4.1.1) bestimmt.
2.1.1	Richtigkeit trueness, accuracy of the mean justesse de la moyenne	Qualitative Bezeichnung für das Ausmaß der Annäherung des Erwartungswertes (1.5) des Ermittlungsergebnisses (1.1) an den Bezugswert, wobei dieser je nach Festlegung oder Vereinbarung der wahre oder der richtige Wert (1.3 oder 1.4) sein kann. Anmerkung 1: Je kleiner die systematische Ergebnisabweichung (1.2.1) ist, um so richtiger arbeitet das Ermittlungsverfahren. Anmerkung 2: Bei quantitativen Angaben wird als Maß für die Richtigkeit im allgemeinen diejenige systematische Ergebnisabweichung (1.2.1) verwendet, die sich als Differenz zwischen dem Mittelwert der Ermittlungsergebnisse (1.1), die bei mehrfacher Anwendung des festgelegten Ermittlungsverfahrens festgestellt wurden, und dem richtigen Wert (1.4) ergibt. Anmerkung 3: Früher auch „Treffgenauigkeit".
2.1.2	Präzision precision fidélité	Qualitative Bezeichnung für das Ausmaß der gegenseitigen Annäherung voneinander unabhängiger Ermittlungsergebnisse (1.1) bei mehrfacher Anwendung eines festgelegten Ermittlungsverfahrens unter vorgegebenen Bedingungen. Anmerkung 1: Je größer das Ausmaß der gegenseitigen Annäherung der voneinander unabhängigen Ermittlungsergebnisse (1.1) ist, umso präziser arbeitet das Ermittlungsverfahren.

Nr	Benennung	Definition
noch 2.1.2	Präzision	Anmerkung 2: Die vorgegebenen Bedingungen können sehr unterschiedlich sein. Deshalb ist man übereingekommen, zwei Extremfälle zu betrachten, die Wiederholbedingungen (2.1.2.1) und die Vergleichbedingungen (2.1.2.3). Anmerkung 3: „Voneinander unabhängige Ermittlungsergebnisse" sind Ermittlungsergebnisse, die durch keines der vorhergehenden Ermittlungsergebnisse für dasselbe, das gleiche oder ähnliches Material beeinflußt sind. Anmerkung 4: Früher auch „Wiederholgenauigkeit"
2.1.2.1	Wiederholbedingungen repeatability conditions	Bei der Gewinnung voneinander unabhängiger Ermittlungsergebnisse (1.1) geltende Bedingungen, bestehend in der wiederholten Anwendung des festgelegten Ermittlungsverfahrens am identischen Objekt durch denselben Beobachter in kurzen Zeitabständen mit derselben Geräteausrüstung am selben Ort (im selben Labor). Anmerkung 1: Ermittlungsergebnisse (1.1), die unter den genannten Bedingungen gewonnen werden, nennt man „Ergebnisse unter Wiederholbedingungen". Anmerkung 2: Wenn die Ermittlung am identischen Objekt nicht möglich ist (beispielsweise bei zerstörender Prüfung), dann versucht man, durch möglichst gleichartige Objekte die Wiederholbedingungen sicherzustellen (siehe auch DIN ISO 5725). Anmerkung 3: Siehe Anmerkung 3 zu 2.1.2
2.1.2.2	Wiederholpräzision repeatability	Präzision unter Wiederholbedingungen (2.1.2.1). Anmerkung: Früher „Wiederholbarkeit" (im qualitativen Sinne).
2.1.2.3	Vergleichbedingungen reproducibility conditions	Bei der Gewinnung voneinander unabhängiger Ermittlungsergebnisse (1.1) geltende Bedingungen, bestehend in der Anwendung des festgelegten Ermittlungsverfahrens am identischen Objekt durch verschiedene Beobachter mit verschiedener Geräteausrüstung an verschiedenen Orten (in verschiedenen Labors). Anmerkung 1: Ermittlungsergebnisse (1.1), die unter den genannten Bedingungen gewonnen werden, nennt man „Ergebnisse unter Vergleichbedingungen". Anmerkung 2: Wenn die Ermittlung am identischen Objekt nicht möglich ist (beispielsweise bei zerstörender Prüfung), dann versucht man, durch möglichst gleichartige Objekte die Vergleichbedingungen sicherzustellen (siehe auch DIN ISO 5725). Anmerkung 3: Siehe Anmerkung 3 zu 2.1.2
2.1.2.4	Vergleichpräzision reproducibility	Präzision unter Vergleichbedingungen (2.1.2.3) Anmerkung 1: Die Benennung „Reproduzierbarkeit" soll für diesen Begriff nicht verwendet werden, weil deren umgangssprachliche Bedeutung sowohl die Wiederholpräzision (2.1.2.2) als auch die Vergleichpräzision einschließt und weil sie auch bei der Betrachtung unterschiedlicher Ermittlungsverfahren verwendet wird. Anmerkung 2: Früher „Vergleichbarkeit" (im qualitativen Sinne).
3 Quantitative Begriffe zur Präzision (2.1.2)		
3.1	Wiederholstandardabweichung repeatability standard deviation	Standardabweichung (siehe DIN 55 350 Teil 21) der Ermittlungsergebnisse (1.1) unter Wiederholbedingungen (2.1.2.1). Anmerkung 1: Formelzeichen σ_r

Nr	Benennung	Definition
noch 3.1	Wiederholstandardabweichung	Anmerkung 2: Die Wiederholstandardabweichung ist ein Streuungsparameter (siehe DIN 55 350 Teil 21) für Ermittlungsergebnisse (1.1) unter Wiederholbedingungen (2.1.2.1) und daher ein Maß für die Wiederholpräzision (2.1.2.2). Als Streuungsparameter können auch die Wiederholvarianz, der Wiederholvariationskoeffizient, ein kritischer Wiederholdifferenzbetrag (3.1.1) oder die Wiederholgrenze (3.1.1.1) benutzt werden.
3.1.1	Kritischer Wiederholdifferenzbetrag repeatability critical difference	Betrag, unter dem oder höchstens gleich dem der Absolutwert der Differenz zwischen zwei unter Wiederholbedingungen (2.1.2.1) gewonnenen Ergebnissen , von denen jedes eine Serie von Ermittlungsergebnissen (1.1) repräsentiert, mit einer vorgegebenen Wahrscheinlichkeit erwartet werden kann. Anmerkung 1: Beispiele für solche Ergebnisse sind der arithmetische Mittelwert oder der Median (siehe DIN 55 350 Teil 23) einer Serie von Ermittlungsergebnissen (1.1), wobei die Serie aus nur einem Ermittlungsergebnis bestehen kann. Anmerkung 2: Früher „kritische Wiederholdifferenz"
3.1.1.1	Wiederholgrenze repeatability limit	Kritischer Wiederholdifferenzbetrag (3.1.1) für zwei einzelne Ermittlungsergebnisse (1.1) und für eine vorgegebene Wahrscheinlichkeit von 95 %. Anmerkung 1: Formelzeichen r. Anmerkung 2: Die Standardabweichung der Differenz zweier einzelner Ermittlungsergebnisse (1.1) unter Wiederholbedingungen (2.1.2.1) ist das $\sqrt{2}$fache der Wiederholstandardabweichung. Sind die Ermittlungsergebnisse unter Wiederholbedingungen normalverteilt, dann ergibt sich der kritische Wiederholdifferenzbetrag für eine vorgegebene Wahrscheinlichkeit $1-\alpha$ als $u_{1-\alpha/2}\ \sqrt{2}\sigma_r$. Dabei ist $u_{1-\alpha/2}$ das $(1-\alpha/2)$-Quantil (siehe DIN 55 350 Teil 21) der standardisierten Normalverteilung (siehe DIN 55 350 Teil 22). Für eine Wahrscheinlichkeit von 95 % sind $1-\alpha=0{,}95$ und $u_{1-\alpha/2}=1{,}96$. Daraus ergibt sich $r=1{,}96\sqrt{2}\,\sigma_r=2{,}77\,\sigma_r$. Häufig wird auch der Zahlenwert 2,8 benutzt ($2{,}8\approx 2\sqrt{2}$), siehe DIN ISO 5725. Anmerkung 3: Früher „Wiederholbarkeit" (im quantitativen Sinne)
3.2	Vergleichstandardabweichung reproducibility standard deviation	Standardabweichung (siehe DIN 55 350 Teil 21) der Ermittlungsergebnisse (1.1) unter Vergleichbedingungen (2.1.2.3). Anmerkung 1: Formelzeichen σ_R Anmerkung 2: Die Vergleichstandardabweichung ist ein Streuungsparameter (siehe DIN 55 350 Teil 21) für Ermittlungsergebnisse (1.1) unter Vergleichbedingungen (2.1.2.3) und daher ein Maß für die Vergleichpräzision (2.1.2.4). Als Streuungsparameter können auch die Vergleichvarianz, der Vergleichvariationskoeffizient, ein kritischer Vergleichdifferenzbetrag (3.2.1) oder die Vergleichgrenze (3.2.1.1) benutzt werden.
3.2.1	Kritischer Vergleichdifferenzbetrag reproducibility critical difference	Betrag, unter dem oder höchstens gleich dem der Absolutwert der Differenz zwischen zwei Ergebnissen, von denen jedes eine unter Wiederholbedingungen gewonnene Serie von Ermittlungsergebnissen (1.1) repräsentiert und zwischen denen Vergleichbedingungen (2.1.2.3) vorlagen, mit einer vorgegebenen Wahrscheinlichkeit erwartet werden kann. Anmerkung 1: Beispiele für solche Ergebnisse sind der arithmetische Mittelwert oder der Median (siehe DIN 55 350 Teil 23) einer Serie von Ermittlungsergebnissen (1.1), wobei die Serie aus nur einem Ermittlungsergebnis bestehen kann. Anmerkung 2: Früher „kritische Vergleichdifferenz"

Nr	Benennung	Definition
3.2.1.1	Vergleichgrenze reproducibility limit	Kritischer Vergleichdifferenzbetrag (3.2.1) für zwei einzelne Ermittlungsergebnisse (1.1) und für eine vorgegebene Wahrscheinlichkeit von 95%. Anmerkung 1: Formelzeichen R. Anmerkung 2: Die Standardabweichung der Differenz zweier Ermittlungsergebnisse (1.1) unter Vergleichbedingungen (2.1.2.3) ist das $\sqrt{2}$fache der Vergleichstandardabweichung. Sind die Ermittlungsergebnisse unter Vergleichbedingungen normalverteilt, dann ergibt sich der kritische Vergleichdifferenzbetrag für eine vorgegebene Wahrscheinlichkeit $1-\alpha$ als $u_{1-\alpha/2}\sqrt{2}\,\sigma_R$. Dabei ist $u_{1-\alpha/2}$ das $(1-\alpha/2)$-Quantil (siehe DIN 55 350 Teil 21) der standardisierten Normalverteilung (siehe DIN 55 350 Teil 22). Für eine Wahrscheinlichkeit von 95% sind $1-\alpha = 0{,}95$ und $u_{1-\alpha/2} = 1{,}96$. Daraus ergibt sich $R = 1{,}96\sqrt{2}\,\sigma_R = 2{,}77\,\sigma_R$. Häufig wird auch der Zahlenwert 2,8 benutzt $(2{,}8 \approx 2\sqrt{2})$, siehe DIN ISO 5725. Anmerkung 3: Früher „Vergleichbarkeit" (im quantitativen Sinne).
4 Quantitative Begriffe zur Genauigkeit (2.1) von Ermittlungsergebnissen (1.1)		
4.1	Ergebnisunsicherheit	Geschätzter Betrag zur Kennzeichnung eines Wertebereichs, innerhalb dessen der Bezugswert liegt, wobei dieser je nach Festlegung oder Vereinbarung der wahre Wert (1.3) oder der Erwartungswert (1.5) sein kann. Anmerkung 1: Die Ergebnisunsicherheit u ist ein Maß für die Genauigkeit (2.1) des Ermittlungsergebnisses (1.1), und zwar als Unterschied u_{ob} zwischen der oberen Grenze des Wertebereichs und dem berichtigten Ermittlungsergebnis (siehe Anmerkung 4 zu 1.1) bzw. als Unterschied u_{un} zwischen dem berichtigten Ermittlungsergebnis und der unteren Grenze des Wertebereichs. Meistens, aber nicht immer, sind beide gleich groß. Ist $u_{ob} = u_{un} = u$ die Ergebnisunsicherheit und x das berichtigte Ermittlungsergebnis, so ist die Untergrenze des Wertebereichs $x - u$ und die Obergrenze $x + u$. Der Wertebereich hat dann eine Weite $2u$. Anmerkung 2: Im allgemeinen baut die Ergebnisunsicherheit auf zwei Komponenten auf: die systematische Komponente als Maß für die unbekannten systematischen Ergebnisabweichungen (1.2.1) und die zufällige Komponente als Maß für die zufälligen Ergebnisabweichungen (1.2.2) des Ermittlungsergebnisses (1.1). Anmerkung 3: Die Ergebnisunsicherheit bezieht man nur dann auf den Erwartungswert, wenn kein wahrer Wert existiert. Anmerkung 4: Die Ergebnisunsicherheit eines Meßverfahrens heißt Meßunsicherheit (4.1.1). Entsprechende Benennungen sind bei den anderen in Anmerkung 1 zu 2.1.1 genannten Ermittlungsverfahren möglich.
4.1.1	Meßunsicherheit uncertainty of measurement	Ergebnisunsicherheit eines Meßergebnisses. Anmerkung: Siehe Anmerkung 1 zu 1.1 sowie DIN 1319 Teil 3.

Zitierte Normen

DIN 1319 Teil 1	Grundbegriffe der Meßtechnik; Allgemeine Grundbegriffe
DIN 1319 Teil 3	Grundbegriffe der Meßtechnik; Begriffe für die Meßunsicherheit und für die Beurteilung von Meßgeräten und Meßeinrichtungen
DIN 13 303 Teil 1	Stochastik; Wahrscheinlichkeitstheorie, Gemeinsame Grundbegriffe der mathematischen und der beschreibenden Statistik; Begriffe und Zeichen
DIN 55 350 Teil 12	(z. Z. Entwurf) Begriffe der Qualitätssicherung und Statistik; Merkmalsbezogene Begriffe
DIN 55 350 Teil 21	Begriffe der Qualitätssicherung und Statistik; Begriffe der Statistik; Zufallsgrößen und Wahrscheinlichkeitsverteilungen
DIN 55 350 Teil 22	Begriffe der Qualitätssicherung und Statistik; Begriffe der Statistik; Spezielle Wahrscheinlichkeitsverteilungen
DIN 55 350 Teil 23	Begriffe der Qualitätssicherung und Statistik; Begriffe der Statistik; Beschreibende Statistik
DIN ISO 5725	Präzision von Meßverfahren; Ermittlung der Wiederhol- und Vergleichpräzision von festgelegten Meßverfahren durch Ringversuche; Identisch mit ISO 5725 Ausgabe 1986
ISO 3534 - 1977	Statistics - Vocabulary and Symbols

Weitere Normen

DIN 13 303 Teil 2	Stochastik; Mathematische Statistik; Begriffe und Zeichen
DIN 55 350 Teil 11	Begriffe der Qualitätssicherung und Statistik; Grundbegriffe der Qualitätssicherung
DIN 55 350 Teil 14	Begriffe der Qualitätssicherung und Statistik; Begriffe der Probenahme
DIN 55 350 Teil 15	Begriffe der Qualitätssicherung und Statistik; Begriffe zu Mustern
DIN 55 350 Teil 16	(z. Z. Entwurf) Begriffe der Qualitätssicherung und Statistik; Begriffe der Qualitätssicherung; Begriffe zu Qualitätssicherungssystemen
DIN 55 350 Teil 17	Begriffe der Qualitätssicherung und Statistik; Begriffe der Qualitätsprüfungsarten
DIN 55 350 Teil 18	Begriffe der Qualitätssicherung und Statistik; Begriffe zu Bescheinigungen über die Ergebnisse von Qualitätsprüfungen; Qualitätsprüf-Zertifikate
DIN 55 350 Teil 24	Begriffe der Qualitätssicherung und Statistik; Begriffe der Statistik; Schließende Statistik
DIN 55 350 Teil 31	Begriffe der Qualitätssicherung und Statistik; Begriffe der Annahmestichprobenprüfung

Frühere Ausgaben

DIN 55 350 Teil 13: 01.81

Änderungen

Gegenüber der im Januar 1986 zurückgezogenen Ausgabe Januar 1981 wurden folgende Änderungen vorgenommen:
Inhalt vollständig überarbeitet

Stichwortverzeichnis

(Benennungen in deutscher Sprache)

Dieses Verzeichnis enthält auch Benennungen, die in Anmerkungen vorkommen, und zwar auch dann, wenn sie dort als nicht empfehlenswert bezeichnet werden.

B

Beobachtung 1.1
Beobachtungsergebnis 1.1
Beobachtungsverfahren 1.1
Berechnung 1.1
Berechnungsverfahren 1.1
berichtigtes Ermittlungsergebnis 1.1
Beurteilung 1.1
Beurteilungsergebnis 1.1
Beurteilungsverfahren 1.1
Bezugswert 1.2

E

Ergebnis 1.1
Ergebnisabweichung 1.2
Ergebnisse unter Vergleichbedingungen 2.1.2.3
Ergebnisse unter Wiederholbedingungen 2.1.2.1
Ergebnisunsicherheit 4.1
Ermittlung 1.1
Ermittlungsergebnis 1.1
Ermittlungsverfahren 1.1
Erwartungswert 1.5
exakter Wert 1.3

F

Fertigungsergebnisse siehe Abschnitt 1
Fertigungsverfahren siehe Abschnitt 1

G

Genauigkeit 2.1

K

(konventionell) richtiger Wert 1.4
kritische Vergleichdifferenz 3.2.1
kritische Wiederholdifferenz 3.1.1
kritischer Vergleichdifferenzbetrag 3.2.1
kritischer Wiederholdifferenzbetrag 3.1.1

M

Meßabweichung 1.2.3
Meßergebnis 1.1
Messung 1.1
Meßunsicherheit 4.1.1
Meßverfahren 1.1

P

Positioniererergebnisse siehe Abschnitt 1
Positionierverfahren siehe Abschnitt 1
Präzision 2.1.2

R

Realisierungsergebnis siehe Abschnitt 1
Realisierungsverfahren siehe Abschnitt 1
Rechenergebnis 1.1
Reproduzierbarkeit 2.1.2.4
richtiger Wert 1.4
Richtigkeit 2.1.1

S

Schätzergebnis 1.1
Schätzverfahren 1.1
Sollwert 1.4, siehe Abschnitt 1
statistisches Schätzergebnis 1.1
statistisches Schätzverfahren 1.1
systematische Ergebnisabweichung 1.2.1, 4.1
systematische Ergebnisunsicherheit 4.1

T

Treffgenauigkeit 2.1.1

V

Vergleichbarkeit 2.1.2.4, 3.2.1.1
Vergleichbedingungen 2.1.2.3
Vergleichgrenze 3.2.1.1
Vergleichpräzision 2.1.2.4
Vergleichstandardabweichung 3.2
Vergleichvarianz 3.2
Vergleichvariationskoeffizient 3.2

W

wahrer Wert 1.3
Wiederholbarkeit 2.1.2.2, 3.1.1.1
Wiederholbedingungen 2.1.2.1
Wiederholgenauigkeit 2.1.2
Wiederholgrenze 3.1.1.1
Wiederholpräzision 2.1.2.2
Wiederholstandardabweichung 3.1
Wiederholvarianz 3.1
Wiederholvariationskoeffizient 3.1

Z

Zielwert 1.4
zufällige Ergebnisabweichung 1.2.2, 4.1
zufällige Ergebnisunsicherheit 4.1

Internationale Patentklassifikation

G 07 C 3/14

DK 658.562 : 519.2 : 001.4 Dezember 1985

Begriffe der Qualitätssicherung und Statistik
Begriffe der Probenahme

DIN 55 350 Teil 14

Concepts of quality management and statistics; concepts of sampling

Die in dieser Norm enthaltenen fremdsprachlichen Benennungen (in der Reihenfolge englisch, französisch) sind nicht Bestandteil dieser Norm. Sie sollen das Übersetzen erleichtern.

1 Anwendungsbereich und Zweck

Diese Norm dient wie alle Teile von DIN 55 350 dazu, Benennungen und Definitionen der in der Qualitätssicherung und Statistik verwendeten Begriffe zu vereinheitlichen.

Die Teile von DIN 55 350 sollen nach Möglichkeit alle an der Normung interessierten Anwendungsbereiche berücksichtigen. Sie dürfen deshalb ihre Definitionen nicht so eng fassen, daß sie nur für spezielle Bereiche gelten (Technik, Landwirtschaft, Medizin u. a.). Die internationale Terminologie wurde berücksichtigt, insbesondere die von der International Organization for Standardization (ISO) herausgegebene Norm ISO 3534-1977 „Statistics – Vocabulary and Symbols" und das von der European Organization for Quality Control (EOQC) herausgegebene „Glossary of Terms, used in the Management of Quality ".

2 Zweck der Probenahme

Die Probenahme dient dazu, eine möglichst gut zutreffende (repräsentative) Aussage über die Grundgesamtheit zu treffen, aus der die Probe entnommen ist. Im einfachsten Fall dient diese Aussage lediglich zur Beschreibung von Merkmalen der Grundgesamtheit. Weit häufiger jedoch besteht die Aufgabe festzustellen, ob diese Merkmale und ihre Werte die Qualitätsforderung (siehe DIN 55 350 Teil 11) erfüllen.

Fortsetzung Seite 2 bis 6

Ausschuß Qualitätssicherung und angewandte Statistik (AQS) im DIN Deutsches Institut für Normung e.V.

3 Begriffe

Die in Klammern angegebenen Nummern sind Hinweise auf die Nummern der in dieser Norm enthaltenen Begriffe.

Nr	Benennung	Definition
1	Grundgesamtheit population population	Gesamtheit der in Betracht gezogenen Einheiten (2). Anmerkung 1: Bei der Probenahme (5) werden die Einheiten als Merkmalsträger in Betracht gezogen. Anmerkung 2: Es ist unzweckmäßig, die Benennung „Gesamtheit" (wie bisher) als Synonym zu „Grundgesamtheit" zu verwenden.
1.1	Teilgesamtheit subpopulation sous-population	Teil einer Grundgesamtheit (1).
1.2	Umfang der Grundgesamtheit (oder Teilgesamtheit) population size (or subpopulation size) taille du population (ou sous-population)	Anzahl der Einheiten (2) in der Grundgesamtheit (oder Teilgesamtheit). Anmerkung: Es kommen alle Arten von Einheiten (2.1, 2.2, ...) in Betracht.
2	Einheit item individu	Materieller oder immaterieller Gegenstand der Betrachtung (aus: DIN 55 350 Teil 11/09.80). Anmerkungen: Siehe DIN 55 350 Teil 11.
2.1	Natürliche Einheit	In einem Prozeß entstandenes abgegrenztes Stück. Anmerkung: Eine natürliche Einheit ist beispielsweise ein Apfel, eine Schraube, eine Glühlampe oder ein Fernsehempfangsgerät.
2.2	Massenguteinheit	Von einem Massengut abgeteilte Teilgesamtheit (1.1). Anmerkung: Eine Massenguteinheit ist beispielsweise der flüssige oder der gasförmige Inhalt einer Flasche, der Inhalt eines Sackes oder das Ladegut eines Lastwagens, Güterwagens, Güterzuges, Schiffsbunkers oder Schiffes.
2.3	Endlosguteinheit	Von einem Endlosgut abgeteilte Teilgesamtheit (1.1). Anmerkung 1: Eine Endlosguteinheit ist beispielsweise die Garnmenge auf einer Garnspule, die Drahtmenge auf einer Drahtspule, die Blechmenge einer Blechplatte oder die Stoffmenge eines Stoffballens. Anmerkung 2: Auch „Aufmachungseinheit".
2.4	Packungseinheit	Durch Verpackung abgeteilte Teilgesamtheit (1.1) von natürlichen Einheiten (2.1), Massenguteinheiten (2.2) oder Endlosguteinheiten (2.3). Anmerkung: Die kleinstmögliche Packungseinheit enthält jeweils eine der genannten Einheiten.
2.5	Transporteinheit	Zwecks Transport abgeteilte Teilgesamtheit (1.1) von natürlichen Einheiten (2.1), Massenguteinheiten (2.2) oder Endlosguteinheiten (2.3). Anmerkung: Die kleinstmögliche Transporteinheit enthält jeweils eine der genannten Einheiten.
2.6	Auswahleinheit sampling unit unité d'échantillonage	Einheit (2), die für den Zweck der Probenahme (5) gebildet und während der Probenahme als unteilbar angesehen wird. Anmerkung: Auswahleinheiten sind häufig mit natürlichen Einheiten (2.1), Packungseinheiten (2.4) oder Transporteinheiten (2.5) identisch.
2.7	Stichprobeneinheit sample unit unité dans l'échantillon	Auswahleinheit (2.6), die in die Strichprobe (3) gelangt ist.

Nr	Benennung	Definition
3	Probe, Stichprobe sample échantillon	Eine oder mehrere Einheiten (2), die aus der Grundgesamtheit (1) oder aus Teilgesamtheiten (1.1) entnommen werden. Anmerkung 1: Die Einheiten können beispielsweise Einheiten nach 2.1 bis 2.5 dieser Norm sein. Anmerkung 2: Die Benennung „Stichprobe" stammt ursprünglich von jenem „Stich", mit dem man aus einer Massenguteinheit (2.2) eine Probe entnahm, und wurde später auch bei Proben verwendet, die auf andere Weise der Grundgesamtheit entnommen werden; man spricht beispielsweise von Stichproben in der amtlichen Statistik, in der Qualitätssicherung usw. Dagegen wird die Benennung „Probe" heute vorwiegend bei Massengütern verwendet. Anwendung 3: Häufig werden anstatt der Einheiten der Stichprobe auch die an diesen Einheiten festgestellten Merkmalswerte als Stichprobe bezeichnet. Dabei kann sich die Anzahl der Merkmalswerte von der Anzahl der Stichprobeneinheiten unterscheiden.
3.1	Stichprobenumfang sample size taille de l'échantillon	Anzahl der Auswahleinheiten (2.6) in der Stichprobe (3). Anmerkung: Siehe Anmerkung 3 zu „Stichprobe".
3.2	Auswahlsatz sampling fraction taux d'échantillonage	Stichprobenumfang (3.1) dividiert durch den Umfang der Grundgesamtheit (1) oder Teilgesamtheit (1.2), aus der die Stichprobe entnommen ist.
4	Begriffe technischer Proben [1])	
4.1	Einzelprobe increment prélévement élémentaire	Durch einmalige Entnahme aus einem Massengut entnommene Probe (3).
4.2	Sammelprobe bulk sample, gross sample échantillon global	Probe, die durch Zusammenfassung von Einzelproben (4.1) oder Teilproben (4.3) entsteht.
4.3	Teilprobe divided sample échantillon divisé	Probe, die durch ein Probeteilungsverfahren aus Einzel- oder Sammelproben gewonnen wird.
4.4	Laboratoriumsprobe laboratory sample échantillon pour laboratoire	Probe, die als Ausgangsmaterialmenge für die Untersuchung im Laboratorium dient. Anmerkung: Die Laboratoriumsprobe kann eine Einzelprobe (4.1), eine Sammelprobe (4.2) oder eine Teilprobe (4.3) sein. Bei mehrstufiger Probenahme (5.7) ist die Laboratoriumsprobe in der Regel eine Probe vorletzter Stufe.
4.5	Meßprobe test sample échantillon pour essai	Probe, die zur Durchführung einer Einzeluntersuchung vorbereitet ist. Anmerkung 1: In der Regel ist die Meßprobe eine Teilprobe (4.3) der Laboratoriumsprobe (4.4). Bei mehrstufiger Probenahme (5.7) ist die Meßprobe eine Endstufenprobe (Anmerkung 2 zu 5.7). Anmerkung 2: Auch „Analysenprobe".
5	Probenahme, Stichprobenentnahme sampling échantillonage	Entnahme einer Probe (3) nach einem festgelegten Verfahren.
5.1	Zufallsprobenahme random sampling échantillonage au hasard	Probenahme (5) nach einem Zufallsverfahren, bei dem jeder möglichen Kombination von n Auswahleinheiten (2.6) eine vorgegebene Auswahlwahrscheinlichkeit zugeordnet ist.

[1]) Eine getrennte Norm über Begriffe technischer Proben befindet sich in Vorbereitung.

Nr	Benennung	Definition
5.1.1	Uneingeschränkte Zufallsprobenahme	Zufallsprobenahme, bei der jeder Kombination von n Auswahleinheiten (2.6) die gleiche Auswahlwahrscheinlichkeit zugeordnet ist. Anmerkung: Das Ergebnis der uneingeschränkten Zufallsprobenahme wird „Zufallsstichprobe" oder auch kurz „Stichprobe" genannt.
5.2	Systematische Probenahme systematic sampling échantillonage systématique	Probenahme, bei der systematisch festgelegt ist, welche Auswahleinheiten (2.6) in die Stichprobe gelangen. Anmerkung: Beispielsweise kann man bei numerierten Einheiten nach bestimmten Schlußziffern, bei Namen nach bestimmten Anfangsbuchstaben, bei Personen nach bestimmten Geburtstagen auswählen.
5.2.1	Periodische systematische Probenahme periodic systematic sampling échantillonage systématique périodique	Systematische Probenahme von Auswahleinheiten (2.6) in festen Abständen. Anmerkung: Lassen sich die N Auswahleinheiten nach einer vorgegebenen Regel – beispielsweise in der Reihenfolge der Fertigstellung in der Produktion – ordnen und von 1 bis N durchnumerieren, dann werden als Stichprobeneinheiten die Auswahleinheiten mit den Nummern $h, h+k, h+2k, \ldots, h+(n-1)k$ entnommen. Dabei sind h und k ganze Zahlen, die der Ungleichung $h+(n-1)k \leq N < h+nk$ genügen müssen, wobei n der Stichprobenumfang ist und h aus den ersten k Nummern zufällig ausgewählt werden sollte (Zufallsstart). Beispielsweise könnte man bei $N = 500$ und $n = 20$ setzen: $k = N/n = 25$ und $h = 7$, so daß die 20 Auswahleinheiten mit den Nummern 7, 32, 57, . . . , 482 Stichprobeneinheiten werden. Bei Probenahme von Massengütern während der Be- und Entladung erfolgt die periodische systematische Probenahme häufig in festen Zeitabständen mit zeitlichem Zufallsstart.
5.3	Gezielte Probenahme	Probenahme, bei der aufgrund von vorausgehender Information über eine Auswahleinheit (2.6) entschieden wird, ob sie in die Stichprobe (3) einbezogen wird oder nicht. Anmerkung: Beispiele sind Probenahmen zur Schwachstellenanalyse, zur Rauheitsprüfung nach DIN 4775 und zur Gewebeuntersuchung im medizinischen Bereich.
5.4	Klumpenprobenahme cluster sampling échantillonage en grappes	Probenahme, bei der die Auswahleinheiten (2.6) jeweils aus mehreren zusammenhängenden Einheiten (2) bestehen. Anmerkung 1: Die Auswahleinheiten werden hier Klumpen genannt. Anmerkung 2: Als zusammenhängende Einheiten kann man beispielsweise die natürlichen Einheiten (2.1) in einer Packungseinheit (2.4), die Personen in einem Haushalt, die Wahlberechtigten in einem Wahlbezirk ansehen. Anmerkung 3: Die Entnahme der Klumpen erfolgt in der Regel als Zufallsprobenahme (5.1). Anmerkung 4: Das Ergebnis der Klumpenprobenahme ist die „Klumpenstichprobe".
5.5	Ungeschichtete Probenahme simple random sampling échantillonage simple au hasard	Zufallsprobenahme (5.1) aus der Grundgesamtheit (1). Anmerkung: Das Ergebnis der ungeschichteten Probenahme ist die „ungeschichtete Zufallsstichprobe", kurz „Zufallsstichprobe" (siehe auch DIN 13 303 Teil 1) oder nur „Stichprobe" genannt.
5.6	Geschichtete Probenahme stratified sampling échantillonage stratifié	Probenahme, zu deren Zweck aus der Grundgesamtheit (1) Teilgesamtheiten (1.1) (= „Schichten") gebildet werden, aus denen die Auswahleinheiten (2.6) mit festgelegten Auswahlsätzen (3.2) entnommen werden. Anmerkung 1: Das Ergebnis der geschichteten Probenahme ist die „Geschichtete Stichprobe". Anmerkung 2: Die Entnahme der Stichprobeneinheiten (2.7) aus den Schichten kann z. B. als Zufallsprobenahme (5.1) oder als systematische Probenahme (5.2) erfolgen.

Nr	Benennung	Definition
5.7	Mehrstufige Probenahme multistage sampling échantillonage à plusieurs degrés	Probenahme in Stufen, bei der aus der Grundgesamtheit (1) Auswahleinheiten (2.6) erster Stufe gebildet werden, denen Stichprobeneinheiten (2.7) erster Stufe entnommen werden; aus den Stichprobeneinheiten erster Stufe werden Auswahleinheiten zweiter Stufe gebildet, denen Stichprobeneinheiten zweiter Stufe entnommen werden usw. Anmerkung 1: Die Auswahl der Stichprobeneinheiten aus den Auswahleinheiten in den einzelnen Stufen kann als Zufallsprobenahme (5.1) oder als systematische Probenahme (5.2) erfolgen. Anmerkung 2: Die Benennungen „Erststufenprobe", „Zweitstufenprobe", . . . , „Endstufenprobe" (kurz: „Endprobe") (E primary, secondary, . . . , final sample; F échantillon primaire, secondaire, . . . , final) bezeichnen die in der ersten, zweiten, . . . , letzten Stufe aus der Grundgesamtheit, der Erststufenprobe, . . . , der Probe der vorletzten Stufe entnommenen Probe. Anmerkung 3: Bei Massengütern erfolgt die mehrstufige Probenahme oft aus der Sammelprobe (4.2); Endstufenproben sind die Meßproben (4.5), Proben vorletzter Stufe die Laboratoriumsproben (4.4).

Zitierte Normen und andere Unterlagen

DIN 4775 Prüfen der Rauheit von Werkstückoberflächen; Sicht- und Tastvergleich, Tastschnittverfahren

DIN 13 303 Teil 1 Stochastik; Wahrscheinlichkeitstheorie, Gemeinsame Grundbegriffe der mathematischen und der beschreibenden Statistik; Begriffe und Zeichen

DIN 55 350 Teil 11 Begriffe der Qualitätssicherung und Statistik; Begriffe der Qualitätssicherung; Grundbegriffe

ISO 3534–1977 Statistics – Vocabulary and Symbols

Glossary of Terms used in the Management of Quality, European Organization for Quality Control – EOQC (Bezugsnachweis: Deutsche Gesellschaft für Qualität e.V., Kurhessenstr. 95, 6000 Frankfurt/M. 50)

Weitere Normen

DIN 55 350 Teil 12 Begriffe der Qualitätssicherung und Statistik; Begriffe der Qualitätssicherung; Merkmalsbezogene Begriffe

DIN 55 350 Teil 13 Begriffe der Qualitätssicherung und Statistik; Begriffe der Qualitätssicherung; Genauigkeitsbegriffe

DIN 55 350 Teil 15 (z. Z. Entwurf) Begriffe der Qualitätssicherung und Statistik; Begriffe der Qualitätssicherung, Begriffe zu Mustern

DIN 55 350 Teil 21 Begriffe der Qualitätssicherung und Statistik; Begriffe der Statistik; Zufallsgrößen und Wahrscheinlichkeitsverteilungen

DIN 55 350 Teil 22 Begriffe der Qualitätssicherung und Statistik; Begriffe der Statistik; Spezielle Wahrscheinlichkeitsverteilungen

DIN 55 350 Teil 23 Begriffe der Qualitätssicherung und Statistik; Begriffe der Statistik; Beschreibende Statistik

DIN 55 350 Teil 24 Begriffe der Qualitätssicherung und Statistik; Begriffe der Statistik; Schließende Statistik

DIN 55 350 Teil 31 Begriffe der Qualitätssicherung und Statistik; Begriffe der Annahme Stichprobenprüfung

Erläuterungen

Für die Probenahme existieren für spezielle Fachgebiete bereits Normen. Einerseits sind sie aber nur teilweise auf andere Fachgebiete übertragbar, andererseits nicht aufeinander abgestimmt. Diese Situation zusammen mit dem zunehmenden Zwang zur Schaffung einer Möglichkeit der mißverständnisfreieren Kommunikation über Fachgebietsgrenzen hinweg haben ein dringendes Bedürfnis für eine übergeordnete Norm über Probenahmebegriffe geschaffen. Diesem Bedürfnis steht naturgemäß das Streben der einzelnen Fachgebiete entgegen, das Ergebnis der oft in vielen Jahren für dieses Fachgebiet mit großer Mühe erzielten Vereinheitlichung auf diesem Gebiet nicht wieder in Frage stellen zu lassen. Diese Schwierigkeit läßt sich nur meistern, wenn sich alle Fachgebiete aufgerufen fühlen, die hier vorgelegte Norm einer übergeordneten Terminologie der Probenahme gemeinsam zu tragen.

Besonders wichtig erscheint dabei, daß die speziellen Belange der Stückgut-, der Endlosgut- und der Massengut-Branchen ohne Homonymien auf einen gemeinsamen Nenner gebracht werden. Dazu war es notwendig, die Unterbegriffe 2.1 bis 2.7 der Einheit zu klären, wobei hier besonders darauf hingewiesen sei, daß sich die Begriffsinhalte teilweise überdecken.

Die vorliegende Norm entstand nicht in der Absicht, auch nur annähernd alle in den verschiedenen Fachgebieten vorkommenden Begriffe der Probenahme zu erfassen. Es sollte vielmehr nur eine Art Grundgerüst der Probenahmebegriffe gegeben werden. Freilich ist dennoch jede sich bietende Gelegenheit ergriffen worden, auf Synonyme hinzuweisen. In dieser Zielsetzung scheint ein wesentlicher Schlüssel für die notwendige Terminologiebereinigung zu liegen: Für ein und denselben Sachverhalt und für ein und dieselbe Aufgabe gibt es in den verschiedenen Fachgebieten außerordentlich vielfältige Synonyme. Diese alle aufzuspüren und als solche zu kennzeichnen, ist dem AQS selbstverständlich nicht möglich gewesen. Mit den vorgeschlagenen Definitionen und Anmerkungen sollen indessen Anhaltspunkte für die harmonische gemeinsame Weiterarbeit in der Terminologiebereinigung der Probenahmebegriffe für alle Fachgebiete gegeben werden.

Stichwortverzeichnis

(Begriffe in deutscher Sprache)

Dieses Verzeichnis enthält auch Benennungen, die in Anmerkungen vorkommen

A

Analysenprobe 4.5
Aufmachungseinheit 2.3
Auswahleinheit 2.6
Auswahlsatz 3.2

E

Einheit 2
Einzelprobe 4.1
Endlosguteinheit 2.3
Endprobe 5.7
Endstufenprobe 5.7
Erststufenprobe 5.7

G

Gesamtheit 1
Geschichtete Probenahme 5.6
Geschichtete Stichprobe 5.6
Gezielte Probenahme 5.3
Grundgesamtheit 1

K

Klumpen 5.4
Klumpenprobenahme 5.4
Klumpenstichprobe 5.4

L

Laboratoriumsprobe 4.4

M

Massenguteinheit 2.2
Mehrstufige Probenahme 5.7
Meßprobe 4.5

N

Natürliche Einheit 2.1

P

Packungseinheit 2.4
Periodische systematische Probenahme 5.2.1
Probe 3
Probenahme 5

R

Repräsentativ Abschnitt 2 (Seite 1)

S

Sammelprobe 4.2
Schicht 5.6
Stichprobe 3, 5.1.1, 5.5
Stichprobeneinheit 2.7
Stichprobenentnahme 5
Stichprobenumfang 3.1
Systematische Probenahme 5.2

T

Teilgesamtheit 1.1
Teilprobe 4.3
Transporteinheit 2.5

U

Umfang der Grundgesamtheit 1.2
Umfang der Teilgesamtheit 1.2
Uneingeschränkte Zufallsprobenahme 5.1.1
Ungeschichtete Probenahme 5.5
Ungeschichtete Zufallsstichprobe 5.5

Z

Zufallsprobenahme 5.1
Zufallsstichprobe 5.1.1, 5.5
Zweitstufenprobe 5.7

Internationale Patentklassifikation

G 01 N 1/00
G 06 F 15/46

DK 658.562 : 519.2 : 001.4 Februar 1986

Begriffe der Qualitätssicherung und Statistik
Begriffe zu Mustern

DIN 55 350 Teil 15

Concepts of quality management and statistics; concepts of types (models)

1 Anwendungsbereich und Zweck

Diese Norm dient wie alle Teile von DIN 55 350 dazu, Benennungen und Definitionen der in der Qualitätssicherung und Statistik verwendeten Begriffe zu vereinheitlichen.

Die Teile von DIN 55 350 sollen nach Möglichkeit alle an der Normung interessierten Anwendungsbereiche berücksichtigen. Sie dürfen deshalb ihre Definitionen nicht so eng fassen, daß sie nur für spezielle Bereiche gelten (Technik, Landwirtschaft, Medizin u. a.).

Der Begriff Muster wird in dieser Norm für den Bereich der Qualitätssicherung definiert. Der Begriff Muster im Sinne eines Merkmals (z. B. Schachbrettmuster) ist nicht Gegenstand dieser Norm.

2 Begriffe

Die in Klammern angegebenen Nummern sind Hinweise auf die Nummern der in dieser Norm enthaltenen Begriffe.

Nr	Benennung	Definition
1	Muster	Materielle Einheit (siehe DIN 55 350 Teil 14), die einer Qualitätsprüfung (siehe DIN 55 350 Teil 11) aus besonderem Anlaß unterzogen oder im Rahmen einer Qualitätsprüfung benötigt wird. Anmerkung 1: Die Art der Qualitätsprüfung aus besonderem Anlaß oder die Forderungen, die an das Muster gestellt werden, bestimmen im einzelnen die Art des Musters. Anmerkung 2: Es soll vermieden werden, andere Benennungen wie „Qualitätsmuster", „Prüfmuster", „Spezialmuster" als Synonyme zu „Muster" zu verwenden.
1.1	Entwicklungsmuster	Muster zur Prüfung des Entwicklungsstandes. Anmerkung 1: Es besteht die Möglichkeit, spezielle Entwicklungsmuster für festgelegte Entwicklungsstufen zu definieren. Anmerkung 2: Auch „Entwurfsmuster", „Prototyp".
1.2	Angebotsmuster	Muster zur Veranschaulichung und zur Beurteilung eines Angebots.
1.3	Versuchsmuster	Muster für Funktionsversuche und Zuverlässigkeitsprüfungen. Anmerkung: Die Funktionsprüfung kann sich auf das Produkt selbst und/oder auf die Einrichtung zur Fertigung des Produkts beziehen.
1.4	Vormuster	Muster, das noch nicht mit den für die spätere Serienfertigung vorgesehenen Einrichtungen und Verfahren und/oder noch nicht unter den Randbedingungen dieser späteren Serienfertigung gefertigt ist.

Fortsetzung Seite 2 und 3

Ausschuß Qualitätssicherung und angewandte Statistik (AQS) im DIN

Nr	Benennung	Definition
1.5	Zwischenmuster	Muster, das teilweise mit den für die Serienfertigung vorgesehenen Einrichtungen und Verfahren und/oder teilweise unter den Randbedingungen der Serienfertigung gefertigt ist. Anmerkung: Verschiedentlich wird das Zwischenmuster als „Spezialmuster" benannt, beispielsweise in der Automobilindustrie. Siehe hierzu jedoch Anmerkung 2 zu Muster (1).
1.6	Erstmuster	Muster, das ausschließlich mit den für die Serienfertigung vorgesehenen Einrichtungen und Verfahren unter den zugehörigen Randbedingungen gefertigt ist. Anmerkung 1: Mit dem Erstmuster soll der Nachweis geführt werden, daß die Qualitätsforderung erfüllt werden kann, wenn die für die Serienfertigung vorgesehenen Einrichtungen und Verfahren unter den zugehörigen Randbedingungen angewendet werden. Anmerkung 2: Auch „Ausfallmuster", „Baumuster", „Fertigungsmuster", „Typmuster".
1.7	Wiederholmuster	Muster, das während der Serienfertigung gefertigt ist und gegebenenfalls im jeweils festgelegten Abstand zum vorangegangenen entnommen wird. Anmerkung: Mit dem Wiederholmuster soll der Nachweis geführt werden, daß die Qualitätsforderung während der Serienfertigung erfüllt wird.
1.8	Änderungsmuster	Muster nach einer Änderung der Fertigungseinrichtungen, der Fertigungsverfahren oder der Fertigungsbedingungen. Anmerkung 1: Mit dem Änderungsmuster soll der Nachweis geführt werden, daß die Qualitätsforderung auch nach einer Änderung der Fertigungseinrichtungen, der Fertigungsverfahren oder der Fertigungsbedingungen erfüllt wird. Anmerkung 2: Das Änderungsmuster kann gleichzeitig Erstmuster (1.6) sein. Anmerkung 3: Ein Muster für ein nicht austauschbares Produkt ist kein Änderungsmuster.
1.9	Einbaumuster	Muster für Einbauversuche.
1.10	Belegmuster	Muster zur Ermöglichung einer späteren Feststellung von Merkmalswerten (siehe DIN 55 350 Teil 12). Anmerkung: Auch „Referenzmuster", „Rückstellprobe".
1.11	Sollmuster	Muster, das den Sollwert (siehe DIN 55 350 Teil 12) eines Qualitätsmerkmals (siehe DIN 55 350 Teil 11) verkörpert. Anmerkung: Beispielsweise können für das Qualitätsmerkmal „Farbe" Sollmuster angewendet werden.
1.12	Grenzmuster	Muster, das den Grenzwert (siehe DIN 55 350 Teil 12) eines Qualitätsmerkmals (siehe DIN 55 350 Teil 11) verkörpert. Anmerkung: Beispielsweise werden die für das Qualitätsmerkmal „Oberflächenrauheit" in DIN 4769 Teil 1 bis Teil 3 genormten Oberflächenvergleichsmuster überwiegend als Grenzmuster verwendet.

Stichwortverzeichnis

(Begriffe in deutscher Sprache)

Dieses Verzeichnis enthält auch Benennungen, die in Anmerkungen vorkommen, und zwar auch dann, wenn sie dort als nicht empfehlenswert bezeichnet werden.

Benennung	Nr
Änderungsmuster	1.8
Angebotsmuster	1.2
Ausfallmuster	1.6
Baumuster	1.6
Bauartmuster	1.6
Belegmuster	1.10
Einbaumuster	1.9
Entwicklungsmuster	1.1
Entwurfsmuster	1.1
Erstmuster	1.6
Fertigungsmuster	1.6
Funktionsmuster	1.3
Grenzmuster	1.12
Muster	1
Prototyp	1.1
Prüfmuster	1
Qualitätsmuster	1
Referenzmuster	1.10
Rückstellprobe	1.10
Sollmuster	1.11
Spezialmuster	1, 1.5
Typmuster	1.6
Versuchsmuster	1.3
Vormuster	1.4
Wiederholmuster	1.7
Zuverlässigkeitsmuster	1.3
Zwischenmuster	1.5

Zitierte Normen

DIN 4769 Teil 1	Oberflächen-Vergleichsmuster; Technische Lieferbedingungen, Anwendung
DIN 4769 Teil 2	Oberflächen-Vergleichsmuster; Spanend hergestellte Flächen mit periodischem Profil
DIN 4769 Teil 3	Oberflächen-Vergleichsmuster; Spanend hergestellte Flächen mit aperiodischem Profil
DIN 55 350 Teil 11	Begriffe der Qualitätssicherung und Statistik; Begriffe der Qualitätssicherung; Grundbegriffe
DIN 55 350 Teil 12	Begriffe der Qualitätssicherung und Statistik; Begriffe der Qualitätssicherung; Merkmalsbezogene Begriffe
DIN 55 350 Teil 14	Begriffe der Qualitätssicherung und Statistik; Begriffe der Probenahme

Weitere Normen

DIN 55 350 Teil 13	Begriffe der Qualitätssicherung und Statistik; Begriffe der Qualitätssicherung; Genauigkeitsbegriffe
DIN 55 350 Teil 16	(z. Z. Entwurf) Begriffe der Qualitätssicherung und Statistik; Begriffe der Qualitätssicherung; Begriffe zu Qualitätssicherungssystemen
DIN 55 350 Teil 17	(z. Z. Entwurf) Begriffe der Qualitätssicherung und Statistik; Begriffe der Qualitätssicherung; Begriffe der Qualitätsprüfungsarten
DIN 55 350 Teil 21	Begriffe der Qualitätssicherung und Statistik; Begriffe der Statistik; Zufallsgrößen und Wahrscheinlichkeitsverteilungen
DIN 55 350 Teil 22	Begriffe der Qualitätssicherung und Statistik; Begriffe der Statistik; Spezielle Wahrscheinlichkeitsverteilungen
DIN 55 350 Teil 23	Begriffe der Qualitätssicherung und Statistik; Begriffe der Statistik; Beschreibende Statistik
DIN 55 350 Teil 24	Begriffe der Qualitätssicherung und Statistik; Begriffe der Statistik; Schließende Statistik
DIN 55 350 Teil 31	Begriffe der Qualitätssicherung und Statistik; Begriffe der Annahmestichprobenprüfung

Erläuterungen

Ursprünglich war im AQS erwogen worden, sowohl die Begriffe zu Proben als auch die Begriffe zu Mustern in DIN 55 350 Teil 14 Begriffe der Qualitätssicherung und Statistik; Begriffe der Probenahme, aufzunehmen. Frühere Erfahrungen zur Diskussion dieser beiden Begriffsgruppen haben jedoch gezeigt, daß es nützlich ist, sie getrennt von den Begriffen der Probenahme zu halten. Eine getrennte Norm über Begriffe der technischen Proben befindet sich in Vorbereitung.

Internationale Patentklassifikation

G 01 M

DK 658.562:519.2:620.1:001.4 August 1988

Begriffe der Qualitätssicherung und Statistik
Begriffe der Qualitätsprüfungsarten

DIN 55 350 Teil 17

Concepts in quality and statistics; concepts relating to quality inspection and test

Ersatz für Ausgabe 07.87

Die in dieser Norm enthaltenen fremdsprachlichen Benennungen (in der Reihenfolge englisch, französisch) sind nicht Bestandteil dieser Norm. Sie sollen das Übersetzen erleichtern.

1 Anwendungsbereich und Zweck

Diese Norm dient wie alle Folgeteile von DIN 55 350 dazu, Benennungen und Definitionen der in der Qualitätssicherung und Statistik verwendeten Begriffe zu vereinheitlichen.

Die Folgeteile von DIN 55 350 sollen nach Möglichkeit alle an der Norm interessierten Anwendungsbereiche berücksichtigen. Sie dürfen deshalb ihre Definitionen nicht so eng fassen, daß sie nur für spezielle Bereiche gelten (Technik, Landwirtschaft, Medizin u.a.).

Diese Norm enhält allgemeine Begriffe zu Qualitätsprüfungsarten im Hinblick auf ein materielles oder immaterielles Endprodukt (oder eine Kombination daraus) sowie auf eine Tätigkeit oder einen Prozeß. Nicht aufgenommen wurden Begriffe zu Qualitätsprüfungsarten oder anderen Prüfungsarten, die sich beziehen

- auf spezielle Merkmale (z.B. Härteprüfung),
- auf fachspezifische Anwendungen (z.B. Materialprüfung),
- auf Beobachtungsarten, Beobachtungsdauern oder Beobachtungsverfahren (z.B. Prüfung anhand quantitativer oder qualitativer Merkmale, Dauerprüfung, Sichtprüfung),
- auf spezielle Prüfungszwecke, die durch die Benennung selbsterklärend sind (z.B. Zulassungsprüfung, Präventivprüfung, Genehmigungsprüfung, Vergleichsprüfung),
- auf Genauigkeitsklassen oder auf Prüfungsorte (z.B. Laborprüfung),
- auf eine Beurteilung der Wirksamkeit eines Qualitätssicherungssystems oder seiner Elemente (Qualitätsaudit nach DIN 55 350 Teil 11),
- auf spezielle Anlässe (z.B. Sonderprüfung, Pflichtprüfung).

Diese Norm soll dazu dienen, die in den unterschiedlichen Fachgebieten gebräuchlichen Qualitätsprüfungsbegriffe zu systematisieren sowie den Gebrauch von Synonymen zu erkennen und zu reduzieren. Die Benennungsvielfalt soll dadurch allmählich auf die notwendige Begriffsvielfalt zurückgeführt werden. Außerdem soll sich die Schaffung von neuen oder zu überarbeitenden Begriffen und ihren Benennungen für Prüfungsarten in dieses System harmonisch eingliedern (beispielsweise bei Software).

Besonders sei dazu auf das Ordnungsschema im Abschnitt 2 hingewiesen. Wichtig darin ist die Unterscheidung zwischen einer Tätigkeit bzw. einem Prozeß (z.B. Erbringen einer Dienstleistung, maschineller Arbeitsablauf) und dem Ergebnis einer Tätigkeit bzw. eines Prozesses (z.B. Dienstleistung, materielles Produkt), wobei die Dienstleistung als immaterielles Produkt eingestuft ist (siehe DIN 55 350 Teil 11).

Nicht alle in Vorschriften (z.B. § 24 Gewerbeordnung) verwendeten Begriffe für spezielle Prüfungsarten konnten durch diese Norm vollständig abgedeckt werden; zum Teil müssen bestehende oder entstehende Nichtübereinstimmungen in Kauf genommen werden in dem Bestreben, langfristig die notwendige Vereinheitlichung zu erreichen.

Fortsetzung Seite 2 bis 8

Ausschuß Qualitätssicherung und angewandte Statistik (AQS) im DIN Deutsches Institut für Normung e.V.

2 Ordnungsschema für Qualitätsprüfungsarten ab Begriff Nr 2.1 dieser Norm

Die Tabelle 1 gibt ein Ordnungsschema für Qualitätsprüfungsarten im Hinblick auf die Einheit materielles oder immaterielles Endprodukt oder eine Kombination daraus wieder, wofür das Modell Qualitätskreis (siehe DIN 55 350 Teil 11) anwendbar ist.

Die Tabelle 2 gibt ein Ordnungsschema für Qualitätsprüfungsarten im Hinblick auf die Einheit Tätigkeit oder Prozeß wieder, wofür das Modell Qualitätskreis nicht anwendbar ist, weil keine Übergabe und Nutzung möglich sind.

Wo Tätigkeiten und/oder Prozesse zu Produkten führen, ist bei der Qualitätsbetrachtung auf die unterschiedlichen Qualitätsforderungen zu achten, die einerseits an die Produkte, andererseits an die Tätigkeiten und/oder Prozesse gestellt sind.

Tabelle 1.

	Qualitätsprüfungsarten bezüglich Qualitätskreis				
	in den Planungsphasen	betreffend Qualifikation	in den Realisierungsphasen	anläßlich Übergabe	in den Nutzungsphasen
Qualitätsprüfungsarten im Hinblick auf die Einheit **materielles Endprodukt, immaterielles Endprodukt[1]) oder eine Kombination daraus**	Entwurfsprüfung Musterprüfung[2])	Qualifikationsprüfung Typprüfung Bauartprüfung Musterprüfung[2])	Eingangsprüfung Zwischenprüfung Fertigungsprüfung [2]) Endprüfung	Annahmeprüfung Ablieferungsprüfung Abnahmeprüfung	Produktverhaltensprüfung

[1]) z. B. Dienstleistung, Informationsinhalt von Unterlagen wie etwa DV-Software

[2]) nur im Hinblick auf materielles Endprodukt

Tabelle 2.

	Qualitätsprüfungsarten		
	in den Planungsphasen	betreffend Qualifikation	in den Realisierungsphasen
Qualitätsprüfungsarten im Hinblick auf die Einheit **Tätigkeit oder Prozeß [3])**	Entwurfsprüfung Probeablaufprüfung	Qualifikationsprüfung	Zwischenprüfung Prozeßprüfung (Ablaufprüfung)

[3]) z. B. Erbringen einer Dienstleistung, maschineller Arbeitsablauf oder ein Verfahren

3 Begriffe

Zu den Grundbegriffen der Qualitätssicherung, hier insbesondere zu den Begriffen Einheit, Qualitätskreis, Qualitätsforderung, Zuverlässigkeitsforderung, Qualifikation siehe DIN 55 350 Teil 11. Zu den Begriffen der Annahmestichprobenprüfung siehe DIN 55 350 Teil 31.

Die Benennung „Test" synonym zu „Prüfung" wird nicht empfohlen. In der Normung der Qualitätssicherung und Statistik ist die Benennung „Test" dem statistischen Test vorbehalten.

Die in Klammern angegebenen Nummern sind Hinweise auf die Nummern der in dieser Norm enthaltenen Begriffe.

Nr	Benennung	Definition
1 Allgemeine Begriffe		
1.1	Qualitätsprüfung quality inspection inspection de la qualité	Feststellen, inwieweit eine Einheit*) die Qualitätsforderung*) erfüllt. Anmerkung 1: Qualitätsprüfungen werden anhand von Prüfmerkmalen (siehe DIN 55 350 Teil 12, z. Z. Entwurf) durchgeführt. Dabei muß festgelegt sein, auf welche Merkmale (siehe DIN 55 350 Teil 12, z. Z. Entwurf) sich die Qualitätsprüfung bezieht und welche Konkretisierungsstufe der Qualitätsforderung maßgeblich ist. Anmerkung 2: Qualitätsprüfungen können immer und überall stattfinden, z. B. in bezug auf jede Phase des Qualitätskreises*). Anmerkung 3: Die Benennungen „Überprüfung", „Gegenprüfung", „Vorprüfung", „Nachprüfung", „Nachweisprüfung" und „Bestätigungsprüfung" werden häufig synonym zu Qualitätsprüfung, aber auch mit eingeschränkter Bedeutung benutzt. Deshalb sollten diese Benennungen vermieden werden, oder es sollte die für den Anwendungsfall zutreffende Definition festgelegt werden. Anmerkung 4: Obige Definition und Anmerkungen aus DIN 55 350 Teil 11. Anmerkung 5: Die Qualitätsprüfung kann sich beziehen auf die Einheit – materielles Produkt – immaterielles Produkt – Kombination aus materiellem und immateriellem Produkt – Tätigkeit oder Prozeß.
1.1.1	Zuverlässigkeitsprüfung	Feststellen, inwieweit ein Produkt die Zuverlässigkeitsforderung*) erfüllt.
1.1.2	Vollständige Qualitätsprüfung	Qualitätsprüfung (1.1) hinsichtlich aller festgelegten Qualitätsmerkmale*). Anmerkung 1: Siehe Anmerkung 1 zu 1.1. Anmerkung 2: Die Benennung „Vollprüfung" hierfür soll vermieden werden, weil bei ihrer Benutzung Verwechslungen mit der „100%-Prüfung" (1.1.3) leichter möglich sind.
1.1.3	100%-Prüfung 100% inspection contrôle à 100%	Qualitätsprüfung (1.1) an allen Einheiten*) eines Prüfloses (siehe DIN 55 350 Teil 31). Anmerkung 1: Eine 100%-Prüfung, bei der sämtliche gefundenen fehlerhaften Einheiten aussortiert werden, bezeichnet man als Sortierprüfung, während eine 100%-Prüfung, bei der die Einheiten entsprechend den Ermittlungsergebnissen zur weiteren Verwendung in Klassen eingeordnet werden, Klassierprüfung genannt werden sollte (Klassierung siehe DIN 55 350 Teil 23). Anmerkung 2: Verschiedentlich auch „Stückprüfung".
1.1.4	Statistische Qualitätsprüfung	Qualitätsprüfung (1.1), bei der statistische Methoden angewendet werden.

*) Definition für diesen Begriff siehe DIN 55 350 Teil 11

Nr	Benennung	Definition
1.1.5	Auswahlprüfung	Qualitätsprüfung (1.1) an Zufallsstichproben (siehe DIN 55 350 Teil 14) mit Entnahmehäufigkeiten und Stichprobenumfängen, die wesentlich bestimmt sind durch die Kenntnis der bisher ermittelten Qualität*) sowie der Ungleichmäßigkeiten und Fehlerrisiken bei der Realisierung der Einheit*). Anmerkung: Entnahmehäufigkeiten und Stichprobenumfänge können sich an genormte Verfahren oder Stichprobensysteme anlehnen.
1.1.6	Wiederkehrende Prüfung	Qualitätsprüfung (1.1) nach für die Wiederkehr vorgegebenen Regeln in einer Folge von vorgesehenen Qualitätsprüfungen an derselben Einheit*). Anmerkung: Auch „Regelprüfung", insbesondere im Fall der wiederkehrenden Qualifikationsprüfung (3.1).
1.1.7	Wiederholungsprüfung	Qualitätsprüfung (1.1) nach unerwünschtem Ergebnis der vorausgegangenen in einer Folge von zugelassenen Qualitätsprüfungen an einer Einheit*) gleicher Art oder an einer nachgebesserten Einheit.
1.1.8	Erstprüfung	Erste in einer Folge von vorgesehenen oder zugelassenen Qualitätsprüfungen (1.1). Anmerkung 1: Erstprüfungen gibt es demnach nur, sofern wiederkehrende Prüfung (1.1.6) vorgesehen oder Wiederholungsprüfung (1.1.7) zugelassen ist. Anmerkung 2: Von der Erstprüfung ist die Erstmusterprüfung (Qualitätsprüfung eines Erstmusters nach DIN 55 350 Teil 15) zu unterscheiden.
1.1.9	Selbstprüfung operator inspection inspection par l'operateur	Teil der zur Qualitätslenkung*) erforderlichen Qualitätsprüfung (1.1), der vom Bearbeiter selbst ausgeführt wird. Anmerkung 1: Die Selbstprüfung ist zu unterscheiden vom „Teil der Qualitätslenkung, der vom Bearbeiter selbst ausgeführt wird" (operator control). Anmerkung 2: Die Selbstprüfung ist zu unterscheiden von der Eigenprüfung und der Fremdprüfung, wobei diese beiden Begriffe aussagen, ob Qualitätsprüfungen durch den Hersteller oder durch eine andere Stelle ausgeführt werden.
2	**Begriffe zu Qualitätsprüfungsarten in den Planungsphasen von Einheiten**	
2.1	Entwurfsprüfung design review revue de conception	Qualitätsprüfung (1.1) an einem Entwurf.
2.2	Musterprüfung	Qualitätsprüfung (1.1) an einem Muster. Anmerkung 1: Begriffe zu Mustern siehe DIN 55 350 Teil 15. Anmerkung 2: Die jeweiligen Ziele und Randbedingungen von Musterprüfungen ergeben sich aus den Definitionen der betreffenden Muster (z. B. Entwicklungsmuster, Einbaumuster) in DIN 55 350 Teil 15. Musterprüfungen werden vielfach auch im Rahmen von Erprobungen (z. B. hinsichtlich Funktion) durchgeführt. Anmerkung 3: Musterprüfungen dienen vielfach dem Zweck der Qualifikation*), werden jedoch auch als Qualitätsprüfung (1.1) zur Qualitätslenkung*) angewendet.

*) Definition für diesen Begriff siehe DIN 55 350 Teil 11

Nr	Benennung	Definition
2.3	Probeablaufprüfung	Qualitätsprüfung (1.1) an einem probeweise durchgeführten Prozeß oder an einer probeweise durchgeführten Tätigkeit anhand der Merkmale des Prozesses bzw. der Tätigkeit selbst. Anmerkung: Probeablaufprüfungen werden vielfach im Rahmen von Erprobungen durchgeführt.
3 Begriffe zu Qualitätsprüfungsarten bezüglich der Qualifikation von Einheiten*)		
3.1	Qualifikationsprüfung	Feststellen, ob Qualifikation*) vorliegt. Anmerkung 1: Qualifikation ist nach DIN 55 350 Teil 11 die nachgewiesene Erfüllung der Qualitätsforderung*). Anmerkung 2: Die Qualifikationsprüfung kann sich beziehen auf die Einheit*) – materielles Produkt – immaterielles Produkt – Kombination aus materiellem und immateriellem Produkt. – Tätigkeit oder Prozeß Anmerkung 3: Es muß festgelegt sein, auf welche Qualitätsmerkmale*) sich eine Qualifikationsprüfung bezieht. Anmerkung 4: Sofern wiederkehrende Qualifikationsprüfungen (Anmerkung zu 1.1.6) erforderlich sind, werden hierfür Durchführungsregeln festgelegt. Anmerkung 5: Auch „Eignungsprüfung" oder „Approbationsprüfung".
3.1.1	Typprüfung	Qualifikationsprüfung (3.1) an einem Produkt. Anmerkung 1: Die Typprüfung schließt im Gegensatz zur Bauartprüfung (3.1.2) eine Entwurfsprüfung (2.1) nicht ein. Anmerkung 2: Eine erneute Typprüfung kann erforderlich werden, wenn sich ohne Änderung der Qualitätsforderung*) die Herstellung des Produkts ändert. Anmerkung 3: Vielfach wird die Typprüfung als Musterprüfung (2.2) durchgeführt. Anmerkung 4: Bei unvermeidbar erheblich streuenden Werten von Qualitätsmerkmalen*) kann es zweckmäßig sein, die Typprüfung an mehreren Einheiten*) durchzuführen.
3.1.2	Bauartprüfung	Qualifikationsprüfung (3.1) im Hinblick auf ein materielles Endprodukt, bestehend aus Entwurfsprüfung (2.1) und Typprüfung (3.1.1).
4 Begriffe zu Qualitätsprüfungsarten in den Realisierungsphasen von Einheiten*)		
4.1	Eingangsprüfung receiving inspection contrôle de réception	Annahmeprüfung (5.1) an einem zugelieferten Produkt. Anmerkung: Die Eingangsprüfung wird durch den Abnehmer selbst oder durch eine beauftragte Stelle durchgeführt.
4.2	Zwischenprüfung	Qualitätsprüfung (1.1) während der Realisierung einer Einheit*). Anmerkung: Es gibt Zwischenprüfungen unter Beteiligung des Abnehmers oder seines Beauftragten.
4.2.1	Fertigungsprüfung	Zwischenprüfung (4.2) an einem in der Fertigung befindlichen materiellen Produkt. Anmerkung: Die Realisierung hat hier die spezielle Benennung „Fertigung".
*) Definition für diesen Begriff siehe DIN 55 350 Teil 11		

Nr	Benennung	Definition
4.2.2	Prozeßprüfung	Qualitätsprüfung (1.1) an einem Prozeß bzw. an einer Tätigkeit anhand der Merkmale des Prozesses bzw. der Tätigkeit selbst. Anmerkung 1: Prozeßprüfungen dienen unter anderem der Verfahrensüberwachung. Anmerkung 2: Auch „Ablaufprüfung".
4.3	Endprüfung final inspection contrôle finale	Letzte der Qualitätsprüfungen (1.1) vor Übergabe der Einheit*) an den Abnehmer. Anmerkung: Abnehmer ist im allgemeinen der im Geschäftsverkehr belieferte Vertragspartner. Im unternehmensinternen Lieferverkehr gilt Entsprechendes.
5 Begriffe zu Qualitätsprüfungsarten anläßlich der Übergabe von Produkten		
5.1	Annahmeprüfung	Qualitätsprüfung (1.1) zur Feststellung, ob ein Produkt wie bereitgestellt oder geliefert annehmbar ist. Anmerkung 1: Die Zuständigkeit für Annahmeprüfungen ist in der Anmerkung zu 4.1, in Anmerkung 2 zu 5.1.1 und Anmerkung 2 zu 5.1.2 behandelt. Anmerkung 2: Werden Annahmeprüfungen anhand von Stichproben durchgeführt, handelt es sich um „Annahmestichprobenprüfungen" (siehe DIN 55 350 Teil 31). Anmerkung 3: Die Annahmeprüfung kann mit der Endprüfung (4.3) zusammenfallen.
5.1.1	Ablieferungsprüfung	Annahmeprüfung (5.1) vor Ablieferung des Produkts. Anmerkung 1: Auch innerhalb derselben Organisation können Ablieferungsprüfungen vorkommen. Anmerkung 2: Wenn nichts anderes vereinbart ist, ist derjenige für die Ablieferungsprüfung zuständig, der für die Erfüllung der Qualitätsforderung*) verantwortlich ist. Anmerkung 3: Die Ablieferungsprüfung kann mit der Endprüfung (4.3) zusammenfallen.
5.1.2	Abnahmeprüfung	Annahmeprüfung (5.1) auf Veranlassung und unter Beteiligung des Abnehmers oder seines Beauftragten. Anmerkung 1: Die Abnahmeprüfung ist zu unterscheiden von der „Abnahme" im Sinne BGB § 640 und § 433, Absatz II. Die Abnahmeprüfung steht stets im sachlichen, jedoch nicht notwendigerweise in einem unmittelbaren zeitlichen Zusammenhang mit der Abnahme. Anmerkung 2: Die Abnahmeprüfung kann durch den Empfänger der Leistung selbst, durch den Lieferanten im Beisein des Empfängers oder eines von ihm Beauftragten oder durch einen von ihm beauftragten Dritten durchgeführt werden, z. B. durch einen Sachverständigen. Anmerkung 3: Die Abnahmeprüfung kann sowohl beim Lieferanten als auch beim Abnehmer als auch bei einer neutralen Stelle als auch teilweise hier und dort erfolgen. Anmerkung 4: Für die Abnahmeprüfung, die stets vor dem Gefahrübergang gemäß BGB § 446 und § 447 erfolgt, wird vielfach vereinbart, daß der Abnehmer die Abnahmeprüfung in Verbindung mit der Endprüfung (4.3) durchführt oder mindestens an dieser teilnimmt.

*) Definition für diesen Begriff siehe DIN 55 350 Teil 11

Nr	Benennung	Definition
6 Begriffe zu Qualitätsprüfungsarten in den Nutzungsphasen von Produkten		
6.1	Produktverhaltensprüfung	Qualitätsprüfung (1.1) zur Gewinnung von Kenntnissen über das Produktverhalten nach Übergabe an den Abnehmer. Anmerkung 1: Diese Prüfung kann sich auf materielle oder immaterielle Produkte beziehen. Sie kann z. B. durch den Abnehmer oder aufgrund einer Vereinbarung mit dem Abnehmer durch den Lieferanten oder durch Dritte durchgeführt werden. Anmerkung 2: Das Produktverhalten kann im Rahmen der Produktnutzung zeitabhängig von Interesse sein oder zeitunabhängig, beispielsweise in seiner Auswirkung auf den Anwender oder auf die Umwelt. Maßstab für diese Qualitätsprüfung brauchen nicht die Produktspezifikationen zu sein, sondern können die Anwendungserfordernisse sein, eingeschlossen übergeordnete Gesichtspunkte wie beispielsweise die technische oder die rechtliche Entwicklung. Anmerkung 3: Hierzu gehören auch Zuverlässigkeitsprüfungen (1.1.1) nach Übergabe an den Abnehmer. Anmerkung 4: Im Rahmen der Instandhaltung heißt eine Produktverhaltensprüfung „Inspektion" (siehe DIN 31 051). Andere Benennungen wie „Feldprüfung", „Einsatzprüfung", „Betriebsverhaltensprüfung" synonym für Produktverhaltensprüfung werden nicht empfohlen.

Zitierte Normen

DIN 31 051	Instandhaltung; Begriffe und Maßnahmen
DIN 55 350 Teil 11	Begriffe der Qualitätssicherung und Statistik; Grundbegriffe der Qualitätssicherung
DIN 55 350 Teil 12	(z. Z. Entwurf) Begriffe der Qualitätssicherung und Statistik; Merkmalsbezogene Begriffe
DIN 55 350 Teil 14	Begriffe der Qualitätssicherung und Statistik; Begriffe der Probenahme
DIN 55 350 Teil 15	Begriffe der Qualitätssicherung und Statistik; Begriffe zu Mustern
DIN 55 350 Teil 23	Begriffe der Qualitätssicherung und Statistik; Begriffe der Statistik; Beschreibende Statistik
DIN 55 350 Teil 31	Begriffe der Qualitätssicherung und Statistik; Begriffe der Annahmestichprobenprüfung

Weitere Normen

DIN 55 350 Teil 13	Begriffe der Qualitätssicherung und Statistik; Begriffe zur Genauigkeit von Ermittlungsverfahren und Ermittlungsergebnissen
DIN 55 350 Teil 16	(z. Z. Entwurf) Begriffe der Qualitätssicherung und Statistik; Begriffe der Qualitätssicherung; Begriffe zu Qualitätssicherungssystemen
DIN 55 350 Teil 18	Begriffe der Qualitätssicherung und Statistik; Begriffe zu Bescheinigungen über die Ergebnisse von Qualitätsprüfungen; Qualitätsprüf-Zertifikate
DIN 55 350 Teil 21	Begriffe der Qualitätssicherung und Statistik; Begriffe der Statistik; Zufallsgrößen und Wahrscheinlichkeitsverteilungen
DIN 55 350 Teil 22	Begriffe der Qualitätssicherung und Statistik; Begriffe der Statistik; Spezielle Wahrscheinlichkeitsverteilungen
DIN 55 350 Teil 24	Begriffe der Qualitätssicherung und Statistik; Begriffe der Statistik; Schließende Statistik

Frühere Ausgaben

DIN 55 350 Teil 17: 07.87

Änderungen

Gegenüber der Ausgabe Juli 1987 wurden folgende Berichtigungen vorgenommen:

Beim Begriff 1.1.5 (Auswahlprüfung) wurde die fehlende erste Zeile der Definition eingefügt.

Stichwortverzeichnis

(Benennungen in deutscher Sprache)

Dieses Verzeichnis enthält auch Benennungen, die in Anmerkungen vorkommen, und zwar auch dann, wenn sie dort als nicht empfehlenswert bezeichnet werden.

A
Ablaufprüfung 4.2.2
Ablieferungsprüfung 5.1.1
Abnahme 5.1.2
Abnahmeprüfung 5.1.2
Annahmeprüfung 5.1
Annahmestichprobenprüfung 5.1
Approbationsprüfung 3.1
Auswahlprüfung 1.1.5

B
Bauartprüfung 3.1.2
Bestätigungsprüfung 1.1
Betriebsverhaltensprüfung 6.1

D
Dauerprüfung siehe Abschnitt 1

E
Eigenprüfung 1.1.9
Eignungsprüfung 3.1
Eingangsprüfung 4.1
Einsatzprüfung 6.1
Endprüfung 4.3
Entwurfsprüfung 2.1
Erprobung 2.2, 2.3
Erstmusterprüfung 1.1.8
Erstprüfung 1.1.8

F
Feldprüfung 6.1
Fertigungsprüfung 4.2.1
Fremdprüfung 1.1.9

G
Gegenprüfung 1.1
Genehmigungsprüfung siehe Abschnitt 1

H
Härteprüfung siehe Abschnitt 1
100%-Prüfung 1.1.3

I
Inspektion 6.1

K
Klassierprüfung 1.1.3

L
Laborprüfung siehe Abschnitt 1

M
Materialprüfung siehe Abschnitt 1
Musterprüfung 2.2

N
Nachprüfung 1.1
Nachweisprüfung 1.1

P
Pflichtprüfung siehe Abschnitt 1
Präventivprüfung siehe Abschnitt 1
Probeablaufprüfung 2.3
Produktverhaltensprüfung 6.1
Prozeßprüfung 4.2.2
Prüfung siehe Abschnitt 3

Q
Qualifikationsprüfung 3.1
Qualitätsprüfung 1.1

R
Regelprüfung 1.1.6

S
Selbstprüfung 1.1.9
Sichtprüfung siehe Abschnitt 1
Sonderprüfung siehe Abschnitt 1
Sortierprüfung 1.1.3
Statistische Qualitätsprüfung 1.1.4
Stückprüfung 1.1.3

T
Test siehe Abschnitt 3
Typprüfung 3.1.1

U
Überprüfung 1.1

V
Vergleichsprüfung siehe Abschnitt 1
Vollprüfung 1.1.2
Vollständige Qualitätsprüfung 1.1.2
Vorprüfung 1.1

W
Wiederholungsprüfung 1.1.7
Wiederkehrende Prüfung 1.1.6
wiederkehrende Qualifikationsprüfung 3.1

Z
Zulassungsprüfung siehe Abschnitt 1
Zuverlässigkeitsprüfung 1.1.1, 6.1
Zwischenprüfung 4.2

Internationale Patentklassifikation

G 07 C 3/14

DK 658.562:519.2:620.1:001.4 Juli 1987

Begriffe der Qualitätssicherung und Statistik
Begriffe zu Bescheinigungen
über die Ergebnisse von Qualitätsprüfungen
Qualitätsprüf-Zertifikate

DIN 55 350 Teil 18

Concepts in quality and statistics; concepts relating to certificates on results of quality inspections; quality inspection certificates

1 Anwendungsbereich und Zweck

Diese Norm dient wie alle Teile von DIN 55 350 dazu, Benennungen und Definitionen der in der Qualitätssicherung und Statistik verwendeten Begriffe zu vereinheitlichen.

Die Teile von DIN 55 350 sollen nach Möglichkeit alle an der Normung interessierten Anwendungsbereiche berücksichtigen. Sie dürfen deshalb ihre Definitionen nicht so eng fassen, daß sie nur für spezielle Bereiche gelten (Technik, Landwirtschaft, Medizin u. a.).

Diese Norm gilt für Begriffe zu Bescheinigungen im Zusammenhang mit der Lieferung von materiellen oder immateriellen Produkten, mit denen die Ergebnisse von Qualitätsprüfungen bestätigt werden. Qualitätsprüf-Zertifikate sind spezielle Qualitätsnachweise.

Die Vereinbarung von Bescheinigungen über die Ergebnisse von Qualitätsprüfungen an einem Produkt ist unabhängig von einer Vereinbarung über einen Qualitätssicherungs-Nachweis.

Weiterhin ist ein Qualitätsprüf-Zertifikat nach dieser Norm nicht gleichbedeutend mit einem die Qualifikation*) einer Einheit*) befreffenden Zertifikat z. B. nach ISO/IEC Guide 2.

Zweck dieser Norm ist es, die Begriffe zu den Qualitätsprüf-Zertifikaten unter Berücksichtigung der Prüfbeauftragten zu vereinheitlichen. Festlegungen über die Prüfverantwortlichkeit sowie über Art, Form und anwendungsspezifischen Inhalt von Qualitätsprüf-Zertifikaten sind nicht Gegenstand dieser Norm. Sie sind jeweils den entsprechenden Regelwerken bzw. vertraglichen Vereinbarungen vorbehalten.

Qualitätsprüf-Zertifikate entbinden den weiterverarbeitenden Abnehmer der Produkte nicht von seiner Qualitätsverantwortung (siehe [1]).

Diese Norm betrifft nicht Qualitätsprüf-Zertifikate durch einen Produkthändler. Sind im Sonderfall hierüber Vereinbarungen zu treffen, so sollen sie auf der sinngemäßen Anwendung dieser Norm beruhen.

2 Bezeichnung

Bezeichnung eines Qualitätsprüf-Zertifikates nach Nr 4.1.2:

Qualitätsprüf-Zertifikat DIN 55 350 – 18 – 4.1.2

Anmerkung: Neben dieser Norm-Bezeichnung darf dieses Qualitätsprüf-Zertifikat auch wie folgt benannt werden:

„Herstellerzertifikat M nach DIN 55 350 Teil 18"

---

*) Siehe DIN 55 350 Teil 11

Fortsetzung Seite 2 bis 5

Ausschuß Qualitätssicherung und angewandte Statistik (AQS) im DIN Deutsches Institut für Normung e. V.

3 Begriffe

Die in Klammern angegebenen Nummern sind Hinweise auf die Nummern der in dieser Norm enthaltenen Begriffe.

Nr	Benennung	Definition
1	Qualitätsprüf-Zertifikat	Bescheinigung über das Ergebnis einer Qualitätsprüfung*), das gegenüber dem Abnehmer oder Auftraggeber als Nachweis über die Qualität*) eines Produkts dient. Anmerkung 1: Ein Qualitätsprüf-Zertifikat enthält Angaben über – Aussteller des Qualitätsprüf-Zertifikats/Datum – Hersteller/Auftragnehmer (Lieferer), – Abnehmer/Auftraggeber/Besteller/Betreiber, – Auftrags-/Bestell-Nummer, – Liefergegenstand, Stückzahl usw., – Qualitätsforderung*) (z. B. techn. Lieferbedingungen), – Prüfspezifikationen*) – Art des Qualitätsprüf-Zertifikats, z. B. „Herstellerzertifikat M nach DIN 55 350 Teil 18", – gegebenenfalls spezielle Qualitätsmerkmale (3.1), – Prüfergebnisse (3.2). und gegebenenfalls weitere Angaben und Vereinbarungen. Anmerkung 2: Auch die Bescheinigungen über Materialprüfungen nach DIN 50 049 sind Qualitätsprüf-Zertifikate (siehe Erläuterungen).
2	Prüfbeauftragter	Zur Beurteilung der Prüfergebnisse (3.2, 3.3) Befähigter, der die Erfüllung der Qualitätsforderung*) im Hinblick auf die speziellen Qualitätsmerkmale (3.1) feststellt und bestätigt. Anmerkung 1: Die genannte Befähigung schließt ein, daß der Prüfbeauftragte die Verfahren und Ergebnisse der Qualitätsprüfungen*) im Hinblick auf die Qualitätsforderung*) und die Prüfspezifikationen*) in bezug auf die speziellen Qualitätsmerkmale (3.1) beurteilen kann. Anmerkung 2: Prüfbeauftrager kann sein – ein Hersteller-Prüfbeauftragter (2.1) – ein Abnehmer-Prüfbeauftragter (2.2) – ein durch vertragliche oder gesetzliche Regelungen vorgesehener Sachverständiger.
2.1	Hersteller-Prüfbeauftragter	Von der Unternehmensleitung des Herstellers benannter, in ihrem Auftrag handelnder und in seinen Qualitätsfeststellungen unabhängiger Prüfbeauftragter. Anmerkung 1: Hersteller-Prüfbeauftragter kann auch der Unternehmer selbst oder der Prüfende selbst sein, aber auch ein Angehöriger einer externen Stelle. Anmerkung 2: In größeren Unternehmen kann der Hersteller-Prüfbeauftragte auch von einer Führungsstelle im Qualitätswesen*) benannt sein.
2.2	Abnehmer-Prüfbeauftragter	Vom Abnehmer oder Auftraggeber benannter und in seinem Auftrag handelnder Prüfbeauftragter. Anmerkung: Der Abnehmer-Prüfbeauftragte ist ein Mitarbeiter des Abnehmers/Auftraggebers oder einer externen Stelle, jedoch nicht des Herstellers.
3	**Hilfsbegriffe zu Grundlagen der Qualitätsprüf-Zertifikate**	
3.1	Spezielle Qualitätsmerkmale	Im Sinne dieser Norm diejenigen Qualitätsmerkmale*) der Qualitätsforderung, zu denen das Qualitätsprüf-Zertifikat quantitative und/oder qualitative Merkmalswerte enthalten soll. Anmerkung: Siehe Erläuterungen

*) Siehe Seite 1

Nr	Benennung	Definition
3.2	Nichtauftragsbezogenes Prüfergebnis	Im Sinne dieser Norm Prüfergebnis, erzielt an Produkten, die unter gleichen Bedingungen entstanden sind wie die Produkte, die zum Auftrag gehören. Anmerkung: Ein auf dieser Grundlage ausgestelltes Qualitätsprüf-Zertifikat heißt Herstellerzertifikat (4.1).
3.3	Auftragsbezogenes Prüfergebnis	Im Sinne dieser Norm Prüfergebnis, erzielt an Produkten, die zum Auftrag gehören. Anmerkung 1: Im Fall einer zerstörenden Prüfung gilt das Prüfergebnis auch dann noch als auftragsbezogen, wenn die Prüfung an Material erfolgt, das unter denselben Bedingungen hergestellt wurde. Anmerkung 2: Ein auf dieser Grundlage ausgestelltes Qualitätsprüf-Zertifikat heißt Herstellerprüfzertifikat (4.2) oder Abnahmeprüfzertifikat (4.3).
4 Begriffe zu Arten von Qualitätsprüf-Zertifikaten		
4.1	Herstellerzertifikat	Qualitätsprüf-Zertifikat (1) anhand eines nichtauftragsbezogenen Prüfergebnisses (3.2), ausgestellt vom Hersteller-Prüfbeauftragten (2.1).
4.1.1	Herstellerzertifikat O	Herstellerzertifikat <u>o</u>hne Angabe von festgestellten Merkmalswerten.
4.1.2	Herstellerzertifikat M	Hertellerzertifikat <u>m</u>it Angabe von festgestellten Merkmalswerten zu den speziellen Qualitätsmerkmalen (3.1).
4.2	Herstellerprüfzertifikat	Qualitätsprüf-Zertifikat (1) anhand eines auftragsbezogenen Prüfergebnisses (3.3), ausgestellt vom Hersteller-Prüfbeauftragten (2.1).
4.2.1	Herstellerprüfzertifikat O	Herstellerprüfzertifikat <u>o</u>hne Angabe von festgestellten Merkmalswerten.
4.2.2	Herstellerprüfzertifikat M	Herstellerprüfzertifikat <u>m</u>it Angabe von festgestellten Merkmalswerten zu den speziellen Qualitätsmerkmalen (3.1.).
4.3	Abnahmeprüfzertifikat	Qualitätsprüf-Zertifikat (1) anhand eines auftragsbezogenen Prüfergebnisses (3.3), ausgestellt von einem Prüfbeauftragten (2), der vom Hersteller unabhängig ist.
4.3.1	Abnahmeprüfzertifikat O	Abnahmeprüfzertifikat <u>o</u>hne Angabe von festgestellten Merkmalswerten, wobei der Prüfbeauftragte ein Abnehmer-Prüfbeauftragter (2.2) ist.
4.3.2	Abnahmeprüfzertifikat OS	Abnahmeprüfzertifikat <u>o</u>hne Angabe von festgestellten Merkmalswerten, wobei der Prüfbeauftragte ein <u>S</u>achverständiger (siehe Anmerkung 2 zu 2) ist.
4.3.3	Abnahmeprüfzertifikat M	Abnahmeprüfzertifikat <u>m</u>it Angabe von festgestellten Merkmalswerten zu den speziellen Qualitätsmerkmalen (3.1), wobei der Prüfbeauftragte ein Abnehmer-Prüfbeauftragter (2.2) ist.
4.3.4	Abnahmeprüfzertifikat MS	Abnahmeprüfzertifikat <u>m</u>it Angabe von festgestellten Merkmalswerten zu den speziellen Qualitätsmerkmalen (3.1), wobei der Prüfbeauftragte ein <u>S</u>achverständiger (siehe Anmerkung 2 zu 2) ist.

*) Siehe Seite 1

4 Übersicht über Qualitätsprüf-Zertifikate und ihre Normbezeichnung

Qualitätsprüf-Zertifikat		Grundlage des Qualitätsprüf-Zertifikats	Angabe festgestellter Merkmalswerte	Prüfbeauftragter (2)			Normbezeichnung
				Hertsteller-Prüfbeauftragter (2.1)	Abnehmer-Prüfbeauftragter (2.2)	Sachverständiger**)	
Herstellerzertifikat... nach DIN 55 350 Teil 18	O	nichtauftragsbezogene Prüfergebnisse (3.2)	nein	×			Qualitätsprüf-Zertifikat DIN 55 350-18-4.1.1
	M		ja	×			Qualitätsprüf-Zertifikat DIN 55 350-18-4.1.2
Herstellerprüf-Zertifikat... nach DIN 55 350 Teil 18	O		nein	×			Qualitätsprüf-Zertifikat DIN 55 350-18-4.2.1
	M		ja	×			Qualitätsprüf-Zertifikat DIN 55 350-18-4.2.2
Abnahmeprüfzertifikat.. nach DIN 55 350 Teil 18	O	auftragsbezogene Prüfergebnisse (3.3)	nein		×		Qualitätsprüf-Zertifikat DIN 55 350-18-4.3.1
	OS		nein			×	Qualitätsprüf-Zertifikat DIN 55 350-18-4.3.2
	M		ja		×		Qualitätsprüf-Zertifikat DIN 55 350-18-4.3.3
	MS		ja			×	Qualitätsprüf-Zertifikat DIN 55 350-18-4.3.4

**) Siehe Abschnitt 3, Anmerkung 2 zu Nr 2

Zitierte Normen und andere Unterlagen

DIN 50 049 Bescheinigungen über Materialprüfungen

DIN 55 350 Teil 11 Begriffe der Qualitätssicherung und Statistik; Grundbegriffe der Qualitätssicherung

ISO/IEC Guide 2 General terms and their definitions concerning standardization and related activities

[1] E. Sattler: „Werkstatteste" und Produkthaftung, DIN-Mitteilungen 63. 1984, Nr 10, S. 556 und 557

Weitere Normen

DIN 55 350 Teil 12 (z. Z. Entwurf) Begriffe der Qualitätssicherung und Statistik; Merkmalsbezogene Begriffe

DIN 55 350 Teil 13 Begriffe der Qualitätssicherung und Statistik; Begriffe der Genauigkeit von Ermittlungsverfahren und Ermittlungsergebnissen

DIN 55 350 Teil 14 Begriffe der Qualitätssicherung und Statistik; Begriffe der Probenahme

DIN 55 350 Teil 15 Begriffe der Qualitätssicherung und Statistik; Begriffe zu Mustern

DIN 55 350 Teil 16 (z. Z. Entwurf) Begriffe der Qualitätssicherung und Statistik; Begriffe der Qualitätssicherung; Begriffe zu Qualitätssicherungssystemen

DIN 55 350 Teil 17 Begriffe der Qualitätssicherung und Statistik; Bergriffe der Qualitätsprüfungsarten

DIN 55 350 Teil 21 Begriffe der Qualitätssicherung und Statistik; Begriffe der Statistik; Zufallsgrößen und Wahrscheinlichkeitsverteilungen

DIN 55 350 Teil 22 Begriffe der Qualitätssicherung und Statistik; Begriffe der Statistik; Spezielle Wahrscheinlichkeitsverteilungen

DIN 55 350 Teil 23 Begriffe der Qualitätssicherung und Statistik; Begriffe der Statistik; Beschreibende Statistik

DIN 55 350 Teil 24 Begriffe der Qualitätssicherung und Statistik; Begriffe der Statistik; Schließende Statistik

DIN 55 350 Teil 31 Begriffe der Qualitätssicherung und Statistik; Begriffe der Annahmestichprobenprüfung

Erläuterungen

Im Rahmen der Qualitätssicherung haben Qualitätsprüf-Zertifikate eine zunehmende Bedeutung. Qualitätsprüf-Zertifikate kommen in allen Branchen vor. Sie können sich auf materielle und immaterielle Produkte beziehen. Die analoge Anwendung auf Tätigkeiten ist möglich.

Erst in den letzten Jahren hat die übergeordnete Begriffsnormung für das Gesamtgebiet der Qualitätssicherung (Qualitätslehre) wesentliche Grundbegriffe zur Verfügung gestellt. In der vorliegenden Norm soll die Anwendung dieser Begriffe auf Qualitätsprüf-Zertifikate auf beliebigem Gebiet geklärt werden.

Für ein spezielles Fachgebiet besteht für Qualitätsprüf-Zertifikate bereits eine Norm, nämlich DIN 50 049 „Bescheinigungen über Materialprüfungen". Sie entstand lange vor Schaffung der Grundnormen für Begriffe der Qualitätssicherung. Ihr Spezialgebiet waren zunächst Werkstoffprüfungen. Mit der Ausgabe Juli 1982 wurde die Norm auf Materialprüfungen erweitert. Heute liegt sie in der Ausgabe August 1986 vor. In ihr wird betont, daß diese Bescheinigungen „zum Nachweis der Qualität" dienen. Diese Norm wurde und wird wegen des großen Bedarfs an Qualitätsprüf-Zertifikaten mangels normativer Festlegungen dazu auf anderen Gebieten im In- und Ausland weit über ihren Anwendungsbereich hinaus angewendet. Entsprechend groß ist ihr Anerkennungs- und Bekanntheitsgrad.

Im Interesse möglichst weitgehender Vereinheitlichung ist es nicht vertretbar, wegen des großen Bedarfs entsprechende Normen zu Bescheinigungen über die betreffenden Prüfungen für jedes Fachgebiet getrennt zu schaffen. Außerdem müßte dazu auf diesen Gebieten ein Zustand herbeigeführt werden, der sich bei den Werkstoff- bzw. Materialprüfungen in vielen Jahren entwickelt hat, nämlich eine immer intensivere Wechselbeziehung zwischen DIN 50 049 und Liefernormen. Sie besteht darin, daß letztere Normen vielfach die technischen Lieferbedingungen enthalten, über die eine Bescheinigung nach DIN 50 049 vereinbart werden kann. Die vorliegende Norm berücksichtigt, daß diese Voraussetzung auf anderen Gebieten nicht besteht.

Diese Gründe ließen es dem Ausschuß Qualitätssicherung und angewandte Statistik (AQS) im Einvernehmen mit dem Normenausschuß Materialprüfung (NMP) geraten erscheinen, im Rahmen der Normenreihe DIN 55 350 für alle Arten von Produkten auch eine Norm über Begriffe zu Qualitätsprüf-Zertifikaten zu erstellen. Diese wurde so abgefaßt, daß die Anwendung der bewährten und bekannten DIN 50 049 in keiner Weise beeinträchtigt wird. Eine sachlich vollständige Zuordnung einzelner Bescheinigungen nach DIN 55 350 Teil 18 zu einzelnen Bescheinigungen nach DIN 50 049 ist allerdings nicht möglich. Deshalb wurde Wert darauf gelegt, unterschiedliche Benennungen für die Bescheinigungen nach beiden Normen festzulegen. Die Unterschiede sind im einzelnen den Normentexten zu entnehmen.

Zur Vermeidung von Schwierigkeiten legt der AQS lediglich eine Begriffsnorm über Qualitätsprüf-Zertifikate vor. Deshalb gibt es in der vorliegenden Norm auch keine Festlegungen über Verantwortlichkeiten oder über die Qualifikation der beizuziehenden Prüfbeauftragten. Das bleibt vertraglichen oder gesetzlichen Regelungen vorbehalten.

Was aber geklärt werden mußte, sind einige Grundbegriffe zu Qualitätsprüf-Zertifikaten. An einem Beispiel sei dies erläutert:

> Bei der Vereinbarung eines Qualitätsprüf-Zertifikats muß die Möglichkeit bestehen, die Qualitätsforderung an das Produkt zu unterteilen. Es muß also klargestellt werden, daß sich das Qualitätsprüf-Zertifikat entweder auf die ganze Qualitätsforderung an das Produkt beziehen kann oder auf zu vereinbarende Einzelforderungen im Rahmen der Qualitätsforderung. Ein solcher Teil der Qualitätsforderung heißt „spezielle Qualitätsmerkmale" (vgl. Nr 2 und Nr 3.1). Die Auswahl der speziellen Qualitätsmerkmale wird in erster Linie nach technischen Gesichtspunkten zu treffen sein. Selbstverständlich sind aber auch hier – wie überall sonst – Kostengesichtspunkte zu berücksichtigen.

Im Hinblick auf den Benennungsbestandteil „Abnahmeprüf..." sei auf die Definition des Begriffes „Abnahmeprüfung" nach DIN 55 350 Teil 17 verwiesen („Annahmeprüfung auf Veranlassung und unter Beteiligung des Abnehmers oder seines Beauftragten"). Dort findet man auch eine Anmerkung zum Zusammenhang zwischen „Abnahmeprüfung" und „Abnahme".

Stichwortverzeichnis

(Benennung in deutscher Sprache)

Dieses Verzeichnis enthält auch Benennungen, die in Anmerkungen vorkommen.

A

Abnahmeprüfzertifikat 3.3, 4.3, Abschnitt 4

Abnahmeprüfzertifikat M 4.3.3

Abnahmeprüfzertifikat MS 4.3.4

Abnahmeprüfzertifikat O 4.3.1

Abnahmeprüfzertifikat OS 4.3.2

Abnehmer-Prüfbeauftragter 2.2

Auftragsbezogenes Prüfergebnis 3.3

B

Bescheinigung 1

H

Hersteller-Prüfbeauftragter 2.1

Herstellerprüfzertifikat 3.3, 4.2

Herstellerprüfzertifikat M 4.2.2

Herstellerprüfzertifikat O 4.2.1

Herstellerzertifikat 3.2, 4.1

Herstellerzertifikat M 4.1.2

Herstellerzertifikat O 4.1.1, Abschnitt 4

N

Nichtauftragsbezogenes Prüfergebnis 3.2

P

Prüfbeauftragter 2

Prüfergebnis 3.2, 3.3

Q

Qualitätsmerkmale, spezielle 3.1

Qualitätsprüf-Zertifikat 1

S

Sachverständiger 2

spezielle Qualitätsmerkmale 3.1

Internationale Patenklassifikation

G 07 C 3/14

Begriffe der Qualitätssicherung und Statistik

Begriffe der Statistik
Zufallsgrößen und Wahrscheinlichkeitsverteilungen

DIN 55 350 Teil 21

Concepts of quality assurance and statistics; concepts of statistics; random variables and probability distributions

1 Zweck und Anwendungsbereich

Diese Norm dient wie alle Teile von DIN 55 350 dazu, Benennungen und Definitionen der in der Qualitätssicherung und Statistik verwendeten Begriffe zu vereinheitlichen.

Die Teile von DIN 55 350 sollen nach Möglichkeit alle an der Normung interessierten Anwendungsbereiche berücksichtigen. Sie dürfen deshalb ihre Definitionen nicht so eng fassen, daß sie nur für spezielle Bereiche gelten (Technik, Landwirtschaft, Medizin u. a.). Die internationale Terminologie wurde berücksichtigt, insbesondere die von der International Organization for Standardization (ISO) herausgegebene Internationale Norm ISO 3534 „Statistics – Vocabulary and Symbols" und das von der European Organization for Quality Control (EOQC) herausgegebene „Glossary of Terms, used in Quality Control".

Die Normen DIN 55 350 Teil 21 bis Teil 24 behandeln die Begriffe der Statistik aus der Sicht der praktischen Anwendung, wobei auf eine strenge mathematische Darstellungsweise im allgemeinen verzichtet wird. In mathematischer Strenge werden die Begriffe und Zeichen der Statistik in DIN 13 303 Teil 1 und Teil 2 *) genormt, und zwar im Teil 1 die Begriffe der Wahrscheinlichkeitstheorie einschließlich der gemeinsamen Grundbegriffe der mathematischen und der beschreibenden Statistik, im Teil 2 *) die Begriffe und Zeichen der mathematischen Statistik.

2 Begriffe

Die in Klammern angegebenen Nummern sind Hinweise auf die Nummern der in dieser Norm enthaltenen Begriffe.

*) Z. Z. Entwurf

Fortsetzung Seite 2 bis 9

Ausschuß Qualitätssicherung und angewandte Statistik (AQS) im DIN Deutsches Institut für Normung e. V.
Normenausschuß Einheiten und Formelgrößen (AEF) im DIN

Nr	Benennung	Definition
1 Begriffe zu Zufallsgrößen		
1.1	Zufallsvariable random variable, variate variable aléatoire	Hier Grundbegriff mit der Bedeutung: Der Wert einer Zufallsvariablen, z.B. ein Merkmalswert, wird bei der einmaligen Durchführung eines Versuchs ermittelt. Anmerkung 1: Mathematische Definition siehe DIN 13 303 Teil 1. Anmerkung 2: Je nach Art des Versuchs (Experiment, Beobachtung) sind die möglichen Werte der Zufallsvariablen ein einzelner Wert einer Größe (beim Messen), eine Zahl (beim Zählen), eine Ausprägung (bei der Bestimmung eines qualitativen Merkmals) usw. oder auch Paare, Tripel, Quadrupel, n-Tupel solcher Werte. Anmerkung 3: Eine Zufallsvariable, die nur abzählbar viele (endlich viele oder abzählbar unendlich viele) Werte annehmen kann, heißt „diskrete Zufallsvariable". Eine Zufallsvariable, die überabzählbar viele Werte annehmen kann, heißt „kontinuierliche Zufallsvariable". Ist die Verteilungsfunktion (2.4) einer kontinuierlichen Zufallsvariablen absolut stetig, so heißt die Zufallsvariable „stetige Zufallsvariable".
1.2	Zufallsgröße	Zufallsvariable, deren Werte Werte einer Größe sind. Anmerkung: Die Benennung „Größe" wird hier als Synonym für „quantitatives Merkmal" (siehe DIN 55 350 Teil 12) verstanden. Sie schließt also neben dem Begriff der „physikalischen Größe" im Sinne von DIN 1313 einschließlich der Anzahl beispielsweise auch den Geldwert ein.
1.3	Zufallsvektor random vector vecteur aléatoire	Vektor, dessen Komponenten Zufallsgrößen sind. Anmerkung 1: Der Zufallsvektor mit den k Komponenten $X_1, X_2, \ldots, X_k$ heißt diskret, wenn alle Zufallsgrößen $X_1, X_2, \ldots, X_k$ diskrete Zufallsgrößen sind; er heißt stetig, wenn alle Zufallsgrößen $X_1, X_2, \ldots, X_k$ stetige Zufallsgrößen sind. Anmerkung 2: Sind nicht alle Komponenten Zufallsgrößen, so spricht man von einem n-Tupel (Paar, Tripel, ...) von Zufallsvariablen.
1.4	Funktion von Zufallsgrößen [1]) function of variates fonction des variables aléatoires	Zuordnungsanweisung f, die jedem Wertetupel $(x_1, x_2, \ldots, x_k)$ der k Zufallsgrößen $X_1, X_2, \ldots, X_k$ einen Wert y einer Zufallsgröße Y zuordnet. Anmerkung 1: Man schreibt $Y = f(X_1, X_2, \ldots, X_k)$. Anmerkung 2: Die Funktion einer einzigen Zufallsgröße ($k = 1$) wird oft als transformierte Zufallsgröße bezeichnet. Es gibt lineare Transformationen ($Y = aX + b$) und nichtlineare Transformationen (z.B. $Y = aX^2$).
1.4.1	Zentrierte Zufallsgröße centred variate variable aléatoire centrée	Zufallsgröße mit dem Erwartungswert (3.1) Null. Anmerkung 1: Hat eine Zufallsgröße X den Erwartungswert μ, so entsteht die zugehörige zentrierte Zufallsgröße Y durch die lineare Transformation $Y = X - \mu$. Anmerkung 2: Zentrierte Zufallsgrößen heißen in der Technik „Unsymmetriegrößen", wenn ihre Werte die Abweichungen von einer geforderten Symmetrie sind. Anmerkung 3: Falls ein Erwartungswert nicht existiert, werden Zufallsgrößen auch an anderen Lageparametern zentriert, z.B. spricht man von einer an einem Median zentrierten Zufallsgröße.
1.4.2	Standardisierte Zufallsgröße standardized variate variable aléatoire réduite	Zufallsgröße mit dem Erwartungswert (3.1) Null und der Standardabweichung (4.2) Eins. Anmerkung 1: Hat eine Zufallsgröße X den Erwartungswert μ und die Standardabweichung σ, so entsteht die zugehörige standardisierte Zufallsgröße Y durch die lineare Transformation $Y = (X - \mu)/\sigma$. Anmerkung 2: Die Verteilung der standardisierten Zufallsgröße heißt „standardisierte Verteilung". Anmerkung 3: Der Begriff „standardisierte Zufallsgröße" kann verallgemeinert werden im Sinne einer „reduzierten Zufallsgröße". Diese ist definiert durch eine lineare Transformation $(X - a)/b$ mit einem Bezugswert a und einer Maßstabskonstanten b.

[1]) Gilt entsprechend auch für Zufallsvariable.

Nr	Benennung	Definition
2	**Begriffe zu Wahrscheinlichkeitsverteilungen** [2]	
2.1	Wahrscheinlichkeitsverteilung probability distribution distribution des probabilités	Eine Funktion, welche die Wahrscheinlichkeit angibt, mit der eine Zufallsvariable Werte in gegebenen Bereichen annimmt. Anmerkung 1: Die Wahrscheinlichkeit für den Gesamtbereich der Werte der Zufallsvariablen hat den Wert Eins. Anmerkung 2: Wahrscheinlichkeitsverteilungen können auf verschiedene Weise dargestellt werden (2.4, 2.6, 2.7); siehe auch DIN 13303 Teil 1. Anmerkung 3: Handelt es sich bei der Zufallsvariablen um eine einzelne Zufallsgröße, dann spricht man von einer eindimensionalen oder univariaten Wahrscheinlichkeitsverteilung. Handelt es sich um einen Zufallsvektor mit zwei Komponenten, spricht man von einer zweidimensionalen oder bivariaten Wahrscheinlichkeitsverteilung, bei mehr als zwei Komponenten von einer mehrdimensionalen oder multivariaten Wahrscheinlichkeitsverteilung.
2.2	Randverteilung [1] [3] marginal distribution distribution marginale	Wahrscheinlichkeitsverteilung (2.1) einer Teilmenge von $k_1 < k$ Zufallsgrößen zu einer Wahrscheinlichkeitsverteilung von k Zufallsgrößen. Anmerkung 1: Beispielsweise gibt es bei einer Verteilung von 3 Zufallsgrößen X, Y und Z drei Randverteilungen von zwei Zufallsgrößen, nämlich die von (X, Y), (X, Z) und (Y, Z), sowie drei Randverteilungen einer Zufallsgröße, nämlich die von X, Y und Z. Anmerkung 2: Bei einer eindimensionalen Randverteilung wird der Erwartungswert als „Randerwartungswert", die Varianz als „Randvarianz" bezeichnet.
2.3	Bedingte Verteilung [1] [3] conditional distribution distribution conditionelle	Wahrscheinlichkeitsverteilung (2.1) einer Teilmenge von $k_1 < k$ Zufallsgrößen zu einer Wahrscheinlichkeitsverteilung von k Zufallsgrößen bei gegebenen Werten der anderen $k - k_1$ Zufallsgrößen. Anmerkung 1: Beispielsweise gibt es bei einer Verteilung von zwei Zufallsgrößen X und Y bedingte Verteilungen von X und bedingte Verteilungen von Y. Eine durch $Y = y$ bedingte Verteilung von X wird bezeichnet als „Verteilung von X unter der Bedingung $Y = y$", eine durch $X = x$ bedingte Verteilung von Y als „Verteilung von Y unter der Bedingung $X = x$". Anmerkung 2: Bei einer eindimensionalen bedingten Verteilung werden der Erwartungswert als „bedingter Erwartungswert" und die Varianz als „bedingte Varianz" bezeichnet. Anmerkung 3: Weitergehende Definitionen siehe DIN 13303 Teil 1.
2.4	Verteilungsfunktion [1] distribution function fonction de répartition	Funktion, welche für jedes x die Wahrscheinlichkeit angibt, daß die Zufallsgröße X kleiner oder gleich x ist. Anmerkung: Bezeichnung der Verteilungsfunktion: $F(x)$, $G(x)$.
2.5	Quantil quantile quantile	Wert, für den die Verteilungsfunktion (2.4) einen vorgegebenen Wert p annimmt oder bei dem sie von einem Wert unter p auf einen Wert über p springt. Anmerkung 1: Es kann vorkommen, daß die Verteilungsfunktion überall im Bereich zwischen zwei Werten den Wert p annimmt. In diesem Fall kann irgendein Wert x in diesem Bereich als Quantil betrachtet werden. Anmerkung 2: Der Median ist das Quantil für $p = 0{,}5$. Anmerkung 3: Die Quartile sind die Quantile für $p = 0{,}25$ und $p = 0{,}75$. Zusammen mit dem Median unterteilen sie eine Verteilung in 4 gleiche Anteile. Anmerkung 4: Perzentile sind Quantile, bei denen $100 \cdot p$ eine ganze Zahl ist. Anmerkung 5: Quantile werden auch zur Abgrenzung von Zufallsstreubereichen verwendet. Anmerkung 6: Ein Quantil zum vorgegebenen Wert p wird auch als „p-Quantil" bezeichnet. Anmerkung 7: Früher auch „Fraktil".

[1]) Siehe Seite 2

[2]) Falls Verwechslungsgefahr besteht, ist der Begriffsbenennung dieser Norm die Benennung der Zufallsgröße hinzuzufügen (Beispiel siehe Fußnote 3).

[3]) Zu dieser Begriffsbenennung existiert eine entsprechende Begriffsbenennung in DIN 55350 Teil 23 über die Begriffe der beschreibenden Statistik. Wenn Verwechslungsgefahr besteht, ist der Begriffsbenennung dieser Norm „der Wahrscheinlichkeitsverteilung" oder „theoretisch" hinzuzufügen. Beispielsweise heißt es dann „Varianz der Wahrscheinlichkeitsverteilung des Durchmessers" oder „theoretische Varianz des Durchmessers" (siehe Erläuterungen).

Nr	Benennung	Definition
2.6	Wahrscheinlichkeitsdichte probability density densité de probabilité	Erste Ableitung der Verteilungsfunktion (2.4), falls sie existiert. Anmerkung 1: Bezeichnung der Wahrscheinlichkeitsdichte: $f(x)$, $g(x)$ $f(x) = \frac{\mathrm{d}F(x)}{\mathrm{d}x}$ Anmerkung 2: Die Bezeichnung der graphischen Darstellung einer Wahrscheinlichkeitsdichte als „Wahrscheinlichkeitsverteilung" wird nicht empfohlen.
2.7	Wahrscheinlichkeitsfunktion [1]) probability function fonction de probabilité	Funktion, die jedem Wert, den eine diskrete Zufallsgröße annehmen kann, eine Wahrscheinlichkeit zuordnet. Anmerkung: Die graphische Darstellung der Wahrscheinlichkeitsfunktion ist ein Stabdiagramm.
2.8	Parameter parameter parametre	Größe zur Kennzeichnung einer Wahrscheinlichkeitsverteilung (2.1).
2.8.1	Scharparameter	Größe in der Formel der Verteilungsfunktion (2.4), der Wahrscheinlichkeitsdichte (2.6) oder der Wahrscheinlichkeitsfunktion (2.7). Anmerkung: Ein Scharparameter kann gleichzeitig Funktionalparameter (2.8.2) sein.
2.8.2	Funktionalparameter	Größe, die eine bestimmte Eigenschaft einer Wahrscheinlichkeitsverteilung (2.1) charakterisiert. Anmerkung 1: Insbesondere gibt es Lageparameter (3), Streuungsparameter (4), Formparameter (5) und Parameter des Zusammenhangs von Zufallsgrößen (7.2, 7.3). Anmerkung 2: Ein Funktionalparameter kann gleichzeitig Scharparameter (2.8.1) sein.
3 Lageparameter [2])		
3.1	Erwartungswert expectation espérance mathématique	a) Für eine diskrete Zufallsgröße X, die die Werte x_i mit den Wahrscheinlichkeiten p_i annimmt, ist der Erwartungswert durch $E(X) = \sum x_i \cdot p_i$ definiert, wobei die Summierung über alle x_i zu erstrecken ist, die von X angenommen werden können. b) Für eine stetige Zufallsgröße X mit der Wahrscheinlichkeitsdichte $f(x)$ ist der Erwartungswert durch $E(X) = \int x f(x)\,\mathrm{d}x$ definiert, wobei die Integration über den Gesamtbereich der Werte von X zu erstrecken ist. Anmerkung 1: Anstelle der Bezeichnung $E(X)$ wird auch μ benutzt. Anmerkung 2: Früher auch „Mittelwert (der Grundgesamtheit)".
3.2	Median [3]) median mediane	Das Quantil (2.5) für $p = 0{,}5$. Anmerkung: Früher auch „Zentralwert".
3.3	Modalwert [3]) mode mode	Wert(e) einer Zufallsgröße, der (die) beim Maximum der Wahrscheinlichkeitsdichte einer stetigen Zufallsgröße oder beim Maximum der Wahrscheinlichkeitsfunktion einer diskreten Zufallsgröße liegt (liegen). Anmerkung 1: Tritt nur ein einziger Modalwert in der Wahrscheinlichkeitsverteilung auf, spricht man von einer „unimodalen" („eingipfligen") Verteilung, andernfalls von einer „multimodalen" („mehrgipfligen") Verteilung. „Bimodal" („zweigipflig") heißt die Wahrscheinlichkeitsverteilung, falls sie zwei Modalwerte besitzt. Anmerkung 2: Den Modalwert einer unimodalen Verteilung bezeichnet man auch als „häufigster Wert".

[1]) Siehe Seite 2
[2]) und [3]) siehe Seite 3

Nr	Benennung	Definition
4	**Streuungsparameter** 2)	
4.1	Varianz 3) variance variance	Erwartungswert (3.1) des Quadrats der zentrierten Zufallsgröße (1.4.1). Anmerkung 1: Bezeichnung der Varianz: $V(X)$, Var(X) oder σ^2. Anmerkung 2: a) Für eine diskrete Zufallsgröße X, die die Werte x_i mit den Wahrscheinlichkeiten p_i annimmt und den Erwartungswert μ hat, gilt $V(X) = E\,[(X-\mu)^2] = \sum (x_i - \mu)^2\, p_i$, wobei die Summierung über alle x_i zu erstrecken ist, die von X angenommen werden können. b) Für eine stetige Zufallsgröße X mit der Wahrscheinlichkeitsdichte $f(x)$ und dem Erwartungswert μ gilt $V(X) = E\,[(X-\mu)^2] = \int (x-\mu)^2 f(x)\,\mathrm{d}x$, wobei die Integration über den Gesamtbereich der Werte von X zu erstrecken ist.
4.2	Standardabweichung 3) standard deviation écart-type	Positive Quadratwurzel aus der Varianz. Anmerkung: Die Standardabweichung ist das gebräuchlichste Maß für die Streuung einer Verteilung.
4.3	Variationskoeffizient 3) coefficient of variation coefficient de variation	Verhältnis der Standardabweichung zum Betrag des Erwartungswertes (3.1). Anmerkung 1: Der Variationskoeffizient wird häufig in Prozent ausgedrückt. Anmerkung 2: Ist der Erwartungswert Null, dann ist die Angabe eines Variationskoeffizienten sinnlos. Anmerkung 3: Der Variationskoeffizient wird auch „relative Standardabweichung" genannt. Mit dieser Benennung entfällt allerdings die Möglichkeit, die auf andere Bezugsgrößen, beispielsweise die auf einen vorgegebenen Wert oder Bereich bezogene Standardabweichung ebenfalls als „relative Standardabweichung" zu bezeichnen.
5	**Formparameter** 2)	
5.1	Schiefe 3) skewness dissymétrie	Erwartungswert (3.1) der dritten Potenz der standardisierten Zufallsgröße (1.4.2): $E\left[\left(\frac{X-\mu}{\sigma}\right)^3\right]$
5.2	Kurtosis 3) kurtosis curtosis	Erwartungswert (3.1) der vierten Potenz der standardisierten Zufallsgröße (1.4.2): $E\left[\left(\frac{X-\mu}{\sigma}\right)^4\right]$ Anmerkung: Die Wölbung einer vorliegenden Verteilung wird durch Vergleich ihrer Kurtosis mit der Kurtosis einer Normalverteilung beurteilt. Die Kurtosis der Normalverteilung hat den Zahlenwert 3.
5.3	Exzeß 3) excess excès	Kurtosis (5.2) minus drei.
6	**Momente** 2)	
6.1	Moment 3) 4) der Ordnung q moment of order q moment d'ordre q	Erwartungswert (3.1) der q-ten Potenz der Zufallsgröße X: $E\,(X^q)$ Anmerkung: Das Moment der Ordnung 1 ist der Erwartungswert (3.1).

2) und 3) siehe Seite 3

4) Werden in den Definitionen der Momente die Zufallsgrößen X, Y, $(X-a)$, $(Y-b)$, $[X-E(X)]$, $[Y-E(Y)]$ durch ihre Beträge $|X|$, $|Y|$, $|X-a|$, $|Y-b|$, $|X-E(X)|$, $|Y-E(Y)|$ ersetzt, dann sind dadurch die entsprechenden Betragsmomente (in der mathematischen Statistik auch „absolute Momente" genannt) definiert. Das Betragsmoment ist im allgemeinen vom Absolutwert des entsprechenden Momentes verschieden.

Nr	Benennung	Definition
6.2	Moment [3] [4]) der Ordnung q bezüglich a moment of order q about an origin a moment d'ordre q par rapport à une origine a	Erwartungswert (3.1) der q-ten Potenz der Zufallsgröße $(X-a)$: $E\,[(X-a)^q]$.
6.3	Zentrales Moment [3] [4]) der Ordnung q central moment of order q moment centré d'ordre q	Erwartungswert (3.1) der q-ten Potenz der zentrierten Zufallsgröße (1.4.1): $E\,[(X-\mu)^q]$. Anmerkung: Das zentrale Moment der Ordnung 2 ist die Varianz (4.1).
6.4	Moment [3] [4]) der Ordnungen q_1 und q_2 joint moment of orders q_1 and q_2 moment d'ordres q_1 et q_2	Erwartungswert (3.1) des Produkts aus der q_1-ten Potenz der einen Zufallsgröße X und der q_2-ten Potenz der anderen Zufallsgröße Y: $E\,[X^{q_1}\,Y^{q_2}]$. Anmerkung: Das Moment der Ordnungen 1 und 0 ist der Erwartungswert der Randverteilung von X, das Moment der Ordnungen 0 und 1 der Erwartungswert der Randverteilung von Y.
6.5	Moment [3] [4]) der Ordnungen q_1 und q_2 bezüglich a, b joint moment of orders q_1 and q_2 about an origin a, b moment d'ordres q_1 et q_2 par rapport à une origine a, b	Erwartungswert (3.1) des Produkts aus der q_1-ten Potenz der Zufallsgröße $(X-a)$ und der q_2-ten Potenz der Zufallsgröße $(Y-b)$: $E\,[(X-a)^{q_1}\cdot(Y-b)^{q_2}]$
6.6	Zentrales Moment [3] [4]) der Ordnungen q_1 und q_2 joint central moment of orders q_1 and q_2 moment centré d'ordres q_1 et q_2	Erwartungswert (3.1) des Produkts aus der q_1-ten Potenz der zentrierten Zufallsgröße $[X-E(X)]$ mit der q_2-ten Potenz der zentrierten Zufallsgröße $[Y-E(Y)]$: $E\,([X-E(X)]^{q_1}\cdot[Y-E(Y)]^{q_2})$ Anmerkung: Das zentrale Moment der Ordnungen 2 und 0 ist die Varianz der Randverteilung von X, das zentrale Moment der Ordnungen 0 und 2 die Varianz der Randverteilung von Y. Das zentrale Moment der Ordnungen 1 und 1 ist die Kovarianz (7.2).
7	**Begriffe der Korrelation und Regression** [2])	
7.1	Korrelation [1]) [3]) correlation corrélation	Allgemeine Bezeichnung für den stochastischen Zusammenhang zwischen zwei oder mehreren Zufallsgrößen. Anmerkung: Im engeren Sinn wird mit „Korrelation" der lineare stochastische Zusammenhang bezeichnet.
7.2	Kovarianz [3]) covariance covariance	Zentrales Moment der Ordnungen 1 und 1 (6.6) der beiden Zufallsgrößen X und Y $E\,([X-E(X)]\cdot[Y-E(Y)])$.
7.3	Korrelationskoeffizient [3]) coefficient of corrèlation coefficient de corrélation	Quotient aus der Kovarianz (7.2) zweier Zufallsgrößen und dem Produkt ihrer Standardabweichungen. Anmerkung 1: Bezeichnung des Korrelationskoeffizienten: ϱ. Anmerkung 2: Der Korrelationskoeffizient ist ein Maß für den linearen stochastischen Zusammenhang zweier Zufallsgrößen. Es gilt $-1 \leq \varrho \leq 1$. Für $\varrho = \pm 1$ besteht zwischen den Zufallsgrößen X und Y der lineare Zusammenhang $Y = aX + b$ mit $a < 0$ für $\varrho = -1$ und $a > 0$ für $\varrho = 1$. Falls X und Y unabhängig sind (vgl. DIN 13 303 Teil 1), gilt $\varrho = 0$; die Umkehrung gilt nicht. Falls $\varrho = 0$ ist, bezeichnet man X und Y als unkorreliert.
7.4	Regressionsfunktion regression equation équitation de regression	Funktion, die – den Erwartungswert (3.1) einer Zufallsgröße in Abhängigkeit vom Wert einer anderen oder den Werten mehrerer anderer nichtzufälligen Größen oder – den bedingten Erwartungswert (2.3, Anmerkung 2) einer Zufallsgröße in Abhängigkeit vom Wert einer anderen oder von den Werten mehrerer anderer Zufallsgrößen bestimmt.

[1]) Siehe Seite 2 [2]) Siehe Seite 3 [3]) Siehe Seite 3 [4]) Siehe Seite 5

Nr	Benennung	Definition
7.4.1	Regressionskurve[3]) regression curve courbe de régression	Kurve, die – den Erwartungswert (3.1) einer Zufallsgröße Y in Abhängigkeit von den Werten x einer nichtzufälligen Größe oder – den bedingten Erwartungswert (2.3, Anmerkung 2) einer Zufallsgröße Y in Abhängigkeit von den Werten x einer Zufallsgröße X darstellt. Anmerkung: Wenn die Regressionskurve eine Gerade ist, spricht man von „linearer Regression". In diesem Fall ist der „lineare Regressionskoeffizient von Y bezüglich x" der Koeffizient von x (Steigung) in der Gleichung der Regressionsgeraden.
7.4.2	Regressionsfläche[3]) regression surface surface de régression	Fläche, die – den Erwartungswert (3.1) einer Zufallsgröße Z in Abhängigkeit von den Werten x und y von zwei nichtzufälligen Größen oder – den bedingten Erwartungswert (2.3, Anmerkung 2) einer Zufallsgröße Z in Abhängigkeit von den Werten x und y von zwei Zufallsgrößen X und Y darstellt. Anmerkung 1: Wenn die Regressionsfläche eine Ebene ist, spricht man von „linearer Regression". In diesem Fall ist der „partielle Regressionskoeffizient von Z bezüglich x" der Koeffizient von x in der Gleichung der Regressionsebene. Entsprechendes gilt für Z bezüglich y. Anmerkung 2: Die Definition kann auf mehr als drei Zufallsgrößen ausgedehnt werden.

[3]) Siehe Seite 3

Zitierte Normen und andere Unterlagen

DIN 1313	Physikalische Größen und Gleichungen; Begriffe, Schreibweisen
DIN 13303 Teil 1	Stochastik; Wahrscheinlichkeitstheorie; Gemeinsame Grundbegriffe der mathematischen und der beschreibenden Statistik; Begriffe und Zeichen
DIN 13303 Teil 2	(z. Z. Entwurf) Stochastik; Mathematische Statistik; Begriffe und Zeichen
DIN 55350 Teil 11	Begriffe der Qualitätssicherung und Statistik; Begriffe der Qualitätssicherung; Grundbegriffe
DIN 55350 Teil 12	Begriffe der Qualitätssicherung und Statistik; Begriffe der Qualitätssicherung; Merkmalsbezogene Begriffe
DIN 55350 Teil 13	Begriffe der Qualitätssicherung und Statistik; Begriffe der Qualitätssicherung; Genauigkeitsbegriffe
DIN 55350 Teil 14	(z. Z. Entwurf) Begriffe der Qualitätssicherung und Statistik; Begriffe der Qualitätssicherung; Begriffe der Probenahme
DIN 55350 Teil 22	Begriffe der Qualitätssicherung und Statistik; Begriffe der Statistik; Spezielle Wahrscheinlichkeitsverteilungen
DIN 55350 Teil 23	Begriffe der Qualitätssicherung und Statistik; Begriffe der Statistik; Beschreibende Statistik
DIN 55350 Teil 24	Begriffe der Qualitätssicherung und Statistik; Begriffe der Statistik; Schließende Statistik
ISO 3534	Statistics – Vocabulary and Symbols

Glossary of Terms, used in Quality Control, European Organization for Quality Control – EOQC
(Bezugsnachweis: Deutsche Gesellschaft für Qualität, Kurhessenstraße 95, 6000 Frankfurt 50)

Erläuterungen

Die folgenden Begriffsbenennungen werden sowohl in der vorliegenden Norm als auch in DIN 55350 Teil 23 benutzt:

Benennung	DIN 55350 Teil 21 Nr	DIN 55350 Teil 23 Nr
Randverteilung	2.2	2.14
bedingte Verteilung	2.3	2.15
Median	3.2	4.3
Modalwert	3.3	4.5
Varianz	4.1	5.3
Standardabweichung	4.2	5.4
Variationskoeffizient	4.3	5.5
Schiefe	5.1	6.1
Kurtosis	5.2	6.2
Moment der Ordnung q	6.1	7.1
Moment der Ordnung q bezüglich a	6.2	7.2
Zentrales Moment der Ordnung q	6.3	7.3
Moment der Ordnungen q_1 und q_2	6.4	7.4
Moment der Ordnungen q_1 und q_2 bezüglich a, b	6.5	7.5
Zentrales Moment der Ordnungen q_1 und q_2	6.6	7.6
Korrelation	7.1	(8)
Kovarianz	7.2	8.1
Korrelationskoeffizient	7.3	8.2
Regressionskurve	7.4.1	8.3
Regressionsfläche	7.4.2	8.4

Wie in entsprechenden Fußnoten ausgeführt, ist, wenn Verwechslungsgefahr besteht, ein Zusatz anzubringen:

- Im Fall der Begriffe zu Zufallsgrößen und Wahrscheinlichkeiten (DIN 55350 Teil 21) ist der jeweiligen Begriffsbenennung der Zusatz „der Wahrscheinlichkeitsverteilung" oder „theoretisch" hinzuzufügen, z. B. „Varianz der Wahrscheinlichkeitsverteilung des Durchmessers" oder „theoretische Varianz des Durchmessers".
- Im Fall der Begriffe der beschreibenden Statistik (DIN 55350 Teil 23) ist der jeweiligen Begriffsbenennung der Zusatz „Stichprobe" oder „empirisch" hinzuzufügen, z. B. „Varianz der Stichprobe des Durchmessers" oder „empirische Varianz des Durchmessers".

Stichwortverzeichnis (Begriffe in deutscher Sprache)

Dieses Verzeichnis enthält auch Benennungen, die in Anmerkungen vorkommen.

A

absolutes Moment Fußnote 3

B

bedingte Varianz 2.3
bedingte Verteilung 2.3
bedingter Erwartungswert 2.3
Betragsmoment Fußnote 3
bimodale Wahrscheinlichkeitsverteilung 3.3
bivariate Wahrscheinlichkeitsverteilung 2.1

D

diskrete Zufallsvariable 1.1
diskreter Zufallsvektor 1.3

E

eindimensionale Wahrscheinlichkeitsverteilung 2.1
eingipflige Wahrscheinlichkeitsverteilung 3.3
Erwartungswert der Randverteilung 2.2, 6.4
Erwartungswert 3.1, 6.1
Exzeß 5.3

F

Formparameter 5, 2.8.2
Fraktil 2.5
Funktionalparameter 2.8.2
Funktion von Zufallsgrößen 1.4

H

häufigster Wert 3.3

K

kontinuierliche Zufallsvariable 1.1
Korrelation 7.1
Korrelationskoeffizient 7.3
Kovarianz 7.2, 6.6
Kurtosis 5.2

L

Lageparameter 3, 2.8.2
lineare Regression 7.4.1
linearer Regressionskoeffizient von Y bezüglich x 7.4.1
lineare Transformation 1.4

M

Median 3.2, 2.5
mehrdimensionale Wahrscheinlichkeitsverteilung 2.1
mehrgipflige Wahrscheinlichkeitsverteilung 3.3
Mittelwert (der Grundgesamtheit) 3.1
Modalwert 3.3
Momente 6
Moment der Ordnung q 6.1
Moment der Ordnung q bezüglich a 6.2
Moment der Ordnungen q_1 und q_2 6.4
Moment der Ordnungen q_1 und q_2 bezüglich a, b 6.5
multimodale Wahrscheinlichkeitsverteilung 3.3
multivariate Wahrscheinlichkeitsverteilung 2.1

N

n-Tupel 1.1, 1.3
nichtlineare Transformation 1.4

P

p-Quantil 2.5
Paar 1.1, 1.3
Parameter 2.8
partieller Regressionskoeffizient von Z bezüglich x 7.4.2
Perzentil 2.5

Q

Quadrupel 1.1, 1.3
Quantil 2.5
Quartil 2.5

R

Randerwartungswert 2.2
Randvarianz 2.2
Randverteilung 2.2
reduzierte Zufallsgröße 1.4.2
Regression 7
Regressionsfläche 7.4.2
Regressionsfunktion 7.4
Regressionskurve 7.4.1
relative Standardabweichung 4.3

S

Scharparameter 2.8.1, 2.8.2
Schiefe 5.1
Stabdiagramm 2.7
Standardabweichung 4.2
standardisierte Verteilung 1.4.2
standardisierte Zufallsgröße 1.4.2
stetige Zufallsvariable 1.1
stetiger Zufallsvektor 1.3
Streuung 4.2
Streuungsparameter 4, 2.8.2

T

theoretisch . . ., Fußnote 3
theoretische Varianz Fußnote 3
transformierte Zufallsgröße 1.4
Tripel 1.1, 1.3
Tupel 1.1, 1.3

U

unimodale Wahrscheinlichkeitsverteilung 3.3
univariate Wahrscheinlichkeitsverteilung 2.1
Unsymmetriegröße 1.4.1

V

Varianz 4.1, 6.3
Varianz der Randverteilung 6.6
Variationskoeffizient 4.3
Verteilungsfunktion 2.4

W

Wahrscheinlichkeitsdichte 2.6
Wahrscheinlichkeitsfunktion 2.7
Wahrscheinlichkeitsverteilung 2.1, 2.6, Fußnote 3
Wölbung 5.3

Z

zentrales Moment der Ordnung q 6.3
zentrales Moment der Ordnungen q_1 und q_2 6.6
Zentralwert 3.2
zentrierte Zufallsgröße 1.4.1
Zufallsgröße 1.2
Zufallsvariable 1.1
Zufallsvektor 1.3
zweidimensionale Wahrscheinlichkeitsverteilung 2.1
zweigipflige Wahrscheinlichkeitsverteilung 3.3

DK 658.562 : 519.2 : 001.4 Februar 1987

Begriffe der Qualitätssicherung und Statistik
Begriffe der Statistik
Spezielle Wahrscheinlichkeitsverteilungen

DIN 55 350 Teil 22

Concepts of quality assurance and statistics; concepts of statistics; special probability distributions

Ersatz für Ausgabe 05.82

Für die Richtigkeit der fremdsprachigen Benennungen kann das DIN trotz aufgewendeter Sorgfalt keine Gewähr übernehmen.

1 Zweck und Anwendungsbereich

Diese Norm dient wie alle Teile von DIN 55 350 dazu, Benennungen und Definitionen der in der Qualitätssicherung und Statistik verwendeten Begriffe zu vereinheitlichen.

Die Teile von DIN 55350 sollen nach Möglichkeit alle an der Normung interessierten Anwendungsbereiche berücksichtigen. Sie dürfen deshalb ihre Definitionen nicht so eng fassen, daß sie nur für spezielle Bereiche gelten (Technik, Landwirtschaft, Medizin u. a.). Die internationale Terminologie wurde berücksichtigt, insbesondere die von der International Organization for Standardization (ISO) herausgegebene Internationale Norm ISO 3534 „Statistics – Vocabulary and Symbols" und das von der European Organization for Quality Control (EOQC) herausgegebene „Glossary of Terms, used in Quality Control".

Die Normen DIN 55 350 Teil 21 bis Teil 24 behandeln die Begriffe der Statistik aus der Sicht der praktischen Anwendung, wobei auf eine strenge mathematische Darstellungsweise im allgemeinen verzichtet wird. In mathematischer Strenge werden die Begriffe und Zeichen der Statistik in DIN 13 303 Teil 1 und Teil 2 genormt, und zwar im Teil 1 die Begriffe der Wahrscheinlichkeitstheorie einschließlich der gemeinsamen Grundbegriffe der mathematischen und der beschreibenden Statistik, im Teil 2 die Begriffe und Zeichen der mathematischen Statistik.

2 Begriffe

Die in Klammern angegebenen Nummern sind Hinweise auf die Nummern der in dieser Norm enthaltenen Begriffe.

Zu den benutzten Grundbegriffen siehe auch DIN 55 350 Teil 21.

---

*) Z. Z. Entwurf

Fortsetzung Seite 2 bis 8

Ausschuß Qualitätssicherung und angewandte Statistik (AQS) im DIN Deutsches Institut für Normung e. V.
Normenausschuß Einheiten und Formelgrößen (AEF) im DIN

Nr	Benennung	Definition
1	**Eindimensionale stetige Wahrscheinlichkeitsverteilungen**	
1.1	Normalverteilung normal distribution distribution normale	Wahrscheinlichkeitsverteilung einer stetigen Zufallsgröße X mit der Wahrscheinlichkeitsdichte $g(x) = g(x; \mu, \sigma^2) = \frac{1}{\sigma\sqrt{2\pi}} \exp\left[-\frac{1}{2}\left(\frac{x-\mu}{\sigma}\right)^2\right]; \quad -\infty < x < \infty.$ Parameter: μ, $\sigma > 0$. Anmerkung 1: μ ist der Erwartungswert und σ die Standardabweichung der Normalverteilung. Anmerkung 2: Auch „Gauß-Verteilung".
1.1.1	Standardisierte Normalverteilung standardized normal distribution distribution normale réduite	Wahrscheinlichkeitsverteilung einer stetigen Zufallsgröße U mit der Wahrscheinlichkeitsdichte $\varphi(u) = \frac{1}{\sqrt{2\pi}} \exp\left(-\frac{u^2}{2}\right); \quad -\infty < u < \infty.$ Anmerkung 1: Die standardisiert normalverteilte Zufallsgröße zu einer normalverteilten Zufallsgröße X mit den Parametern μ und σ ist $U = \frac{X-\mu}{\sigma}.$ Anmerkung 2: Die Verteilungsfunktion der standardisierten Normalverteilung wird mit $\Phi(u)$ bezeichnet.
1.2	χ^2-Verteilung[2] (Chiquadrat-Verteilung) chi-squared distribution distribution de χ^2	Wahrscheinlichkeitsverteilung der Summe der Quadrate von f unabhängigen[1]) standardisiert normalverteilten Zufallsgrößen mit der Wahrscheinlichkeitsdichte $g(\chi^2) = g(\chi^2; f) = K(f)\,(\chi^2)^{\frac{f}{2}-1} \exp\left(-\frac{\chi^2}{2}\right); \quad \chi^2 \geq 0$ mit $K(f) = \frac{1}{2^{f/2}\,\Gamma(f/2)}$ Parameter: $f = 1, 2, 3, \ldots$ Anmerkung 1: Die Anzahl f dieser Zufallsgrößen ist die Zahl der Freiheitsgrade der χ^2-verteilten Zufallsgröße. $\chi^2 = \chi_f^2 = \sum_{i=1}^{f} U_i^2.$ Anmerkung 2: Γ ist die vollständige Gammafunktion (1.7). Anmerkung 3: Die Zufallsgröße $\chi^2/2$ ist gammaverteilt (1.7) mit dem Parameter $m = f/2$. Anmerkung 4: Für $f=1$ ergibt sich die Verteilung des Quadrats einer standardisiert normalverteilten Zufallsgröße (1.1.1).
1.3	t-Verteilung[2] t-distribution distribution de t	Wahrscheinlichkeitsverteilung des Quotienten zweier unabhängiger[1]) Zufallsgrößen, wobei die Zählergröße eine standardisiert normalverteilte Zufallsgröße und die Nennergröße die positive Wurzel aus dem Quotienten einer χ^2-verteilten Zufallsgröße und ihrer Zahl f von Freiheitsgraden ist, mit der Wahrscheinlichkeitsdichte $g(t) = g(t; f) = K(f)\,\frac{1}{(1+t^2/f)^{(f+1)/2}}; \quad -\infty < t < \infty$ mit $K(f) = \frac{1}{\sqrt{\pi f}}\,\frac{\Gamma[(f+1)/2]}{\Gamma(f/2)}$ Parameter: $f = 1, 2, 3, \ldots$

[1]) Für den Begriff der stochastischen Unabhängigkeit von Zufallsvariablen siehe DIN 13303 Teil 1, Ausgabe Mai 1982, Nr 4.1.2.2.

[2]) Die in Nr 1.2, 1.3 und 1.4 definierten Verteilungen werden zentrale Verteilungen genannt im Gegensatz zu den entsprechenden nichtzentralen Verteilungen, siehe DIN 13303 Teil 1, Ausgabe Mai 1982, Nr 2.4.4, 2.4.6 und 2.4.8.

Nr	Benennung	Definition
1.3	(Fortsetzung)	Anmerkung 1: Die Zahl der Freiheitsgrade von χ^2 ist die Zahl f der Freiheitsgrade der t-verteilten Zufallsgröße. $$t = t_f = \frac{U}{\sqrt{\chi^2/f}}$$ Anmerkung 2: Γ ist die vollständige Gammafunktion (1.7). Anmerkung 3: Auch „Student-Verteilung". Anmerkung 4: Für $f \to \infty$ geht die t-Verteilung in die standardisierte Normalverteilung (1.1.1) über.
1.4	F-Verteilung [2] F-distribution distribution de F	Wahrscheinlichkeitsverteilung des Quotienten zweier unabhängiger [1] χ^2-verteilter Zufallsgrößen, von denen jede durch ihre Zahl von Freiheitsgraden dividiert ist, mit der Wahrscheinlichkeitsdichte $$g(F) = g(F; f_1, f_2) = K(f_1, f_2)\, \frac{F^{\frac{f_1-2}{2}}}{(f_1 \cdot F + f_2)^{\frac{f_1+f_2}{2}}}; \quad F \geq 0$$ mit $$K(f_1, f_2) = \frac{\Gamma\left(\frac{f_1+f_2}{2}\right)}{\Gamma\left(\frac{f_1}{2}\right)\, \Gamma\left(\frac{f_2}{2}\right)}\, f_1^{f_1/2}\, f_2^{f_2/2}$$ Parameter: $f_1 = 1, 2, 3, \ldots; f_2 = 1, 2, 3, \ldots$ Anmerkung 1: Die Zahlen der Freiheitsgrade der χ^2-verteilten Zufallsgröße des Zählers f_1 und des Nenners f_2 sind, in dieser Reihenfolge, die Zahlen der Freiheitsgrade der F-verteilten Zufallsgröße $$F = F_{f_1, f_2} = \frac{\chi_1^2/f_1}{\chi_2^2/f_2}.$$ Anmerkung 2: Γ ist die vollständige Gammafunktion (1.7). Anmerkung 3: Auch „Fisher-Verteilung". Anmerkung 4: Für $f_1 = 1$, $f_2 = f$ ist die F-Verteilung die Verteilung des Quadrats einer t-verteilten Zufallsgröße (1.3). Für $f_1 = f$, $f_2 \to \infty$ geht die F-Verteilung in die Verteilung von χ^2/f (vgl. 1.2) über.
1.5	Lognormalverteilung log-normal distribution distribution log-normale	Wahrscheinlichkeitsverteilung einer stetigen Zufallsgröße X, die Werte zwischen a und ∞ annehmen kann, mit der Wahrscheinlichkeitsdichte $$g(x) = g(x; a, \mu, \sigma^2) = \frac{1}{(x-a)\,\sigma\sqrt{2\pi}} \exp\left[-\frac{1}{2}\left(\frac{\ln(x-a)-\mu}{\sigma}\right)^2\right]; \quad x \geq a$$ Parameter: $a, \mu, \sigma > 0$. Anmerkung 1: Auch „logarithmische Normalverteilung". Anmerkung 2: μ und σ sind Erwartungswert und Standardabweichung von $\ln(X-a)$. Anmerkung 3: Die Zufallsgröße $\ln(X-a)$ ist normalverteilt (1.1). Anmerkung 4: Anstelle von $\ln = \log_e$ wird oft $\lg = \log_{10}$ benutzt. Dann ist $$g(x) = \frac{0{,}4343}{(x-a)\,\sigma\sqrt{2\pi}} \exp\left[-\frac{1}{2}\left(\frac{\lg(x-a)-\mu}{\sigma}\right)^2\right],$$ wobei μ und σ Erwartungswert und Standardabweichung von $\lg(X-a)$ sind.

[1]) Siehe Seite 2
[2]) Siehe Seite 2

Nr	Benennung	Definition
1.6	Exponentialverteilung exponential distribution distribution exponentielle	Wahrscheinlichkeitsverteilung einer stetigen Zufallsgröße X, die Werte zwischen 0 und ∞ annehmen kann, mit der Wahrscheinlichkeitsdichte $g(x) = g(x; \lambda) = \lambda e^{-\lambda x}; \quad x \geq 0.$ Parameter: $\lambda > 0$. Anmerkung: Die Wahrscheinlichkeitsverteilung kann verallgemeinert werden, indem $g(x)$ durch $\frac{1}{b} g((x-a)/b)$ (mit $x \geq a$ und $b > 0$) ersetzt wird.
1.7	Gammaverteilung gamma distribution distribution gamma	Wahrscheinlichkeitsverteilung einer stetigen Zufallsgröße X, die Werte zwischen 0 und ∞ annehmen kann, mit der Wahrscheinlichkeitsdichte $g(x) = g(x; m) = \frac{e^{-x} x^{m-1}}{\Gamma(m)}; \quad x \geq 0.$ Parameter: $m > 0$. Anmerkung 1: $\Gamma(m) = \int_0^\infty e^{-x} x^{m-1} \, dx$ ist die vollständige Gammafunktion. Wenn $m > 0$ ganzzahlig ist, gilt $\Gamma(m) = (m-1)!$ Anmerkung 2: m ist ein Formparameter. Anmerkung 3: Für $m = 1$ wird die Gammaverteilung zur Exponentialverteilung (1.6) mit $\lambda = 1$. Anmerkung 4: Ist m ganzzahlig, dann heißt die Verteilung auch Erlang-Verteilung der Ordnung m. Anmerkung 5: Für $m \to \infty$ geht die Gammaverteilung in die Normalverteilung (1.1) über. Anmerkung 6: Ist X gammaverteilt mit $m = \frac{1}{2}, 1, \frac{3}{2}, \ldots$, dann folgt $2X$ der χ^2-Verteilung mit $f = 2m$ Freiheitsgraden. Anmerkung 7: Die Wahrscheinlichkeitsverteilung kann verallgemeinert werden, indem $g(x)$ durch $\frac{1}{b} g((x-a)/b)$ (mit $x \geq a$ und $b > 0$) ersetzt wird.
1.8	Betaverteilung beta distribution distribution beta	Wahrscheinlichkeitsverteilung einer stetigen Zufallsgröße X, die Werte zwischen 0 und 1 annehmen kann, mit der Wahrscheinlichkeitsdichte $g(x) = g(x; m_1, m_2)$ $= \frac{\Gamma(m_1 + m_2)}{\Gamma(m_1)\,\Gamma(m_2)} \cdot x^{m_1 - 1} \cdot (1-x)^{m_2 - 1}; \quad 0 \leq x \leq 1$ Parameter: $m_1 > 0$, $m_2 > 0$. Anmerkung 1: Γ ist die vollständige Gammafunktion (1.7). Anmerkung 2: m_1 und m_2 sind Formparameter. Anmerkung 3: Für $m_1 = m_2 = 1$ wird die Betaverteilung zur Gleichverteilung (1.8.1). Anmerkung 4: Ist X betaverteilt mit $a = \frac{1}{2}, 1, \frac{3}{2}, \ldots; b = \frac{1}{2}, 1, \frac{3}{2}, \ldots$, dann folgt $\frac{X}{1-X} \cdot \frac{b}{a}$ der F-Verteilung mit $f_1 = 2a$ und $f_2 = 2b$ Freiheitsgraden. Anmerkung 5: Die Wahrscheinlichkeitsverteilung kann verallgemeinert werden, indem $g(x)$ durch $\frac{1}{b-a} g((x-a)/(b-a))$ (mit $a \leq x \leq b$) ersetzt wird.
1.8.1	Gleichverteilung uniform distribution distribution uniforme	Wahrscheinlichkeitsverteilung einer stetigen Zufallsgröße X, die Werte zwischen 0 und 1 annehmen kann, mit der Wahrscheinlichkeitsdichte $g(x) = 1; \quad 0 \leq x \leq 1.$ Anmerkung 1: Auch „Rechteckverteilung". Anmerkung 2: Siehe Anmerkung 5 zu 1.8.

Nr	Benennung	Definition
1.9	Gumbel-Verteilung, Extremwertverteilung vom Typ I Gumbel distribution, type I extreme value distribution distribution de Gumbel, distribution des valeurs extrêmes du type I	Wahrscheinlichkeitsverteilung einer stetigen Zufallsgröße X mit der Verteilungsfunktion $G(x) = G(x;\, a,\, b) = \exp(-e^{-y})$ und der Wahrscheinlichkeitsdichte $g(x) = g(x;\, a,\, b) = \frac{1}{b}\, e^{-y} \exp(-e^{-y});\quad -\infty < x < \infty,$ wobei $y = (x-a)/b$ Parameter: a, $b > 0$. Anmerkung 1: Ist X Gumbel-verteilt, dann ist e^{-X} Weibull-verteilt (1.11). Anmerkung 2: Die Benennung „Doppelte Exponentialverteilung" soll nicht verwendet werden.
1.10	Fréchet-Verteilung, Extremwertverteilung vom Typ II Fréchet distribution, type II extreme value distribution distribution de Fréchet, distribution des valeurs extrêmes du type II	Wahrscheinlichkeitsverteilung einer stetigen Zufallsgröße X mit der Verteilungsfunktion $G(x) = G(x;\, a,\, b,\, k) = \exp(-y^{-k})$ und der Wahrscheinlichkeitsdichte $g(x) = g(x;\, a,\, b,\, k) = \frac{k}{b}\, y^{-k-1} \exp(-y^{-k});\quad x \geq a,$ wobei $y = (x-a)/b$ Parameter: a, $b > 0$, $k > 0$. Anmerkung: k ist ein Formparameter.
1.11	Weibull-Verteilung, Extremwertverteilung vom Typ III Weibull distribution, type III extreme value distribution distribution de Weibull, distribution des valeurs extrêmes du type III	Wahrscheinlichkeitsverteilung einer stetigen Zufallsgröße X mit der Verteilungsfunktion $G(x) = G(x;\, a,\, b,\, k) = 1 - \exp(-y^{k})$ und der Wahrscheinlichkeitsdichte $g(x) = g(x;\, a,\, b,\, k) = \frac{k}{b}\, y^{k-1} \exp(-y^{k});\quad x \geq a,$ wobei $y = (x-a)/b$ Parameter: a, $b > 0$, $k > 0$. Anmerkung 1: k ist ein Formparameter. Anmerkung 2: Für $k = 1$ wird die Weibull-Verteilung zur Exponentialverteilung (1.6). Anmerkung 3: Für $k = 2$ ergibt sich die Rayleigh-Verteilung. Anmerkung 4: Ist X Weibull-verteilt, dann ist $-\ln(X-a)$ Gumbel-verteilt (1.9).
2	**Eindimensionale diskrete Wahrscheinlichkeitsverteilungen**	
2.1	Binomialverteilung binomial distribution distribution binomiale	Wahrscheinlichkeitsverteilung einer diskreten Zufallsgröße X, welche die Werte $x = 0, 1, 2, \ldots, n$ mit den Wahrscheinlichkeiten $P(X = x) = P(X = x;\, n,\, p) = \binom{n}{x} p^{x} (1-p)^{n-x}$ mit $\binom{n}{x} = \frac{n!}{x!\,(n-x)!}$ annimmt. Parameter: $0 < p < 1$; $n = 1, 2, 3, \ldots$ Anmerkung 1: Bei Anwendung in der Stichprobentheorie ist n der Stichprobenumfang, p der Anteil der Merkmalträger in der Grundgesamtheit und x die Anzahl der Merkmalträger in der Stichprobe. Anmerkung 2: Für $n \to \infty$ geht die Binomialverteilung in die Normalverteilung (1.1) über. Näherungsweise gilt für $np\,(1-p) > 9$ $P(X \leq x) = G(x) \approx \Phi\left(\frac{x + 0{,}5 - np}{\sqrt{np\,(1-p)}}\right),$ wobei Φ die Verteilungsfunktion der standardisierten Normalverteilung (1.1.1) ist. Anmerkung 3: Für $n \to \infty$, $p \to 0$, $np = \text{konst.} = \mu$ geht die Binomialverteilung in die Poisson-Verteilung (2.3) mit dem Parameter μ über.

<table>
<tr><th>Nr</th><th>Benennung</th><th>Definition</th></tr>
<tr><td>2.2</td><td>Negative Binomialverteilung
negative binomial distribution
distribution binomiale négative</td><td>Wahrscheinlichkeitsverteilung einer diskreten Zufallsgröße X, welche die Werte $x = 0, 1, 2, \ldots$ mit den Wahrscheinlichkeiten
$$P(X = x) = P(X = x;\, c, p) = \frac{c(c+1)\ldots(c+x-1)}{x!}\, p^c (1-p)^x$$
annimmt.
Parameter: $c > 0$, $0 < p < 1$.
Anmerkung 1: Die Benennung „negative Binomialverteilung" hat den Grund, daß sich die aufeinanderfolgenden Wahrscheinlichkeiten für $x = 0, 1, 2, \ldots$ durch Entwicklung des Binoms
$$1 = p^c\,[1-(1-p)]^{-c}$$
mit negativem Exponenten $-c$ nach positiven ganzzahligen Potenzen von $1-p$ ergeben.
Anmerkung 2: Ist c ganzzahlig, dann heißt die Verteilung auch Pascal-Verteilung, für $c = 1$ geometrische Verteilung.
Anmerkung 3: Für $c \to \infty$, $p \to 1$, $c(1-p)/p = \text{konst.} = \mu$ geht die negative Binomialverteilung in die Poisson-Verteilung (2.3) mit dem Parameter μ über.</td></tr>
<tr><td>2.3</td><td>Poisson-Verteilung
Poisson distribution
distribution de Poisson</td><td>Wahrscheinlichkeitsverteilung einer diskreten Zufallsgröße X, welche die Werte $x = 0, 1, 2, \ldots$ mit den Wahrscheinlichkeiten
$$P(X = x) = P(X = x;\, \mu) = \frac{\mu^x}{x!}\, e^{-\mu}$$
annimmt.
Parameter: $\mu > 0$.
Anmerkung 1: Erwartungswert und Varianz der Poisson-Verteilung sind beide gleich μ.
Anmerkung 2: Für $\mu \to \infty$ geht die Poisson-Verteilung in die Normalverteilung (1.1) über. Näherungsweise gilt für $\mu > 9$.
$$P(X \le x) = G(x) \approx \Phi\left(\frac{x + 0{,}5 - \mu}{\sqrt{\mu}}\right),$$
wobei Φ die Verteilungsfunktion der standardisierten Normalverteilung (1.1.1) ist.</td></tr>
<tr><td>2.4</td><td>Hypergeometrische Verteilung
hypergeometric distribution
distribution hypergéométrique</td><td>Wahrscheinlichkeitsverteilung einer diskreten Zufallsgröße X, welche die Werte $x = 0, 1, 2, \ldots$ unter der Voraussetzung, daß drei gegebene ganze Zahlen N, n und d, die positiv oder Null sein können, in allen Feldern der folgenden Tabelle positive ganze Zahlen oder Null ergeben,
<table><tr><td>N</td><td>d</td><td>$N-d$</td></tr><tr><td>n</td><td>x</td><td>$n-x$</td></tr><tr><td>$N-n$</td><td>$d-x$</td><td>$N-n-d+x$</td></tr></table>
mit den Wahrscheinlichkeiten
$$P(X = x) = P(X = x;\, N, n, d) = \frac{\binom{d}{x}\binom{N-d}{n-x}}{\binom{N}{n}} = \frac{n!\,(N-n)!\,d!\,(N-d)!}{N!\,x!\,(n-x)!\,(d-x)!\,(N-n-d+x)!}$$
annimmt.
Parameter: N, n, d.
Anmerkung 1: Bei Anwendung in der Stichprobentheorie ist N der Umfang der Grundgesamtheit, n der Stichprobenumfang, d die Anzahl der Merkmalträger in der Grundgesamtheit und x die Anzahl der Merkmalträger in der Stichprobe.
Anmerkung 2: Für $N \to \infty$, $d \to \infty$, $d/N = \text{konst.} = p$ geht die hypergeometrische Verteilung in die Binomialverteilung (2.1) mit den Parametern n und p über. Näherungsweise sind die Wahrscheinlichkeitsfunktionen $g(x) = P(X = x)$ der beiden Verteilungen gleich, wenn $n/N < 0{,}1$ ist.</td></tr>
</table>

Nr	Benennung	Definition
3	**Mehrdimensionale stetige Wahrscheinlichkeitsverteilungen**	
3.1	Zweidimensionale Normalverteilung bivariate normal distribution distribution normale à deux variables	Wahrscheinlichkeitsverteilung zweier stetiger Zufallsgrößen X und Y mit der Wahrscheinlichkeitsdichte $g(x, y) = g(x, y; \mu_X, \mu_Y, \sigma_X, \sigma_Y, \varrho) = \frac{1}{2\pi\,\sigma_X\,\sigma_Y\sqrt{1-\varrho^2}} \exp\left\{-\frac{1}{2(1-\varrho^2)}\left[\left(\frac{x-\mu_X}{\sigma_X}\right)^2 - 2\varrho\left(\frac{x-\mu_X}{\sigma_X}\right)\left(\frac{y-\mu_Y}{\sigma_Y}\right)+\left(\frac{y-\mu_Y}{\sigma_Y}\right)^2\right]\right\};$ $-\infty < x < \infty;\ -\infty < y < \infty$ Parameter: $\mu_X, \mu_Y, \sigma_X > 0, \sigma_Y > 0, -1 \leq \varrho \leq 1$. Anmerkung 1: μ_X und μ_Y sind die Erwartungswerte und σ_X und σ_Y die Standardabweichungen der Randverteilungen von X und Y, die Normalverteilungen sind; ϱ ist der Korrelationskoeffizient von X und Y. Anmerkung 2: Eine Erweiterung auf mehr als zwei Zufallsgrößen ist möglich, siehe dazu DIN 13 303 Teil 1, Ausgabe Mai 1982, Nr 2.4.9. Anmerkung 3: Auch „bivariate Normalverteilung".
3.1.1	Standardisierte zweidimensionale Normalverteilung standardised bivariate normal distribution distribution normale reduite à deux variables	Wahrscheinlichkeitsverteilung eines Paares von standardisiert normalverteilten Zufallsgrößen U und V mit der Wahrscheinlichkeitsdichte $g(u,v) = g(u, v; \varrho) = \frac{1}{2\pi\sqrt{1-\varrho^2}} \exp\left[-\frac{1}{2(1-\varrho^2)}(u^2 - 2\varrho uv + v^2)\right]$ $-\infty < u < \infty;\ -\infty < v < \infty$ Parameter: $-1 \leq \varrho \leq 1$. Anmerkung 1: Die standardisierten Zufallsgrößen zu den normalverteilten Zufallsgrößen (X, Y) mit den Parametern (μ_X, σ_X) und (μ_Y, σ_Y) sind $U = \frac{X-\mu_X}{\sigma_X}$ und $V = \frac{Y-\mu_Y}{\sigma_Y}$ Anmerkung 2: ϱ ist der Korrelationskoeffizient von X und Y und gleichermaßen der Korrelationskoeffizient von U und V. Anmerkung 3: Eine Erweiterung auf mehr als zwei Zufallsgrößen ist möglich, siehe dazu DIN 13 303 Teil 1, Ausgabe Mai 1982, Nr 2.4.9.
4	**Mehrdimensionale diskrete Wahrscheinlichkeitsverteilungen**	
4.1	Multinomialverteilung multinomial distribution distribution multinomiale	Wahrscheinlichkeitsverteilung von k diskreten Zufallsgrößen $X_1, X_2, \ldots, X_k$, welche die ganzzahligen Werte $x_1, x_2, \ldots, x_k$, die jeweils zwischen Null und n liegen, unter der Bedingung $x_1 + x_2 + \ldots, + x_k = n$ mit der Wahrscheinlichkeit $P(X_1 = x_1, X_2 = x_2, \ldots, X_k = x_k) = P(X_1 = x_1, X_2 = x_2, \ldots, X_k = x_k; n, p_1, p_2, \ldots, p_k) = \frac{n!}{x_1!\,x_2!\ldots x_k!} p_1^{x_1} p_2^{x_2} \ldots p_k^{x_k}$ annehmen. Parameter: $n, p_i \geq 0\ (i = 1, 2, \ldots, k);\ \sum_{i=1}^{k} p_i = 1$. Anmerkung: Für $k = 2$ ergibt sich wegen $x_1 + x_2 = n$ und $p_1 + p_2 = 1$ mit den Bezeichnungen $X_1 = X, X_2 = n - X, x_1 = x, x_2 = n - x, p_1 = p, p_2 = 1 - p$ $P(X = x) = \frac{n!}{x!\,(n-x)!} p^x (1-p)^{n-x}$, also die Binomialverteilung (2.1).

Stichwortverzeichnis (Begriffe in deutscher Sprache)

Dieses Verzeichnis enthält auch Benennungen, die in Anmerkungen vorkommen.

Betaverteilung 1.8
Binomialverteilung, 2.1
bivariate Normalverteilung 3.1

Chiquadratverteilung (χ^2-Verteilung) 1.2

diskrete Wahrscheinlichkeitsverteilung 2, 4
doppelte Exponentialverteilung 1.9

eindimensionale diskrete Wahrscheinlichkeitsverteilung 2
eindimensionale stetige Wahrscheinlichkeitsverteilung 1
Erlang-Verteilung 1.7
Exponentialverteilung 1.6
Extremwertverteilung vom Typ I 1.9
Extremwertverteilung vom Typ II 1.10
Extremwertverteilung vom Typ III 1.11

Fisher-Verteilung 1.4
Fréchet-Verteilung 1.10
Freiheitsgrad 1.2, 1.3, 1.4
F-Verteilung 1.4

Gammaverteilung 1.7
geometrische Verteilung 2.2
Gleichverteilung 1.8.1
Gumbel-Verteilung 1.9
Gauß-Verteilung 1.1

hypergeometrische Verteilung 2.4

logarithmische Normalverteilung 1.5
Lognormalverteilung 1.5

mehrdimensionale diskrete Wahrscheinlichkeitsverteilung 4
mehrdimensionale stetige Wahrscheinlichkeitsverteilung 3
Multinomialverteilung 4.1

negative Binomialverteilung 2.2
nichtzentrale Verteilung Fußnote 2
Normalverteilung 1.1

Pascal-Verteilung 2.2
Poisson-Verteilung 2.3

Rayleigh-Verteilung 1.11
Rechteckverteilung 1.8.1

standardisierte zweidimensionale Normalverteilung 3.1.1
standardisierte Normalverteilung 1.1.1
stetige Wahrscheinlichkeitsverteilung 1, 3
stochastische Unabhängigkeit Fußnote 1
Student-Verteilung 1.3

t-Verteilung 1.3

Weibull-Verteilung 1.11

zentrale Verteilung Fußnote 2
zweidimensionale Normalverteilung 3.1

Zitierte Normen und andere Unterlagen

DIN 13303 Teil 1 Stochastik; Wahrscheinlichkeitstheorie; Gemeinsame Grundbegriffe der mathematischen und der beschreibenden Statistik; Begriffe und Zeichen

DIN 13303 Teil 2 Stochastik; Mathematische Statistik; Begriffe und Zeichen

DIN 55350 Teil 11 Begriffe der Qualitätssicherung und Statistik; Grundbegriffe der Qualitätssicherung

DIN 55350 Teil 12 (z. Z. Entwurf) Begriffe der Qualitätssicherung und Statistik; Merkmalsbezogene Begriffe

DIN 55350 Teil 13 (z. Z. Entwurf) Begriffe der Qualitätssicherung und Statistik; Begriffe der Genauigkeit von Ermittlungsergebnissen

DIN 55350 Teil 14 Begriffe der Qualitätssicherung und Statistik; Begriffe der Qualitätssicherung; Begriffe der Probenahme

DIN 55350 Teil 21 Begriffe der Qualitätssicherung und Statistik; Begriffe der Statistik; Zufallsgrößen und Wahrscheinlichkeitsverteilungen

DIN 55350 Teil 23 Begriffe der Qualitätssicherung und Statistik; Begriffe der Statistik; Beschreibende Statistik

DIN 55350 Teil 24 Begriffe der Qualitätssicherung und Statistik; Begriffe der Statistik; Schließende Statistik

ISO 3534 Statistics – Vocabulary and Symbols

Glossary of Terms, used in Quality Control, European Organization for Quality Control – EOQC
(Bezugsnachweis: Deutsche Gesellschaft für Qualität, Kurhessenstraße 95, 6000 Frankfurt 50)

Frühere Ausgaben

DIN 55350 Teil 22: 05.82

Änderungen

Gegenüber der Ausgabe Mai 1982 wurden folgende Änderungen vorgenommen:

Druckfehler in den Formeln zu Nr 3.1 und Nr 3.1.1 berichtigt.

Internationale Patentklassifikation

G 06 F 15/46
G 07 C 3/14

DK 658.562 : 31 : 519.2 : 001.4 April 1983

Begriffe der Qualitätssicherung und Statistik
Begriffe der Statistik
Beschreibende Statistik

DIN 55 350 Teil 23

Concepts of quality assurance and statistics; concepts of statistics; descriptive statistics

Ersatz für Ausgabe 11.82

1 Zweck und Anwendungsbereich

Diese Norm dient wie alle Teile von DIN 55 350 dazu, Benennungen und Definitionen der in der Qualitätssicherung und Statistik verwendeten Begriffe zu vereinheitlichen.

Die Teile von DIN 55 350 sollen nach Möglichkeit alle an der Normung interessierten Anwendungsbereiche berücksichtigen. Sie dürfen deshalb ihre Definitionen nicht so eng fassen, daß sie nur für spezielle Bereiche gelten (Technik, Landwirtschaft, Medizin u. a.). Die internationale Terminologie wurde berücksichtigt, insbesondere die von der International Organization for Standardization (ISO) herausgegebene Internationale Norm ISO 3534 „Statistics – Vocabulary and Symbols" und das von der European Organization for Quality Control (EOQC) herausgegebene „Glossary of Terms, used in Quality Control".

Die Normen DIN 55 350 Teil 21 bis Teil 24 behandeln die Begriffe der Statistik aus der Sicht der praktischen Anwendung, wobei auf eine strenge mathematische Darstellungsweise im allgemeinen verzichtet wird. Ergänzend dienen die Normen DIN 13 303 Teil 1 und Teil 2 dazu, die Begriffe und Zeichen der Statistik in mathematischer Strenge zu normen, und zwar im Teil 1 die Begriffe der Wahrscheinlichkeitstheorie einschließlich der gemeinsamen Grundbegriffe der mathematischen und der beschreibenden Statistik, im Teil 2 *) die Begriffe und Zeichen der mathematischen Statistik.

2 Begriffe

Die in Klammern angegebenen Nummern sind Hinweise auf die Nummern der in dieser Norm enthaltenen Begriffe.

Im folgenden wird davon ausgegangen, daß n Beobachtungswerte $x_1, x_2, \ldots, x_n$ eines Merkmals X oder n beobachtete Wertepaare $(x_1, y_1), (x_2, y_2), \ldots, (x_n, y_n)$ zweier Merkmale X und Y oder n beobachtete Wertetripel $(x_1, y_1, z_1), (x_2, y_2, z_2), \ldots, (x_n, y_n, z_n)$ dreier Merkmale X, Y und Z usw. vorliegen.

Fortsetzung Seite 2 bis 10

Ausschuß Qualitätssicherung und angewandte Statistik (AQS) im DIN Deutsches Institut für Normung e.V.
Normenausschuß Einheiten und Formelgrößen (AEF) im DIN

223/14*

Nr	Benennung	Definition
1	**Klassenbildung, Klassierung**	
1.1	Klassenbildung classification classification	Aufteilung des Wertebereiches eines Merkmals in Teilbereiche (Klassen), die einander ausschließen und den Wertebereich vollständig ausfüllen. Anmerkung 1: Auch „Klassifizierung". Anmerkung 2: Bei quantitativen Merkmalen (DIN 55 350 Teil 12) werden in der Regel nur Intervalle als Teilbereiche (Klassen) verwendet. Anmerkung 3: Kann sinngemäß auf mehrere Merkmale erweitert werden.
1.2	Klasse class classe	Bei einer Klassenbildung (1.1) entstehender Teilbereich.
1.3	Klassengrenze class limit limit de classe	Wert der oberen oder der unteren Grenze einer Klasse eines quantitativen Merkmals. Anmerkung: Es ist festzulegen, welche der beiden Klassengrenzen als noch zu der Klasse gehörend anzusehen ist.
1.4	Klassenmitte class midpoint centre de classe	Arithmetischer Mittelwert (4.1) der Klassengrenzen einer Klasse.
1.5	Klassenbreite class width intervalle de classe	Obere Klassengrenze minus untere Klassengrenze. Anmerkung: Auch „Klassenweite".
1.6	Klassierung grouping classement	Einordnung von Beobachtungswerten (DIN 55 350 Teil 12) in die Klassen.
2	**Häufigkeit, Häufigkeitsverteilung**	
2.1	Absolute Häufigkeit absolute frequency éffectif	Anzahl der Beobachtungswerte (DIN 55 350 Teil 12), die gleich einem vorgegebenen Wert sind oder zu einer Menge von vorgegebenen Werten gehören. Anmerkung 1: Die Menge der vorgegebenen Werte kann beispielsweise eine Klasse (1.2) sein. Anmerkung 2: Bei Klassierung (1.6) auch „Besetzungszahl".
2.2	Absolute Häufigkeitssumme cumulative absolute frequency éffectif cumulée	Anzahl der Beobachtungswerte, die einen vorgegebenen Wert nicht überschreiten. Anmerkung 1: Auch „kumulierte absolute Häufigkeit". Anmerkung 2: Ist der vorgegebene Wert eine Klassengrenze (1.3), auch „Summierte Besetzungszahl".
2.3	Relative Häufigkeit relative frequency fréquence	Absolute Häufigkeit (2.1) dividiert durch die Gesamtzahl der Beobachtungswerte. Anmerkung: Wenn Verwechslung mit der absoluten Häufigkeit ausgeschlossen ist, kurz auch „Häufigkeit".
2.4	Relative Häufigkeitssumme cumulative relative frequency fréquence cumulée	Absolute Häufigkeitssumme (2.2) dividiert durch die Gesamtzahl der Beobachtungswerte. Anmerkung 1: Auch „kumulierte relative Häufigkeit". Anmerkung 2: Wenn Verwechslung mit der absoluten Häufigkeitssumme ausgeschlossen ist, oft auch „Häufigkeitssumme" oder „kumulierte Häufigkeit".
2.5	Häufigkeitsdichte frequency density fréquence densité	Absolute oder relative Häufigkeit dividiert durch die Klassenbreite (1.5). Anmerkung: Korrekt: „mittlere Häufigkeitsdichte".
2.6	Häufigkeitsdichtefunktion frequency density function fonction de fréquence densité	Funktion, die jedem Merkmalswert die Häufigkeitsdichte (2.5) der Klasse zuordnet, zu der er gehört.

<table>
<tr><th>Nr</th><th>Benennung</th><th>Definition</th></tr>
<tr><td>2.7</td><td>Empirische Verteilungsfunktion
empirical distribution function
fonction de distribution empirique</td><td>Funktion, die jedem Merkmalswert die relative Häufigkeit (2.3) von Beobachtungswerten zuordnet, die kleiner oder gleich diesem Merkmalswert sind.
Anmerkung 1: Die empirische Verteilungsfunktion ordnet jedem Merkmalswert die relative Häufigkeitssumme (2.4) zu.
Anmerkung 2: Früher auch „Häufigkeitssummenverteilung".</td></tr>
<tr><td>2.8</td><td>Häufigkeitsverteilung
frequency distribution
distribution de fréquence</td><td>Allgemeine Bezeichnung für den Zusammenhang zwischen den Beobachtungswerten und den absoluten oder relativen Häufigkeiten bzw. Häufigkeitssummen ihres Auftretens.
Anmerkung 1: Die Häufigkeitsverteilung für ein, zwei oder mehrere Merkmale heißt eindimensionale oder univariate, zweidimensionale oder bivariate oder mehrdimensionale oder multivariate Häufigkeitsverteilung.
Anmerkung 2: Siehe Anmerkung zu 4.5.</td></tr>
<tr><td>2.9</td><td>Histogramm
histogram
histogramme</td><td>Graphische Darstellung der Häufigkeitsdichtefunktion (2.6).
Anmerkung: Im Histogramm sind die Flächen der Rechtecke, die über den Klassen errichtet werden, proportional sowohl den absoluten als auch den relativen Häufigkeiten.</td></tr>
<tr><td>2.10</td><td>Stabdiagramm
bar diagram
diagramme en bâtons</td><td>Graphische Darstellung der Häufigkeitsverteilung (2.8) eines diskreten Merkmals, bei der die Länge von senkrechten Strecken, die über den Merkmalswerten errichtet werden, proportional sowohl den absoluten als auch den relativen Häufigkeiten sind.</td></tr>
<tr><td>2.11</td><td>Häufigkeitssummenkurve
cumulative frequency curve
courbe des fréquences cumulées</td><td>Graphische Darstellung der empirischen Verteilungsfunktion (2.7).</td></tr>
<tr><td>2.11.1</td><td>Häufigkeitssummenpolygon
cumulative frequency polygon
polygone des fréquences cumulées</td><td>Häufigkeitssummenkurve (2.11) klassierter (1.6) Beobachtungswerte.
Anmerkung: Das Häufigkeitssummenpolygon ist demnach der Polygonzug, der entsteht, indem für jede Klasse ein Punkt mit der oberen Klassengrenze als Abszisse und der zugeordneten Häufigkeitssumme als Ordinate gezeichnet und die benachbarten Punkte durch Strecken verbunden werden.</td></tr>
<tr><td>2.11.2</td><td>Häufigkeitssummentreppe</td><td>Häufigkeitssummenkurve (2.11) nichtklassierter Beobachtungswerte.
Anmerkung: Es ergibt sich eine treppenartige Darstellung.</td></tr>
<tr><td>2.12</td><td>Zweiwegtafel
two-way table
tableau à double entrée</td><td>Numerische Darstellung der Häufigkeitsverteilung von zwei Merkmalen bei Klassenbildung (1.1) oder von zwei diskreten Merkmalen.
Anmerkung: Ordnet man den k Klassenmitten x_i; $i = 1, \ldots, k$ des Merkmals X die Zeilen und den l Klassenmitten y_j; $j = 1, \ldots, l$ des Merkmals Y die Spalten der Zweiwegtafel zu, dann bezeichnet n_{ij} die Anzahl der beobachteten Wertepaare in der Klasse mit den Klassenmitten x_i und y_j und es gilt $\sum_{i=1}^{k} \sum_{j=1}^{l} n_{ij} = n$. Bei diskreten Merkmalen X und Y treten an die Stelle der Klassenmitten die Merkmalswerte.
<table>
<tr><th>X \ Y</th><th>y_1</th><th>$y_2 \cdots$</th><th>$y_j \cdots$</th><th>y_l</th></tr>
<tr><td>x_1</td><td>n_{11}</td><td>$n_{12} \cdots$</td><td>$n_{1j} \cdots$</td><td>n_{1l}</td></tr>
<tr><td>x_2</td><td>n_{21}</td><td>$n_{22} \cdots$</td><td>$n_{2j} \cdots$</td><td>n_{2l}</td></tr>
<tr><td>.
.
.</td><td>.
.
.</td><td>.
.
.</td><td>.
.
.</td><td>.
.
.</td></tr>
<tr><td>x_i</td><td>n_{i1}</td><td>$n_{i2} \cdots$</td><td>$n_{ij} \cdots$</td><td>n_{il}</td></tr>
<tr><td>.
.
.</td><td>.
.
.</td><td>.
.
.</td><td>.
.
.</td><td>.
.
.</td></tr>
<tr><td>x_k</td><td>n_{k1}</td><td>$n_{k2} \cdots$</td><td>$n_{kj} \cdots$</td><td>n_{kl}</td></tr>
</table></td></tr>
<tr><td>2.13</td><td>Kontingenztafel
contingency table
tableau de contingence</td><td>Zweiwegtafel (2.12) im Fall zweier qualitativer Merkmale (DIN 55 350 Teil 12).
Anmerkung: Die Benennung Kontingenztafel gilt auch bei mehr als zwei qualitativen Merkmalen.</td></tr>
</table>

Nr	Benennung	Definition
2.14	Randverteilung [1]) marginal distribution distribution marginale	Häufigkeitsverteilung (2.8) einer Teilmenge von $k_1 < k$ Merkmalen zu einer (mehrdimensionalen) Häufigkeitsverteilung von k Merkmalen. Anmerkung: Beispielsweise gibt es bei einer zweidimensionalen Häufigkeitsverteilung ($k = 2$) von zwei Merkmalen X und Y die (eindimensionale) Randverteilung von X und die (eindimensionale) Randverteilung von Y. Bei einer dreidimensionalen Häufigkeitsverteilung ($k = 3$) von drei Merkmalen X, Y und Z gibt es drei zweidimensionale Randverteilungen ($k_1 = 2$), nämlich die von (X, Y), (X, Z) und (Y, Z) und drei eindimensionale Randverteilungen ($k_1 = 1$), nämlich die von X, Y und Z.
2.15	Bedingte Verteilung [1]) conditional distribution distribution conditionelle	Häufigkeitsverteilung (2.8) einer Teilmenge von $k_1 < k$ Merkmalen zu einer (mehrdimensionalen) Häufigkeitsverteilung von k Merkmalen bei gegebenen Werten der anderen $k - k_1$ Merkmale. Anmerkung 1: Beispielsweise gibt es bei einer zweidimensionalen Häufigkeitsverteilung ($k = 2$) von zwei Merkmalen X und Y (eindimensionale) bedingte Häufigkeitsverteilungen von X und (eindimensionale) bedingte Häufigkeitsverteilungen von Y. Eine durch $Y = y$ bedingte Häufigkeitsverteilung von X wird bezeichnet als „Häufigkeitsverteilung von X unter der Bedingung $Y = y$", eine durch $X = x$ bedingte Häufigkeitsverteilung von Y als „Häufigkeitsverteilung von Y unter der Bedingung $X = x$". Bei einer dreidimensionalen Häufigkeitsverteilung ($k = 3$) von drei Merkmalen X, Y und Z gibt es zweidimensionale bedingte Häufigkeitsverteilungen ($k_1 = 2$), nämlich von (X, Y) unter der Bedingung $Z = z$, von (X, Z) unter der Bedingung $Y = y$ und von (Y, Z) unter der Bedingung $X = x$, und eindimensionale bedingte Häufigkeitsverteilungen ($k_1 = 1$), nämlich von X unter der Bedingung ($Y = y$, $Z = z$), von Y unter der Bedingung ($X = x$, $Z = z$) und von Z unter der Bedingung ($X = x$, $Y = y$). Anmerkung 2: Ein bedingender Wert kann auch ein Wert sein, der eine Klasse kennzeichnet.
3	**Kenngrößen, Kennwerte und transformierte Beobachtungswerte einer Häufigkeitsverteilung**	
3.1	Kenngröße statistic statistique	Funktion der Beobachtungswerte, die eine Eigenschaft der Häufigkeitsverteilung (2.8) charakterisiert. Anmerkung 1: Insbesondere gibt es Kenngrößen der Lage, der Streuung und der Form von eindimensionalen Häufigkeitsverteilungen und des Zusammenhangs zwischen den Merkmalen mehrdimensionaler Häufigkeitsverteilungen. Anmerkung 2: Eine Kenngröße kann gleichzeitig Schätzfunktion und damit der Kennwert (3.1.1) Schätzwert (DIN 55350 Teil 24) für den entsprechenden Parameter der Wahrscheinlichkeitsverteilung (DIN 55350 Teil 21) sein.
3.1.1	Kennwert	Wert der Kenngröße (3.1). Anmerkung: Entsprechend Anmerkung 1 von 3.1 gibt es Kennwerte der Lage (4), der Streuung (5) und der Form (6) von eindimensionalen Häufigkeitsverteilungen und des Zusammenhangs zwischen den Merkmalen mehrdimensionaler Häufigkeitsverteilungen.
3.2	Ranggröße order statistic statistique d'ordre	Kenngröße (3.1), deren Funktionswerte die Rangwerte (3.2.1) sind. Anmerkung 1: Ein Beispiel für eine Ranggröße ist der Median (4.3). Anmerkung 2: In DIN 13303 Teil 1 wird die Ranggröße Ordnungsstatistik genannt.
3.2.1	Rangwert	Wert einer Ranggröße (3.2) für eine vorgegebene Rangzahl (3.2.2).
3.2.2	Rangzahl rank rang	Nummer eines Beobachtungswertes in der nach aufsteigendem Zahlenwert geordneten Folge von Beobachtungswerten. Anmerkung: In Sonderfällen können die Beobachtungswerte auch nach absteigendem Zahlenwert geordnet werden.
3.3	Zentrierter Beobachtungswert	Beobachtungswert minus arithmetischer Mittelwert (4.1).
3.4	Standardisierter Beobachtungswert	Zentrierter Beobachtungswert (3.3) dividiert durch die Standardabweichung (5.4).

[1]) Zu dieser Begriffsbenennung existiert eine entsprechende Begriffsbenennung in DIN 55350 Teil 21 über die Begriffe zu Zufallsgrößen und Wahrscheinlichkeitsverteilungen. Wenn Verwechslungsgefahr besteht, ist der Begriffsbenennung dieser Norm der Zusatz „Stichprobe" oder „empirisch" hinzuzufügen. Beispielsweise heißt es dann „Varianz der Stichprobe des Durchmessers" oder „empirische Varianz des Durchmessers" (siehe Erläuterungen).

Nr	Benennung	Definition
4 Kennwerte der Lage einer Häufigkeitsverteilung		
4.1	Arithmetischer Mittelwert arithmetic mean moyenne arithmétique	Summe der Beobachtungswerte dividiert durch Anzahl der Beobachtungswerte: $\bar{x} = \frac{1}{n} \sum_{i=1}^{n} x_i$ Anmerkung 1: Wenn kein Mißverständnis möglich, auch „Mittelwert". Früher auch „Durchschnitt". Anmerkung 2: Der arithmetische Mittelwert ist das Moment der Ordnung $q = 1$ (7.1).
4.2	Gewichteter Mittelwert (arithmetic) weighted average moyenne (arithmétique) pondérée	Summe der Produkte aus Beobachtungswerten und ihrem Gewicht dividiert durch die Summe der Gewichte, wobei das Gewicht eine jeweils dem Beobachtungswert zugeordnete nicht negative Zahl ist: $\frac{\sum_{i=1}^{n} g_i x_i}{\sum_{i=1}^{n} g_i}$ wobei $g_i \geq 0$ das dem Beobachtungswert x_i zugeordnete Gewicht ist. Anmerkung: Früher auch „gewichteter Durchschnitt".
4.3	Median [1]) median médiane	Unter den n nach aufsteigendem oder absteigendem Zahlenwert geordneten und mit „1" bis „n" numerierten Beobachtungswerten bei ungeradem n der Beobachtungswert mit der Rangzahl $(n + 1)/2$, bei geradem n ein Wert zwischen den Beobachtungswerten mit den Rangzahlen $n/2$ und $(n/2) + 1$. Anmerkung 1: Bei geradem n wird der Median üblicherweise als arithmetischer Mittelwert (4.1) der beiden Beobachtungswerte mit den Rangzahlen (3.2.2) $n/2$ und $(n/2) + 1$ definiert, falls dieser Wert Merkmalswert ist. Anmerkung 2: Früher auch „Zentralwert".
4.4	Geometrischer Mittelwert geometric mean moyenne géométrique	n-te Wurzel aus dem Produkt von n positiven Beobachtungswerten: $\sqrt[n]{x_1 \cdot x_2 \cdot \ldots \cdot x_n}$
4.5	Modalwert [1]) mode mode	Merkmalswert, zu dem ein Maximum der absoluten (2.1) oder relativen Häufigkeit (2.3) oder der Häufigkeitsdichte (2.5) gehört. Anmerkung: Tritt nur ein einziger Modalwert in der Häufigkeitsverteilung auf, spricht man von einer „unimodalen" („eingipfligen") Verteilung, andernfalls von einer „multimodalen" („mehrgipfligen") Verteilung. „Bimodal" („zweigipflig") heißt die Häufigkeitsverteilung, falls sie zwei Modalwerte besitzt.
4.5.1	Häufigster Wert	Modalwert einer unimodalen Häufigkeitsverteilung.
4.6	Spannenmitte mid-range milieu de l'étendue	Arithmetischer Mittelwert (4.1) aus größtem und kleinstem Beobachtungswert.
5 Kennwerte der Streuung einer Häufigkeitsverteilung		
5.1	Spannweite range étendue	Größter minus kleinster Beobachtungswert.
5.2	Mittlerer Abweichungsbetrag mean deviation écart moyen	Arithmetischer Mittelwert (4.1) der Beträge der Abweichungen (DIN 55350 Teil 12) der Beobachtungswerte von einem Bezugswert. Anmerkung 1: Im allgemeinen wird als Bezugswert der arithmetische Mittelwert (4.1) der Beobachtungswerte gewählt, obwohl die mittlere Abweichung dann ihr Minimum annimmt, wenn der Median Bezugswert ist. Anmerkung 2: Der mittlere Abweichungsbetrag ist das Betragsmoment der Ordnung $q = 1$ bezüglich a (7.2) mit a = Bezugswert [2]). Anmerkung 3: Früher mißverständlich „Mittlere Abweichung".

[1]) Siehe Seite 4 [2]) Siehe Seite 6

Nr	Benennung	Definition
5.3	Varianz [1]) variance variance	Summe der quadrierten Abweichungen der Beobachtungswerte von ihrem arithmetischen Mittelwert (4.1) dividiert durch die um 1 verminderte Anzahl der Beobachtungswerte: $$s^2 = \frac{1}{n-1} \sum_{i=1}^{n} (x_i - \bar{x})^2$$ Anmerkung 1: Falls ein Rechengerät zur Verfügung steht, das mindestens die doppelte Stellenzahl aufweist wie die der Beobachtungswerte, wird für die numerische Berechnung folgende Formel empfohlen: $$s^2 = \frac{1}{n-1} \left[\sum_{i=1}^{n} x_i^2 - \frac{1}{n} \left(\sum_{i=1}^{n} x_i \right)^2 \right]$$ Anderenfalls ersetze man in der Formel x_i durch $x_i - a$, wobei a so gewählt wird, daß die Differenzen $x_i - a$ möglichst wenige Stellen aufweisen (siehe DIN 55302 Teil 1). Anmerkung 2: Die Varianz ist zu unterscheiden vom zentralen Moment der Ordnung $q = 2$ (7.3).
5.4	Standardabweichung [1]) standard deviation écart-type	Positive Quadratwurzel aus der Varianz (5.3): $$s = \sqrt{s^2}$$
5.5	Variationskoeffizient [1]) coefficient of variation coéfficient de variation	Standardabweichung (5.4) dividiert durch den Betrag des arithmetischen Mittelwerts (4.1): $$v = \frac{s}{\lvert\bar{x}\rvert}$$ Anmerkung 1: Der Variationskoeffizient wird häufig in Prozent angegeben. Anmerkung 2: Die Benennung „relative Standardabweichung" sollte vermieden werden.
6	**Kennwerte der Form einer Häufigkeitsverteilung**	
6.1	Schiefe [1]) skewness dissymétrie	Arithmetischer Mittelwert (4.1) der dritten Potenz der standardisierten Beobachtungswerte (3.4): $$\frac{1}{n} \sum_{i=1}^{n} \left(\frac{x_i - \bar{x}}{s} \right)^3$$
6.2	Kurtosis [1]) kurtosis curtosis	Arithmetischer Mittelwert (4.1) der vierten Potenz der standardisierten Beobachtungswerte (3.4): $$\frac{1}{n} \sum_{i=1}^{n} \left(\frac{x_i - \bar{x}}{s} \right)^4$$
6.3	Exzeß [1]) excess excès	Kurtosis (6.2) minus drei.
7	**Momente von Häufigkeitsverteilungen**	
7.1	Moment [1]) [2]) der Ordnung q moment of order q about zero moment d'ordre q par rapport à zero	Arithmetischer Mittelwert (4.1) der q-ten Potenz der Beobachtungswerte bei einer eindimensionalen Häufigkeitsverteilung (2.8): $$\frac{1}{n} \sum_{i=1}^{n} x_i^q$$ Anmerkung: Das Moment der Ordnung $q = 1$ ist der arithmetische Mittelwert (4.1).
7.2	Moment [1]) [2]) der Ordnung q bezüglich a moment of order q about a moment d'ordre q par rapport à l'origine a	Arithmetischer Mittelwert (4.1) der q-ten Potenz der Abweichungen der Beobachtungswerte vom Bezugswert a bei einer eindimensionalen Häufigkeitsverteilung (2.8): $$\frac{1}{n} \sum_{i=1}^{n} (x_i - a)^q$$

[1]) Siehe Seite 4
[2]) Werden in den Definitionen der Momente die Beobachtungswerte x_i, y_j bzw. die Abweichungen $(x_i - a)$, $(x_i - \bar{x})$, $(y_j - b)$, $(y_j - \bar{y})$ durch ihre Beträge $\lvert x_i\rvert$, $\lvert y_j\rvert$, $\lvert x_i - a\rvert$, $\lvert x_i - \bar{x}\rvert$, $\lvert y_j - b\rvert$, $\lvert y_j - \bar{y}\rvert$ ersetzt, dann sind dadurch die entsprechenden Betragsmomente (in der mathematischen Statistik auch „absolute Momente" genannt) definiert. Das Betragsmoment ist im allgemeinen vom Betrag des entsprechenden Moments (7.1 bis 7.6) verschieden.

Nr	Benennung	Definition
7.3	Zentrales Moment [1]) [2]) der Ordnung q centred moment of order q moment centré d'ordre q	Arithmetischer Mittelwert (4.1) der q-ten Potenz der zentrierten Beobachtungswerte (3.3) bei einer eindimensionalen Häufigkeitsverteilung (2.8): $\frac{1}{n} \sum_{i=1}^{n} (x_i - \bar{x})^q$ Anmerkung: Das zentrale Moment der Ordnung $q = 1$ ist Null. Das zentrale Moment der Ordnung $q = 2$ ist die Varianz (5.3) der Beobachtungswerte multipliziert mit dem Faktor $(n-1)/n$.
7.4	Moment [1]) [2]) der Ordnungen q_1 und q_2 joint moment of orders q_1 and q_2 moment d'ordres q_1 et q_2	Arithmetischer Mittelwert (4.1) der Produkte der q_1-ten Potenz der Beobachtungswerte des einen Merkmals mit der q_2-ten Potenz der Beobachtungswerte des anderen Merkmals bei einer zweidimensionalen Häufigkeitsverteilung (2.8): $\frac{1}{n} \sum_{i=1}^{n} x_i^{q_1} y_i^{q_2}$ Anmerkung: Das Moment der Ordnungen $q_1 = 1$ und $q_2 = 0$ ist der arithmetische Mittelwert der Randverteilung (2.14) des Merkmals X, das Moment der Ordnungen $q_1 = 0$ und $q_2 = 1$ der arithmetische Mittelwert der Randverteilung des Merkmals Y.
7.5	Moment [1]) [2]) der Ordnungen q_1 und q_2 bezüglich a, b joint moment of orders q_1 and q_2 about a, b moment d'ordres q_1 et q_2 par rapport à l'origine a, b	Arithmetischer Mittelwert (4.1) der Produkte der q_1-ten Potenz der Abweichungen der Beobachtungswerte des einen Merkmals vom Bezugswert a mit der q_2-ten Potenz der Abweichungen der Beobachtungswerte des anderen Merkmals vom Bezugswert b bei einer zweidimensionalen Häufigkeitsverteilung (2.8): $\frac{1}{n} \sum_{i=1}^{n} (x_i - a)^{q_1} (y_i - b)^{q_2}$
7.6	Zentrales Moment [1]) [2]) der Ordnungen q_1 und q_2 joint centred moment of orders q_1 and q_2 moment centré d'ordres q_1 et q_2	Arithmetischer Mittelwert (4.1) der Produkte der q_1-ten Potenz der zentrierten Beobachtungswerte (3.3) des einen Merkmals und der q_2-ten Potenz der zentrierten Beobachtungswerte des anderen Merkmals bei einer zweidimensionalen Häufigkeitsverteilung (2.8): $\frac{1}{n} \sum_{i=1}^{n} (x_i - \bar{x})^{q_1} (y_i - \bar{y})^{q_2}$ Anmerkung: Das zentrale Moment der Ordnungen $q_1 = 2$ und $q_2 = 0$ ist die Varianz (5.3) der Randverteilung (2.14) des Merkmals X multipliziert mit dem Faktor $(n-1)/n$. Das zentrale Moment der Ordnungen $q_1 = 0$ und $q_2 = 2$ ist die Varianz der Randverteilung des Merkmals Y multipliziert mit dem Faktor $(n-1)/n$. Das zentrale Moment der Ordnungen $q_1 = 1$ und $q_2 = 1$ ist die Kovarianz (8.1) multipliziert mit dem Faktor $(n-1)/n$.
8	**Begriffe zur Korrelation und Regression**	
8.1	Kovarianz [1]) covariance covariance	Zentrales Moment der Ordnungen $q_1 = 1$ und $q_2 = 1$ (7.6) der beiden Merkmale bei einer zweidimensionalen Häufigkeitsverteilung (2.8) multipliziert mit dem Faktor $n/(n-1)$: $s_{xy} = \frac{1}{n-1} \sum_{i=1}^{n} (x_i - \bar{x})(y_i - \bar{y})$ $\bar{x}$ Mittelwert des Merkmals X $\bar{y}$ Mittelwert des Merkmals Y
8.2	Korrelationskoeffizient [1]) coefficient of correlation coéfficient de corrélation	Kovarianz (8.1) dividiert durch das Produkt der Standardabweichungen (5.4) beider Merkmale: $r = \frac{s_{xy}}{s_x s_y} = \frac{\sum_{i=1}^{n} (x_i - \bar{x})(y_i - \bar{y})}{\sqrt{\sum_{i=1}^{n} (x_i - \bar{x})^2 \sum_{i=1}^{n} (y_i - \bar{y})^2}}$ $\bar{x}$ Mittelwert des Merkmals X $\bar{y}$ Mittelwert des Merkmals Y s_x Standardabweichung des Merkmals X s_y Standardabweichung des Merkmals Y s_{xy} Kovarianz (8.1) der Merkmale X und Y Anmerkung: Der Korrelationskoeffizient ist ein Maß für den linearen Zusammenhang zwischen den beiden Merkmalen bei einer zweidimensionalen Häufigkeitsverteilung. Sein Wert liegt zwischen −1 und +1. Ist er einer dieser Grenzen gleich, dann besteht eine lineare Beziehung $Y = aX + b$ zwischen den beiden Merkmalen.

[1]) Siehe Seite 4 [2]) Siehe Seite 6

Nr	Benennung	Definition
8.3	Regressionskurve [1]) regression curve courbe de régression	Im Falle von zwei Merkmalen X und Y die Kurve, die zu jedem Wert x des Merkmals X einen mittleren Wert y (x) des Merkmals Y angibt. Anmerkung: Die Regression wird als linear bezeichnet, wenn die Regressionskurve durch eine Gerade angenähert werden kann. In diesem Fall ist der „lineare Regressionskoeffizient von Y bezüglich x" der Koeffizient von x (Steigung) in der Gleichung $y = y(x)$ der Regressionsgeraden, welche die empirische Regressionskurve annähert.
8.4	Regressionsfläche [1]) regression surface surface de régression	Im Falle von drei Merkmalen X, Y, Z die Fläche, die zu jedem Wertepaar (x, y) der Merkmale X, Y einen mittleren Wert z (x, y) des Merkmals Z angibt. Anmerkung 1: Die Regression wird als linear bezeichnet, wenn die Regressionsfläche durch eine Ebene angenähert werden kann. In diesem Fall ist der „partielle Regressionskoeffizient von Z bezüglich x" der Koeffizient von x in der Gleichung der Regressionsebene, welche die empirische Regressionsfläche annähert; sinngemäß für y. Anmerkung 2: Die Definition kann auf mehr als drei Merkmale ausgedehnt werden.

[1]) Siehe Seite 4

Zitierte Normen und andere Unterlagen

DIN 13303 Teil 1 Stochastik; Wahrscheinlichkeitstheorie; Gemeinsame Grundbegriffe der mathematischen und der beschreibenden Statistik; Begriffe und Zeichen

DIN 13303 Teil 2 Stochastik; Mathematische Statistik; Begriffe und Zeichen

DIN 55302 Teil 1 Statistische Auswertungsverfahren, Häufigkeitsverteilung, Mittelwert und Streuung, Grundbegriffe und allgemeine Rechenverfahren

DIN 55350 Teil 11 Begriffe der Qualitätssicherung und Statistik; Begriffe der Qualitätssicherung; Grundbegriffe

DIN 55350 Teil 12 Begriffe der Qualitätssicherung und Statistik; Begriffe der Qualitätssicherung; Merkmalsbezogene Begriffe

DIN 55350 Teil 13 Begriffe der Qualitätssicherung und Statistik; Begriffe der Qualitätssicherung; Genauigkeitsbegriffe

DIN 55350 Teil 14 (z.Z. Entwurf) Begriffe der Qualitätssicherung und Statistik; Begriffe der Qualitätssicherung; Begriffe der Probenahme

DIN 55350 Teil 21 Begriffe der Qualitätssicherung und Statistik; Begriffe der Statistik; Zufallsgrößen und Wahrscheinlichkeitsverteilungen

DIN 55350 Teil 22 Begriffe der Qualitätssicherung und Statistik; Begriffe der Statistik; Spezielle Wahrscheinlichkeitsverteilungen

DIN 55350 Teil 24 Begriffe der Qualitätssicherung und Statistik; Begriffe der Statistik; Schließende Statistik

ISO 3534 Statistics – Vocabulary and Symbols

Glossary of Terms, used in the Management of Quality, European Organization for Quality Control – EOQC (Bezugsnachweis: Deutsche Gesellschaft für Qualität, Kurhessenstraße 95, 6000 Frankfurt 50)

Frühere Ausgabe

DIN 55350 Teil 23: 11.82

Änderungen

Gegenüber der Ausgabe November 1982 wurden folgende Änderungen vorgenommen:

a) Der Abschnitt 2, zweiter Absatz, wurde ergänzt durch: „oder n beobachtete Wertetripel (x_1, y_1, z_1), (x_2, y_2, z_2), . . ., (x_n, y_n, z_n) dreier Merkmale X, Y und Z usw. vorliegen".

b) Der Titel von Abschnitt 8 wurde von „Begriffe zur Korrelation und Regression im Fall von zwei Merkmalen" in „Begriffe zur Korrelation und Regression" geändert.

c) Im Abschnitt 8.2 wurde die Formel korrigiert.

d) Im Abschnitt Erläuterungen wurde in der Tabelle „Exzeß" hinzugefügt.

Erläuterungen

Die folgenden Begriffsbenennungen werden sowohl in DIN 55350 Teil 21, Ausgabe Mai 1982, als auch in der vorliegenden Norm benutzt:

Benennung	DIN 55350 Teil 21 Nr	DIN 55350 Teil 23 Nr
Randverteilung	2.2	2.14
bedingte Verteilung	2.3	2.15
Median	3.2	4.3
Modalwert	3.3	4.5
Varianz	4.1	5.3
Standardabweichung	4.2	5.4
Variationskoeffizient	4.3	5.5
Schiefe	5.1	6.1
Kurtosis	5.2	6.2
Exzeß	5.3	6.3
Moment der Ordnung q	6.1	7.1
Moment der Ordnung q bezüglich a	6.2	7.2
Zentrales Moment der Ordnung q	6.3	7.3
Moment der Ordnungen q_1 und q_2	6.4	7.4
Moment der Ordnungen q_1 und q_2 bezüglich a, b	6.5	7.5
Zentrales Moment der Ordnungen q_1 und q_2	6.6	7.6
Korrelation	7.1	(8)
Kovarianz	7.2	8.1
Korrelationskoeffizient	7.3	8.2
Regressionskurve	7.4.1	8.3
Regressionsfläche	7.4.2	8.4

Wie in den entsprechenden Fußnoten ausgeführt, ist, wenn Verwechslungsgefahr besteht, ein Zusatz anzubringen:

- Im Fall der Begriffe zu Zufallsgrößen und Wahrscheinlichkeiten (DIN 55350 Teil 21) ist der jeweiligen Begriffsbenennung der Zusatz „der Wahrscheinlichkeitsverteilung" oder „theoretisch" hinzuzufügen, z. B. „Varianz der Wahrscheinlichkeitsverteilung des Durchmessers" oder „theoretische Varianz des Durchmessers".
- Im Fall der Begriffe der beschreibenden Statistik (DIN 55350 Teil 23) ist der jeweiligen Begriffsbenennung der Zusatz „Stichprobe" oder „empirisch" hinzuzufügen, z. B. „Varianz der Stichprobe des Durchmessers" oder „empirische Varianz des Durchmessers".

Stichwortverzeichnis (Begriffe in deutscher Sprache)

Dieses Verzeichnis enthält auch Benennungen, die in Anmerkungen vorkommen.

A

absolute Häufigkeit 2.1
absolute Häufigkeitssumme 2.2
absolutes Moment Fußnote 1
arithmetischer Mittelwert 4.1, 7.4

B

bedingte Verteilung 2.15
Besetzungszahl 2.1
Betragsmoment Fußnote 1
bimodale Verteilung 4.5
bivariate Häufigkeitsverteilung 2.8

D

Durchschnitt 4.1

E

eindimensionale bedingte Häufigkeitsverteilung 2.15
eindimensionale Häufigkeitsverteilung 2.8
eindimensionale Randverteilung 2.14
eingipflige Verteilung 4.5
empirisch . . . Fußnote 1
empirische Regressionsfläche 8.4
empirische Regressionskurve 8.3
empirische Varianz Fußnote 1
empirische Verteilungsfunktion 2.7
Exzeß 6.3

G

geometrischer Mittelwert 4.4
gewichteter Durchschnitt 4.2
gewichteter Mittelwert 4.2

H
Häufigkeit 2.3
Häufigkeitsdichte 2.5
Häufigkeitsdichtefunktion 2.6
Häufigkeitssumme 2.4
Häufigkeitssummenkurve 2.11
Häufigkeitssummenpolygon 2.11.1
Häufigkeitssummentreppe 2.11.2
Häufigkeitssummenverteilung 2.7
Häufigkeitsverteilung 2.8
häufigster Wert 4.5.1
Histogramm 2.9

K
Kenngröße 3.1
Kennwert 3.1.1
Kennwert der Form einer Häufigkeitsverteilung 6, 3.1.1
Kennwert der Lagen einer Häufigkeitsverteilung 4, 3.1.1
Kennwert der Streuung einer Häufigkeitsverteilung 5, 3.1.1
Klasse 1.2
Klassenbildung 1.1
Klassenbreite 1.5
Klassengrenze 1.3
Klassenmitte 1.4
Klassenweite 1.5
Klassifizierung 1.1
Klassierung 1.6
Kontingenztafel 2.13
Korrelation 8
Korrelationskoeffizient 8.2
Kovarianz 8.1, 7.6
kumulierte absolute Häufigkeit 2.2
kumulierte Häufigkeit 2.4
kumulierte relative Häufigkeit 2.4
Kurtosis 6.2

L
lineare Regression 8.3, 8.4
linearer Regressionskoeffizient 8.3

M
Median 4.3, 3.2
mehrdimensionale Häufigkeitsverteilung 2.8
mehrgipflige Verteilung 4.5
Mittelwert 4.1
mittlere Abweichung 5.2
mittlerer Abweichungsbetrag 5.2
mittlere Häufigkeitsdichte 2.5
Modalwert 4.5
Moment 7
Moment der Ordnung q 7.1
Moment der Ordnung q bezüglich a 7.2
Moment der Ordnungen q_1 und q_2 7.4
Moment der Ordnungen q_1 und q_2 bezüglich a, b 7.5
multimodale Verteilung 4.5
multivariate Häufigkeitsverteilung 2.8

O
Ordnungsstatistik 3.2

P
partieller Regressionskoeffizient 8.4

R
Randverteilung 2.14
Ranggröße 3.2
Rangwert 3.2.1
Rangzahl 3.2.2
Regression 8
Regressionsebene 8.4
Regressionsfläche 8.4
Regressionsgerade 8.4
Regressionskoeffizient 8.3, 8.4
Regressionskurve 8.3
relative Häufigkeit 2.3
relative Häufigkeitssumme 2.4
relative Standardabweichung 5.5

S
Schätzfunktion 3.1
Schätzwert 3.1
Schiefe 6.1
Spannenmitte 4.6
Spannweite 5.1
Stabdiagramm 2.10
Standardabweichung 5.4
standardisierter Beobachtungswert 3.4
Stichprobe Fußnote 1
summierte Besetzungszahl 2.2

T
transformierter Beobachtungswert 3

U
unimodale Verteilung 4.5
univariate Häufigkeitsverteilung 2.8

V
Varianz 5.3, 7.3, 7.6
Variationskoeffizient 5.5

Z
Zentrales Moment der Ordnung q 7.3
Zentrales Moment der Ordnungen q_1 und q_2 7.6
Zentralwert 4.3
Zentrierter Beobachtungswert 3.3
zweidimensionale Häufigkeitsverteilung 2.8
zweigipflige Verteilung 4.5
Zweiwegtafel 2.12

DK 658.562 : 31 : 519.2 : 001.4 November 1982

Begriffe der Qualitätssicherung und Statistik

Begriffe der Statistik
Schließende Statistik

DIN 55 350 Teil 24

Concepts of quality assurance and statistics; concepts of statistics; analytical statistics

Für die Richtigkeit der fremdsprachigen Benennungen kann das DIN trotz aufgewendeter Sorgfalt keine Gewähr übernehmen.

1 Zweck und Anwendungsbereich

Diese Norm dient wie alle Teile von DIN 55 350 dazu, Benennungen und Definitionen der in der Qualitätssicherung und Statistik verwendeten Begriffe zu vereinheitlichen.

Die Teile von DIN 55 350 sollen nach Möglichkeit alle an der Normung interessierten Anwendungsbereiche berücksichtigen. Sie dürfen deshalb ihre Definitionen nicht so eng fassen, daß sie nur für spezielle Bereiche gelten (Technik, Landwirtschaft, Medizin u. a.). Die internationale Terminologie wurde berücksichtigt, insbesondere die von der International Organization for Standardization (ISO) herausgegebene Internationale Norm ISO 3534 „Statistics – Vocabulary and Symbols" und das von der European Organization for Quality Control (EOQC) herausgegebene „Glossary of Terms, used in Quality Control".

Die Normen DIN 55 350 Teil 21 bis Teil 24 behandeln die Begriffe der Statistik aus der Sicht der praktischen Anwendung, wobei auf eine strenge mathematische Darstellungsweise im allgemeinen verzichtet wird. In mathematischer Strenge werden die Begriffe und Zeichen der Statistik in DIN 13 303 Teil 1 und Teil 2 genormt, und zwar im Teil 1 die Begriffe der Wahrscheinlichkeitstheorie einschließlich der gemeinsamen Grundbegriffe der mathematischen und der beschreibenden Statistik, im Teil 2 die Begriffe und Zeichen der mathematischen Statistik.

2 Begriffe

Die in Klammern angegebenen Nummern sind Hinweise auf die Nummern der in dieser Norm enthaltenen Begriffe.

Zu den benutzten Grundbegriffen siehe auch DIN 55 350 Teil 21.

Zum Begriff der stochastischen Unabhängigkeit von Zufallsvariablen siehe DIN 13 303 Teil 1.

Im folgenden wird davon ausgegangen, daß als Stichprobenergebnis

a) n Beobachtungswerte $x_1, x_2, \ldots, x_n$ eines Merkmals X als Realisierungen von n unabhängigen identisch verteilten Zufallsvariablen $X_1, X_2, \ldots, X_n$ vorliegen und Aussagen über die Wahrscheinlichkeitsverteilung der X_i gemacht werden sollen oder

b) n beobachtete Wertepaare $(x_1, y_1), (x_2, y_2), \ldots, (x_n, y_n)$ zweier Merkmale X, Y als Realisierungen von n unabhängigen identisch verteilten Zufallsvektoren $(X_1, Y_1), (X_2, Y_2), \ldots, (X_n, Y_n)$ vorliegen und Aussagen über die Wahrscheinlichkeitsverteilung der (X_i, Y_i) gemacht werden sollen; sinngemäß auch für Wertetripel (x_i, y_i, z_i) usw.

Fortsetzung Seite 2 bis 7

Ausschuß Qualitätssicherung und angewandte Statistik (AQS) im DIN Deutsches Institut für Normung e. V.
Normenausschuß Einheiten und Formelgrößen (AEF) im DIN

Nr	Benennung	Definition
1 Statistische Schätzung		
1.1	Schätzung estimation estimation	Verfahren, das angewendet wird, um aus Stichprobenergebnissen Schätzwerte oder Schätzbereiche für die Parameter der Wahrscheinlichkeitsverteilung (siehe DIN 55 350 Teil 21) zu bestimmen, die als Modell für die Grundgesamtheit (siehe DIN 55 350 Teil 14, z. Z. Entwurf) gewählt wurde, aus der die Stichprobe stammt. Anmerkung 1: Im weiteren Sinne spricht man auch von der Schätzung von Wahrscheinlichkeiten und Verteilungsfunktionen. Anmerkung 2: Bei der Punktschätzung ist das Schätzergebnis ein Schätzwert (1.2.1), bei der Bereichsschätzung ein Schätzbereich (2.2, 2.3).
1.2	Schätzfunktion estimator estimateur	Kenngröße (siehe DIN 55 350 Teil 23) zur Schätzung (1.1) eines Parameters einer Wahrscheinlichkeitsverteilung.
1.2.1	Schätzwert estimate valeur estimée	Wert der Schätzfunktion.
1.3	Gesamtschätzabweichung total estimation error erreur totale d'éstimation	Schätzwert minus wahrer Wert des geschätzten Parameters. Anmerkung: Die Gesamtschätzabweichung setzt sich zusammen aus der systematischen Abweichung der Schätzfunktion (1.4) und den zufälligen Abweichungen. Einfluß auf die Gesamtschätzabweichung haben – die Stichprobenabweichung (1.3.1), – die Abweichung durch Runden (siehe DIN 1333 Teil 2), – die Abweichung durch Klassierung (siehe DIN 55 350 Teil 23) der Beobachtungswerte und – andere Abweichungen.
1.3.1	Stichprobenabweichung sampling error erreur d'échantillonage	Anteil der Gesamtschätzabweichung, der auf die Zufälligkeit der Stichprobe zurückzuführen ist.
1.4	Systematische Abweichung der Schätzfunktion bias of estimator biais d'un estimateur	Erwartungswert (siehe DIN 55 350 Teil 21) der Schätzfunktion (1.2) minus wahrer Wert des geschätzten Parameters.
1.4.1	Erwartungstreue Schätzfunktion unbiased estimator estimateur sans biais	Schätzfunktion, deren Erwartungswert (siehe DIN 55 350 Teil 21) gleich dem wahren Wert des geschätzten Parameters ist. Anmerkung: Der arithmetische Mittelwert ist eine erwartungstreue Schätzfunktion für den Erwartungswert der Wahrscheinlichkeitsverteilung, die Stichprobenvarianz (siehe DIN 55 350 Teil 23) eine erwartungstreue Schätzfunktion für deren Varianz. Hingegen ist die Stichprobenstandardabweichung keine erwartungstreue Schätzfunktion für die Standardabweichung der Wahrscheinlichkeitsverteilung.
2 Schätzbereiche		
2.1	Vertrauensniveau confidence level niveau de confiance	Mindestwert $1\text{-}\alpha$ der Wahrscheinlichkeit, der für die Berechnung eines Vertrauensbereichs (2.2) oder eines statistischen Anteilsbereichs (2.3) vorgegeben ist. Anmerkung: Auch „Konfidenzniveau".
2.2	Vertrauensbereich confidence interval intervalle de confiance	Aus Stichprobenergebnissen berechneter Schätzbereich, der den wahren Wert ϑ des zu schätzenden Parameters auf dem vorgegebenen Vertrauensniveau $1\text{-}\alpha$ einschließt. Anmerkung 1: Die Grenzen V_1 und V_2 des Vertrauensbereichs sind Funktionen der Beobachtungswerte der Stichprobe, für die $P(V_1 \leq \vartheta \leq V_2) \geq 1\text{-}\alpha$ gilt. Sie sind also Zufallsgrößen und weisen daher im allgemeinen für jede Stichprobe andere Werte auf. Die aus einer längeren Folge von Stichproben errechneten Vertrauensbereiche schließen den wahren Wert ϑ mit einer relativen Häufigkeit ein, die annähernd gleich oder größer als $1\text{-}\alpha$ ist. Anmerkung 2: Anzugeben ist, welche Wahrscheinlichkeitsverteilung als Modell vorausgesetzt wurde.

Nr	Benennung	Definition
2.2	(Fortsetzung)	Anmerkung 3: Sind beide Grenzen nach Anmerkung 1 als Zufallsgrößen definiert, dann spricht man von einem „zweiseitig abgegrenzten Vertrauensbereich". Ist eine der Grenzen keine Zufallsgröße, sondern stellt sie den kleinst- oder größtmöglichen endlichen oder unendlichen Wert von ϑ dar, dann spricht man von einem „einseitig abgegrenzten Vertrauensbereich". Anmerkung 4: Auch „Konfidenzbereich" oder „Konfidenzintervall".
2.2.1	Vertrauensgrenze confidence limit limite de confiance	Obere oder untere Grenze des Vertrauensbereichs. Anmerkung: Auch „Konfidenzgrenze".
2.3	Statistischer Anteilsbereich statistical tolerance interval intervalle statistique de dispersion	Aus Stichprobenergebnissen berechneter Schätzbereich, der mindestens einen festgelegten Anteil $1\text{-}\gamma$ der Wahrscheinlichkeitsverteilung auf dem vorgegebenen Vertrauensniveau $1\text{-}\alpha$ einschließt. Anmerkung 1: Die Grenzen A_1 und A_2 des statistischen Anteilsbereichs sind Funktionen der Beobachtungswerte der Stichprobe. Sie sind also Zufallsgrößen und weisen daher im allgemeinen für jede Stichprobe andere Werte auf. Die aus einer längeren Folge von Stichproben errechneten statistischen Anteilsbereiche schließen mit einer relativen Häufigkeit, die annähernd gleich oder größer als $1\text{-}\alpha$ ist, Anteile der Grundgesamtheit ein, die den festgelegten Anteil mindestens erreichen, d. h. die relative Häufigkeit von statistischen Anteilsbereichen, für die $P(A_1 \leq X \leq A_2) \geq 1\text{-}\gamma$ gilt, ist annähernd gleich oder größer als $1\text{-}\alpha$. Anmerkung 2: Anzugeben ist, welche Wahrscheinlichkeitsverteilung als Modell vorausgesetzt wurde. Anmerkung 3: Sind beide Grenzen nach Anmerkung 1 als Zufallsgrößen definiert, dann spricht man von einem „zweiseitig abgegrenzten statistischen Anteilsbereich". Ist eine der beiden Grenzen keine Zufallsgröße, sondern stellt sie den kleinst- oder größtmöglichen endlichen oder unendlichen Wert der betrachteten Zufallsgröße dar, dann spricht man von einem „einseitig abgegrenzten statistischen Anteilsbereich".
2.3.1	Anteilsgrenze statistical tolerance limit limite statistique de dispersion	Obere oder untere Grenze des statistischen Anteilsbereichs.
3	**Testverfahren**	
3.1	Nullhypothese null hypothesis hypothèse nulle	Aussage, durch die aus einer Menge von zugelassenen Wahrscheinlichkeitsverteilungen eine Teilmenge ausgewählt wird. Anmerkung 1: Bezeichnung H_0. Anmerkung 2: Die Teilmenge wird möglichst so ausgewählt, daß die Aussage nicht mit der zu prüfenden Vermutung vereinbar ist. Einzelheiten dazu in Anmerkung 1 zu 3.5, Beispiele in Anmerkung 3 zu 3.2. Anmerkung 3: Auch kurz „Hypothese" (siehe Anmerkung 4 zu 3.2).
3.2	Alternativhypothese alternative hypothesis hypothèse alternative	Aussage, durch die aus einer Menge von zugelassenen Wahrscheinlichkeitsverteilungen alle diejenigen ausgewählt werden, die nicht zur Nullhypothese gehören. Anmerkung 1: Bezeichnung H_1. Anmerkung 2: Die Alternativhypothese ist demnach eine Aussage, die der Nullhypothese entgegensteht. Einzelheiten dazu in Anmerkung 1 zu 3.5. Anmerkung 3: Beispiele Beispiel 1: Zugelassen sind alle stetigen Wahrscheinlichkeitsverteilungen, bei denen die Zufallsgröße Werte zwischen $-\infty$ und ∞ annehmen kann. Vermutung: Die wahre Wahrscheinlichkeitsverteilung ist keine Normalverteilung. Nullhypothese: Diese Wahrscheinlichkeitsverteilung ist eine Normalverteilung. Alternativhypothese: Diese Wahrscheinlichkeitsverteilung ist keine Normalverteilung. Beispiel 2: Zugelassen sind alle Normalverteilungen. Vermutung: Der Erwartungswert μ der wahren Normalverteilung ist größer als ein vorgegebener Wert μ_0. Nullhypothese H_0: $\mu \leq \mu_0$ Alternativhypothese H_1: $\mu > \mu_0$ Beispiel 3: Zugelassen sind alle Normalverteilungen mit übereinstimmender bekannter Standardabweichung σ. Vermutung: Die wahre

Nr	Benennung	Definition
3.2	(Fortsetzung)	Normalverteilung hat einen mit einem vorgegebenen Wert μ_0 nicht übereinstimmenden Erwartungswert μ. Nullhypothese H_0: $\mu = \mu_0$ Alternativhypothese H_1: $\mu \neq \mu_0$ Beispiel 4: Zugelassen sind alle zwischen Null und Eins liegenden Anteile p_1 und p_2 fehlerhafter Einheiten in zwei Losen 1 und 2. Vermutung: Die Anteile sind unterschiedlich. Nullhypothese H_0: $p_1 = p_2$ Alternativhypothese H_1: $p_1 \neq p_2$ Anmerkung 4: Auch kurz „Alternative" (siehe Anmerkung 3 zu 3.1). Früher „Gegenhypothese".
3.3	Einfache Hypothese simple hypothesis hypothèse simple	Null- oder Alternativhypothese, wobei die ausgewählte Teilmenge nur aus einer einzigen Wahrscheinlichkeitsverteilung besteht. Anmerkung: Siehe Anmerkung zu 3.4.
3.4	Zusammengesetzte Hypothese composite hypothesis hypothèse composite	Null- oder Alternativhypothese, wobei die Teilmenge aus mehr als einer Wahrscheinlichkeitsverteilung besteht. Anmerkung: In den Beispielen 3 und 4 von Anmerkung 3 zu 3.2 ist die Nullhypothese eine einfache, die Alternativhypothese eine zusammengesetzte Hypothese. In den Beispielen 1 und 2 von Anmerkung 3 zu 3.2 sind sowohl Null- als auch Alternativhypothese zusammengesetzte Hypothesen.
3.5	Statistischer Test statistical test, significance test test statistique, test de signification	Unter definierten Voraussetzungen geltendes Verfahren, um mit Hilfe von Stichprobenergebnissen zu entscheiden, ob die wahre Wahrscheinlichkeitsverteilung zur Nullhypothese oder zur Alternativhypothese gehört. Anmerkung 1: Vor Durchführung eines statistischen Tests wird zunächst unter Berücksichtigung aller Informationen die Menge der zugelassenen Wahrscheinlichkeitsverteilungen festgelegt. Dann werden die Wahrscheinlichkeitsverteilungen, die aufgrund der zu prüfenden Vermutung wahr sein können, als Alternativhypothese ausgewählt. Schließlich wird als Alternative dazu die Nullhypothese formuliert. In vielen Fällen läßt sich die Menge der zugelassenen Wahrscheinlichkeitsverteilungen und demzufolge auch Nullhypothese und Alternativhypothese durch die Angabe der zugehörigen Werte von Parametern festlegen. Liegt beispielsweise eine stetige Zufallsgröße vor, die Werte zwischen $-\infty$ und ∞ annehmen kann, und hat man die Vermutung, daß die wahre Wahrscheinlichkeitsverteilung keine Normalverteilung ist, dann wird man die Hypothesen gemäß Beispiel 1 von Anmerkung 3 zu 3.2 formulieren. Folgt die Zufallsgröße einer Normalverteilung mit bekanntem σ und vermutet man, daß deren Erwartungswert μ von einem vorgegebenen Wert μ_0 abweicht, dann wird man die Hypothesen gemäß Beispiel 3 von Anmerkung 3 zu 3.2 formulieren. Anmerkung 2: Da die Entscheidung mit Hilfe von Stichprobenergebnissen getroffen wird, kann sie fehlerhaft sein; vergleiche 3.11 und 3.12. Anmerkung 3: Wenn die Voraussetzungen für die Anwendung des statistischen Tests nicht erfüllt sind, ergibt sich ein Fehler im Ansatz. Anmerkung 4: Auch „Signifikanztest".
3.6	Prüfgröße test statistic statistique à tester	Kenngrößen (siehe DIN 55350 Teil 23), mit deren Werten entschieden wird, ob die wahre Wahrscheinlichkeitsverteilung zur Nullhypothese gehört oder nicht. Anmerkung: In DIN 13303 Teil 2 „Prüffunktion" genannt. Auch „Testgröße".
3.6.1	Prüfwert test value valeur du statistique à tester	Wert der Prüfgröße. Anmerkung: Auch „Testwert".
3.7	Verteilungsfreier Test distribution free test test non paramétrique	Statistischer Test, bei dem die Verteilungsfunktion der Prüfgröße nicht von den Verteilungsfunktionen aus der Menge der Wahrscheinlichkeitsverteilungen unter der Nullhypothese abhängt. Anmerkung: Auch „Nichtparametrischer Test".
3.8	Verteilungsgebundener Test parametric test test paramétrique	Statistischer Test, bei dem die Verteilungsfunktion der Prüfgröße von einer der Verteilungsfunktionen aus der Menge der Wahrscheinlichkeitsverteilungen unter der Nullhypothese abhängt. Anmerkung: Auch „Parametrischer Test".

Nr	Benennung	Definition
3.9	Kritischer Bereich critical region région critique	Teilmenge von Prüfwerten (der Menge der möglichen Prüfwerte), die zum Verwerfen der Nullhypothese führen.
3.9.1	Kritischer Wert critical value valeur critique	Grenze des kritischen Bereichs. Anmerkung 1: Besteht der kritische Bereich aus der Menge der Prüfwerte, die entweder nur größer sind als der kritische Wert oder nur kleiner sind als der kritische Wert, dann heißt der Test „Einseitiger Test". Besteht der kritische Bereich aus der Menge der Prüfwerte, die kleiner als ein kritischer Wert K_1 oder größer als ein kritischer Wert K_2 sind, dann heißt der Test „Zweiseitiger Test". Ob ein Test einseitig oder zweiseitig ist, hängt von der Alternativhypothese ab. In Beispiel 2 von Anmerkung 3 zu 3.2 ist der Test einseitig, in den Beispielen 3 und 4 von Anmerkung 3 zu 3.2 ist der Test zweiseitig. Im Fall, daß die Prüfgröße positive und negative Werte annehmen kann, ist auf das Vorzeichen des Prüfwertes und des kritischen Wertes zu achten. Anmerkung 2: Früher auch „Schwellenwert".
3.10	Signifikantes Testergebnis significant test result résultat significatif du test	Ergebnis eines statistischen Tests, bei dem der Prüfwert in den kritischen Bereich fällt. Anmerkung: Ist dies der Fall, wird die Nullhypothese verworfen.
3.11	Fehler 1. Art error of the first kind erreur de première espèce	Verwerfen der Nullhypothese, obwohl die wahre Wahrscheinlichkeitsverteilung zur Nullhypothese gehört.
3.11.1	Wahrscheinlichkeit des Fehlers 1. Art type I risk risque de première espèce	Wahrscheinlichkeit, die Nullhypothese zu verwerfen, falls die wahre Wahrscheinlichkeitsverteilung zur Nullhypothese gehört.
3.11.2	Signifikanzniveau significance level niveau de signification	Höchstwert für die Wahrscheinlichkeit des Fehlers 1. Art, der für die Durchführung eines statistischen Tests vorgegeben ist. Anmerkung 1: Bezeichnung α. Anmerkung 2: Bei Annahme-Stichprobenprüfungen wird das Signifikanzniveau „Lieferantenrisiko" genannt.
3.12	Fehler 2. Art error of the second kind erreur de seconde espèce	Nichtverwerfen der Nullhypothese, obwohl die wahre Wahrscheinlichkeitsverteilung zur Alternativhypothese gehört.
3.12.1	Wahrscheinlichkeit des Fehlers 2. Art type II risk risque de seconde espèce	Wahrscheinlichkeit, die Nullhypothese nicht zu verwerfen, falls die wahre Wahrscheinlichkeitsverteilung zur Alternativhypothese gehört. Anmerkung 1: Bezeichnung β. Anmerkung 2: Bei Annahme-Stichprobenprüfungen wird die Wahrscheinlichkeit des Fehlers 2. Art „Abnehmerrisiko" genannt.
3.12.2	Schärfe power puissance	Eins minus Wahrscheinlichkeit des Fehlers 2. Art. Anmerkung 1: Bezeichnung $1-\beta$. Anmerkung 2: Auch „Testschärfe". Anmerkung 3: Früher auch „Macht eines Tests".
3.13	Gütefunktion power function fonction de puissance	Die Wahrscheinlichkeit für das Verwerfen der Nullhypothese als Funktion eines Parameters, sofern sich die zugelassenen Wahrscheinlichkeitsverteilungen durch den Parameter erfassen lassen. Anmerkung 1: In Beispiel 3 von Anmerkung 3 zu 3.2 lassen sich die zugelassenen Wahrscheinlichkeitsverteilungen durch den Parameter μ erfassen. Die Gütefunktion des Tests ist in diesem Fall also die Wahrscheinlichkeit des Verwerfens der Nullhypothese (H_0: $\mu = \mu_0$) als Funktion von μ. Anmerkung 2: Auch „Machtfunktion".
3.13.1	Operationscharakteristik operating characteristic courbe d'efficacité	Eins minus Gütefunktion.

Zitierte Normen und andere Unterlagen

DIN 1333 Teil 2	Zahlenangaben; Runden
DIN 13303 Teil 1	Stochastik; Wahrscheinlichkeitstheorie, Gemeinsame Grundbegriffe der mathematischen und beschreibenden Statistik; Begriffe und Zeichen
DIN 13303 Teil 2	Stochastik; Mathematische Statistik, Begriffe und Zeichen
DIN 55350 Teil 11	Begriffe der Qualitätssicherung und Statistik; Begriffe der Qualitätssicherung; Grundbegriffe
DIN 55350 Teil 12	Begriffe der Qualitätssicherung und Statistik; Begriffe der Qualitätssicherung; Merkmalsbezogene Begriffe
DIN 55350 Teil 13	Begriffe der Qualitätssicherung und Statistik; Begriffe der Qualitätssicherung; Genauigkeitsbegriffe
DIN 55350 Teil 14	(z.Z. Entwurf) Begriffe der Qualitätssicherung und Statistik; Begriffe der Qualitätssicherung; Begriffe der Probenahme
DIN 55350 Teil 21	Begriffe der Qualitätssicherung und Statistik; Begriffe der Statistik; Zufallsgrößen und Wahrscheinlichkeitsverteilungen
DIN 55350 Teil 22	Begriffe der Qualitätssicherung und Statistik; Begriffe der Statistik; Spezielle Wahrscheinlichkeitsverteilungen
DIN 55350 Teil 23	Begriffe der Qualitätssicherung und Statistik; Begriffe der Statistik; Beschreibende Statistik
ISO 3534	Statistics – Vocabulary and Symbols

Glossary of Terms, used in the Management of Quality, European Organization for Quality Control – EOQC
(Bezugsnachweis: Deutsche Gesellschaft für Qualität, Kurhessenstraße 95, 6000 Frankfurt 50)

Stichwortverzeichnis (Begriffe in deutscher Sprache)

Dieses Verzeichnis enthält auch Benennungen, die in Anmerkungen vorkommen, und zwar auch dann, wenn sie dort als nicht empfehlenswert bezeichnet werden.

A
Abnehmerrisiko 3.12.1
Abweichung durch Klassierung 1.3
Abweichung durch Runden 1.3
Abweichungen 1.3
Alternative 3.2
Alternativhypothese 3.2
Anteilsgrenze 2.3.1

B
Bereichsschätzung 1.1

E
Einfache Hypothese 3.3
Einseitig abgegrenzter statistischer Anteilsbereich 2.3
Einseitig abgegrenzter Vertrauensbereich 2.2
Einseitiger Test 3.9.1
Erwartungstreue Schätzfunktion 1.4.1

F
Fehler 1. Art 3.11
Fehler 2. Art 3.12
Fehler im Ansatz 3.5

G
Gegenhypothese 3.2
Gesamtschätzabweichung 1.3
Gütefunktion 3.13

H
Hypothese 3.1

K
Konfidenzbereich 2.2
Konfidenzgrenze 2.2.1
Konfidenzintervall 2.2
Konfidenzniveau 2.1
Kritischer Bereich 3.9
Kritischer Wert 3.9.1

L
Lieferantenrisiko 3.11.2

M
Machtfunktion 3.13

N
Nichtparametrischer Test 3.7
Nullhypothese 3.1

O
Operationscharakteristik 3.13.1

P
Parametrischer Test 3.8
Prüffunktion 3.6
Prüfgröße 3.6
Prüfwert 3.6.1
Punktschätzung 1.1

S
Schärfe 3.12.2
Schätzbereiche 2
Schätzfunktion 1.2
Schätzung 1.1
Schätzung von Wahrscheinlichkeiten und Verteilungsfunktionen 1.1
Schätzwert 1.2.1
Schwellenwert 3.9.1
Signifikantes Testergebnis 3.10
Signifikanzniveau 3.11.2
Signifikanztest 3.5
Statistischer Anteilsbereich 2.3
Statistischer Test 3.5
Statistische Schätzung 1
Stichprobenabweichung 1.3.1
Systematische Abweichung der Schätzfunktion 1.3, 1.4

T
Testgröße 3.6
Testschärfe 3.12.2
Testverfahren 3
Testwert 3.6.1

V
Verteilungsfreier Test 3.7
Verteilungsgebundener Test 3.8
Vertrauensbereich 2.2
Vertrauensgrenze 2.2.1
Vertrauensniveau 2.1

W
Wahrscheinlichkeit des Fehlers 1. Art 3.11.1
Wahrscheinlichkeit des Fehlers 2. Art 3.12.1

Z
Zusammengesetzte Hypothese 3.4
Zweiseitig abgegrenzter statistischer Anteilsbereich 2.3
Zweiseitig abgegrenzter Vertrauensbereich 2.2
Zweiseitiger Test 3.9.1

DK 658.562 : 519.2 : 001.4 Dezember 1985

Begriffe der Qualitätssicherung und Statistik
Begriffe der Annahmestichprobenprüfung

DIN 55 350 Teil 31

Concepts of quality management and statistics; concepts of acceptance sampling inspection

Die in dieser Norm enthaltenen fremdsprachlichen Benennungen (in der Reihenfolge englisch, französisch) sind nicht Bestandteil dieser Norm. Sie sollen das Übersetzen erleichtern.

1 Anwendungsbereich und Zweck

Diese Norm dient wie alle Teile von DIN 55 350 dazu, Benennungen und Definitionen der in der Qualitätssicherung und Statistik verwendeten Begriffe zu vereinheitlichen.

Die Teile von DIN 55 350 sollen nach Möglichkeit alle an der Normung interessierten Anwendungsbereiche berücksichtigen. Sie dürfen deshalb ihre Definitionen nicht so eng fassen, daß sie nur für spezielle Bereiche gelten (Technik, Landwirtschaft, Medizin u. a.). Die internationale Terminologie wurde berücksichtigt, insbesondere die von der International Organization for Standardization (ISO) herausgegebene Internationale Norm ISO 3534 – 1977 „Statistics – Vocabulary and Symbols" und das von der European Organization for Quality Control (EOQC) herausgegebene „Glossary of Terms used in the Management of Quality".

3 Begriffe

Die in Klammern angegebenen Nummern sind Hinweise auf die Nummern der in dieser Norm enthaltenen Begriffe.

Nr	Benennung	Definition
1	**Los** lot lot	Menge eines Produkts, die unter Bedingungen entstanden ist, die als einheitlich angesehen werden. Anmerkung 1: Bei dem Produkt kann es sich beispielsweise um Rohmaterial, um Halbzeug oder um ein Endprodukt handeln. Anmerkung 2: Unter welchen Umständen die Bedingungen als einheitlich angesehen werden können, läßt sich nicht allgemein angeben. Beispielsweise kann ein Wechsel des eingesetzten Materials oder des Werkzeugs oder eine Unterbrechung des Herstellvorgangs zu anderen Bedingungen führen. Anmerkung 3: Das Los umfaßt nicht notwendigerweise die gesamte Menge des Produkts, die unter einheitlichen Bedingungen entstanden ist; diese gesamte Menge wird in manchen Branchen auch „Charge" oder „Partie" genannt.
1.1	**Losumfang** lot size taille de lot	Anzahl der Einheiten (siehe DIN 55 350 Teil 11) im Los.
1.2	**Prüflos** inspection lot lot pour inspection	Los, das als zu beurteilende Gesamtheit einer Qualitätsprüfung (siehe DIN 55 350 Teil 11) unterzogen wird. Anmerkung: Prüflos und Lieferung (E: „consignment"; F: „livraison") können übereinstimmen, können sich aber im Umfang auch unterscheiden, beispielsweise – kann eine Lieferung aus einem oder mehreren Losen oder Teilen davon bestehen, – kann eine Lieferung in mehrere Prüflose unterteilt werden oder – können auch mehrere Lieferungen zu einem Prüflos zusammengefaßt werden, sofern sie unter Bedingungen entstanden sind, die als einheitlich angesehen werden.

Fortsetzung Seite 2 bis 7

Ausschuß Qualitätssicherung und angewandte Statistik (AQS) im DIN Deutsches Institut für Normung e.V.

Nr	Benennung	Definition
2	**Fehler** nonconformance non-conformité	Nichterfüllung vorgegebener Forderungen durch einen Merkmalswert (aus: DIN 55 350 Teil 11/09.80). Anmerkung 1: Eine vorgegebene Forderung für ein quantitatives Merkmal ist z. B. ein Toleranzbereich, der durch Grenzwerte (G_{un}, G_{ob}) definiert ist (siehe DIN 55 350 Teil 12). Liegt der Merkmalswert x außerhalb des Toleranzbereiches, handelt es sich um einen Fehler. Dabei kann der Betrag des Grenzwertabstandes $\|G_{ob} - x\|$ oder $\|x - G_{un}\|$ bedeutsam für die Entscheidung sein, was mit der fehlerhaften Einheit geschehen soll. Die Verwendbarkeit ist durch einen Fehler nicht notwendigerweise beeinträchtigt. Anmerkung 2: Weitere Anmerkungen siehe DIN 55 350 Teil 11.
2.1	**Fehlerklassifizierung** classification of nonconformance classification des non-conformité	Einstufung möglicher Fehler (2) einer Einheit (siehe DIN 55 350 Teil 11) in Fehlerklassen nach einer Bewertung, die an den Fehlerfolgen ausgerichtet ist. Anmerkung: International üblich ist eine Klassifizierung in drei Fehlerklassen nach 2.1.1 bis 2.1.3 (siehe auch DIN 40 080).
2.1.1	**Kritischer Fehler** critical nonconformance non-conformité critique	Fehler (2), von dem anzunehmen oder bekannt ist, daß er voraussichtlich für Personen, die die betreffende Einheit benutzen, instandhalten oder auf sie angewiesen sind, gefährliche oder unsichere Situationen schafft; oder ein Fehler, von dem anzunehmen oder bekannt ist, daß er voraussichtlich die Erfüllung der Funktion einer größeren Anlage, wie z. B. eines Schiffes, eines Flugzeuges, einer Rechenanlage, einer medizinischen Einrichtung oder eines Nachrichtensatelliten, verhindert.
2.1.2	**Hauptfehler** major nonconformance non-conformité principal	Nicht kritischer Fehler (2.1.1), der voraussichtlich zu einem Ausfall (siehe DIN 40 041 Teil 3, z. Z. Entwurf) führt oder die Brauchbarkeit für den vorgesehenen Verwendungszweck wesentlich herabsetzt.
2.1.3	**Nebenfehler** minor nonconformance non-conformité mineur	Fehler (2), der voraussichtlich die Brauchbarkeit für den vorgesehenen Verwendungszweck nicht wesentlich herabsetzt, oder ein Abweichen von den geltenden Festlegungen, das den Gebrauch oder Betrieb der Einheit nur geringfügig beeinflußt.
2.2	**Fehlerhafte Einheit** nonconforming item individu non-conformé	Einheit (siehe DIN 55 350 Teil 11) mit einem oder mit mehreren Fehlern (2). Anmerkung 1: Diese Einheit ist demnach dann fehlerhaft, wenn für diese Einheit vorgegebene Forderungen nicht erfüllt sind. Dabei ist zu beachten, daß ein Fehler in bezug auf die Forderungen für eine Komponente nicht notwendigerweise ein Fehler der übergeordneten Einheit ist. Anmerkung 2: Die Anzahl der festgestellten Fehler kann größer als die Anzahl der untersuchten Einheiten sein. Anmerkung 3: Fehlerhafte Einheiten werden wie folgt klassifiziert: Eine „Einheit mit kritischem Fehler" (E: critical defective; F: défectueux critique) weist einen oder mehrere kritische Fehler auf; sie kann daneben noch Haupt- oder Nebenfehler haben. Eine „Einheit mit Hauptfehlern" (E: major defective; F: défectueux majeur) weist einen oder mehrere Hauptfehler auf; sie kann daneben noch Nebenfehler haben, hat aber keine kritischen Fehler. Eine „Einheit mit Nebenfehlern" (E: minor defective; F: défectueux mineur) weist einen oder mehrere Nebenfehler auf, hat aber weder kritische noch Hauptfehler.
2.2.1	**Anteil fehlerhafter Einheiten** fraction nonconforming proportion de non-conformé	Anzahl fehlerhafter Einheiten dividiert durch die Anzahl aller Einheiten. Anmerkung 1: Durch Multiplikation mit dem Faktor 100 ergibt sich der Anteil fehlerhafter Einheiten in Prozent. Anmerkung 2: Danach ist – der Anteil fehlerhafter Einheiten im Los (1) gleich der Anzahl fehlerhafter Einheiten im Los dividiert durch den Losumfang (1.1), – der Anteil fehlerhafter Einheiten in der Stichprobe (siehe DIN 55 350 Teil 14) gleich der Anzahl fehlerhafter Einheiten in der Stichprobe dividiert durch den Stichprobenumfang (siehe DIN 55 350 Teil 14).

Nr	Benennung	Definition
3	**Stichprobensystem** sampling system procedure d'échantillonnage	Zusammenstellung von Stichprobenplänen (3.1) mit Regeln für ihre Anwendung. Anmerkung: Beispielsweise wird durch solche Regeln festgelegt, wann und unter welchen Umständen von normaler Prüfung auf verschärfte Prüfung übergegangen werden muß und umgekehrt.
3.1	**Stichprobenplan** sampling scheme	Zusammenstellung von Stichprobenanweisungen nach übergeordneten Gesichtspunkten, die sich aus dem Stichprobensystem ergeben. Anmerkung 1: Als übergeordneter Gesichtspunkt dient vorwiegend die annehmbare Qualitätsgrenzlage (8.1), aber auch die rückzuweisende Qualitätsgrenzlage (8.2) oder der maximale Durchschlupf (11.1). Die englische Benennung für diese speziellen Fälle heißt „set of sampling plans".
3.1.1	**Stichprobenanweisung** sampling plan plan d'échantillonnage	Anweisung über den Umfang der zu entnehmenden Stichprobe(n) (siehe DIN 55 350 Teil 14) und über die Kriterien für die Feststellung der Annehmbarkeit des Prüfloses (1.2). Anmerkung 1: Als Kriterien dienen beispielsweise Annahme- und Rückweisezahl(en) (4.1 und 5.1). Anmerkung 2: Die Stichprobenanweisung enthält nicht die Anweisung zur Stichprobenentnahme (Begriffe hierzu siehe DIN 55 350 Teil 14).
4	**Annahme** acceptance acceptation	Feststellung, daß die Kriterien für die Annehmbarkeit des Prüfloses (1.2) erfüllt sind. Anmerkung 1: Nach ISO 3534 – 1977 wird die Annahme wie folgt definiert: Einverständnis, ein Los wie angeboten entgegenzunehmen. Anmerkung 2: Vom Begriff „Annahme" in der Qualitätsprüfung ist der juristische Begriff „Abnahme" im Sinne BGB § 640 und § 433, Absatz (2), zu unterscheiden.
4.1	**Annahmezahl** acceptance number critère d'acceptation	In Stichprobenanweisungen (3.1.1) zur Attributprüfung festgelegte höchste Anzahl fehlerhafter Einheiten oder festgelegte höchste Anzahl von Fehlern in den Stichproben, bei denen das Prüflos angenommen wird. Anmerkung: Früher auch „Gutzahl".
4.2	**Annahmewahrscheinlichkeit** probability of acceptance probabilité d'acceptation	Wahrscheinlichkeit, mit der ein Prüflos aufgrund einer Stichprobenanweisung angenommen wird. Anmerkung 1: Kurzbezeichnung P_a. Anmerkung 2: Die Annahmewahrscheinlichkeit hängt von der Qualitätslage (8) des Prüfloses ab.
5	**Rückweisung** rejection rejet	Feststellung, daß Kriterien für die Annehmbarkeit des Prüfloses nicht erfüllt sind. Anmerkung 1: Nach ISO 3534 – 1977 wird die Rückweisung wie folgt definiert: Weigerung, ein Los wie angeboten entgegenzunehmen. Anmerkung 2: Die Entscheidung über die Behandlung rückgewiesener Lose (z. B. Aussortieren, Nacharbeiten, Zurückschicken) kann sich nach besonderen Vereinbarungen richten.
5.1	**Rückweisezahl** rejection number critère de rejet	In Stichprobenanweisungen zur Attributprüfung festgelegte niedrigste Anzahl fehlerhafter Einheiten oder festgelegte niedrigste Anzahl von Fehlern in den Stichproben, bei denen das Prüflos rückgewiesen wird. Anmerkung: Früher auch „Schlechtzahl".
5.2	**Rückweisewahrscheinlichkeit** probability of rejection probabilité de rejet	Wahrscheinlichkeit, mit der ein Prüflos aufgrund einer Stichprobenanweisung rückgewiesen wird. Anmerkung: Die Rückweisewahrscheinlichkeit hängt von der Qualitätslage (8) des Prüfloses ab.

Nr	Benennung	Definition
6	**Annahmestichprobenprüfung** acceptance sampling inspection contrôle de reception par échantillonnage	Qualitätsprüfung (siehe DIN 55 350 Teil 11) anhand einer oder mehrerer Stichproben (siehe DIN 55 350 Teil 14) zur Beurteilung eines Prüfloses (1.2) nach einer Stichprobenanweisung (3.1.1). Anmerkung: Im Gegensatz dazu werden bei einer 100-%-Prüfung alle Einheiten eines Prüfloses geprüft. Diese ist von einer „vollständigen Qualitätsprüfung" zu unterscheiden, bei der eine Qualitätsprüfung hinsichtlich aller festgelegten Qualitätsmerkmale der Einheit erfolgt (siehe DIN 55 350 Teil 17, z. Z. Entwurf).
6.1	**Attributprüfung** inspection by attributes contrôle par attributes	Annahmestichprobenprüfung, bei der anhand der Anzahl der fehlerhaften Einheiten (2.2) oder der Fehler (2) in den einzelnen Stichproben die Annehmbarkeit des Prüfloses (1.2) festgestellt wird.
6.2	**Variablenprüfung** inspection by variables contrôle par mesures	Annahmestichprobenprüfung, bei der anhand der in den Stichproben ermittelten Istwerte (siehe DIN 55 350 Teil 12) eines quantitativen Merkmals (siehe DIN 55 350 Teil 12) die Annehmbarkeit des Prüfloses (1.2) festgestellt wird.
6.3	**Einfach-Stichprobenprüfung** single sampling inspection contrôle sur échantillonnage simple	Annahmestichprobenprüfung anhand einer einzigen Stichprobe.
6.4	**Doppel-Stichprobenprüfung** double sampling inspection contrôle sur échantillonnage double	Annahmestichprobenprüfung anhand von maximal zwei Stichproben. Anmerkung: Je nach dem Ergebnis kann das Prüflos schon aufgrund der ersten Stichprobe oder erst aufgrund der zweiten Stichprobe beurteilt werden.
6.5	**Mehrfach-Stichprobenprüfung** multiple sampling inspection contrôle sur échantillonnage multiple	Annahmestichprobenprüfung anhand von maximal m Stichproben ($m \geq 3$). Anmerkung: Je nach dem Ergebnis kann das Prüflos schon aufgrund der ersten Stichprobe oder erst aufgrund einer weiteren, spätestens aufgrund der m-ten Stichprobe beurteilt werden. Ob im Verlauf dieser Prüfung jeweils eine weitere Stichprobe heranzuziehen ist, hängt vom Ergebnis aller vorhergehenden Stichproben ab.
6.6	**Sequentielle Stichprobenprüfung** sequential sampling inspection contrôle sur échantillonnage progressif	Annahmestichprobenprüfung, bei der es im Verlauf dieser Prüfung von allen vorhergehenden Ergebnissen abhängt, ob jeweils eine weitere Einheit oder Stichprobe heranzuziehen ist. Anmerkung 1: Bei der sequentiellen Stichprobenprüfung ist die Anzahl von Einheiten oder Stichproben nicht vorgegeben, in Sonderfällen kann eine Höchstanzahl vorgegeben sein. Anmerkung 2: Auch „Folge-Stichprobenprüfung".
7	**Operationscharakteristik** operating characteristic curve coube d'effiacité	Für eine Annahmestichprobenprüfung (6) die Annahmewahrscheinlichkeit (4.2) eines Prüfloses (1.2) als Funktion seiner Qualitätslage (8). Anmerkung 1: Kurzbezeichnung OC Anmerkung 2: Zur Beurteilung der Operationscharakteristik wird häufig deren grafische Darstellung verwandt. Bei dieser Beurteilung ist zu beachten, daß sich für die Darstellung von Operationscharakteristiken zahlreiche unterschiedliche Koordinatenteilungen eingeführt haben. Gleiche Operationscharakteristiken führen dabei zu visuell unterschiedlich erscheinenden Kurvenverläufen. Anmerkung 3: Die Benennung „Annahmekennlinie" wird nicht empfohlen. Anmerkung 4: Für die allgemeine Definition der Operationscharakteristik siehe DIN 55 350 Teil 24.
8	**Qualitätslage** quality level niveau de qualité	Anteil fehlerhafter Einheiten (2.2.1) oder Anzahl Fehler (2) je hundert Einheiten im Los (1). Bei quantitativen Merkmalen auch: Angaben über Lage und/oder Streuung der Werte des Qualitätsmerkmals (siehe DIN 55 350 Teil 11) im Los in bezug auf die vorgegebenen Werte.

Nr	Benennung	Definition
8.1	**Annehmbare Qualitätsgrenzlage** acceptable quality level niveau de qualité acceptable	Qualitätslage, der eine vorgegebene große Annahmewahrscheinlichkeit (4.2) zugeordnet ist. Anmerkung 1: Kurzbezeichnung AQL Anmerkung 2: Das aufgrund dieser Qualitätsgrenzlage festgelegte Prüfkriterium geht von der Vorstellung aus, daß der Abnehmer Prüflose (1.2) nur mit einem kleineren Wert der Qualitätslage annehmen möchte. Anmerkung 3: Nur wenn die mittlere Qualitätslage (8.3) unter der AQL liegt, sind die Rückweisewahrscheinlichkeiten (5.2) wirtschaftlich tragbar.
8.2	**Rückzuweisende Qualitätsgrenzlage** limiting quality level niveau de qualité limite	Qualitätslage, der eine vorgegebene kleine Annahmewahrscheinlichkeit (4.2) zugeordnet ist. Anmerkung 1: Kurzbezeichnung LQ oder LQL Englische Bezeichnung auch RQL (rejectable quality level) Anmerkung 2: Das aufgrund dieser rückzuweisenden Qualitätsgrenzlage festgelegte Prüfkriterium geht von der Vorstellung aus, daß der Abnehmer Prüflose (1.2) mit einem größeren Wert der Qualitätslage nicht annehmen möchte.
8.3	**Mittlere Qualitätslage** process average qualité moyenne	Mittelwert der Qualitätslage in einer Serie von Fertigungslosen. Anmerkung: Die mittlere Qualitätslage wird auch als „durchschnittliche Herstellqualität" bezeichnet.
9	**Lieferantenrisiko** producer's risk risque du fournisseur	Rückweisewahrscheinlichkeit (5.2) für ein Los, dessen Qualitätslage (8) gleich der annehmbaren Qualitätsgrenzlage (AQL) (8.1) ist. Anmerkung: Es ist zu unterscheiden zwischen dem zur AQL der betreffenden Stichprobenanweisung (3.1.1) gehörenden Lieferantenrisiko und der zur tatsächlichen Qualitätslage gehörigen Rückweisewahrscheinlichkeit.
10	**Abnehmerrisiko** consumer's risk risque du client	Annahmewahrscheinlichkeit (4.2) für ein Los, dessen Qualitätslage (8) gleich der rückzuweisenden Qualitätsgrenzlage (LQL) (8.2) ist. Anmerkung: Es ist zu unterscheiden zwischen dem zur LQL der betreffenden Stichprobenanweisung (3.1.1) gehörigen Abnehmerrisiko und der Annahmewahrscheinlichkeit, die zu einer von der LQL abweichenden Qualitätslage gehört.
11	**Durchschlupf** average outgoing quality qualité moyenne après cόntrole	Der von der Qualitätslage (8) vor der Annahmestichprobenprüfung (6) abhängige Erwartungswert (siehe DIN 55 350 Teil 21) der Qualitätslage nach der Annahmestichprobenprüfung unter der Annahme, daß rückgewiesene Prüflose (1.2) zu 100% geprüft und alle fehlerhaften Einheiten aussortiert wurden. Anmerkung 1: Kurzbezeichnung AOQ Anmerkung 2: Der Wert des Durchschlupfs hängt davon ab, ob die aussortierten fehlerhaften Einheiten (2.2) durch fehlerfreie ersetzt wurden oder nicht. Anmerkung 3: Der Durchschlupf für eine Stichprobenanweisung (3.1.1) ist eine Funktion der Qualitätslage (8) vor der Annahmestichprobenprüfung. Diese Funktion hat ein Maximum.
11.1	**Maximaler Durchschlupf** average outgoing quality limit limite de qualité moyenne après contrôle	Maximum des Durchschlupfes bei einer Stichprobenanweisung (3.1.1). Anmerkung: Kurzbezeichnung AOQL
12	**Mittlerer Stichprobenumfang** average sample number effectiv moyen contrôle	Mittlere Anzahl der je Los (1) geprüften Einheiten (siehe DIN 55 350 Teil 11) bis zur Annahme (4) oder Rückweisung (5). Anmerkung 1: Der mittlere Stichprobenumfang (siehe DIN 55 350 Teil 14) bei einer Doppel-, Mehrfach- oder sequentiellen Stichprobenprüfung (6.4 bis 6.6) ist eine Funktion der Qualitätslage (8) der zu prüfenden Lose, während er bei einer Einfach-Stichprobenprüfung (6.3) nicht von der Qualitätslage abhängt. Anmerkung 2: Auch „durchschnittlicher Stichprobenumfang".

Zitierte Normen und andere Unterlagen

DIN 40 041 Teil 3	(z. Z. Entwurf) Zuverlässigkeit in der Elektrotechnik; Begriffe, Zustände und Ereignisse
DIN 40 080	Verfahren und Tabellen für Stichprobenprüfung anhand qualitativer Merkmale (Attributprüfung)
DIN 55 350 Teil 11	Begriffe der Qualitätssicherung und Statistik; Begriffe der Qualitätssicherung; Grundbegriffe
DIN 55 350 Teil 12	Begriffe der Qualitätssicherung und Statistik; Begriffe der Qualitätssicherung; Merkmalsbezogene Begriffe
DIN 55 350 Teil 14	Begriffe der Qualitätssicherung und Statistik; Begriffe der Probenahme
DIN 55 350 Teil 17	(z. Z. Entwurf) Begriffe der Qualitätssicherung und Statistik; Begriffe der Qualitätssicherung; Begriffe der Qualitätsprüfungsarten
DIN 55 350 Teil 21	Begriffe der Qualitätssicherung und Statistik; Begriffe der Statistik; Zufallsgrößen und Wahrscheinlichkeitsverteilungen
DIN 55 350 Teil 24	Begriffe der Qualitätssicherung und Statistik; Begriffe der Statistik; Schließende Statistik
ISO 3534-1977	Statistics - Vocabulary and Symbols

Glossary of Terms used in the Management of Quality, European Organization for Quality Control - EOQC (Bezugsnachweis: Deutsche Gesellschaft für Qualität e.V., Kurhessenstr. 95, 6000 Frankfurt/M. 50)

Weitere Normen

DIN 55 350 Teil 13	Begriffe der Qualitätssicherung und Statistik; Begriffe der Qualitätssicherung; Genauigkeitsbegriffe
DIN 55 350 Teil 15	(z. Z. Entwurf) Begriffe der Qualitätssicherung und Statistik; Begriffe der Qualitätssicherung; Begriffe zu Mustern
DIN 55 350 Teil 22	Begriffe der Qualitätssicherung und Statistik; Begriffe der Statistik; Spezielle Wahrscheinlichkeitsverteilungen
DIN 55 350 Teil 23	Begriffe der Qualitätssicherung und Statistik; Begriffe der Statistik; Beschreibende Statistik

Erläuterungen

Die Benennungen und Definitionen für die Begriffe Stichprobensystem (3), Stichprobenplan (3.1) und Stichprobenanweisung (3.1.1) müssen noch als vorläufig angesehen werden. Die Ergebnisse der entsprechenden internationalen Begriffsnormung im Rahmen der Überarbeitung von ISO 3534-1977 sind gegebenenfalls später zu berücksichtigen.

Stichwortverzeichnis

(Begriffe in deutscher Sprache)

Dieses Verzeichnis enthält auch Benennungen, die in Anmerkungen vorkommen, und zwar auch dann, wenn sie dort als nicht empfehlenswert bezeichnet werden.

A
Abnahme 4
Abnehmerrisiko 10
Annahme 4
Annahmekennlinie 7
Annahmestichprobenprüfung 6
Annahmewahrscheinlichkeit 4.2
Annahmezahl 4.1
Annehmbare Qualitätsgrenzlage 8.1
Anteil fehlerhafter Einheiten 2.2.1
AOQ 11
AOQL 11.1
AQL 8.1
Attributprüfung 6.1

C
Charge 1

D
Doppel-Stichprobenprüfung 6.4
Durchschlupf 11
Durchschnittliche Herstellqualität 8.3
Durchschnittlicher Stichprobenumfang 12

E
Einfach-Stichprobenprüfung 6.3
Einheit mit Hauptfehlern 2.2
Einheit mit kritischen Fehlern 2.2
Einheit mit Nebenfehlern 2.2

F
Fehler 2
Fehlerhafte Einheit 2.2
Fehlerklassen 2.1
Fehlerklassifizierung 2.1
Folge-Stichprobenprüfung 6.6

G
Gutzahl 4.1

H
Hauptfehler 2.1.2
100-%-Prüfung 6

K
Kritischer Fehler 2.1.1

L
Lieferantenrisiko 9
Lieferung 1.2
Los 1
Losumfang 1.1
LQ 8.2
LQL 8.2

M
Maximaler Durchschlupf 11.1
Mehrfach-Stichprobenprüfung 6.5
Mittlere Qualitätslage 8.3
Mittlerer Stichprobenumfang 12

N
Nebenfehler 2.1.3

O
OC 7
Operationscharakteristik 7

P
Partie 1
Prüflos 1.2

Q
Qualitätslage 8

R
RQL 8.2
Rückweisewahrscheinlichkeit 5.2
Rückweisezahl 5.1
Rückweisung 5
Rückzuweisende Qualitätsgrenzlage 8.2

S
Schlechtzahl 5.1
Sequentielle Stichprobenprüfung 6.6
Stichprobenanweisung 3.1.1
Stichprobenplan 3.1
Stichprobensystem 3

V
Variablenprüfung 6.2
Vollständige Qualitätsprüfung 6

Internationale Patentklassifikation

G 01 N 1/00
G 06 F 15/46

DK 658.562:001.4

Entwurf April 1989

	Qualität Begriffe Identisch mit ISO 8402:1986	DIN ISO 8402

Quality; Vocabulary;
Identical with ISO 8402:1986

Qualité; Vocabulaire;
Identique à ISO 8402:1986

Einsprüche bis
31. Jul 1989

Anwendungswarnvermerk auf der letzten Seite beachten!

Vorgesehen als teilweiser Ersatz für DIN 55 350 T11/05.87

Die Internationale Norm ISO 8402, 1. Ausgabe 1986-06-15, "Quality - Vocabulary", ist unverändert in diesen deutschen Norm-Entwurf übernommen worden.

Nationales Vorwort

Die deutsche Übersetzung der in dieser Norm enthaltenen Benennungen und Definitionen wurde zwischen den Normenorganisationen der Bundesrepublik Deutschland, Österreichs und der Schweiz abgestimmt. Da die Internationale Norm ISO 8402 zur Zeit durch weitere Begriffe ergänzt wird, die anläßlich der bereits beschlossenen Einarbeitung in ISO 8402-1986 in dieser zu Veränderungen der Benennungen und Definitionen führen werden, ist dann auch für den deutschen Sprachraum mit Änderungen der Formulierungen zu rechnen.

Einige Definitionen wichtiger Grundbegriffe der englischen Fassung lassen hinsichtlich Begriffsumfang und Begriffshierarchie unterschiedliche Auslegungen zu, auf die zum Teil in nationalen Fußnoten eingegangen wird.

Fast alle Begriffe sind, sachlich weitgehend übereinstimmend, bereits in der Norm DIN 55 350 Teil 11 enthalten, in der allerdings erheblich mehr Begriffe genormt sind. DIN 55 350 Teil 11 soll wegen der Herausgabe dieses Norm-Entwurfs überarbeitet werden.

Die Originalfassung von ISO 8402 enthält neben dem englischen und französischen Text auch eine russische Fassung.

Im vorliegenden Norm-Entwurf wurde auf die Wiedergabe des russischen Textes verzichtet und an seiner Stelle die deutsche Übersetzung aufgenommen.

Forsetzung Seite 2 bis 23

Ausschuß Qualitätssicherung und angewandte Statistik (AQS) im DIN Deutsches Institut für Normung e.V.

Deutsche Übersetzung

Qualität - Begriffe

Vorwort

Die ISO (Internationale Organisation für Normung) ist die weltweite Vereinigung nationaler Normungsinstitute (ISO-Mitgliedskörperschaften). Die Erarbeitung Internationaler Normen obliegt den Technischen Komitees der ISO. Jede Mitgliedskörperschaft, die sich für ein Thema interessiert, für das ein Technisches Komitee eingesetzt wurde, ist berechtigt, in diesem Komitee mitzuarbeiten. Internationale (staatliche und nichtstaatliche) Organisationen, die mit der ISO in Verbindung stehen, sind an den Arbeiten ebenfalls beteiligt.

Die von den Technischen Komitees verabschiedeten Entwürfe zu Internationalen Normen werden von Mitgliedskörperschaften zunächst zur Annahme vorgelegt, bevor sie vom Rat der ISO als Internationale Norm bestätigt werden. Sie werden nach den Verfahrensregeln der ISO angenommen, wenn mindestens 75 % der abstimmenden Mitgliedskörperschaften zugestimmt haben.

Die Internationale Norm ISO 8402 wurde vom Technischen Komitee ISO/TC 176 "Quality assurance"*) ausgearbeitet.

Es wird darauf hingewiesen, daß Internationale Normen von Zeit zu Zeit überarbeitet werden und daß sich jeder Hinweis in dieser Norm auf eine andere Internationale Norm auf die letzte Ausgabe bezieht, falls nicht anders angegeben.

---

*) Fußnote in der deutschsprachigen Übersetzung: Der neue Name lautet ISO/TC 176 "Quality Management and Quality Assurance".

Foreword

ISO (the International Organization for Standardization) is a worldwide federation of national standards bodies (ISO member bodies). The work of preparing International Standards is normally carried out through ISO technical committees. Each member body interested in a subject for which a technical committee has been established has the right to be represented on that committee. International organizations, governmental and non-governmental, in liaison with ISO, also take part in the work.

Draft International Standards adopted by the technical committees are circulated to the member bodies for approval before their acceptance as International Standards by the ISO Council. They are approved in accordance with ISO procedures requiring at least 75 % approval by the member bodies voting.

International Standard ISO 8402 was prepared by Technical Committee ISO/TC 176, *Quality assurance*.

Users should note that all International Standards undergo revision from time to time and that any reference made herein to any other International Standard implies its latest edition, unless otherwise stated.

Avant-propos

L'ISO (Organisation internationale de normalisation) est une fédération mondiale d'organismes nationaux de normalisation (comités membres de l'ISO). L'élaboration des Normes internationales est confiée aux comités techniques de l'ISO. Chaque comité membre intéressé par une étude a le droit de faire partie du comité technique créé à cet effet. Les organisations internationales, gouvernementales et non gouvernementales, en liaison avec l'ISO participent également aux travaux.

Les projets de Normes internationales adoptés par les comités techniques sont soumis aux comités membres pour approbation, avant leur acceptation comme Normes internationales par le Conseil de l'ISO. Les Normes internationales sont approuvées conformément aux procédures de l'ISO qui requièrent l'approbation de 75 % au moins des comités membres votants.

La Norme internationale ISO 8402 a été élaborée par le comité technique ISO/TC 176, *Assurance de la qualité*.

L'attention des utilisateurs est attirée sur le fait que toutes les Normes internationales sont de temps en temps soumises à révision et que toute référence faite à une autre Norme internationale dans le présent document implique qu'il s'agit, sauf indication contraire, de la dernière édition.

Qualität - Begriffe

0 Einleitung

Diese Internationale Norm wurde ausgearbeitet, indem zunächst bestehende, die Qualität betreffende Normen und Publikationen untersucht wurden, um die zu berücksichtigenden Benennungen zu bestimmen und sie anschließend zu definieren.

Viele der in diesen Publikationen verwendeten Begriffe haben, verglichen mit den in Wörterbüchern aufgeführten allgemeinen Definitionen, eher spezifische Bedeutungen und Anwendungen. Deshalb zielen die in dieser Internationalen Norm enthaltenen Definitionen darauf ab, Verständigung und Verständis zu erleichtern.

Ebenfalls hat es sich als notwendig erwiesen, gewisse allgemeine Begriffe zu definieren, um ihre Anwendung im Qualitätsbereich zu klären.

Die in dieser Internationalen Norm definierten Begriffe werden in der nachfolgend erwähnten Reihe Internationaler Normen zu Qualitätssicherungssystemen unmittelbar angewendet:

ISO 9000, Qualitätsmanagement- und Qualitätssicherungsnormen - Leitfaden zur Auswahl und Anwendung[1] **).

ISO 9001, Qualitätssicherungssysteme - Modell zur Darlegung der Qualitätssicherung in Design[2]/Entwicklung, Produktion, Montage und Kundendienst.

ISO 9002, Qualitätssicherungssysteme - Modell zur Darlegung der Qualitätssicherung in Produktion und Montage.

ISO 9003, Qualitätssicherungssysteme - Modell zur Darlegung der Qualitätssicherung bei der Endprüfung.

ISO 9004, Qualitätsmanagement und Elemente eines Qualitätssicherungssystems - Leitfaden.

1 Zweck und Anwendungsbereich

Diese Internationale Norm definiert die grundlegenden und wesentlichen, sich auf Qualitätskonzepte beziehenden Begriffe, wie sie auf Produkte und Dienstleistungen, für die Ausarbeitung und den Gebrauch von Qualitätsnormen und für die gegenseitige Verständigung in internationalen Beziehungen angewendet werden.

2 Verweisungen auf andere Normen

IEC 271 List of basic terms, definitions and related mathematics for reliability

---

1) z.Z. Entwurf

2) Fußnote in der deutschsprachigen Übersetzung: "Design" kann fallweise "Entwicklung", "Berechnung", "Konstruktion" bzw. deren Ergebnis, "Entwurf", "Gestaltung" oder "Konzept" usw. bedeuten.

**) Fußnote in der deutschsprachigen Übersetzung: ISO 9000 ist zwischenzeitlich als Norm herausgegeben worden.

Quality — Vocabulary

0 Introduction

This International Standard was developed by first screening existing quality standards and publications to determine the quality terms to be included and then by producing definitions.

Many of the terms used in these publications have specific meanings and applications rather than the generic definitions found in dictionaries. Accordingly, it is intended that definitions contained in this International Standard be used to improve communication and understanding.

It was also found necessary to define certain general terms in order to clarify their usage in the quality field.

The terms defined in this International Standard have a direct application as regards the following series of International Standards on quality systems:

ISO 9000, *Quality management and quality assurance standards — Guidelines for selection and use.* [1]

.ISO 9001, *Quality systems — Model for quality assurance in design/development, production, installation and servicing.*

ISO 9002, *Quality systems — Model for quality assurance in production and installation.*

ISO 9003, *Quality systems — Model for quality assurance in final inspection and test.*

ISO 9004, *Quality management and quality system elements — Guidelines.*

1 Scope and field of application

This International Standard defines the basic and fundamental terms relating to quality concepts, as they apply to products and services, for the preparation and use of quality standards and for mutual understanding in international communications.

2 Reference

IEC Publication 271, *List of basic terms, definitions and related mathematics for reliability.*

1) At present at the stage of draft.

Qualité — Vocabulaire

Introduction

La présente Norme internationale a été élaborée en commençant par l'examen des normes et publications existantes dans le domaine de la qualité, en vue de déterminer les termes à retenir, puis en dégager les définitions.

Nombre des termes employés dans ces publications ont une acception et application spécifiques par rapport aux définitions générales que l'on trouve dans les dictionnaires. En conséquence, les définitions contenues dans la présente Norme internationale ont pour but de faciliter la communication et la compréhension.

Il s'est également avéré nécessaire de définir certains termes généraux, de façon à clarifier leur usage dans le domaine de la qualité.

Une utilisation directe des termes définis dans la présente Norme internationale concerne les Normes internationales de la série suivante relatives aux systèmes qualité:

ISO 9000, *Normes pour la gestion de la qualité et l'assurance de la qualité — Lignes directrices pour la sélection et l'utilisation.* [1]

ISO 9001, *Systèmes qualité — Modèle pour l'assurance de la qualité en conception/développement, production, installation et soutien après la vente.*

ISO 9002, *Systèmes qualité — Modèle pour l'assurance de la qualité en production et installation.*

ISO 9003, *Systèmes qualité — Modèle pour l'assurance de la qualité en contrôle et essais finals.*

ISO 9004, *Gestion de la qualité et éléments de système qualité — Lignes directrices.*

Objet et domaine d'application

La présente Norme internationale définit les termes de base relatifs aux concepts de la qualité, tels qu'ils s'appliquent aux produits et aux services, pour la préparation et l'utilisation des normes du domaine de la qualité, ainsi que pour une compréhension mutuelle dans la communication internationale.

Référence

Publication CEI 271, *Liste des termes de base, définitions et mathématiques à la fiabilité.*

1) Actuellement au stade de projet.

3 Begriffe

Sofern nicht anders festgelegt, kann in dieser Internationalen Norm "Produkt oder Dienstleistung"[3] folgendes bedeuten:

- das Ergebnis von Tätigkeiten oder Prozessen (ein materielles Produkt, ein immaterielles Produkt wie eine Dienstleistung, ein Computerprogramm, ein Design, eine Gebrauchsanweisung), oder

- eine Tätigkeit oder einen Prozess (wie das Erbringen einer Dienstleistung oder die Ausführung eines Produktionsprozesses).

3.1 Qualität

Die Gesamtheit von Eigenschaften und Merkmalen eines Produktes oder einer Dienstleistung, die sich auf deren Eignung zur Erfüllung festgelegter oder vorausgesetzter Erfordernisse beziehen.

Anmerkungen:

1 In einer vertraglichen Situation sind die Erfordernisse spezifiziert, während in anderen Situationen vorausgesetzte Erfordernisse identifiziert und definiert werden müssen.

2 In zahlreichen Fällen können sich Erfordernisse im Laufe der Zeit ändern, was die periodische Überarbeitung der Spezifikationen nach sich zieht.

3 Erfordernisse werden gewöhnlich in Eigenschaften und Merkmale mit festgelegten Kriterien umgesetzt. Erfordernisse können Gesichtspunkte der Brauchbarkeit, Sicherheit, Verfügbarkeit, Zuverlässigkeit, Instandhaltbarkeit, Wirtschaftlichkeit und Umwelt einschließen.

4 Das Wort "Qualität" wird weder gebraucht, um einen Grad der Vortrefflichkeit in einem vergleichenden Sinne auszudrücken, noch wird es in einem quantitativen Sinne für technische Bewertungen verwendet. In diesen Fällen soll ein qualifizierendes Adjektiv gebraucht werden. Zum Beispiel kann von folgenden Begriffen Gebrauch gemacht werden:

a) "Relative Qualität", wo Produkte oder Dienstleistungen auf relativer Basis gemäß ihres Grads der Vortrefflichkeit oder im "vergleichenden" Sinne klassiert werden;

b) "Qualitätslage" und "Qualitätsmaß", wo genaue technische Bewertungen in einem "quantitativen Sinne" ausgeführt werden.

5 Die Produkt- oder Dienstleistungsqualität wird durch viele Phasen wechselwirkender Tätigkeiten wie Design, Produktions- oder Dienstleistungsoperationen und Instandhaltung bestimmt.

---

[3] Fußnote in der deutschsprachigen Übersetzung: Die zusätzlichen zwei Anführungsstriche in den fremdsprachigen Fassungen sind Druckfehler.

3 Terms and definitions

In this International Standard, unless otherwise stated, "product" or "service" may be

— the result of activities or processes (tangible product; intangible product, such as a service, a computer program, a design, directions for use), or

— an activity or process (such as the provision of a service or the execution of a production process.

Termes et définitions

Dans la présente Norme internationale, à moins d'indication contraire, un «produit» ou un «service» peut être :

— soit le résultat d'activités ou de processus (produits matériels, produits immatériels tels que service, programme d'ordinateur, conception ou mode d'emploi,

— soit une activité ou un processus (tel que la prestation d'un service ou l'exécution d'un procédé de fabrication).

3.1 quality: The totality of features and characteristics of a product or service that bear on its ability to satisfy stated or implied needs.

NOTES

1 In a contractual environment, needs are specified, whereas in other environments, implied needs should be identified and defined.

2 In many instances, needs can change with time; this implies periodic revision of specifications.

3 Needs are usually translated into features and characteristics with specified criteria. Needs may include aspects of usability, safety, availability, reliability, maintainability, economics and environment.

4 The term "quality" is not used to express a degree of excellence in a comparative sense nor is it used in a quantitative sense for technical evaluations. In these cases a qualifying adjective shall be used. For example, use can be made of the following terms:

a) "relative quality" where products or services are ranked on a relative basis in the "degree of excellence" or "comparative" sense;

b) "quality level" and "quality measure" where precise technical evaluations are carried out in a "quantitative sense".

5 Product or service quality is influenced by many stages of interactive activities, such as design, production or service operation and maintenance.

qualité : Ensemble des propriétés et caractéristiques d'un produit ou service qui lui confèrent l'aptitude à satisfaire des besoins exprimés ou implicites.

NOTES

1 Dans un contexte contractuel, les besoins sont spécifiés, tandis que dans d'autres contextes les besoins implicites devraient être identifiés et définis.

2 Dans de nombreux cas les besoins peuvent changer avec le temps; ceci implique la révision périodique des spécifications.

3 Les besoins sont habituellement traduits en propriétés et caractéristiques de critères spécifiés. Les besoins peuvent comporter des aspects d'aptitude à l'emploi, de sûreté, de disponibilité, de fiabilité, de maintenabilité, des aspects économiques et relatifs à l'environnement.

4 Le terme «qualité» n'est pas utilisé pour exprimer un degré d'excellence dans un sens comparatif; il n'est pas utilisé non plus dans un sens quantitatif pour des évaluations techniques. Dans ces cas utiliser un qualificatif. Par exemple, on peut utiliser les termes suivants :

a) «qualité relative» lorsque les produits ou services sont classés en fonction de leur «degré d'excellence» ou d'une manière «comparative»;

b) «niveau de qualité» et «mesure de la qualité» lorsque des évaluations techniques précises sont effectuées quantitativement.

5 La qualité d'un produit ou service est influencée par de nombreuses phases d'activités interdépendantes, telles que la conception, la production ou le service après-vente et la maintenance.

6 Das wirtschaftliche Erreichen einer zufriedenstellenden Qualität umfaßt alle Phasen des Qualitätskreises (der Qualitätsspirale) als ganzes. Die Beiträge der verschiedenen Phasen des Qualitätskreises (der Qualitätsspirale) zur Qualität werden manchmal zur Betonung besonders bezeichnet. Zwei Beispiele: "dem Design zuzuschreibende Qualität", "der Realisierung zuzuschreibende Qualität".

7 In einigen Literaturangaben wird Qualität als "Gebrauchstauglichkeit", "Zweckeignung", "Zufriedenheit des Kunden" oder "Übereinstimmung mit den Anforderungen" bezeichnet. Weil diese Ausdrücke nur gewisse Aspekte der Qualität darstellen, sind gewöhnlich umfassendere Auslegungen notwendig, welche schließlich zu dem oben definierten Begriff führen.

3.2 (Anspruchs-)Klasse

Ein Indikator der Kategorie oder des Ranges bezüglich Eigenschaften oder Merkmalen, welche verschiedene Gruppen von Erfordernissen für Produkte oder Dienstleistungen, die für den gleichen funktionellen Gebrauch vorgesehen sind, umfassen.

Anmerkungen:

1 Eine (Anspruchs-)Klasse spiegelt einen geplanten Unterschied bei den Anforderungen oder, wenn nicht geplant, einen erkannten Unterschied wider. Der Akzent liegt auf dem Verhältnis zwischen funktionellem Gebrauch und Kosten.

2 Ein Artikel hoher (Anspruchs-)Klasse kann bezüglich der Erfüllung der Erfordernisse von unangemessener Qualität sein und umgekehrt; z.B. ein Luxushotel mit schlechter Bedienung oder ein kleines Gasthaus mit ausgezeichneter Bedienung.

3 Wenn (Anspruchs-)Klassen numerisch bezeichnet werden, geschieht dies gewöhnlich bei der obersten Klasse mit 1 und bei den unteren Klassen mit 2, 3, 4 usw. Wenn (Anspruchs-)Klassen mit einer Punkteskala, z.B. mit einer Anzahl von Sternen, bezeichnet werden, hat die niedrigste Klasse gewöhnlich am wenigsten Punkte oder Sterne.

3.3 Qualitätskreis; Qualitätsspirale

Begriffsmodell für das Zusammenwirken der Tätigkeiten, welche die Qualität eines Produktes oder einer Dienstleistung in den verschiedenen Phasen beeinflussen, die von der Feststellung der Erfordernisse bis zur Bewertung, ob diese Erfordernisse erfüllt worden sind, reichen.

3.4 Qualitätspolitik

Die umfassenden Absichten und Zielsetzungen einer Organisation betreffend die Qualität, wie sie durch die oberste Leitung formell ausgedrückt werden.

Anmerkung: Die Qualitätspolitik bildet ein Element der Unternehmenspolitik und wird durch die oberste Leitung genehmigt.

3.5 Qualitätsmanagement

Derjenige Aspekt der Gesamtführungsaufgabe, welcher die Qualitätspolitik festlegt und verwirklicht.

6 The economic achievement of satisfactory quality involves all stages of the quality loop (quality spiral) as a whole. The contributions to quality of the various stages within the quality loop (quality spiral) are sometimes identified separately for emphasis. Two examples: "quality attributable to design", "quality attributable to implementation".

7 In some reference sources, quality is referred to as "fitness for use" or "fitness for purpose" or "customer satisfaction" or "conformance to the requirements". Since these represent only certain facets of quality, fuller explanations are usually required that eventually lead to the concept defined above.

6 L'obtention économique d'une qualité satisfaisante implique l'ensemble des phases de la boucle de la qualité (spirale de la qualité). Les apports à la qualité des différentes phases de la boucle de la qualité (spirale de la qualité) sont quelquefois considérés séparément pour les mettre en exergue. Deux exemples: «qualité due à la conception», «qualité due à la mise en œuvre».

7 Dans la littérature, on se réfère parfois à «l'aptitude à l'usage», «l'aptitude à l'emploi», «la satisfaction du client» ou «la conformité aux exigences» pour désigner la qualité. Puisque ces expressions ne représentent que certaines facettes de la qualité, des explications complémentaires sont habituellement nécessaires pour dégager le concept défini ci-dessus.

3.2 grade: An indicator of category or rank related to features or characteristics that cover different sets of needs for products or services intended for the same functional use.

NOTES

1 Grade reflects a planned difference in requirements or, if not planned, a recognized difference. The emphasis is on the functional use/cost relationship.

2 A high grade article can be of inadequate quality as far as satisfying needs and *vice versa*, e.g. a luxurious hotel with poor service or a small guest-house with excellent service.

3 Where grade is denoted numerically, it is common for the highest grade to be 1 and the lower grades to be 2, 3, 4, etc. Where grade is denoted by a points score, for example by a number of stars, the lowest grade usually has the fewest points or stars.

classe: Repère indicatif de la catégorie ou du rang se rapportant à des propriétés ou caractéristiques qui traitent des ensembles différents de besoins pour des produits ou services prévus pour le même usage fonctionnel.

NOTES

1 La classe traduit une différence prévue, ou du moins reconnue, dans les exigences. L'accent est mis sur la relation coût/utilisation fonctionnelle.

2 Un article de classe supérieure peut être de qualité inadaptée en termes de satisfaction des besoins, et vice versa. Par exemple, un hôtel de luxe offrant un service médiocre ou une petite auberge ayant un service excellent.

3 Lorsque la classe est exprimée par un rang numérique, la classe la plus élevée est habituellement la première, les autres classes en dessous étant les deuxième, troisième, etc. Lorsque la classe est exprimée par un nombre de points, par exemple par un nombre d'étoiles, la classe la plus basse est repérée habituellement par le plus petit nombre de points ou d'étoiles.

3.3 quality loop; quality spiral: Conceptual model of interacting activities that influence the quality of a product or service in the various stages ranging from the identification of needs to the assessment of whether these needs have been satisfied.

boucle de la qualité; spirale de la qualité: Modèle conceptuel des activités interdépendantes qui exercent leur influence sur la qualité d'un produit ou service tout au long des phases qui vont de l'identification des besoins jusqu'à l'évaluation de leur satisfaction.

3.4 quality policy: The overall quality intentions and direction of an organization as regards quality, as formally expressed by top management.

NOTE — The quality policy forms one element of the corporate policy and is authorized by top management.

politique qualité: Les orientations et objectifs généraux d'une entreprise en ce qui concerne la qualité, tels qu'ils sont exprimés formellement par la direction générale.

NOTE — La politique qualité est un élément de la politique générale et est approuvée par la direction générale.

3.5 quality management: That aspect of the overall management function that determines and implements the quality policy.

gestion de la qualité: Aspect de la fonction générale de gestion qui détermine la politique qualité et la met en œuvre.

Anmerkungen:

1 Das Erreichen der gewünschten Qualität verlangt die Verpflichtung und die Mitwirkung aller Mitarbeiter der Organisation, während die Verantwortung für das Qualitätsmanagement der obersten Leitung zukommt.

2 Qualitätsmanagement umfaßt strategische Planung, Zuteilung der Mittel und andere systematische qualitätsbezogene Tätigkeiten wie Qualitätsplanung, qualitätsbeeinflussende Operationen und Qualitätsbewertungen.

3.6 Qualitätssicherung[4)]

Alle geplanten und systematischen Tätigkeiten, die notwendig sind, um ein angemessenes Vertrauen zu schaffen, daß ein Produkt oder eine Dienstleistung die gegebenen Qualitätsforderungen[5)] erfüllen wird.

Anmerkungen:

1 Solange die gegebenen Forderungen die Erfordernisse des Benutzers nicht in vollem Umfang wiedergeben, wird die Qualitätssicherung nicht vollständig sein.

2 Um wirksam zu sein, erfordert die Qualitätssicherung gewöhnlich sowohl eine ständige Bewertung der Faktoren, welche die Angemessenheit des Designs oder der Spezifikation hinsichtlich der vorgesehenen Anwendung beeinflussen, als auch Verifizierungen und Audits bei Produktions-, Montage- und Prüfoperationen. Das Schaffen von Vertrauen kann das Vorlegen von Beweisen umfassen.

3 Innerhalb einer Organisation dient die Qualitätssicherung als Führungsinstrument. In vertraglichen Situationen dient die Qualitätssicherung auch dem Schaffen von Vertrauen in den Lieferanten.

3.7 Qualitätslenkung

Die operationellen Techniken und Tätigkeiten, welche angewendet werden, um die Qualitätsforderungen zu erfüllen.

---

4) Fußnote in der deutschsprachigen Übersetzung: Die Definition läßt die folgenden beiden Auslegungen zu:

- Qualitätssicherung im weiteren Sinn schafft die Vertrauensbasis dafür, daß die Gesamtheit der Maßnahmen zu Produkten und Dienstleistungen führt, welche die jeweiligen Erfordernisse erfüllen (ISO 9004).

- Bei der Qualitätssicherung im engeren Sinn gründet sich das Vertrauen auf eine zufriedenstellende Darlegung des Qualitätssicherungssystems (ISO 9001 bis ISO 9003).

5) Fußnote in der deutschsprachigen Übersetzung: Synonym auch "Qualitätsanforderungen"

NOTES

1 The attainment of desired quality requires the commitment and participation of all members of the organization whereas the responsibility for quality management belongs to top management.

2 Quality management includes strategic planning, allocation of resources and other systematic activities for quality such as quality planning, operations and evaluations.

NOTES

1 L'obtention de la qualité souhaitée requiert l'engagement et la participation de tous les membres de l'entreprise alors que la responsabilité de la gestion de la qualité appartient à la direction générale.

2 La gestion de la qualité comporte la planification stratégique, l'allocation des ressources et d'autres activités systématiques en vue de la qualité, telles que la planification, les activités opérationnelles et les évaluations, relatives à la qualité.

3.6 quality assurance: All those planned and systematic actions necessary to provide adequate confidence that a product or service will satisfy given requirements for quality.

assurance de la qualité: Ensemble des actions préétablies et systématiques nécessaires pour donner la confiance appropriée en ce qu'un produit ou service satisfera aux exigences données relatives à la qualité.

NOTES

1 Unless given requirements fully reflect the needs of the user, quality assurance will not be complete.

2 For effectiveness, quality assurance usually requires a continuing evaluation of factors that affect the adequacy of the design or specification for intended applications as well as verifications and audits of production, installation and inspection operations. Providing confidence may involve producing evidence.

3 Within an organization, quality assurance serves as a management tool. In contractual situations, quality assurance also serves to provide confidence in the supplier.

NOTES

1 L'assurance de la qualité ne sera pas complète si les exigences données ne reflètent pas entièrement les besoins de l'utilisateur.

2 Dans un but d'efficacité, l'assurance de la qualité implique généralement une évaluation permanente des facteurs qui influent sur l'adéquation aux applications prévues de la conception ou des spécifications, de même qu'elle implique des vérifications et audits des opérations de production, d'installation et de contrôle. Donner confiance peut impliquer fournir des preuves.

3 Dans une entreprise, l'assurance de la qualité est utilisée comme outil de gestion. Dans des situations contractuelles, l'assurance de la qualité est également utilisée pour donner confiance dans le fournisseur.

3.7 quality control: The operational techniques and activities that are used to fulfil requirements for quality.

maîtrise de la qualité: Techniques et activités à caractère opérationnel utilisées en vue de répondre aux exigences relatives à la qualité.

Anmerkungen:

1 Um Mißverständnisse zu vermeiden, sollte darauf geachtet werden, Zusatzworte zu verwenden, wenn man sich auf ein Teilgebiet der Qualitätslenkung bezieht wie etwa "Qualitätslenkung in der Fertigung", oder wenn eine Begriffserweiterung vorgenommen wird wie etwa "unternehmensweite Qualitätslenkung".

2 Die Qualitätslenkung umfaßt operationelle Techniken und Tätigkeiten, die sowohl auf die Überwachung eines Prozesses als auch auf die Ausschaltung von Ursachen unbefriedigender Leistung in den entsprechenden Phasen des Qualitätskreises (der Qualitätsspirale) abzielen, um wirtschaftliche Effizienz zu erreichen.

3.8 Qualitätssicherungssystem[6)]

Die Aufbauorganisation, Verantwortlichkeiten, Abläufe, Verfahren und Mittel zur Verwirklichung des Qualitätsmanagements.

Anmerkungen:

1 Das Qualitätssicherungssystem sollte nur so umfassend sein, wie dies zum Erreichen der Qualitätsziele notwendig ist.

2 Für vertragliche, andere verbindliche und bewertende Zwecke kann der Nachweis der Verwirklichung bestimmter Elemente im System verlangt werden.

3.9 Qualitätssicherungsplan[7)]

Ein Dokument, welches die qualitätsbezogenen Praktiken und Hilfsmittel sowie den Ablauf der Tätigkeiten im Hinblick auf ein Produkt, eine Dienstleistung, einen Vertrag oder ein Projekt in entsprechender Weise darlegt.

3.10 Qualitätsaudit

Eine systematische und unabhängige Untersuchung, um festzustellen, ob die qualitätsbezogenen Tätigkeiten und die damit zusammenhängenden Ergebnisse den geplanten Vorgaben entsprechen und ob diese Vorgaben effizient verwirklicht und geeignet sind, die Ziele zu erreichen.

Anmerkungen:

1 Das Qualitätsaudit wird typischerweise auf ein Qualitätssicherungssystem oder Elemente davon, auf Prozesse, Produkte oder Dienstleistungen angewendet, ist jedoch nicht darauf beschränkt. Solche Qualitätsaudits werden öfters "Systemaudit", "Verfahrensaudit", "Produktaudit", "Dienstleistungsaudit" genannt.

2 Qualitätsaudits werden durch Personen durchgeführt, die keine direkte Verantwortung in den zu auditierenden Bereichen haben, wobei es aber wünschenswert ist, daß sie mit dem betreffenden Personal zusammenarbeiten.

---

6) Fußnote in der deutschsprachigen Übersetzung: Kurzform "Qualitätssystem"

7) Fußnote in der deutschsprachigen Übersetzung: Kurzform "Qualitätsplan"

NOTES

1 In order to avoid confusion, care should be taken to include a modifying term when referring to a sub-set of quality control such as "manufacturing quality control", or when referring to a broader concept, such as "company-wide quality control".

2 Quality control involves operational techniques and activities aimed both at monitoring a process and at eliminating causes of unsatisfactory performance at relevant stages of the quality loop (quality spiral) in order to result in economic effectiveness.

NOTES

1 Afin d'éviter toute confusion, il est recommandé d'ajouter un qualificatif lorsque l'on se réfère à un concept plus restreint tel que «la maîtrise de la qualité en fabrication» ou lorsque l'on se réfère à un concept plus large tel que «la maîtrise de la qualité étendue à l'ensemble de l'entreprise» (gestion totale de la qualité).

2 La maîtrise de la qualité implique des techniques opérationnelles et des activités qui ont pour but à la fois de suivre un processus et d'éliminer les causes de défectuosités à toutes les phases appropriées de la boucle de la qualité (spirale de la qualité) en vue d'atteindre la meilleure efficacité économique.

3.8 quality system: The organizational structure, responsibilities, procedures, processes and resources for implementing quality management.

NOTES

1 The quality system should only be as comprehensive as needed to meet the quality objectives.

2 For contractual, mandatory and assessment purposes, demonstration of the implementation of identified elements in the system may be required.

système qualité: Ensemble de la structure organisationnelle, des responsabilités, des procédures, des procédés et des ressources pour mettre en œuvre la gestion de la qualité.

NOTES

1 Le système qualité ne devrait pas être plus étendu que ne l'exige la réalisation des objectifs qualité.

2 Pour des besoins contractuels, des prescriptions obligatoires ou une évaluation, la démonstration de la mise en œuvre d'éléments identifiés du système peut être exigée.

3.9 quality plan: A document setting out the specific quality practices, resources and sequence of activities relevant to a particular product, service, contract or project.

plan qualité: Document énonçant les modes opératoires, les ressources et la séquence des activités liées à la qualité, se rapportant à un produit, service, contrat ou projet particulier.

3.10 quality audit: A systematic and independent examination to determine whether quality activities and related results comply with planned arrangements and whether these arrangements are implemented effectively and are suitable to achieve objectives.

NOTES

1 The quality audit typically applies, but is not limited, to a quality system or elements thereof, to processes, to products, or to services. Such audits are often called "quality system audit", "process quality audit", "product quality audit", "service quality audit".

2 Quality audits are carried out by staff not having direct responsibility in the areas being audited but, preferably, working in cooperation with the relevant personnel.

audit qualité: Examen méthodique et indépendant en vue de déterminer si les activités et résultats relatifs à la qualité satisfont aux dispositions préétablies, et si ces dispositions sont mises en œuvre de façon efficace et aptes à atteindre les objectifs.

NOTES

1 L'audit qualité s'applique essentiellement, mais n'est pas restreint à un système qualité ou à des éléments de celui-ci, à des procédés, à des produits ou à des services. De tels audits sont couramment appelés «audit qualité de système», «audit qualité de procédé», «audit qualité de produit», «audit qualité de service».

2 Les audits qualité sont conduits par des personnes n'ayant pas de responsabilité directe dans les secteurs à auditer et de préférence en coopération avec le personnel de ce secteur.

3 Ein Zweck eines Qualitätsaudits besteht darin, die Notwendigkeit von Verbesserungen und Korrekturmaßnahmen zu beurteilen. Ein Audit sollte nicht mit "Überwachungs"- oder "Prüf"-tätigkeiten verwechselt werden, welche mit dem alleinigen Zweck der Prozeßlenkung oder Produktannahme durchgeführt werden.

4 Qualitätsaudits können für interne oder externe Zwecke durchgeführt werden.

3.11 Qualitätsüberwachung

Die ständige Beobachtung und Verifizierung des Zustandes von Abläufen, Methoden, Rahmenbedingungen, Prozessen, Produkten und Dienstleistungen sowie Analysen von Aufzeichnungen hinsichtlich festgelegter Bezugsgrößen, um sicherzustellen, daß die festgelegten Qualitätsforderungen erfüllt sein werden.

Anmerkungen:

1 Die Qualitätsüberwachung kann durch den Kunden oder in seinem Auftrag durchgeführt werden, um sicherzustellen, daß die vertraglichen Forderungen erfüllt sein werden.

2 Die Überwachung hat möglicherweise Faktoren in Betracht zu ziehen, welche im Laufe der Zeit eine Verschlechterung oder eine Beeinträchtigung zur Folge haben können.

3.12 Review des Qualitätssicherungssystems

Eine formelle Bewertung des Zustandes und der Angemessenheit des Qualitätssicherungssystems durch die oberste Leitung in bezug auf die Qualitätspolitik und neue Zielsetzungen aufgrund sich ändernder Umstände.

3.13 Design-Review

Eine formelle, dokumentierte, umfassende und systematische Untersuchung eines Designs, um die Anforderungen an das Design und die Fähigkeit des Designs, diese Anforderungen zu erfüllen, zu beurteilen sowie Probleme festzustellen und Lösungen vorzuschlagen.

Anmerkungen:

1 Das Design-Review allein genügt nicht, um ein richtiges Design sicherzustellen.

2 Ein Design-Review kann in jedem Stadium des Design-Ablaufes durchgeführt werden.

3 Die Fähigkeit eines Designs schließt solche Dinge wie Zwecktauglichkeit, Durchführbarkeit, Herstellbarkeit, Meßbarkeit, Leistung, Zuverlässigkeit, Instandhaltbarkeit, Sicherheit, Umweltaspekte, Zeitfaktoren und Lebenszykluskosten mit ein.

4 Zu den Teilnehmern an jedem Design-Review sollten qualifizierte Personen gehören, welche alle einschlägigen, qualitätswirksamen Funktionen abdecken.

3 One purpose of a quality audit is to evaluate the need for improvement or corrective action. An audit should not be confused with "surveillance" or "inspection" activities performed for the sole purpose of process control or product acceptance.

4 Quality audits can be conducted for internal or external purposes.

3 L'un des buts d'un audit qualité est d'évaluer le besoin d'actions d'amélioration ou de correction. Il ne faut pas confondre l'audit avec des activités de «surveillance» ou de «contrôle»[1] conduites dans le seul but de maîtrise d'un processus ou d'acceptation d'un produit.

4 Les audits qualité peuvent être conduits pour des besoins internes ou externes.

3.11 quality surveillance: The continuing monitoring and verification of the status of procedures, methods, conditions, processes, products and services, and analysis of records in relation to stated references to ensure that specified requirements for quality are being met.

NOTES

1 Quality surveillance may be carried out by or on behalf of the customer to ensure that the contractual requirements are being met.

2 Surveillance may have to take into account factors which can result in deterioration or degradation with time.

surveillance de la qualité: Vérification et suivi permanents de l'état des procédures, méthodes, conditions d'exécution, procédés, produits et services, et analyse des résultats enregistrés par comparaison au référentiel en vue de s'assurer que les exigences spécifiées pour la qualité sont en voie d'être remplies.

NOTES

1 La surveillance de la qualité peut être exercée par le client ou en son nom pour garantir que les exigences contractuelles sont en voie d'être remplies.

2 Dans certains cas la surveillance doit prendre en considération les facteurs qui peuvent entraîner la détérioration ou la dégradation avec le temps.

3.12 quality system review: A formal evaluation by top management of the status and adequacy of the quality system in relation to quality policy and new objectives resulting from changing circumstances.

revue du système qualité: Évaluation en règle, effectuée par la direction générale, de l'état et de l'adéquation du système qualité par rapport à la politique qualité et aux nouveaux objectifs résultant de l'évolution de la conjoncture.

3.13 design review: A formal, documented, comprehensive and systematic examination of a design to evaluate the design requirements and the capability of the design to meet these requirements and to identify problems and propose solutions.

NOTES

1 Design review by itself is not sufficient to ensure proper design.

2 A design review can be conducted at any stage of the design process.

3 The capability of the design encompasses such things as fitness for purpose, feasibility, manufacturability, measurability, performance, reliability, maintainability, safety, environmental aspects, time scale and life cycle cost.

4 Participants at each design review should include qualified staff encompassing all pertinent functions affecting quality.

revue de conception: Examen en règle d'une conception mené de façon complète et systématique à l'aide de documents en vue d'évaluer les exigences initiales et la capacité de la conception à les satisfaire, d'identifier les problèmes et de proposer des solutions.

NOTES

1 À elle seule, la revue de conception ne suffit pas à garantir une conception correcte.

2 Une revue de conception peut être conduite à n'importe quelle étape du processus de conception.

3 La capacité de la conception inclut entre autre l'aptitude à l'emploi, la faisabilité, la possibilité de fabriquer et de mesurer, les performances, la fiabilité, la maintenabilité, la sûreté, la prise en compte de l'environnement, le facteur temps et le «coût du cycle de vie».

4 Les participants d'une revue de conception devraient comprendre du personnel qualifié appartenant à toutes les fonctions concernées susceptibles d'influer sur la qualité.

---

1) Le terme anglais «inspection» est usuellement traduit par «inspection» dans l'usage canadien.

3.14 (Qualitäts-)Prüfung

Tätigkeiten wie Messen, Untersuchen, Erproben, Ausmessen einer oder mehrerer Merkmale eines Produktes oder einer Dienstleistung und diese vergleichen mit festgelegten Forderungen, um die Erfüllung festzustellen.

3.15 Rückverfolgbarkeit

Die Fähigkeit, den Werdegang, die Anwendung (Einsatz) oder den (Stand-)Ort eines Gegenstandes oder einer Tätigkeit oder ähnlicher Gegenstände oder Tätigkeiten mittels aufgezeichneter Identifizierung rückzuverfolgen.

Anmerkungen:

1 Das Wort "Rückverfolgbarkeit" kann eine von drei hauptsächlichen Bedeutungen haben:

a) im Sinne des Verteilens bezieht es sich auf ein Produkt oder eine Dienstleistung;

b) im Sinne der Kalibrierung stellt es eine Verbindung zwischen Meßeinrichtungen und nationalen oder internationalen Normalen/Standards, Primärnormalen/Primärstandards oder physikalischen Fundamentalkonstanten bzw. -eigenschaften her;

c) im Sinne der Datenerfassung stellt es eine Verbindung zwischen den im Qualitätskreis erzeugten Berechnungen und Daten und einem Produkt oder einer Dienstleistung her.

2 Rückverfolgbarkeitsforderungen sollten für eine festgelegte Zeitspanne des Werdeganges oder ab einem Ursprungspunkt spezifiziert werden.

3.16 Sonderfreigabe (nach Realisierung)

Schriftliche Ermächtigung, eine bereits hergestellte Menge Material, Komponenten oder Vorräte, welche den festgelegten Forderungen nicht entspricht, zu gebrauchen oder freizugeben.

Anmerkung: Solche Sonderfreigaben sollten für begrenzte Mengen oder Zeitspannen und für festgelegte Anwendungen erfolgen.

3.17 Sonderfreigabe (vor Realisierung)

Schriftliche Ermächtigung, vor der Herstellung oder vor der Bereitstellung einer Dienstleistung, für eine festgelegte Menge oder festgelegte Zeitspanne von festgelegten Forderungen abzuweichen.

3.18 Zuverlässigkeit[8)]

Die Fähigkeit einer Einheit eine geforderte Funktion unter vorgegebenen Bedingungen für eine vorgegebene Zeitspanne zu erfüllen.

---

8) Fußnote in der deutschsprachigen Übersetzung: Diese Definition bedeutet Funktionsfähigkeit; sie entspricht nicht einer Betrachtung der Zuverlässigkeit als Teil der Qualität.

3.14 inspection: Activities such as measuring, examining, testing, gauging one or more characteristics of a product or service and comparing these with specified requirements to determine conformity.

contrôle[1]: Actions de mesurer, examiner, essayer, passer au calibre une ou plusieurs caractéristiques d'un produit ou service et de les comparer aux exigences spécifiées en vue d'établir leur conformité.

3.15 traceability: The ability to trace the history, application or location of an item or activity, or similar items or activities, by means of recorded identification.

NOTES

1 The term "traceability" may have one of three main meanings:

a) in a distribution sense, it relates to a product or service;

b) in a calibration sense, it relates measuring equipment to national or international standards, primary standards or basic physical constants or properties;

c) in a data collection sense, it relates calculations and data generated throughout the quality loop to a product or service.

2 Traceability requirements should be specified for some stated period of history or to some point of origin.

traçabilité: Aptitude à retrouver l'historique, l'utilisation ou la localisation d'un article ou d'une activité, ou d'articles ou activités semblables, au moyen d'une identification enregistrée.

NOTES

1 Le terme «traçabilité» peut être utilisé dans trois acceptions principales:

a) au sens de la mise sur marché, il s'applique à un produit ou service;

b) au sens de l'étalonnage, il s'applique au raccordement des équipements de mesure aux étalons nationaux ou internationaux, aux étalons primaires ou aux constantes et propriétés physiques de base;

c) au sens du recueil de données, il relie les calculs et les données produites le long de la boucle de la qualité aux produits ou aux services.

2 Le point de départ ou la période couverte par la traçabilité devraient être spécifiés.

3.16 concession; waiver: Written authorization to use or release a quantity of material, components or stores already produced but which do not conform to the specified requirements.

NOTE — Concessions (waivers) should be for limited quantities or periods, and for specified uses.

dérogation (après production): Autorisation écrite d'utiliser ou de livrer une quantité de produits, composants ou stocks déjà réalisés mais non conformes aux exigences spécifiées.

NOTE — Les dérogations devraient être accordées pour des quantités ou des périodes limitées et pour des utilisations précises.

3.17 production permit; deviation permit: Written authorization, prior to production or before provision of a service, to depart from specified requirements for a specified quantity or for a specified time.

dérogation (avant production): Autorisation écrite, avant la réalisation d'un produit ou la prestation d'un service, de s'écarter des exigences spécifiées pour une quantité spécifiée ou pour une durée spécifiée.

3.18 reliability: The ability of an item to perform a required function under stated conditions for a stated period of time.

fiabilité: Aptitude d'un dispositif à accomplir une fonction requise, dans des conditions données, pendant une durée donnée.

---

1) Le terme anglais «inspection» est usuellement traduit par «inspection» dans l'usage canadien.

Die Benennungen "reliability" und "fiabilité" werden auch für die Zuverlässigkeitsmerkmale Erfolgswahrscheinlichkeit oder Erfolgsverhältnis gebraucht.

Anmerkung: Diese Definition ist der IEC 271 entnommen; jede Aktualisierung dieses Begriffes in der IEC 271 wird als Ersatz für diese Definition betrachtet.

3.19 Produkthaftung; Haftung für eine Dienstleistung

Ein allgemeiner Begriff, welcher zum Beschreiben der Verpflichtung eines Produzenten oder anderer gebraucht wird, Ersatz für Verluste bezüglich Personen- und Sachschäden oder anderer Schäden zu leisten, welche durch ein Produkt oder eine Dienstleistung verursacht wurden.

Anmerkung: Der Umfang der Haftung kann gemäß den nationalen Gesetzgebungen von Land zu Land variieren.

3.20 Fehler/Nichtkonformität

Die Nichterfüllung festgelegter Forderungen.

Anmerkungen:

1 Die Definition deckt das Fehlen eines oder mehrerer Qualitätsmerkmale oder von Elementen des Qualitätssicherungssystems oder die Nichterfüllung von festgelegten Forderungen ab.

2 Der grundlegende Unterschied zwischen "Fehler/Nichtkonformität" und "Mangel" ist der, daß festgelegte Forderungen von den Forderungen für den beabsichtigten Gebrauch abweichen können.

Siehe auch 3.21.

3.21 Mangel

Die Nichterfüllung von Forderungen im Hinblick auf den beabsichtigten Gebrauch.

Anmerkungen:

1 Die Definition deckt das Fehlen eines oder mehrerer Qualitätsmerkmale oder die Nichterfüllung von den Forderungen für den beabsichtigten Gebrauch ab.

2 Siehe Anmerkung 2 in 3.20.

3.22 Spezifikation

Das Dokument, welches die Forderungen vorgibt, die das Produkt oder die Dienstleistung erfüllen muß.

Anmerkung: Eine Spezifikation sollte auf Zeichnungen, Vorlagen oder andere einschlägige Dokumente verweisen oder diese einschließen und sollte auch die Mittel und Kriterien angeben, mit denen die Erfüllung geprüft werden kann.

The term "reliability" is also used as a reliability characteristic denoting a probability of success or a success ratio.

NOTE — This definition is taken from IEC Publication 271; any update of this term in IEC Publication 271 will be considered as a replacement for this definition.

Le terme «fiabilité» est aussi utilisé comme caractéristique de fiabilité désignant une probabilité de succès ou un pourcentage de succès.

NOTE — Cette définition provient de la Publication CEI 271; toute révision de ce terme dans la Publication CEI 271 sera considérée comme remplaçant la présente définition.

3.19 product liability; service liability: A generic term used to describe the onus on a producer or others to make restitution for loss related to personal injury, property damage or other harm caused by a product or service.

NOTE — The limits on liability may vary from country to country according to national legislation.

responsabilité du fait du produit; responsabilité du fait du service: Terme générique utilisé pour décrire l'obligation faite à un producteur ou autres de réparer les pertes concernant des préjudices, des dommages aux biens ou autres dommages, du fait d'un produit ou d'un service.

NOTE — L'extension de la responsabilité du fait du produit ou service peut varier d'un pays à l'autre suivant leur législation propre.

3.20 nonconformity: The nonfulfilment of specified requirements.

NOTES

1 The definition covers the departure or absence of one or more quality characteristics or quality system elements from specified requirements.

2 The basic difference between "nonconformity" and "defect" is that specified requirements may differ from the requirements for the intended use.

See also 3.21.

non-conformité: Non-satisfaction aux exigences spécifiées.

NOTES

1 La définition s'applique à l'écart ou à l'inexistence d'une ou plusieurs caractéristiques de qualité ou d'éléments d'un système qualité par rapport aux exigences spécifiées.

2 La différence essentielle entre non-conformité et défaut réside dans le fait que les exigences spécifiées peuvent être différentes des exigences de l'utilisation prévue.

Voir aussi 3.21.

3.21 defect: The nonfulfilment of intended usage requirements.

NOTES

1 The definition covers the departure or absence of one or more quality characteristics from intended usage requirements.

2 See note 2 in 3.20.

défaut: Non-satisfaction aux exigences de l'utilisation prévue.

NOTES

1 Cette définition couvre l'écart ou l'inexistence d'une ou plusieurs caractéristiques de qualité par rapport aux exigences de l'utilisation prévue.

2 Voir note 2 en 3.20.

3.22 specification: The document that prescribes the requirements with which the product or service has to conform.

NOTE — A specification should refer to or include drawings, patterns or other relevant documents and should also indicate the means and the criteria whereby conformity can be checked.

spécification: Document qui prescrit les exigences auxquelles le produit ou le service doit se conformer.

NOTE — La spécification devrait faire référence ou inclure des dessins, des modèles ou d'autres documents appropriés et devrait indiquer également les moyens et les critères suivant lesquels la conformité peut être vérifiée.

Literatur

ISO 3534, Statistik - Begriffe und Formelzeichen.

ISO Guide 2, Allgemeine Fachausdrücke und deren Definitionen betreffend Normung und damit zusammenhängende Tätigkeiten.

Deutschsprachiges Stichwortverzeichnis

A

(Anspruchs-)Klasse

D

Design-Review

F

Fehler

H

Haftung, Produkt-
Haftung für Dienstleistung

K

Klasse, (Anspruchs-)

M

Mangel

N

Nichtkonformität

P

Produkthaftung
Prüfung, (Qualitäts-)

Q

Qualität
Qualitätsaudit
Qualitätskreis
Qualitätslenkung
Qualitätsmanagement
Qualitätspolitik
(Qualitäts-)Prüfung
Qualitätssicherung
Qualitätssicherungsplan
Qualitätssicherungssystem
Qualitätsspirale
Qualitätsüberwachung

R

Review des Qualitätssicherungssystems
Review, Design-
Rückverfolgbarkeit

S

Sonderfreigabe (nach Realisierung)
Sonderfreigabe (vor Realisierung)
Spezifikation

Z

Zuverlässigkeit

Bibliography

ISO 3534, *Statistics — Vocabulary and symbols.*

ISO Guide 2, *General terms and their definitions concerning standardization and certification.*

Bibliographie

ISO 3534, *Statistique — Vocabulaire et symboles.*

Guide ISO 2, *Termes généraux et leurs définitions concernant la normalisation et la certification.*

English alphabetical index

A

assurance, quality 3.6
audit, quality 3.10

C

concession 3.16
control, quality 3.7

D

defect 3.21
design review 3.13
deviation permit 3.17

G

grade 3.2

I

inspection 3.14

L

liability, product 3.19
liability, service 3.19
loop, quality 3.3

M

management, quality 3.5

N

nonconformity 3.20

P

permit, deviation 3.17
permit, production 3.17
plan, quality 3.9
policy, quality 3.4
product liability 3.19
production permit 3.17

Q

quality 3.1
quality assurance 3.6
quality audit 3.10
quality control 3.7
quality loop 3.3
quality management 3.5
quality plan 3.9
quality policy 3.4
quality spiral 3.3
quality surveillance 3.11
quality system 3.8
quality system review 3.12

R

reliability 3.18
review, design 3.13
review, quality system 3.12

S

service liability 3.19
specification 3.22
spiral, quality 3.3
surveillance, quality 3.11
system, quality 3.8
system review, quality 3.12

T

traceability 3.15

W

waiver 3.16

Index alphabétique français

A

après production, dérogation 3.16
assurance de la qualité 3.6
audit qualité 3.10
avant production, dérogation 3.17

B

boucle de la qualité 3.3

C

classe 3.2
conception, revue de 3.13
conformité, non- 3.20
contrôle 3.14

D

défaut 3.21
dérogation après production 3.16
dérogation avant production 3.17

F

fait du produit, responsabilité du 3.19
fait du service, responsabilité du 3.19
fiabilité 3.18

G

gestion de la qualité 3.5

M

maîtrise de la qualité 3.7

N

non-conformité 3.20

P

plan qualité 3.9
politique qualité 3.4
production, dérogation après 3.16
production, dérogation avant 3.17
produit, responsabilité du fait du 3.19

Q

qualité 3.1
qualité, assurance de la 3.6
qualité, audit 3.10
qualité, boucle de la 3.3
qualité, gestion de la 3.5
qualité, maîtrise de la 3.7
qualité, plan 3.9
qualité, politique 3.4
qualité, revue du système 3.12
qualité, spirale de la 3.3
qualité, surveillance de la 3.11
qualité, système 3.8

R

responsabilité du fait du produit 3.19
responsabilité du fait du service 3.19
revue de conception 3.13
revue du système qualité 3.12

S

service, responsabilité du fait du 3.19
spécification 3.22
spirale de la qualité 3.3
surveillance de la qualité 3.11
système qualité 3.8
système qualité, revue du 3.12

T

traçabilité 3.15

Ende der deutschen Übersetzung

Änderungen

Gegenüber DIN 55 350 Teil 11/05.87 wurden folgende Änderungen vorgenommen:

Beschränkung auf die und Übersetzung der in ISO 8402-1986 enthaltenen Begriffe.

Anwendungswarnvermerk

Dieser Norm-Entwurf wird der Öffentlichkeit zur Prüfung und Stellungnahme vorgelegt.

Weil die beabsichtigte Norm von der vorliegenden Fassung abweichen kann, ist die Anwendung des Entwurfes besonders zu vereinbaren.

Stellungnahmen werden erbeten an den Ausschuß Qualitätssicherung und angewandte Statistik (AQS) im DIN Deutsches Institut für Normung e.V., Burggrafenstraße 6, 1000 Berlin 30.

Verzeichnis nicht abgedruckter Normen und Norm-Entwürfe

DIN	Ausg.	Titel
1319 T 1	06.85	Grundbegriffe der Meßtechnik; Allgemeine Grundbegriffe
1319 T 2	01.80	Grundbegriffe der Meßtechnik; Begriffe für die Anwendung von Meßgeräten
1319 T 4	12.85	Grundbegriffe der Meßtechnik; Behandlung von Unsicherheiten bei der Auswertung von Messungen
7186 T 1	08.74	Statistische Tolerierung; Begriffe, Anwendungsrichtlinien und Zeichnungsangaben
10 950	10.81	Allgemeine Grundlagen der sensorischen Prüfung
10 951	12.86	Sensorische Prüfverfahren; Dreiecksprüfung
10 952 T 1	10.78	Sensorische Prüfverfahren; Bewertende Prüfung mit Skale, Prüfverfahren
10 952 T 2	09.83	Sensorische Prüfverfahren; Bewertende Prüfung mit Skale; Erstellen von Prüfskalen und Bewertungsschemata
10 953	06.76	Anwendung sensorischer Prüfverfahren
10 954	12.86	Sensorische Prüfverfahren; Paarweise Unterschiedsprüfung
10 963	11.82	Sensorische Prüfverfahren; Rangordnungsprüfung
25 424 T 1	09.81	Fehlerbaumanalyse; Methode und Bildzeichen
25 448	06.80	Ausfalleffektanalyse
40 080	04.79	Verfahren und Tabellen für Stichprobenprüfung anhand qualitativer Merkmale (Attributprüfung)
50 049	08.86	Bescheinigungen über Materialprüfungen
53 803 T 1	03.79	Prüfung von Textilien; Probenahme, Statistische Grundlagen der Probenahme bei einfacher Aufteilung
53 803 T 2	03.79	Prüfung von Textilien; Probenahme, Praktische Durchführung
53 803 T 3	06.84	Probenahme; Statistische Grundlagen der Probenahme bei zweifacher Aufteilung nach zwei gleichberechtigten Gesichtspunkten
53 803 T 4	06.84	Probenahme; Statistische Grundlagen der Probenahme bei zweifacher Aufteilung nach zwei einander nachgeordneten Gesichtspunkten
53 804 T 1	09.81	Statistische Auswertungen; Meßbare (kontinuierliche) Merkmale
53 804 T 2	03.85	Statistische Auswertungen; Zählbare (diskrete) Merkmale
53 804 T 3	01.82	Statistische Auswertungen; Ordinalmerkmale
53 804 T 4	03.85	Statistische Auswertungen; Attributmerkmale
55 301	09.78	Gestaltung statistischer Tabellen
55 302 T 1	11.70	Statistische Auswertungsverfahren; Häufigkeitsverteilung, Mittelwert und Streuung; Grundbegriffe und allgemeine Rechenverfahren
55 302 T 2	01.67	Statistische Auswertungsverfahren; Häufigkeitsverteilung, Mittelwert und Streuung, Rechenverfahren in Sonderfällen

DIN		Ausg.	Titel
	55 303 T 2	05.84	Statistische Auswertung von Daten; Testverfahren und Vertrauensbereiche für Erwartungswerte und Varianzen
	55 303 T 2 Bbl 1	05.84	Statistische Auswertung von Daten; Operationscharakteristiken von Tests für Erwartungswerte und Varianzen
	55 303 T 5	02.87	Statistische Auswertung von Daten; Bestimmung eines statistischen Anteilsbereichs
E	55 303 T 6	04.89	Statistische Auswertung von Daten; Testverfahren und Vertrauensbereiche für Anteile
	69 900 T 1	08.87	Projektwirtschaft; Netzplantechnik; Begriffe
	69 900 T 2	08.87	Projektwirtschaft; Netzplantechnik; Darstellungstechnik
	69 901	08.87	Projektwirtschaft; Projektmanagement; Begriffe
	69 902	08.87	Projektwirtschaft; Einsatzmittel; Begriffe
	69 903	08.87	Projektwirtschaft; Kosten und Leistung, Finanzmittel; Begriffe
	69 910	08.87	Wertanalyse
IEC	300	02.87	Elektrotechnik; Leitfaden für das Zuverlässigkeitsmanagement; Identisch mit IEC 300, Ausgabe 1984
IEC	319	12.81	Darstellung von Zuverlässigkeitsangaben von Bauelementen der Elektronik
IEC	605 T 1	03.86	Elektrotechnik; Prüfung der Zuverlässigkeit von Geräten; Allgemeine Anforderungen; Identisch mit IEC 605-1, Ausgabe 1978
IEC	605 T 5	03.86	Elektrotechnik; Prüfung der Zuverlässigkeit von Geräten; Teil 5: Prüfpläne zum Nachweis des Erfolgsquotienten; Identisch mit IEC 605-5, Ausgabe 1982
IEC	605 T 7	03.86	Elektrotechnik; Prüfung der Zuverlässigkeit von Geräten; Teil 7: Prüfpläne für Ausfallrate und mittleren Ausfallabstand bei vermuteter konstanter Ausfallrate; Identisch mit IEC 605-7, Ausgabe 1978
IEC	706 T 1	12.86	Elektrotechnik; Leitfaden zur Instandhaltbarkeit von Geräten; Teil 1: Hauptabschnitte Eins, Zwei und Drei; Einführung, Anforderungen und Instandhaltbarkeitsprogramm; Identisch mit IEC 706-1, Ausgabe 1982
E ISO	2859 T 1	05.89	Annahmestichprobenprüfung anhand der Anzahl fehlerhafter Einheiten oder Fehler (Attributprüfung); Nach der annehmbaren Qualitätsgrenzlage (AQL) geordnete Stichprobenanweisungen für die Prüfung einer Serie von Losen
E ISO	2859 T 2	05.89	Annahmestichprobenprüfung anhand der Anzahl fehlerhafter Einheiten oder Fehler (Attributprüfung); Nach der rückzuweisenden Qualitätsgrenzlage (LQ) geordnete Stichprobenanweisungen für die Prüfung einzelner Lose; Identisch mit ISO 2859/2 : 1985
E ISO	2859 T 3	05.89	Annahmestichprobenprüfung anhand der Anzahl fehlerhafter Einheiten oder Fehler (Attributprüfung); Skip-lot-Verfahren

DIN	Ausg.	Titel
E ISO 3951	06.89	Verfahren und Tabellen für Stichprobenprüfung auf den Anteil fehlerhafter Einheiten in Prozent anhand quantitativer Merkmale (Variablenprüfung)
E ISO 5479	04.83	Tests auf Normalverteilung
ISO 5725	04.88	Präzision von Meßverfahren; Ermittlung der Wiederhol- und Vergleichpräzision von festgelegten Meßverfahren durch Ringversuche; Identisch mit ISO 5725, Ausgabe 1986
ISO 9000	05.87	Leitfaden zur Auswahl und Anwendung der Normen zu Qualitätsmanagement, Elementen eines Qualitätssicherungssystems und zu Qualitätssicherungs-Nachweisstufen; Identisch mit ISO 9000, Ausgabe 1987 (Identisch mit EN 29 000)
ISO 9001	05.87	Qualitätssicherungssysteme; Qualitätssicherungs-Nachweisstufe für Entwicklung und Konstruktion, Produktion, Montage und Kundendienst; Identisch mit ISO 9001, Ausgabe 1987 (Identisch mit EN 29 001)
ISO 9002	05.87	Qualitätssicherungssysteme; Qualitätssicherungs-Nachweisstufe für Produktion und Montage; Identisch mit ISO 9002, Ausgabe 1987 (Identisch mit EN 29 002)
ISO 9003	05.87	Qualitätssicherungssysteme; Qualitätssicherungs-Nachweisstufe für Endprüfungen; Identisch mit ISO 9003, Ausgabe 1987 (Identisch mit EN 29 003)
ISO 9004	05.87	Qualitätsmanagement und Elemente eines Qualitätssicherungssystems; Leitfaden; Identisch mit ISO 9004, Ausgabe 1987 (Identisch mit EN 29 004)
VDE 31 000 T 2	12.87	Allgemeine Leitsätze für das sicherheitsgerechte Gestalten technischer Erzeugnisse; Begriffe der Sicherheitstechnik; Grundbegriffe

Stichwortverzeichnis

Die hinter den Stichwörtern stehenden Nummern sind die DIN-Nummern (ohne die Buchstaben DIN) der abgedruckten Normen bzw. der Norm-Entwürfe.

Abgestufte Einzeltoleranz 55 350 T 12
Abgestufte Toleranz 55 350 T 12
Abgestufter Grenzwert 55 350 T 12
Abgestufter Höchstwert 55 350 T 12
Abgestufter Mindestwert 55 350 T 12
Abgestufter Toleranzbereich 55 350 T 12
Abhängigkeit, stochastische 13 303 T 1
Abhängigkeitsparameter 13 303 T 1
Ablaufprüfung 55 350 T 17
Ablieferungsprüfung 55 350 T 17
Abnahme 55 350 T 17 und T 31
Abnahmeprüfung 55 350 T 17
Abnahmeprüfzertifikat 55 350 T 18
Abnahmeprüfzertifikat M/MS/O/OS 55 350 T 18
Abnehmer-Prüfbeauftragter 55 350 T 18
Abnehmerrisiko 55 350 T 24 und T 31, 13 303 T 2
Abnutzung 31 051
Abnutzungsausfall E 40 041
Abnutzungsvorrat 31 051
Absolute Häufigkeit 55 350 T 23, 13 303 T 1
Absolute Häufigkeitssumme 55 350 T 23
Absolutes Moment 55 350 T 21 und T 23, 13 303 T 1
Absolutglied des Normalgleichungssystems 18 709 T 4
Abweichung 55 350 T 12 und T 24, E 40 041, 31 051
Abweichung durch Klassierung 55 350 T 24
Abweichung durch Runden 55 350 T 24
Abweichung, festgestellte systematische 1319 T 3
Abweichung, systematische 13 303 T 2, 1319 T 3
Abweichung, systematische (eines Zufallsvektors) 18 709 T 4
Abweichung, systematische (Meßgeräte) 1319 T 3
Abweichung, systematische (Meßreihe) 1319 T 3
Abweichung, systematische, des Funktionsvektors 18 709 T 4
Abweichung, sytematische 18 709 T 4
Abweichung, unbekannte systematische 1319 T 3
Abweichung, wahre 18 709 T 4
Abweichung, wahre (eines Beobachtungsvektors) 18 709 T 4
Abweichung, wahre, des Funktionsvektors 18 709 T 4
Abweichung, zufällige 18 709 T 4, 1319 T 3
Abweichung, zufällige (eines Beobachtungsvektors) 18 709 T 4
Abweichung, zufällige (Meßgerät) 1319 T 3
Abweichung, zufällige (Meßreihe) 1319 T 3
Abweichung, zufällige, des Funktionsvektors 18 709 T 4
Abweichungsbetrag 55 350 T 12
Abweichungsgrenzbetrag 55 350 T 12
Aktive Redundanz E 40 041
Akzeptiert 13 303 T 2
Alternative 55 350 T 24, 13 303 T 2
Alternativhypothese 55 350 T 24
Alternativhypothese 13 303 T 2
Alternativmerkmal 55 350 T 12
Analysenprobe 55 350 T 14
Änderung E 40 041
Änderungsgeschwindigkeit E 40 041
Änderungsmuster 55 350 T 15
Anfangsbestand E 40 041
Anfangswahrscheinlichkeit 13 303 T 1
Angebotsmuster 55 350 T 15
Angenommen 13 303 T 2
Anlage 31 051

Annahme 55 350 T 31
Annahmekennlinie 55 350 T 31
Annahmeprüfung 55 350 T 17
Annahmestichprobenprüfung 55 350 T 17 und T 31
Annahmewahrscheinlichkeit 55 350 T 31
Annahmezahl 55 350 T 31
Annehmbare Qualitätsgrenzlage 55 350 T 31
(Anspruchs-)Klasse E ISO 8402
Anspruchsniveau 55 350 T 11
Anteil fehlerhafter Einheiten 55 350 T 31
Anteilsbereich 55 350 T 24, 13 303 T 2
Anteilsgrenze 55 350 T 24
Anteilsintervall 13 303 T 2
Anteilsintervallschätzer 13 303 T 2
Anwendbare statistische Schließtoleranz 55 350 T 12
Anwendung E 40 041
Anwendungsbedingungen 55 350 T 11
Anwendungsbeginn E 40 041
Anwendungsdauer E 40 041
Anwendungsdauer, geforderte E 40 041
Anwendungserprobung E 40 041
Anwendungssimulation E 40 041
Anzeigendes Meßgerät 1319 T 3
AOQ 55 350 T 31
AOQL 55 350 T 31
Approbationsprüfung 55 350 T 17
AQL 55 350 T 31
Arbeitshypothese 13 303 T 2
Arcussinusverteilung 13 303 T 1
Arithmetische Schließtoleranz 55 350 T 12
Arithmetischer Mittelwert 55 350 T 23, 18 709 T 4, 1319 T 3
Arithmetisches Mittel 13 303 T 1
Arten von Qualitätsprüfzertifikaten 55 350 T 18
Asymmetrieparameter 13 303 T 1
Attribut 55 350 T 12
Attributives Merkmal 55 350 T 12
Attributmerkmal 55 350 T 12
Attributprüfung 55 350 T 31
Audit: siehe Qualitätsaudit 55 350 T 11
Aufmachungseinheit 55 350 T 14
Auftragsbezogenes Prüfergebnis 55 350 T 18
Ausfall E 40 041, 31 051
Ausfall, entwurfsbedingter E 40 041
Ausfall, fertigungsbedingter E 40 041
Ausfall, intermittierender E 40 041
Ausfallabstand E 40 041
Ausfallabstand, mittlerer E 40 041
Ausfallaspekte E 40 041
Ausfallhäufigkeit E 40 041
Ausfallhäufigkeit, temporäre E 40 041
Ausfallhäufigkeitsdichte, temporäre E 40 041
Ausfallhäufigkeitssumme E 40 041
Ausfallkriterium E 40 041
Ausfallmuster 55 350 T 15
Ausfallquote E 40 041
Ausfallrate E 40 041
Ausfallsatz E 40 041
Ausfallursache E 40 041
Ausfallwahrscheinlichkeit E 40 041
Ausfallzeitpunkt E 40 041
Ausführungsqualität 55 350 T 11
Ausgeglichener Beobachtungsvektor 18 709 T 4
Ausgleichsrechnung 18 709 T 4
Ausgleichungsbedingung 18 709 T 4
Ausgleichungsforderung 18 709 T 4
Ausgleichungsmodell, mathematisches 18 709 T 4
Aussage 13 303 T 2
Aussage, richtige 13 303 T 2
Aussetzbetrieb E 40 041
Auswahleinheit 55 350 T 14
Auswahlprüfung 55 350 T 17
Auswahlsatz 55 350 T 14
Außerbetriebnahme 31 051
Außerbetriebsetzung 31 051

Basisgröße 1319 T 3
Bauartmuster 55 350 T 15
Bauartprüfung 55 350 T 17

Baumuster 55 350 T 15
Beanspruchbarkeitsfeststellung E 40 041
Beanspruchung E 40 041
Beanspruchungsverhältnis E 40 041
Bedingte Dichte 13 303 T 1
Bedingte Varianz 55 350 T 21
Bedingte Verteilung 55 350 T 21 und T 23
Bedingte Verteilungsfunktion 13 303 T 1
Bedingte Wahrscheinlichkeit 13 303 T 1
Bedingte Wahrscheinlichkeitsverteilung 13 303 T 1
Bedingter Erwartungswert 55 350 T 21, 13 303 T 1
Beeinträchtigungsumfang E 40 041
Beherrschte Fertigung 55 350 T 11
Beherrschter Prozeß 55 350 T 11
Bekannte systematische Abweichung 1319 T 3
Belegmuster 55 350 T 15
Bemessungsdaten 40 200
Bemessungswert 55 350 T 12, 40 200
Beobachtereinfluß 1319 T 3
Beobachtung 55 350 T 13
Beobachtungsergebnis 55 350 T 12 und T 13
Beobachtungsvektor 18 709 T 4
Beobachtungsvektor, ausgeglichener 18 709 T 4
Beobachtungsvektor, gekürzter 18 709 T 4
Beobachtungsvektor, genäherter 18 709 T 4
Beobachtungsverfahren 55 350 T 12 und T 13
Beobachtungswert 55 350 T 12, 18 709 T 4
Berechnung 55 350 T 13
Berechnungsverfahren 55 350 T 12 und T 13
Bereich, kritischer 13 303 T 2
Bereichsschätzer 13 303 T 2
Bereichsschätzung 55 350 T 24
Berichtigter Meßwert 1319 T 3
Berichtigtes Ermittlungsergebnis 55 350 T 13
Bernoulli-Experiment 13 303 T 1
Bernoulli-Verteilung 13 303 T 1
Beschaffenheit 55 350 T 11, E 40 041
Bescheinigung 55 350 T 18
Besetzungswahrscheinlichkeit 13 303 T 1
Besetzungszahl 55 350 T 23, 13 303 T 1
Bestand E 40 041
Bestand, relativer E 40 041
Bestätigungsprüfung 55 350 T 11 und T 17
Bestimmungsfaktor E 40 041
Betaverteilung 55 350 T 22, 13 303 T 1
Betrachtungseinheit 31 051
Betragsmoment 55 350 T 21 und T 23
Betriebsdauer E 40 041
Betriebsdauer, mittlere, zwischen zwei Ausfällen E 40 041
Betriebspause E 40 041
Betriebsverhaltensprüfung 55 350 T 17
Beurteilung 55 350 T 13
Beurteilungsergebnis 55 350 T 12 und T 13
Beurteilungsverfahren 55 350 T 12 und T 13
Beweis E 40 041
Bezeichnung von Qualitätsprüf-Zertifikaten 55 350 T 18
Bezugswert 55 350 T 13
Bimodale Verteilung 55 350 T 23
Bimodale Wahrscheinlichkeitsverteilung 55 350 T 21
Binärmerkmal 55 350 T 12
Binomialverteilung 55 350 T 22, 13 303 T 1
Binominalverteilung, negative 13 303 T 1
Bivariate Häufigkeitsverteilung 55 350 T 23
Bivariate Normalverteilung 55 350 T 22
Bivariate Wahrscheinlichkeitsverteilung 55 350 T 21
Brauchbarkeitsdauer E 40 041

Cauchy-Verteilung 13 303 T 1
Charakteristische Funktion 13 303 T 1
Charakteristische Funktion der Menge 13 303 T 1
Charge 55 350 T 31
Chiquadrat, (zentrales) 13 303 T 1
Chiquadrat, nichtzentrales 13 303 T 1
Chiquadratverteilte Zufallsgröße 18 709 T 4
Chiquadratverteilung (X^2-Verteilung) 55 350 T 22

Dauerbetrieb E 40 041
Dauerprüfung 55 350 T 17
Design-Review E ISO 8402
Dezil, oberes 13 303 T 1
Dezil, unteres 13 303 T 1
Dezilabstand 13 303 T 1
Dichotomes Merkmal 55 350 T 12
Dichte 13 303 T 1
Dichte der Zufallsvariablen 13 303 T 1
Dichte, bedingte 13 303 T 1
Dienstleistung 55 350 T 11
Diskrete Wahrscheinlichkeitsverteilung 55 350 T 22, 13 303 T 1
Diskrete Zufallsvariable 55 350 T 21, 13 303 T 1
Diskreter Zufallsvektor 55 350 T 21
Diskretes Merkmal 55 350 T 12
Diversitäre Redundanz E 40 041
Diversität E 40 041
Doppel-Stichprobenprüfung 55 350 T 31
Doppelte Exponentialverteilung 55 350 T 22
Driftausfall E 40 041
Duales Konfidenzintervall 13 303 T 2
Durchführung, n-malige 13 303 T 1
Durchschlupf 55 350 T 31
Durchschnitt 55 350 T 23
Durchschnittliche Herstellqualität 55 350 T 31
Durchschnittlicher Stichprobenumfang 55 350 T 31

Eichfehlergrenzen 1319 T 3
Eigenprüfung 55 350 T 17
Eignungsprüfung 55 350 T 17
Einbaumuster 55 350 T 15
Einbrennen E 40 041
Eindimensionale bedingte Häufigkeitsverteilung 55 350 T 23
Eindimensionale diskrete Wahrscheinlichkeitsverteilung 55 350 T 22
Eindimensionale Häufigkeitsverteilung 55 350 T 23
Eindimensionale Randverteilung 55 350 T 23
Eindimensionale stetige Wahrscheinlichkeitsverteilung 55 350 T 22
Eindimensionale Wahrscheinlichkeitsverteilung 55 350 T 21
Einfach-Stichprobenprüfung 55 350 T 31
Einfache Hypothese 55 350 T 24, 13 303 T 2
Einflußfaktoren E 40 041
Einflußgröße 1319 T 3
Eingangsprüfung 55 350 T 17
Eingipflige Verteilung 55 350 T 23
Eingipflige Wahrscheinlichkeitsverteilung 55 350 T 21
Einheit 55 350 T 11 und T 14, E 40 041
Einheit mit Hauptfehlern 55 350 T 31
Einheit mit kritischen Fehlern 55 350 T 31
Einheit mit Nebenfehlern 55 350 T 31
Einheit, instandzusetzende E 40 041
Einheit, nichtinstandzusetzende E 40 041
Einlaufen E 40 041
Einsatzprüfung 55 350 T 17
Einseitig abgegrenzter statistischer Anteilsbereich 55 350 T 24
Einseitig abgegrenzter Vertrauensbereich 55 350 T 24
Einseitige Fehlergrenze 1319 T 3
Einseitiger Test 55 350 T 24

Einseitiger Test Beispiele zu 13 303 T 2
Einseitiges Konfidenzintervall 13 303 T 2
Einzelergebnisse 13 303 T 1
Einzelergebnis 55 350 T 12
Einzelmerkmal 55 350 T 12
Einzelner Meßwert 1319 T 3
Einzelprobe 55 350 T 14
Element 31 051
Empirisch 55 350 T 23, 13 303 T 1
Empirische Kovarianz 13 303 T 1, 18 709 T 4
Empirische Kovarianzmatrix 13 303 T 1
Empirische Kovarianzmatrix (des Zufallsvektors X) 18 709 T 4
Empirische Regressionsfläche 55 350 T 23
Empirische Regressionsgerade 13 303 T 1
Empirische Regressionskurve 55 350 T 23
Empirische Standardabweichung 13 303 T 1, 18 709 T 4, 1319 T 3
Empirische Standardabweichung der Gewichtseinheit 18 709 T 4
Empirische Standardabweichung des Mittelwertes 18 709 T 4
Empirische Standardabweichung von X_i 18 709 T 4
Empirische Varianz 55 350 T 23, 13 303 T 1, 18 709 T 4
Empirische Varianz der Gewichtseinheit 18 709 T 4
Empirische Verteilungsfunktion 13 303 T 1
Empirischer Korrelationskoeffizient 13 303 T 1, 18 709 T 4
Empirischer Median 13 303 T 1
Empirischer Variationskoeffizient 13 303 T 1
Empirisches Moment 13 303 T 1
Empirisches Quantil 55 350 T 12, 13 303 T 1
Endlosguteinheit 55 350 T 14
Endprobe 55 350 T 14
Endprüfung 55 350 T 17
Endstufenprobe 55 350 T 14
Entscheiden 13 303 T 2
Entwicklungsmuster 55 350 T 15
Entwurfsbedingter Ausfall E 40 041
Entwurfsmuster 55 350 T 15
Entwurfsprüfung 55 350 T 17
Ereignis 13 303 T 1, E 40 041
Erfassungsbeginn E 40 041
Erfolgswahrscheinlichkeit 13 303 T 1
Ergebnis 55 350 T 13, 13 303 T 1
Ergebnisabweichung 55 350 T 13
Ergebnismenge 13 303 T 1
Ergebnisse unter Vergleichbedingungen 55 350 T 13
Ergebnisse unter Wiederholbedingungen 55 350 T 13
Ergebnisunsicherheit 55 350 T 13
Erlang-Verteilung 55 350 T 22
Ermittelter Wert 13 303 T 1
Ermittlung 55 350 T 13
Ermittlungsergebnis 55 350 T 13
Ermittlungsverfahren 55 350 T 13
Erprobung 55 350 T 17
Erreichbares Konfidenzniveau 13 303 T 2
Erreichbares Signifikanzniveau 13 303 T 2
Erschöpfend 13 303 T 2
Erster Ausfall, Zeitspanne bis zum E 40 041
Erstmuster 55 350 T 15
Erstmusterprüfung 55 350 T 17
Erstprüfung 55 350 T 17
Erststufenprobe 55 350 T 14
Erwartungstreue Schätzfunktion 55 350 T 24
Erwartungswert 55 350 T 13 und T 21, 13 303 T 1, 18 709 T 4, 1319 T 3
Erwartungswert (des Zufallsvektors X) 18 709 T 4
Erwartungswert (Schätzwert) 1319 T 3
Erwartungswert (Vertrauensgrenze) 1319 T 3

Erwartungswert der Randverteilung 55 350 T 21
Erwartungswert des Funktionsvektors 18 709 T 4
Erwartungswert, bedingter 13 303 T 1
Erzeugende Funktion 13 303 T 1
Exakter Wert 55 350 T 13
Experimente, mehrstufige 13 303 T 1
Experimente, reale 13 303 T 1
Exponentialverteilung 55 350 T 22, 13 303 T 1
Externes Qualitätsaudit 55 350 T 11
Extremwert 55 350 T 12
Extremwertverteilung 13 303 T 1
Exzeß 13 303 T 1

F-verteilte Zufallsgröße 18 709 T 4
Faktorielles Moment 13 303 T 1
Falsch 13 303 T 2
Familie der zugelassenen Wahrscheinlichkeitsverteilungen 13 303 T 2
Fehler 55 350 T 11 und T 12, 31 051, 1319 T 3, E 40 041, E ISO 8402
Fehler 1. Art 55 350 T 24, 13 303 T 2
Fehler 2. Art 55 350 T 24, 13 303 T 2
Fehler, systematischer 18 709 T 4, 1319 T 3
Fehler, systematischer, des Funktionsvektors 18 709 T 4
Fehler, zufälliger 1319 T 3
Fehlerfortpflanzung 18 709 T 4
Fehlergrenze 1319 T 3
Fehlergrenze (Angabe) 1319 T 3
Fehlergrenze (Bedeutung) 1319 T 3
Fehlergrenze (Festlegung) 1319 T 3
Fehlergrenze, einseitige 1319 T 3
Fehlergrenze, symmetrische 1319 T 3
Fehlergrenze, unsymmetrische 1319 T 3
Fehlerhafte Einheit 55 350 T 31
Fehlerklassen 55 350 T 31
Fehlerklassifizierung 55 350 T 31
Fehlerkosten 55 350 T 11
Fehlerkriterium E 40 041
Fehlerverhütungskosten 55 350 T 11
Feldprüfung 55 350 T 17
Fertigungsbedingter Ausfall E 40 041
Fertigungsergebnisse 55 350 T 13
Fertigungsprüfung 55 350 T 17
Fertigungstoleranz 55 350 T 12
Fertigungsverfahren 55 350 T 13
Festgestellte systematische Abweichung 1319 T 3
Festgestellte systematische Abweichung (relative Angabe) 1319 T 3
Folge-Stichprobenprüfung 55 350 T 31
Formparameter 55 350 T 21, 13 303 T 1
Fourier-Transformierte 13 303 T 1
Fraktil 55 350 T 21
Fréchet-Verteilung 55 350 T 22, 13 303 T 1
Freiheitsgrad 55 350 T 22, 13 303 T 1, 1319 T 3
Fremdprüfung 55 350 T 17
Frühausfallphase E 40 041
Funktion 31 051
Funktion der Menge, charakteristische 13 303 T 1
Funktion eines Zufallsvektors 18 709 T 4
Funktion von Zufallsgrößen 55 350 T 21
Funktion, charakteristische 13 303 T 1
Funktion, erzeugende 13 303 T 1
Funktion, suffiziente 13 303 T 2
Funktionalparameter 55 350 T 21
Funktionalparameter 13 303 T 1
Funktionsbeteiligte Redundanz E 40 041
Funktionserfüllung 31 051
Funktionsfähigkeit E 40 041, 31 051
Funktionsmatrix 18 709 T 4
Funktionsmuster 55 350 T 15
Funktionsvektor 18 709 T 4
Funktionsvektor, Erwartungswert des 18 709 T 4
Funktionsvektor, wahrer Wert des 18 709 T 4
Funtionsfähigkeit 55 350 T 11

Gammaverteilung 55 350 T 22, 13 303 T 1
Ganzzahlige Zufallsvariable 13 303 T 1
Gauß-Verteilung 55 350 T 22, 13 303 T 1

Gebrauchstauglichkeit 55 350 T 11
Geforderte Anwendungsdauer E 40 041
Gefordertes Konfidenzniveau 13 303 T 2
Gefordertes Signifikanzniveau 13 303 T 2
Gegenhypothese 55 350 T 24
Gegenprüfung 55 350 T 11 und T 17
Gegenstand der Betrachtung 55 350 T 11
Gekürzter Beobachtungsvektor 18 709 T 4
Gekürzter Parametervektor 18 709 T 4
Gemeinsame Verteilungsfunktion 13 303 T 1
Gemeinsame Wahrscheinlichkeitsverteilung 13 303 T 1
Genäherter Beobachtungsvektor 18 709 T 4
Genäherter Parametervektor 18 709 T 4
Genauigkeit 55 350 T 13, 1319 T 3
Genehmigungsprüfung 55 350 T 17
Geometrische Verteilung 55 350 T 22, 13 303 T 1
Geometrischer Mittelwert 55 350 T 23
Gesamtheit 55 350 T 14
Gesamtschätzabweichung 55 350 T 24
Geschichtete Probenahme 55 350 T 14
Geschichtete Stichprobe 55 350 T 14
Gewichteter Durchschnitt 55 350 T 23
Gewichteter Mittelwert 55 350 T 23
Gewichtseinheit, empirische Standardabweichung der 18 709 T 4
Gewichtseinheit, empirische Varianz der 18 709 T 4
Gewichtseinheit, Standardabweichung der 18 709 T 4
Gewichtseinheit, Varianz der 18 709 T 4
Gewichtsmatrix 18 709 T 4
Gezielte Probenahme 55 350 T 14
Gleichverteilung 55 350 T 22, 13 303 T 1
Glieder der Merkmalskette 55 350 T 12
Grenz-Unterschreitungsanteil 55 350 T 12
Grenzabmaß 55 350 T 12
Grenzabweichung 55 350 T 12
Grenzbetrag 55 350 T 12
Grenzmaß 55 350 T 12
Grenzmuster 55 350 T 15
Grenzquantil 55 350 T 12
Grenzwert 55 350 T 12, 40 200
Grenzwert für die Anzeige 1319 T 3
Grenzwertabstand 55 350 T 11 und T 12
Größe, abgleitete 1319 T 3
Größenwert 55 350 T 12
Größter Einzelistwert 55 350 T 12
Größtwert 55 350 T 12
Grundgesamtheit 55 350 T 14
Gruppe 31 051
Gumbel-Verteilung 55 350 T 22, 13 303 T 1
Güte 55 350 T 11
Gütefunktion 55 350 T 24, 13 303 T 2
Güteprüfung 55 350 T 11
Gutzahl 55 350 T 31

Haftung, Produkt- E ISO 8402
Haftung für Dienstleistung E ISO 8402
Härteprüfung 55 350 T 17
Häufigkeit 55 350 T 23, 13 303 T 1
Häufigkeitsdichte 55 350 T 23
Häufigkeitsdichtefunktion 55 350 T 23
Häufigkeitsfunktion 13 303 T 1
Häufigkeitssumme 55 350 T 23
Häufigkeitssummenkurve 55 350 T 23
Häufigkeitssummenpolygon 55 350 T 23
Häufigkeitssummentreppe 55 350 T 23
Häufigkeitssummenverteilung 55 350 T 23
Häufigkeitsverteilung 55 350 T 23, 13 303 T 1
Häufigster Wert 55 350 T 21 und T 23
Hauptfehler 55 350 T 31
Heiße Redundanz E 40 041
Hersteller-Prüfbeauftragter 55 350 T 18
Herstellerprüfzertifikat 55 350 T 18
Herstellerprüfzertifikat M/O 55 350 T 18
Herstellerzertifikat 55 350 T 18
Herstellerzertifikat M/O 55 350 T 18
Histogramm 55 350 T 23

Höchst-Unterschreitungsanteil 55 350 T 12
Höchstmaß 55 350 T 12
Höchstquantil 55 350 T 12
Höchstwert 55 350 T 12
Höchstwert 1319 T 3
Höchstzulässige Abweichung 55 350 T 12
Homogene Redundanz E 40 041
Hundertprozentprüfung 55 350 T 17
Hypergeometrische Verteilung 55 350 T 22, 13 303 T 1
Hypothese 55 350 T 24, 13 303 T 2
Hypothese, zusammengesetzte 13 303 T 2
Hypothese, einfache 13 303 T 2
Hypothese, statistische 13 303 T 2

Inbetriebnahme 31 051
Indikator 13 303 T 1
Indikatorfunktion 13 303 T 1
Ingangsetzung 31 051
Inspektion 55 350 T 17, E 40 041, 31 051
Instandhaltbarkeit E 40 041
Instandhaltung E 40 041, 31 051
Instandsetzung E 40 041, 31 051
Instandzusetzende Einheit E 40 041
Intermittierender Ausfall E 40 041
Internes Qualitätsaudit 55 350 T 11
Intervallskala 55 350 T 12
Ist-Anzeige, Ist-Wert 1319 T 3
Ist-Unterschreitungsanteil 55 350 T 12
Istbeanspruchung E 40 041
Istquantil 55 350 T 12
Istwert 55 350 T 12
Istzustand 31 051
Istzustandsabweichung 31 051

Kalte Redundanz E 40 041
Kardinalskala 55 350 T 12
Kendallscher Rangkorrelationskoeffizient 13 303 T 1
Kenngröße 55 350 T 23
Kennwert 55 350 T 23
Kennwert der Form einer Häufigkeitsverteilung 55 350 T 23
Kennwert der Gesamtheit 13 303 T 1
Kennwert der Lage einer Häufigkeitsverteilung 55 350 T 23
Kennwert der Stichprobe 13 303 T 1
Kennwert der Streuung einer Häufigkeitsverteilung 55 350 T 23
Klardauer E 40 041
Klardauer, mittlere E 40 041
Klasse 55 350 T 23
Klasse siehe Ereignis 13 303 T 1
Klasse, (Anspruchs-) E ISO 8402
Klassenbildung 55 350 T 23
Klassenbreite 55 350 T 23
Klassengrenze 55 350 T 23
Klassenmitte 55 350 T 23
Klassenweite 55 350 T 23
Klassierprüfung 55 350 T 17
Klassierung 55 350 T 23
Klassifikatorisches Merkmal 55 350 T 12
Klassifizierung 55 350 T 23
Kleinster Einzelistwert 55 350 T 12
Kleinstwert 55 350 T 12
Kleinteil 31 051
Klumpen 55 350 T 14
Klumpenprobenahme 55 350 T 14
Klumpenstichprobe 55 350 T 14
Kofaktormatrix (des Zufallsvektors X) 18 709 T 4
Kofaktormatrix des Funktionsvektors 18 709 T 4
Komponente, systematische 13 303 T 2, 1319 T 3
Konfidenzbereich 55 350 T 24
Konfidenzbereich 13 303 T 2
Konfidenzbereichsschätzer 13 303 T 2
Konfidenzellipse auch Vertrauensellipse 18 709 T 4
Konfidenzellipsoid auch Vertrauensellipsoid 18 709 T 4
Konfidenzellipsoid 13 303 T 2
Konfidenzgrenze 55 350 T 24, 13 303 T 2

Konfidenzintervall 55 350 T 24, 13 303 T 2, 18 709 T 4
Konfidenzintervall, duales 13 303 T 2
Konfidenzintervall, einseitiges 13 303 T 2
Konfidenzintervall, nach unten einseitig begrenztes 13 303 T 2
Konfidenzintervall, zweiseitiges 13 303 T 2
Konfidenzintervalleinschätzer 13 303 T 2
Konfidenzniveau 55 350 T 24, 13 303 T 2, 18 709 T 4
Konfidenzniveau, erreichbares 13 303 T 2
Konfidenzniveau, gefordertes 13 303 T 2
Konfidenzniveau, vereinbartes 13 303 T 2
Konfidenzschätzer 13 303 T 2
Konkretisierungsstufe der Qualitätsforderung 55 350 T 11
Konsistente Schätzerfolge 13 303 T 2
Kontingenztafel 55 350 T 23, 13 303 T 1
Kontinuierliche Zufallsvariable 55 350 T 21
Kontinuierliches Merkmal 55 350 T 12
Konvarianzmatrix des Funktionsvektors 18 709 T 4
(Konventionell) richtiger Wert 55 350 T 13
Korrektion 1319 T 3
Korrelatenvektor 18 709 T 4
Korrelation 55 350 T 21 und T 23
Korrelationskoeffizient 55 350 T 21 und T 23, 13 303 T 1, 18 709 T 4
Korrelationskoeffizient, empirischer 13 303 T 1, 18 709 T 4
Kostenelement 55 350 T 11
Kostenkreis 55 350 T 11
Kovarianz 55 350 T 21 und T 23, 13 303 T 1, 18 709 T 4
Kovarianz, empirische 13 303 T 1, 18 709 T 4
Kovarianzmatrix 13 303 T 1
Kovarianzmatrix (des Zufallsvektors X) 18 709 T 4
Kovarianzmatrix, empirische 13 303 T 1
Kovarianzmatrix, empirische (des Zufallsvektors X) 18 709 T 4
Kreuzfaktormatrix 18 709 T 4
Kreuzkovarianzmatrix 18 709 T 4
Kritische Vergleichdifferenz 55 350 T 13
Kritische Wiederholdifferenz 55 350 T 13
Kritischer Bereich 55 350 T 24, 13 303 T 2
Kritischer Fehler 55 350 T 31
Kritischer Vergleichdifferenzbetrag 55 350 T 13
Kritischer Wert 55 350 T 24, 13 303 T 2
Kritischer Wiederholdifferenzbetrag 55 350 T 13
Kritisches Niveau 13 303 T 2
Kumulierte absolute Häufigkeit 55 350 T 23
Kumulierte Häufigkeit 55 350 T 23
Kumulierte relative Häufigkeit 55 350 T 23
Kurtosis 55 350 T 21 und T 23, 13 303 T 1

Laboratoriumsprobe 55 350 T 14
Laborprüfung 55 350 T 17
Lageparameter 55 350 T 21, 13 303 T 1
Lastenheft 55 350 T 11
Lebensdauer E 40 041
Lebensdauerverteilung E 40 041
Lieferantenbeurteilung 55 350 T 11
Lieferantenrisiko 55 350 T 24 und T 31, 13 303 T 2
Lieferung 55 350 T 31
Lineare Regression 55 350 T 21 und T 23, 13 303 T 1
Lineare Transformation 55 350 T 21
Linearer Regressionskoeffizient 55 350 T 21 und T 23, 13 303 T 1
Linearer Zusammenhang 55 350 T 21 und T 23
Lineares Modell 13 303 T 2
Linearisiertes funktionales Modell 18 709 T 4
Logarithmische Normalverteilung 55 350 T 22, 13 303 T 1

Lognormalverteilung 55 350 T 22
Los 55 350 T 31
Losumfang 55 350 T 31
LQ 55 350 T 31
LQL 55 350 T 31
LS-Schätzer 13 303 T 2

Machtfunktion 55 350 T 24, 13 303 T 2
Mangel 55 350 T 11, E ISO 8402
Markovkette 13 303 T 1
Massenguteinheit 55 350 T 14
Maß 13 303 T 1
Maßraum 13 303 T 1
Maßverkörperung 1319 T 3
Materialprüfung 55 350 T 17
Mathematisches Ausgleichungsmodell 18 709 T 4
Maximaler Durchschlupf 55 350 T 31
Maximumlikelihood-Schätzer 13 303 T 2
MDT E 40 041
Median 55 350 T 21 und T 23, 13 303 T 1
Median, empirischer 13 303 T 1
Mehrdimensionale diskrete Wahrscheinlichkeitsverteilung 55 350 T 22
Mehrdimensionale Häufigkeitsverteilung 55 350 T 23
Mehrdimensionale stetige Wahrscheinlichkeitsverteilung 55 350 T 22
Mehrdimensionale Wahrscheinlichkeitsverteilung 55 350 T 21
Mehrfach-Stichprobenprüfung 55 350 T 31
Mehrgipflige Verteilung 55 350 T 23
Mehrgipflige Wahrscheinlichkeitsverteilung 55 350 T 21
Mehrstufige Experimente 13 303 T 1
Mehrstufige Probenahme 55 350 T 14
Menge der zugelassenen Parameterwerte 13 303 T 2
Menge der zugelassenen Wahrscheinlichkeitsverteilungen 13 303 T 2
Merkmal 55 350 T 12
Merkmalskette 55 350 T 12
Merkmalswert 55 350 T 12
Messung 55 350 T 13
Messung einer Basisgröße 1319 T 3
Meßabweichung 55 350 T 13, 1319 T 3
Meßbares Merkmal 55 350 T 12
Meßeinrichtung 1319 T 3
Meßergebnis 55 350 T 12 und T 13, 1319 T 3
Meßgerät (Beurteilung) 1319 T 3
Meßgerät, anzeigendes 1319 T 3
Meßgröße 18 709 T 4, 1319 T 3
Meßobjekt 1319 T 3
Meßprobe 55 350 T 14
Meßraum 13 303 T 1
Meßreihe 1319 T 3
Meßreihe unter Wiederholbedingungen 1319 T 3
Meßunsicherheit 55 350 T 13, 1319 T 3
Meßunsicherheit, relative 1319 T 3
Meßverfahren 55 350 T 13
Meßwert 18 709 T 4
Meßwert einer Meßreihe 1319 T 3
Meßwert, berichtigter 1319 T 3
Meßwert, einzelner 1319 T 3
Metrische Skala 55 350 T 12
Mindest-Unterschreitungsanteil 55 350 T 12
Mindestmaß 55 350 T 12
Mindestquantil 55 350 T 12
Mindestwert 55 350 T 12, 1319 T 3
Minustoleranz 55 350 T 12
Mittel, arithmetisches 13 303 T 1
Mittelwert 55 350 T 23, 13 303 T 1, 1319 T 3
Mittelwert (der Grundgesamtheit) 55 350 T 21
Mittelwert, arithmetischer 18 709 T 4, 1319 T 3
Mittenwert 55 350 T 12
Mittlere Abweichung 55 350 T 23
Mittlere Betriebsdauer zwischen zwei Ausfällen E 40 041
Mittlere Häufigkeitsdichte 55 350 T 23
Mittlere Klardauer E 40 041

Mittlere Qualitätslage 55 350 T 31
Mittlere Störungsdauer E 40 041
Mittlere Unklardauer E 40 041
Mittlere Zeitspanne bis zum ersten Ausfall E 40 041
Mittlerer Abweichungsbetrag 55 350 T 23
Mittlerer Ausfallabstand E 40 041
Mittlerer Stichprobenumfang 55 350 T 31
ML-Schätzer 13 303 T 2
Modalwert 55 350 T 21 und T 23, 13 303 T 1
Modell, lineares 13 303 T 2
Modell, linearisiertes funktionales 18 709 T 4
Modell, nichtlineares funktionales 18 709 T 4
Modell, stochastisches 13 303 T 2, 18 709 T 4
Modellmatrix 18 709 T 4
Moment 13 303 T 1
Moment der Ordnung q 55 350 T 21 und T 23
Moment der Ordnung q bezüglich a 55 350 T 21 und T 23
Moment der Ordnungen q_1 und q_2 55 350 T 21 und T 23
Moment der Ordnungen q_1 und q_2 bezüglich a, b 55 350 T 21 und T 23
Moment, absolutes 13 303 T 1
Moment, empirisches 13 303 T 1
Moment, faktorielles 13 303 T 1
Moment, zentrales 13 303 T 1
Moment(e) 55 350 T 21 und T 23
MTBF E 40 041
Multimodale Verteilung 55 350 T 23
Multimodale Wahrscheinlichkeitsverteilung 55 350 T 21
Multinomialverteilung 55 350 T 22, 13 303 T 1
Multivariate Häufigkeitsverteilung 55 350 T 23
Multivariate Wahrscheinlichkeitsverteilung 55 350 T 21
Muster 55 350 T 15
Musterprüfung 55 350 T 17
MUT E 40 041

n-dimensionale Normalverteilung 18 709 T 4
Nachprüfung 55 350 T 11 und T 17
Nachweisprüfung 55 350 T 11 und T 17
Natürliche Einheit 55 350 T 14
Nebenfehler 55 350 T 31
Negative Binomialverteilung 55 350 T 22, 13 303 T 1
Nennbeanspruchung E 40 041
Nennlastbetrieb E 40 041
Nennwert 55 350 T 12, 40 200
Nicht beherrschter Prozeß 55 350 T 11
Nicht funktionsbeteiligte Redundanz E 40 041
Nichtauftragsbezogenes Prüfergebnis 55 350 T 18
Nichtinstandzusetzende Einheit E 40 041
Nichtkonformität E ISO 8402
Nichtlineare Transformation 55 350 T 21
Nichtlineares funktionales Modell 18 709 T 4
Nichtparametrischer Test 55 350 T 24, 13 303 T 2
Nichtzentral Wishart 13 303 T 1
Nichtzentrale Verteilung 55 350 T 22
Nichtzentrales Chiquadrat 13 303 T 1
Nichtzentrales F 13 303 T 1
Nichtzentrales t 13 303 T 1
Nichtzentralitätsmatrix 13 303 T 1
Nichtzentralitätsparameter 13 303 T 1
Nominalmerkmal 55 350 T 12
Nominalskala 55 350 T 12
Normalgleichung 18 709 T 4
Normalgleichungsmatrix 18 709 T 4
Normalgleichungssystem, Absolutglied des 18 709 T 4
Normalverteilt 13 303 T 1

Normalverteilt, n-dimensional 13 303 T 1
Normalverteilte Zufallsgrößen 18 709 T 4
Normalverteilung 55 350 T 22, 13 303 T 1, 18 709 T 4, 1319 T 3
Normalverteilung, bedingte 13 303 T 1
Normalverteilung, logarithmische 13 303 T 1
Normalverteilung, n-dimensionale 18 709 T 4
Normalverteilung, standardisierte 18 709 T 4
Normbezeichnung von Qualitätsprüf-Zertifikaten 55 350 T 18
Note 55 350 T 12
Nullhypothese 55 350 T 24, 13 303 T 2
Nutzung 31 051
Nutzungsgrad 31 051
Nutzungsmenge 31 051
Nutzungsvorrat 31 051

Obere Grenzabweichung 55 350 T 12
Obere Konfidenzgrenze 18 709 T 4
Obere Konfidenzgrenze für den Erwartungswert 18 709 T 4
Obere Konfidenzgrenze für die Standardabweichung 18 709 T 4
Obere Vertrauensgrenze 18 709 T 4
Obere Vertrauensgrenze für den Erwartungswert 18 709 T 4
Obere Vertrauensgrenze für die Standardabweichung 18 709 T 4
Oberer Abweichungsgrenzbetrag 55 350 T 12
Oberes Dezil 13 303 T 1
Oberes Quantil 13 303 T 1
Oberes Quartil 13 303 T 1
OC (siehe Operationscharakteristik) 55 350 T 31
Operationscharakteristik 55 350 T 24 und T 31, 13 303 T 2
Operationspfad E 40 041
Optimale statistische Schließtoleranz 55 350 T 12
Ordinalmerkmal 55 350 T 12
Ordinalskala 55 350 T 12
Ordinalskalenwert 13 303 T 1
Ordnungsstatistik 55 350 T 23, 13 303 T 1

p-Quantil 55 350 T 21, 18 709 T 4
p-Quantil der Chiquadratverteilung 18 709 T 4
p-Quantil der F-Verteilung 18 709 T 4
p-Quantil der standardisierten Normalverteilung 18 709 T 4
p-Quantil der t-Verteilung 18 709 T 4
Paar 55 350 T 21
Packungseinheit 55 350 T 14
Parameter 55 350 T 21, 13 303 T 1
Parameterraum 13 303 T 2
Parametervektor 18 709 T 4
Parametervektor, gekürzter 18 709 T 4
Parametervektor, genäherter 18 709 T 4
Parametervektor, Schätzwert für den 18 709 T 4
Parameterwert, wahrer 13 303 T 2
Parameterwert, Menge der zugelassenen 13 303 T 2
parametrischer Test 55 350 T 24
Partie 55 350 T 31
Partieller Regressionskoeffizient 55 350 T 21 und T 23, 13 303 T 1
Pascal-Verteilung 55 350 T 22
Passive Redundanz E 40 041
Periodische systematische Probenahme 55 350 T 14
Perzentil 55 350 T 21
Pflichtprüfung 55 350 T 17
Phase der Zufallsausfälle E 40 041
Planung der Qualitätslenkung 55 350 T 11
Planung der Qualitätsplanung 55 350 T 11
Planung der Qualitätsprüfung 55 350 T 11
Planung der Qualitätssicherung 55 350 T 11

Plusminus-Toleranz 55 350 T 12
Plustoleranz 55 350 T 12
Poisson-Verteilung 55 350 T 22, 13 303 T 1
Positionierergebnisse 55 350 T 13
Positionierverfahren 55 350 T 13
Präventivprüfung 55 350 T 17
Präzision 55 350 T 13, 1319 T 3
Preis der Einheit 55 350 T 11
Probe 55 350 T 14
Probeablaufprüfung 55 350 T 17
Probenahme 55 350 T 14
Produktaudit 55 350 T 11
Produkthaftung E ISO 8402
Produktverhaltensprüfung 55 350 T 17
Prognoseintervall 13 303 T 2
Prognoseintervallschätzer 13 303 T 2
Prognoseschätzer 13 303 T 2
Prototyp 55 350 T 15
Prozeß 55 350 T 11
Prozeßprüfung 55 350 T 17
Prozeßtoleranz 55 350 T 12
Prüfablaufplan 55 350 T 11
Prüfanweisung 55 350 T 11
Prüfbeauftragter 55 350 T 18
Prüfergebnis 55 350 T 18
Prüffunktion 55 350 T 24, 13 303 T 2
Prüfgröße 55 350 T 24
Prüfkosten 55 350 T 11
Prüflos 55 350 T 31
Prüfmerkmal 55 350 T 12
Prüfmuster 55 350 T 15
Prüfplan 55 350 T 11
Prüfplanung 55 350 T 11
Prüfspezifikation 55 350 T 11
Prüfung 55 350 T 17
Prüfvariable 13 303 T 2
Prüfvariable, suffiziente 13 303 T 2
Prüfvorschrift 55 350 T 11
Prüfwert 55 350 T 24, 13 303 T 2
Pseudozufallszahl 13 303 T 1
Pseudozufallsziffern 13 303 T 1
Punktbezeichnung 13 303 T 1
Punktschätzer 13 303 T 2
Punktschätzung 55 350 T 24

QS (Qualitätssicherung) 55 350 T 11
QS-Nachweis 55 350 T 11
QS-Nachweisforderung 55 350 T 11
QS-Nachweisführung 55 350 T 11
QS-Nachweisstufe 55 350 T 11
QS-Nachweistiefe 55 350 T 11
QS-Nachweisumfang 55 350 T 11
QS-Plan 55 350 T 11
QS-System 55 350 T 11
QS-System, unternehmensspezifisches 55 350 T 11
QS-System, vertragsspezifisches 55 350 T 11
QS-Systembewertung 55 350 T 11
QSS (Qualitätssicherungssystem) 55 350 T 11
QSS-Bewertung 55 350 T 11
QSS, unternehmensspezifisches 55 350 T 11
QSS, vertragsspezifisches 55 350 T 11
Quadratische Schließtoleranz 55 350 T 12
Quadratsumme 13 303 T 1
Quadrupel 55 350 T 21
Qualifikation 55 350 T 11 und T 17
Qualifikationsprüfung 55 350 T 11 und T 17
Qualität 55 350 T 11, E 40 041, E ISO 8402
Qualitatives Merkmal 55 350 T 12
Qualitätsaudit 55 350 T 11, E ISO 8402
Qualitätsbetrachtung 55 350 T 11
Qualitätselement 55 350 T 11
Qualitätselement; mittelbar wirksames 55 350 T 11
Qualitätselement; unmittelbar wirksames 55 350 T 11
Qualitätsfähigkeit 55 350 T 11
Qualitätsförderung 55 350 T 11
Qualitätsforderung 55 350 T 11 und T 17
Qualitätskontrolle 55 350 T 11
Qualitätskosten 55 350 T 11

223/18

Qualitätskreis 55 350 T 11, E ISO 8402
Qualitätslage 55 350 T 31
Qualitätslenkung 55 350 T 11, E ISO 8402
Qualitätsmanagement 55 350 T 11, E ISO 8402
Qualitätsmerkmal 55 350 T 11 und T 12
Qualitätsmerkmale, spezielle 55 350 T 18
Qualitätsmuster 55 350 T 15
Qualitätsnachweis 55 350 T 11
Qualitätsplanung 55 350 T 11
Qualitätspolitik 55 350 T 11, E ISO 8402
Qualitätsprüfung 55 350 T 11, T 17 und T 18
(Qualitäts-)Prüfung E ISO 8402
Qualitätsprüfungsarten 55 350 T 17
Qualitätsprüf-Zertifikate 55 350 T 18
Qualitätsregelung 55 350 T 11
Qualitätssicherung (QS) 55 350 T 11, E ISO 8402
Qualitätssicherungs-Nachweis 55 350 T 11
Qualitätssicherungs-Nachweisforderung 55 350 T 11
Qualitätssicherungs-Nachweisführung 55 350 T 11
Qualitätssicherungs-Nachweisstufe 55 350 T 11
Qualitätssicherungs-Nachweistiefe 55 350 T 11
Qualitätssicherungs-Nachweisumfang 55 350 T 11
Qualitätssicherungsplan 55 350 T 11, E ISO 8402
Qualitätssicherungssystem (QSS) 55 350 T 11, E ISO 8402
Qualitätssicherungssystem, vertragsspezifisches 55 350 T 11
Qualitätssicherungssystem-Bewertung 55 350 T 11
Qualitätssicherungssystem; unternehmensspezifisches 55 350 T 11
Qualitätsspirale E ISO 8402
Qualitätssteuerung 55 350 T 11
Qualitätstechnik 55 350 T 11
Qualitätsüberwachung 55 350 T 11, E ISO 8402
Qualitätswesen 55 350 T 11
Qualtitätslage 55 350 T 31
Quantil 55 350 T 12 und T 21, 13 303 T 1
Quantil, oberes 13 303 T 1
Quantitatives Merkmal 55 350 T 12
Quartil 55 350 T 21
Quartil, oberes 13 303 T 1
Quartil, unteres 13 303 T 1
Quartilabstand 13 303 T 1
Quartilspannweite 13 303 T 1
Quasispannweite 13 303 T 1

Raffungsfaktor E 40 041
Randerwartungswert 55 350 T 21
Randomisierter Test 13 303 T 2
Randvarianz 55 350 T 21
Randverteilung 55 350 T 21 und T 23, 13 303 T 1
Ranggröße 55 350 T 23
Rangkorrelationskoeffizient, Spearmanscher 13 303 T 1
Rangkorrelationskoeffizient, Kendallscher 13 303 T 1
Rangwert 55 350 T 23
Rangzahl 55 350 T 23
Rayleigh-Verteilung 55 350 T 22
Reales Experiment 13 303 T 1
Realisation 13 303 T 1
Realisierungsergebnis 55 350 T 13
Realisierungsverfahren 55 350 T 13
Rechenergebnis 55 350 T 13
Rechteckverteilte Zufallszahl 13 303 T 1
Rechteckverteilung 55 350 T 22, 13 303 T 1
Redundanz E 40 041
Redundanz, diversitäre E 40 041
Redundanz, funktionsbeteiligte E 40 041
Redundanz, heiße E 40 041
Redundanz, homogene E 40 041

Redundanz, kalte E 40 041
Redundanz, nicht funktionsbeteiligte E 40 041
Redundanz, passive E 40 041
Redundanz, Standby- E 40 041
Redundanz, vermaschte E 40 041
Reduzierte Zufallsgröße 55 350 T 21
Reellwertige Zufallsvariable 13 303 T 1
Referenzmuster 55 350 T 15
Regelprüfung 55 350 T 17
Regression 55 350 T 21 und T 23
Regression, lineare 13 303 T 1
Regressionkoeffizient, partieller 13 303 T 1
Regressionsebene 55 350 T 23, 13 303 T 1
Regressionsfläche 55 350 T 21 und T 23, 13 303 T 1
Regressionsfunktion 55 350 T 21, 13 303 T 1
Regressionsgerade 55 350 T 23, 13 303 T 1
Regressionsgerade, empirische 13 303 T 1
Regressionskoeffizient 55 350 T 23
Regressionskoeffizient, empirischer 13 303 T 1
Regressionskoeffizient, linearer 13 303 T 1
Regressionskonstante, emprische 13 303 T 1
Regressionskurve 55 350 T 21 und T 23, 13 303 T 1
Relative Angabe der festgestellten systematischen Abweichung 1319 T 3
Relative Häufigkeit 55 350 T 23, 13 303 T 1
Relative Häufigkeitssumme 55 350 T 23
Relative Meßunsicherheit 1319 T 3
Relative Standardabweichung 55 350 T 21 und T 23
Relativer Bestand E 40 041
Repräsentativ 55 350 T 14
Reproduzierbarkeit 55 350 T 13
Reserveteil 31 051
Review des Qualitätssicherungssystems E ISO 8402
Review Design- E ISO 8402
Richtiger Wert 55 350 T 13, 1319 T 3
Richtigkeit 55 350 T 13
Richtwert 55 350 T 12
Ringversuch 1319 T 3
Risiko des Fehlers 1. Art 13 303 T 2
Risiko des Fehlers 2. Art 13 303 T 2
RQL 55 350 T 31
Rückstellprobe 55 350 T 15
Rückverfolgbarkeit 55 350 T 11, E ISO 8402
Rückverfolgbarkeitsforderung 55 350 T 11
Rückweisewahrscheinlichkeit 55 350 T 31
Rückweisezahl 55 350 T 31
Rückweisung 55 350 T 31
Rückzuweisende Qualitätsgrenzlage 55 350 T 31
σ-Algebra 13 303 T 1

Sachverständiger 55 350 T 18
Sammelprobe 55 350 T 14
Schaden 55 350 T 11, 31 051
Schärfe 55 350 T 24, 13 303 T 2
Schärfefunktion 13 303 T 2
Scharparameter 55 350 T 21, 13 303 T 1
Schätzbereich siehe Bereichsschätzer 13 303 T 2
Schätzbereiche 55 350 T 24
Schätzer 13 303 T 2
Schätzer mit minimaler Varianz, erwartungstreuer 13 303 T 2
Schätzer nach der Methode der kleinsten Quadrate 13 303 T 2
Schätzer, erwartungstreuer 13 303 T 2
Schätzer, LS- 13 303 T 2
Schätzer, Maximumlikelihood- 13 303 T 2
Schätzer, mediantreuer 13 303 T 2
Schätzer, ML- 13 303 T 2

223/18*

Schätzer, suffizienter 13 303 T 2
Schätzerfolge, asymptotisch erwartungstreue 13 303 T 2
Schätzerfolge, konsistente 13 303 T 2
Schätzergebnis 55 350 T 13
Schätzfunktion 55 350 T 23 und T 24, 13 303 T 2
Schätzfunktion, Verzerrung der 13 303 T 2
Schätzfunktion, verzerrungsfreie 13 303 T 2
Schätzung 55 350 T 24
Schätzung von Wahrscheinlichkeiten und Verteilungsfunktionen 55 350 T 24
Schätzverfahren 55 350 T 13
Schätzwert 55 350 T 23 und T 24, 13 303 T 2
Schätzwert (Erwartungswert) 1319 T 3
Schätzwert (Standardabweichung) 1319 T 3
Schätzwert für den Parametervektor 18 709 T 4
Schicht 55 350 T 14
Schiefe 55 350 T 21 und T 23
Schlechtzahl 55 350 T 31
Schließmerkmal 55 350 T 12
Schließtoleranz 55 350 T 12
Schwachstelle 31 051
Schwellenwert 55 350 T 24
Selbstprüfung 55 350 T 17
Sequentielle Stichprobenprüfung 55 350 T 31
Sicherheit, statistische 1319 T 3
Sicherheitsforderung 55 350 T 11
Sichtprüfung 55 350 T 17
Signifikanztest 13 303 T 2
Signifikantes Testergebnis 55 350 T 24
Signifikanzniveau 55 350 T 24
Signifikanzniveau des Tests 13 303 T 2
Signifikanzniveau, erreichbares 13 303 T 2
Signifikanzniveau, gefordertes 13 303 T 2
Signifikanzniveau, vereinbartes 13 303 T 2
Signifikanztest 55 350 T 24
Skala 55 350 T 12
Sollbruchteil 31 051
Sollmuster 55 350 T 15
Sollwert 55 350 T 12 und T 13
Sollzustand 31 051
Sollzustandsabweichung 31 051
Sonderfreigabe 55 350 T 11
Sonderfreigabe geprüfter Einheiten 55 350 T 11
Sonderfreigabe (nach Realisierung) E ISO 8402
Sonderfreigabe (vor Realisierung) E ISO 8402
Sonderfreigabe vor Realisierung der Einheiten 55 350 T 11
Sonderprüfung 55 350 T 17
Sorte 55 350 T 11
Sortierprüfung 55 350 T 17, E 40 041
Spannenmitte 55 350 T 23
Spannweite 55 350 T 23, 13 303 T 1
Spätausfallphase E 40 041
Spearmanscher Rangkorrelationskoeffizient 13 303 T 1
Spezialmuster 55 350 T 15
Spezielle Qualitätsmerkmale 55 350 T 18
Spezifikation E ISO 8402
Sprungausfall E 40 041
Stabdiagramm 55 350 T 21 und T 23
Standardabweichung 55 350 T 21 und T 23, 13 303 T 1, 18 709 T 4, 1319 T 3
Standardabweichung der Gewichtseinheit 18 709 T 4
Standardabweichung des Mittelwertes 18 709 T 4
Standardabweichung, (Schätzwert) 1319 T 3
Standardabweichung, bekannte 1319 T 3
Standardabweichung, empirische 13 303 T 1, 18 709 T 4, 1319 T 3

Standardabweichung, empirische, der Gewichtseinheit 18 709 T 4
Standardabweichung, unbekannte 1319 T 3
Standardisierte Normalverteilung 55 350 T 22, 13 303 T 1, 18 709 T 4
Standardisierte Verteilung 55 350 T 21
Standardisierte Zufallsgröße 55 350 T 21
Standardisierte Zufallsvariable 13 303 T 1
Standardisierte zweidimensionale Normalverteilung 55 350 T 22
Standardisierter Beobachtungswert 55 350 T 23
Standardnormalverteilt 13 303 T 1
Standardnormalverteilung 13 303 T 1
Standby-Redundanz E 40 041
Stationäre Übergangswahrscheinlichkeit 13 303 T 1
Stationäre Verfügbarkeit E 40 041
Statistische Hypothese 13 303 T 2
Statistische Qualitätslenkung 55 350 T 11
Statistische Qualitätsprüfung 55 350 T 17
Statistische Schätzung 55 350 T 13 und T 24
Statistische Schließtoleranz 55 350 T 12
Statistische Sicherheit 1319 T 3
Statistischer Anteilsbereich 55 350 T 24
Statistischer Test 13 303 T 2, 55 350 T 24
Statistisches Schätzergebnis 55 350 T 12 und T 13
Statistisches Schätzverfahren 55 350 T 13
Stetige Wahrscheinlichkeitsverteilung 55 350 T 22
Stetige Zufallsgrößen 18 709 T 4
Stetige Zufallsvariable 55 350 T 21
Stetiger Zufallsvektor 55 350 T 21
Stetiges Merkmal 55 350 T 12
Stichprobe 55 350 T 14 und T 23, 13 303 T 1
Stichprobenabweichung 55 350 T 24
Stichprobenanweisung 55 350 T 31
Stichprobeneinheit 55 350 T 14
Stichprobenentnahme 55 350 T 14
Stichprobenplan 55 350 T 31
Stichprobenraum 13 303 T 1
Stichprobensystem 55 350 T 31
Stichprobenumfang 55 350 T 14
Stillsetzung 31 051
Stochastische Abhängigkeit 13 303 T 1
Stochastische Unabhängigkeit 55 350 T 22, 13 303 T 1, 18 709 T 4
Stochastische Unabhängigkeit, paarweise 13 303 T 1
Stochastischer Prozeß 13 303 T 1
Stochastisches Modell 13 303 T 2, 18 709 T 4
Störung E 40 041, 31 051
Störungsdauer E 40 041
Störungsdauer, mittlere E 40 041
Streuung 1319 T 3
Streuungsparameter 55 350 T 21, 13 303 T 1
Stückprüfung 55 350 T 17
Student-Verteilung 55 350 T 22
Stufe 13 303 T 1
Suffizient 13 303 T 2
Suffiziente Funktion 13 303 T 2
Suffiziente Prüfvariable 13 303 T 2
Suffizienter Schätzer 13 303 T 2
Summierte Besetzungszahl 55 350 T 23
Symmetrische Fehlergrenze 1319 T 3
System 31 051
Systematische Abweichung 1319 T 3
Systematische Abweichung (auch systematischer Fehler) 18 709 T 4
Systematische Abweichung (eines Zufallsvektors) 18 709 T 4
Systematische Abweichung (Meßereihe) 1319 T 3
Systematische Abweichung (Meßgerät) 1319 T 3
Systematische Abweichung der Schätzfunktion 55 350 T 24

Systematische Abweichung des Funktionsvektors 18 709 T 4
Systematische Abweichung Erläuterungen 13 303 T 2
Systematische Ergebnisabweichung 55 350 T 13
Systematische Ergebnisunsicherheit 55 350 T 13
Systematische Komponente 13 303 T 2, 1319 T 3
Systematischer Fehler 1319 T 3
Systematischer Fehler (auch systematische Abweichung) 18 709 T 4
Systematischer Fehler des Funktionsvektors 18 709 T 4
Systemaudit 55 350 T 11

t (Student)-Faktor 1319 T 3
t-verteilte Zufallsgröße 18 709 T 4
t-Verteilung 55 350 T 22
Tätigkeit 55 350 T 11
Technische Spezifikation 55 350 T 11
Teilausfall E 40 041
Teile in Anlagen 31 051
Teilgesamtheit 55 350 T 14
Teilprobe 55 350 T 14
Teilversagen E 40 041
Temporäre Ausfallhäufigkeit E 40 041
Temporäre Ausfallhäufigkeitsdichte E 40 041
Terminelement 55 350 T 11
Terminkreis 55 350 T 11
Test 55 350 T 17
Test, einseitiger 13 303 T 2
Test, nicht parametrischer 13 303 T 2
Test, randomisierter 13 303 T 2
Test, statistischer 55 350 T 24, 13 303 T 2
Test, verteilungsfreier siehe nichtparametrischer Test 13 303 T 2
Test, zweiseitiger 13 303 T 2
Testgröße 55 350 T 24, 13 303 T 2
Testschärfe 55 350 T 24
Testverfahren 55 350 T 24
Testwert 55 350 T 24, 13 303 T 2
Theoretisch 55 350 T 21, 13 303 T 1
Theoretische Varianz 55 350 T 21
Tiefe der QS-Nachweisführung 55 350 T 11
Toleranz 55 350 T 12
Toleranzbereich 55 350 T 12
Toleranzgrenze 55 350 T 12
Toleranzintervall 13 303 T 2
Topologische Skala 55 350 T 12
Träger einer Wahrscheinlichkeitsverteilung 13 303 T 1
Transformierte Zufallsgröße 55 350 T 21
Transformierter Beobachtungswert 55 350 T 23
Transporteinheit 55 350 T 14
Treffgenauigkeit 55 350 T 13
Tripel 55 350 T 21
Tupel 55 350 T 21
Typmuster 55 350 T 15
Typprüfung 55 350 T 17

Überdeckungswahrscheinlichkeit 13 303 T 2
Übergangswahrscheinlichkeit, stationäre 13 303 T 1
Überlastbetrieb E 40 041
Überlebenswahrscheinlichkeit E 40 041
Überprüfung 55 350 T 11 und T 17

Umfang der Grundgesamtheit 55 350 T 14
Umfang der QS-Nachweisführung 55 350 T 11
Umfang der Teilgesamtheit 55 350 T 14
Umwelteinfluß 1319 T 3
Unabhängig 1319 T 3
Unabhängige Zufallsgrößen 55 350 T 21
Unabhängigkeit, stochastische 13 303 T 1, 18 709 T 4
Unbekannte Standardabweichung 1319 T 3
Unbekannte systematische Abweichung 1319 T 3
Unbekannte Wahrscheinlichkeitsverteilung 13 303 T 2
Uneingeschränkte Zufallsprobenahme 55 350 T 14

Ungeschichtete Probenahme 55 350 T 14
Ungeschichtete Zufallsstichprobe 55 350 T 14
Unimodale Verteilung 55 350 T 23
Unimodale Wahrscheinlichkeitsverteilung 55 350 T 21
Univariate Häufigkeitsverteilung 55 350 T 23
Univariate Wahrscheinlichkeitsverteilung 55 350 T 21
Unklardauer E 40 041
Unklardauer, mittlere E 40 041
Unkorrelierte Zufallsgrößen siehe Nr 7.3 in 55 350 T 21
Unrichtig 1319 T 3
Unsicher 1319 T 3
Unsicherheit: siehe Meßunsicherheit und Ergebnisunsicherheit 55 350 T 13
Unsymmetriegröße 55 350 T 12 und T 21
Unsymmetrische Fehlergrenze 1319 T 3
Untere Grenzabweichung 55 350 T 12
Untere Konfidenzgrenze auch untere Vertrauensgrenze 18 709 T 4
Untere Konfidenzgrenze für den Erwartungswert 18 709 T 4
Untere Konfidenzgrenze für die Standardabweichung 18 709 T 4
Untere Vertrauensgrenze auch untere Konfidenzgrenze 18 709 T 4
Untere Vertrauensgrenze für den Erwartungswert 18 709 T 4
Untere Vertrauensgrenze für die Standardabweichung 18 709 T 4
Unterer Abweichungsgrenzbetrag 55 350 T 12
Unteres Dezil 13 303 T 1
Unteres Quartil 13 303 T 1
Unterlastbetrieb E 40 041

Validation E 40 041
Variable 13 303 T 1
Variablenmerkmal 55 350 T 12
Variablenprüfung 55 350 T 31
Varianz 55 350 T 21 und T 23, 13 303 T 1, 18 709 T 4, 1319 T 3
Varianz der Gewichtseinheit 18 709 T 4
Varianz der Randverteilung 55 350 T 21
Varianz von X_i 18 709 T 4
Varianz, empirische 13 303 T 1, 18 709 T 4
Varianz, empirische, der Gewichtseinheit 18 709 T 4
Variationskoeffizient 55 350 T 21 und T 23, 13 303 T 1, 1319 T 3
Variationskoeffizient, empirischer 13 303 T 1
Verbesserung 18 709 T 4
Verbesserungsvektor 18 709 T 4
Verbrauchsteil 31 051
Vereinbartes Konfidenzniveau 13 303 T 2
Vereinbartes Signifikanzniveau 13 303 T 2
Verfahrensaudit 55 350 T 11
Verfügbarkeit, stationäre E 40 041
Verfügbarkeitsforderung 55 350 T 11
Vergleichbarkeit 55 350 T 13, 1319 T 3
Vergleichbedingung 55 350 T 13, 1319 T 3
Vergleichgrenze 55 350 T 13
Vergleichpräzision 55 350 T 13
Vergleichsprüfung 55 350 T 17
Vergleichstandardabweichung 55 350 T 13, 1319 T 3
Vergleichvarianz 55 350 T 13
Vergleichvariationskoeffizient 55 350 T 13
Verhältnisskala 55 350 T 12
Verifikation E 40 041
Verkehrsfehlergrenze 1319 T 3
Vermaschte Redundanz E 40 041
Versagen E 40 041
Verschiebungsparameter 13 303 T 1
Verschleißteil 31 051
Versuchsbedingung 1319 T 3
Versuchsmuster 55 350 T 15
Verteilung spezieller Zufallsvariablen 13 303 T 1
Verteilung, geometrische 13 303 T 1
Verteilung, hypergeometrische 13 303 T 1

Verteilungsfreier Test siehe nichtparametrischer Test 13 303 T 2
Verteilungsfreier Test 55 350 T 24
Verteilungsfunktion 55 350 T 21, 13 303 T 1, 18 709 T 4
Verteilungsfunktion der standardisierten Normalverteilung 18 709 T 4
Verteilungsfunktion der Zufallsvariablen 13 303 T 1
Verteilungsfunktion, (gemeinsame) 13 303 T 1
Verteilungsfunktion, bedingte 13 303 T 1
Verteilungsfunktion, empirische 13 303 T 1
Verteilungsgebundener Test 55 350 T 24
Vertragsspezifisches QS-System 55 350 T 11
Vertrauensbereich 55 350 T 24, 13 303 T 2, 18 709 T 4, 1319 T 3
Vertrauensbereichschätzer 13 303 T 2
Vertrauensellipse auch Konfidenzellipse 18 709 T 4
Vertrauensellipsoid auch Konfidenzellipsoid 18 709 T 4
Vertrauensgrenze 55 350 T 24, 1319 T 3
Vertrauensgrenze, untere und obere 13 303 T 2
Vertrauensintervall 13 303 T 2, 18 709 T 4
Vertrauensintervall, einseitiges 13 303 T 2
Vertrauensniveau 55 350 T 24, 13 303 T 2, 18 709 T 4, 1319 T 3
Vertrauensniveau, erreichbares 13 303 T 2
Verzerrung der Schätzfunktion 13 303 T 2
Verzerrungsfreie Schätzfunktion 13 303 T 2
Vollausfall E 40 041
Vollprüfung 55 350 T 17
Vollständige Qualitätsprüfung 55 350 T 17 und T 31
Vollversagen E 40 041
Voraltern E 40 041
Vormuster 55 350 T 15
Vorprüfung 55 350 T 11 und T 17
Vortrefflichkeit 55 350 T 11

Wahre Abweichung 18 709 T 4
Wahre Abweichung (eines Beobachtungsvektors) 18 709 T 4
Wahre Abweichung des Funktionsvektors 18 709 T 4
Wahre Wahrscheinlichkeitsverteilung 13 303 T 2
Wahrer Parameterwert 13 303 T 2
Wahrer Wert 55 350 T 13, 18 709 T 4, 1319 T 3
Wahrer Wert (des Zufallsvektors X) 18 709 T 4
Wahrer Wert des Beobachtungsvektors 18 709 T 4
Wahrer Wert des Funktionsvektors 18 709 T 4
Wahrer Wert des Parametervektors 18 709 T 4
Wahrscheinlichkeit 13 303 T 1
Wahrscheinlichkeit des Fehlers 1. Art 55 350 T 24, 13 303 T 2
Wahrscheinlichkeit des Fehlers 2. Art 55 350 T 24, 13 303 T 2
Wahrscheinlichkeit, (gemeinsame) 13 303 T 1
Wahrscheinlichkeit, bedingte 13 303 T 1
Wahrscheinlichkeitsdichte 55 350 T 21, 13 303 T 1, 18 709 T 4
Wahrscheinlichkeitsdichte der standardisierten Normalverteilung 18 709 T 4
Wahrscheinlichkeitsfunktion 55 350 T 21, 13 303 T 1
Wahrscheinlichkeitsmaß 13 303 T 1
Wahrscheinlichkeitsraum 13 303 T 1
Wahrscheinlichkeitsverteilung 55 350 T 21, 13 303 T 1, 1319 T 3
Wahrscheinlichkeitsverteilung der Zufallsvariablen 13 303 T 1
Wahrscheinlichkeitsverteilung, bedingte 13 303 T 1

Wahrscheinlichkeitsverteilung, diskrete 13 303 T 1
Wahrscheinlichkeitsverteilung, Familie der zugelassenen 13 303 T 2
Wahrscheinlichkeitsverteilung, Menge der zugelassenen 13 303 T 2
Wahrscheinlichkeitsverteilung, unbekannte 13 303 T 2
Wahrscheinlichkeitverteilung 13 303 T 1
Wartung E 40 041, 31 051
Weibull-Verteilung 55 350 T 22, 13 303 T 1
Wert, ermittelter 13 303 T 1
Wert, kritischer 13 303 T 2
Wert, richtiger 1319 T 3
Wert, wahrer 18 709 T 4, 1319 T 3
Wert, wahrer, des Beobachtungsvektors 18 709 T 4
Wert, wahrer, des Parametervektors 18 709 T 4
Wertebereich eines Merkmals 55 350 T 12
Widerspruchsvektor 18 709 T 4
Wiederholbarkeit 55 350 T 13, 1319 T 3
Wiederholbedingung 55 350 T 13, 1319 T 3
Wiederholbedingung (Meßreihe) 1319 T 3
Wiederholgenauigkeit 55 350 T 13
Wiederholgrenze 55 350 T 13
Wiederholmuster 55 350 T 15
Wiederholpräzision 55 350 T 13
Wiederholstandardabweichung 55 350 T 13
Wiederholungsprüfung 55 350 T 17
Wiederholvarianz 55 350 T 13
Wiederholvariationskoeffizient 55 350 T 13
Wiederholstandardabweichung 1319 T 3
Wiederkehrende Prüfung 55 350 T 17
Wiederkehrende Qualifikationsprüfung 55 350 T 17
Wishart, nichtzentral 13 303 T 1
Wölbung 55 350 T 21
Wölbungsparameter 13 303 T 1
Zählbares Merkmal 55 350 T 12
Zählmerkmal 55 350 T 12
Zählwert 55 350 T 12
Zeitbegrenztes Teil 31 051
Zeitraffende Zuverlässigkeitsprüfung E 40 041
Zeitspanne bis zum ersten Ausfall E 40 041
Zeitspanne, mittlere, bis zum ersten Ausfall E 40 041
(Zentrale) F 13 303 T 1
(Zentrales) t 13 303 T 1
Abgeleitete Größe 1319 T 3
Zentrale Verteilung 55 350 T 22
Zentrales Moment 13 303 T 1
Zentrales Moment der Ordnung q 55 350 T 21 und T 23
Zentrales Moment der Ordnungen q_1 und q_2 55 350 T 21 und T 23
Zentrales Moment, empirisches 13 303 T 1
Zentralwert 55 350 T 21 und T 23
Zentrierte Zufallsgröße 55 350 T 21
Zentrierte Zufallsvariable 13 303 T 1
Zentrierter Beobachtungswert 55 350 T 23
Zerstörende Zuverlässigkeitsprüfung E 40 041
Zertifikate (Qualitätsprüfung) 55 350 T 18
Zielwert 55 350 T 13
Zufällige Abweichung 18 709 T 4, 1319 T 3
Zufällige Abweichung (eines Beobachtungsvektors) 18 709 T 4
Zufällige Abweichung (Meßgerät) 1319 T 3
Zufällige Abweichung (Meßreihe) 1319 T 3
Zufällige Abweichung des Funktionsvektors 18 709 T 4
Zufällige Ergebnisabweichung 55 350 T 13
Zufällige Ergebnisunsicherheit 55 350 T 13

Zufälliger Fehler 1319 T 3
Zufallsausfälle, Phase der E 40 041
Zufallsfolge 13 303 T 1
Zufallsfunktion 13 303 T 1
Zufallsgröße 55 350 T 21, 13 303 T 1, 18 709 T 4, 1319 T 3
Zufallsgröße, chiquadratverteilte 18 709 T 4
Zufallsgröße, F-verteilte 18 709 T 4
Zufallsgröße, t-verteilte 18 709 T 4
Zufallsgröße, normalverteilte 18 709 T 4
Zufallsgröße, stetige 18 709 T 4
Zufallskomponente 13 303 T 2, 1319 T 3
Zufallsprobenahme 55 350 T 14
Zufallsstichprobe 55 350 T 14, 13 303 T 1
Zufallsstreuung 1319 T 3
Zufallsvariable 55 350 T 21, 13 303 T 1
Zufallsvariable, diskrete 13 303 T 1
Zufallsvariable, ganzzahlige 13 303 T 1
Zufallsvariable, reellwertige 13 303 T 1
Zufallsvariable, standardisierte 13 303 T 1
Zufallsvariable, zentrierte 13 303 T 1
Zufallsvektor 55 350 T 21, 13 303 T 1, 18 709 T 4
Zufallsvektor, Funktion eines 18 709 T 4
Zufallszahl 13 303 T 1
Zufallsziffer 13 303 T 1
Zugelassene Parameterwerte, Menge der 13 303 T 2
Zugelassene Wahrscheinlichkeitsverteilungen, Familie der 13 303 T 2
Zugelassene Wahrscheinlichkeitsverteilungen, Menge der 13 303 T 2
Zugesicherte Eigenschaft 55 350 T 11
Zulassungsprüfung 55 350 T 17
Zusammengesetzte Hypothese 55 350 T 24, 13 303 T 2
Zustand 55 350 T 11, 13 303 T 1, E 40 041
Zuverlässigkeit 55 350 T 11, E 40 041, E ISO 8402
Zuverlässigkeits-Dauerprüfung E 40 041
Zuverlässigkeits-Forderung E 40 041
Zuverlässigkeits-Kenngröße E 40 041
Zuverlässigkeits-Lernprozeß E 40 041
Zuverlässigkeits-Merkmal E 40 041
Zuverlässigkeits-Parameter E 40 041
Zuverlässigkeits-Prüfung E 40 041
Zuverlässigkeits-Qualifikation E 40 041
Zuverlässigkeits-Verbesserung E 40 041
Zuverlässigkeits-Wachstum E 40 041
Zuverlässigkeitsforderung 55 350 T 11 und T 17
Zuverlässigkeitsmerkmal 55 350 T 11 und T 12
Zuverlässigkeitsmuster 55 350 T 15
Zuverlässigkeitsplanung 55 350 T 11
Zuverlässigkeitsprüfung 55 350 T 17
Zuverlässigkeitsprüfung, zeitraffende E 40 041
Zuverlässigkeitsprüfung, zerstörende E 40 041
Zuverlässigkeitssicherung 55 350 T 11
Zweidimensionale Häufigkeitsverteilung 55 350 T 23
Zweidimensionale Normalverteilung 55 350 T 22
Zweidimensionale Wahrscheinlichkeitsverteilung 55 350 T 21
Zweigipflige Verteilung 55 350 T 23
Zweigipflige Wahrscheinlichkeitsverteilung 55 350 T 21
Zweiseitig abgegrenzter statistischer Anteilsbereich 55 350 T 24
Zweiseitig abgegrenzter Vertrauensbereich 55 350 T 24
Zweiseitiger Test 55 350 T 24, 13 303 T 2
Zweiseitiges Konfidenzintervall 13 303 T 2
Zweiseitiges Vertrauensintervall 13 303 T 2
Zweitstufenprobe 55 350 T 14
Zweiwegtafel 55 350 T 23
Zwischenmuster 55 350 T 15
Zwischenprüfung 55 350 T 17

Für Notizen